에니어그램으로 보는 직장에서의 인간관계 비결

김태흥 · 김의천 · 김경하 · 정소영 공저

학지사

프 롤 로 그

직장에서의 인간관계 비결, 성격에서 찾아보자

경영학자 피터 드러커(Peter Drucker)는 “최고 경영층 주위에는 적어도 네 가지 유형의 사람이 필요하다.”고 말했다. 여기에서 네 가지 유형이란 생각하는 분석형, 행동하는 추진형, 인간적인 친절형, 그리고 대변하는 표현형을 말한다. 피터 드러커가 인정한 심리분석서 『피플 스타일(People Styles)』의 저자이자 실용 행동과학 분야를 연구해 온 과학자 로버트 볼튼(Robert Bolton)과 도로시 그로버 볼튼(Dorothy Grover Bolton) 부부는, 사람들은 크게 이 네 가지 유형으로 구분되며, 평생 자신의 스타일로 살아가게 마련이라고 한다. 그리고 이 네 가지 인간유형을 알면 인간관계가 쉬워진다고 말한다. 자신은 물론 상사나 동료, 부하직원 등 주변 사람들의 성격 유형을 안다면 주도적으로 원활한 인간관계를 만들어 나가는 데 도움이 되는 것은 당연하다.

하지만 에니어그램을 알고 나면 이야기가 달라진다. 네 가지 유형은 쉽고 단순하여 구별이 쉬운 반면, 변별력이 떨어지는 경향을 보인다. 그에 반해 에니어그램은 다른 성격 유형 지표보다 공부를 좀 더 해야 한다는 약간의 어려움이 있지만, 더욱 심층적으로 인간을 이해할 수 있는 도구이다. 인간의 가장 깊숙한 곳의 자아를 발견하도록 돕기 때문이다. 예를 들어 설명하자면, 피터 드러커가 언급한 분석형은 에니어그램에서는 1, 5, 6유형에 해당된다고 할 수 있다. 하지만 겉으로는 스타일이 비슷해 보여도, 속마음 또는 그렇게 행동하는 이유는 제각각이다. 따라서 각각의 경우의 수가 발생하고 똑같은 상황에서 다른 행동을 보일 수 있다. 전혀 이상한 일이 아니다. 추진형은 에니어그램의 3, 7, 8유형에 해당된다고 할 수 있다. 이 역시 겉으로 보기에는 다 같은 추진형이지만, 각 유형별로 그렇게 행동하는 근본 이유는 다르다. 단순하게 어떤 형이기 때문에 이렇게 행동한다고 판단한다면, 상대에 대한 이해는 제한적일 수밖에 없다. 조직생활에서든 경영에서든 인간관계는 매우 중요한 요인이다. 인간관계는 직장생활의 성공에 직접적인 원인이 되는 중대사항일 것이다. 하지만 예나 지금이나 사람들은 정작 가장 중요한 것을 무시하는 경향이 있다. 대부분 사람은 중요하지 않지만 급한 일에 시간을 가장 먼저 할애하고, 중요하지만 급하지 않은 일은 뒤로 미룬다. 인간관계가 바로 그렇다. 급하지 않다는 이유로 늘 우선순위에서 뒤로 밀린다. 하지만 이 세상에 저절로 되거나 저절로 좋아지는 것은 아무것도 없다. 관리를 해야 한다. 이제는 내 성격뿐 아니라 다른 사람의 성격에 맞춘 성격관리도 필요한 시대가 되었다.

조직생활에서 상사나 부하 그리고 동료와의 관계는 말로 표현하기 힘들 만큼 중요하다. 그러나 모두 성격이 다르고 각자 개성을 갖고 있다. 그래서 인간관계가 힘들고 갈등이 생긴다. 참아도 안 되고, 힘쓰고 애쓴다고 되는 것도 아니다. 그냥 믿고 기다리는 건 더욱 아니다. 알아야 한다. 알면 이해가 되고 이해가 되면 갈등을 해결할 틈이 보인다. 그 틈으로 들어가서 갈등을 잡아내야 한다. 유홍준 선생님의 말처럼 “사랑하면 알게 되고 알면 보이나니, 그때 보이는 것은 전과 같지 않게 된다.” 나의 성격과 상대의 성격을 올바로 이해하면 상대를 올바로 알게 되고, 갈등의 근본 원인을 알게 된다. 원인을 알면 문제도 원만히 해결할 수 있을 것이다.

필자는 에니어그램이 만능이라고 말하고 싶지는 않다. 하지만 많이 공부하면 많은 것을 얻을 수 있다. 조금이라도 공부하면 작게나마 도움을 받을 수 있다. 도움을 받다 보면 더 큰 도움을 받고 싶은 욕구가 일어날 것이다. 그러면 더 공부하면 된다. 처음 에니어그램을 배운 박 부장에게 전화가 왔다. “소장님, 모든 사람이 번호로 보여요! 미치겠어요.” 에니어그램을 배우고 나니 저 사람은 어떤 유형일까가 먼저 생각난다는 뜻이다. 그렇다. 처음에는 모든 사람이 몇 번 유형에 해당되는지 저절로 생각하게 된다. '저 사람은 몇 번 유형이지.' 하며 에니어그램을 판단의 도구로만 활용하려고 한다. 실제로 에니어그램을 상대의 유형을 파악하고 상대를 이용하기 위해 활용하는 경우도 종종 있다. 하지만 이것은 에니어그램이 지향하는 바가 아니다. 사람을 번호로 나누어 그 사람에 대한 고정된 생각을 갖거나 비난하는 오류는 범하지 않아야 한다. 상대의 행동과 그 행동의 원인, 즉 인간의 본질을 이해하는 것이 바로 에니어그램이 지향하는 바이다. 나의 성공을 위해 에니어그램을 이용하는 것이 아니라, 상대를 이해하고 타인과 좋은 인간관계를 맺는 것, 그래서 행복한 삶을 '함께' 영위하는 것, 그것이 진정으로 에니어그램을 공부해야 하는 이유인 것이다.

이 책에서는 서로 만날 수 있는 인간관계의 45가지 만남 외에도 각 유형의 리더십을 자세히 다루었다. 내가 있는 조직의 상사나 부하가 어떤 리더십 스타일인지를 찾아보는 것은 흥미로울 것이다. 뿐만 아니라 자신의 리더십 유형은 어떤 것인지, 또 그 리더십의 수준과 발달, 성장은 어떻게 이루어야 하는지에 대해서도 자세히 안내하였다. 직장에서 나타나는 유형별 모습을 별도로 기술하여 자신의 모습을 찾아볼 수 있도록 하였다. 그리고 에니어그램 이론에서 다루는 화살이론을 활용하여 더 높은 성숙을 이루기 위한 방법도 소개하였다.

나는 누구이고 어떻게 살아가는가?
나는 조직에서 어떤 모습을 하고 있을까?
나의 성장 포인트는 어떤 것이고, 그 실천방안은 무엇일까?
나와 다른 여덟 가지 성격의 소유자들은 어떤 모습을 하고 살아갈까?
내가 매일 만나는 가족, 조직원, 친구들은 어떤 유형이고 어떤 특징을 지니고 있는가?
나는 다른 그들과 어떻게 관계하면서 살아가야 하나?

내가 스스로 만족하는 삶을 살아가기 위한 과제는 무엇인가?
나와 다른 그 누군가와는 어떤 방식으로 관계를 해야 하는가?

이런 수많은 질문에 대해 이 책이 안내할 것이다.

한국에니어그램협의회
회장: 김태홍
연구원: 김의천
경북 지부장: 김경하
서울 지부장: 정소영

차 례

■ 프롤로그 / 3

01 에니어그램의 기초

에니어그램이란 / 13
힘의 중심이란 / 19
날개와 화살 / 22

02 에니어그램의 9가지 유형

당신의 에니어그램 유형은? / 27
에니어그램 9가지 유형의 인물 이미지 / 32
에니어그램 9가지 유형의 심볼 / 33
유형 1 – 올곧은 완벽주의자 / 34
유형 2 – 자상한 사랑주의자 / 37
유형 3 – 최선의 성공주의자 / 40
유형 4 – 고유한 독창주의자 / 43
유형 5 – 현명한 관찰가 / 46
유형 6 – 안전한 충성가 / 49

유형 7 – 밝은 낙천주의자 / 52
유형 8 – 강한 도전자 / 55
유형 9 – 평화로운 화합주의자 / 58
성격 유형의 성숙도 / 61
화살이론에 근거한 유형별 성숙과 미성숙 / 68

03
직장생활 업-그레이드 TIP

1유형 / 83
2유형 / 90
3유형 / 96
4유형 / 102
5유형 / 108
6유형 / 115
7유형 / 123
8유형 / 130
9유형 / 138

04
유형별 직장 내 인간관계와 코칭 포인트

들어가기 전에 / 147
1유형(완벽) vs 1유형(완벽) / 150
1유형(완벽) vs 2유형(사랑) / 155
1유형(완벽) vs 3유형(성공) / 160
1유형(완벽) vs 4유형(특별) / 165
1유형(완벽) vs 5유형(관찰) / 171
1유형(완벽) vs 6유형(안전) / 176
1유형(완벽) vs 7유형(행복) / 181

1유형(완벽) vs 8유형(강함) / 186
1유형(완벽) vs 9유형(평화) / 191

2유형(사랑) vs 2유형(사랑) / 196
2유형(사랑) vs 3유형(성공) / 201
2유형(사랑) vs 4유형(특별) / 206
2유형(사랑) vs 5유형(관찰) / 212
2유형(사랑) vs 6유형(안전) / 217
2유형(사랑) vs 7유형(행복) / 222
2유형(사랑) vs 8유형(강함) / 227
2유형(사랑) vs 9유형(평화) / 233

3유형(성공) vs 3유형(성공) / 238
3유형(성공) vs 4유형(특별) / 243
3유형(성공) vs 5유형(관찰) / 248
3유형(성공) vs 6유형(안전) / 253
3유형(성공) vs 7유형(행복) / 258
3유형(성공) vs 8유형(강함) / 263
3유형(성공) vs 9유형(평화) / 268

4유형(특별) vs 4유형(특별) / 273
4유형(특별) vs 5유형(관찰) / 277
4유형(특별) vs 6유형(안전) / 282
4유형(특별) vs 7유형(행복) / 287
4유형(특별) vs 8유형(강함) / 292
4유형(특별) vs 9유형(평화) / 297

5유형(관찰) vs 5유형(관찰) / 303
5유형(관찰) vs 6유형(안전) / 307
5유형(관찰) vs 7유형(행복) / 312
5유형(관찰) vs 8유형(강함) / 317
5유형(관찰) vs 9유형(평화) / 322

6유형(안전) vs 6유형(안전) / 327
6유형(안전) vs 7유형(행복) / 331
6유형(안전) vs 8유형(강함) / 336
6유형(안전) vs 9유형(평화) / 341

7유형(행복) vs 7유형(행복) / 347
7유형(행복) vs 8유형(강함) / 352
7유형(행복) vs 9유형(평화) / 357

8유형(강함) vs 8유형(강함) / 363
8유형(강함) vs 9유형(평화) / 369

9유형(평화) vs 9유형(평화) / 375

■ 에필로그 / 379
■ 참고문헌 / 387

01

에니어그램의 기초

에니어그램이란

에니어그램은 모든 사람의 성격이 아홉 가지 유형 중 어느 것으로 나뉘어 있다는 기본적 사고방식에 입각해서 각자의 감정이나 행동의 원천이 되는 본질을 찾아내는 인간학(人間學)이다. 이 학문은 인간은 누구나 아홉 가지 성격 중 어느 위치에 속해 있으며, 남녀가 반씩 나뉘어 있는 것과 같이 세계 속의 어디에서나 각 성격 유형을 가진 사람은 아홉 가지로 되어 있다는 전제를 바탕으로 한다. 에니어그램이 말하는 성격의 포괄적인 이해와 각 유형의 통합 및 분열의 방향을 깨닫게 된다면 현재의 자신을 이해하는 데 도움이 되고, 더 나아가 우리의 성격을 초월하여 우리 자신을 변화시킬 수 있는 기회를 잡을 수 있다. 이러한 변화를 통한 성격의 개선과 커뮤니케이션 기술을 익혀 평생(생애) 인격 개발, 배우자와 기타 이해관계 간의 구조를 개

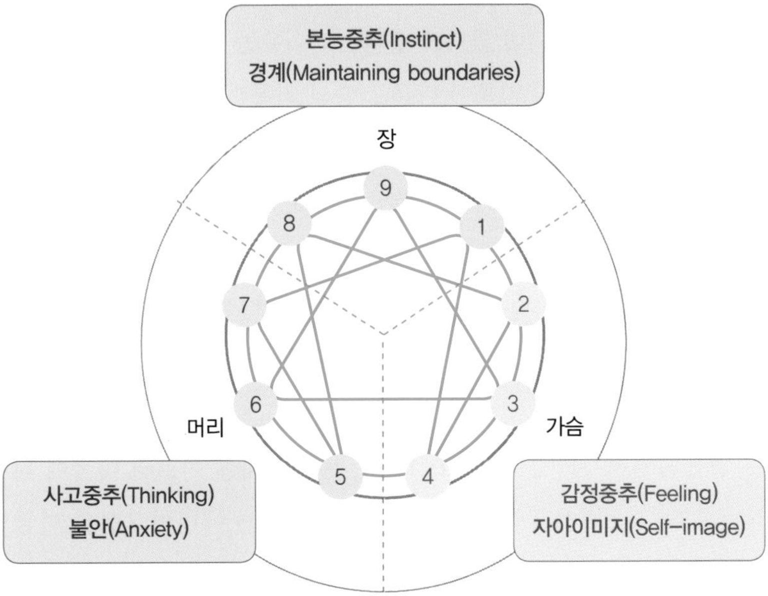

선할 수 있고 직업상담, 가족상담, 교육상담과 경영 및 인사 분야 등에서 개인의 성장에도 유용한 도구로 사용할 수 있다.

에니어그램의 기원

에니어그램의 정확한 기원은 알려져 있지 않다. 그 기원에 대해서는 논란이 많고(일부는 고대에서 비롯되었다고도 하고, 다른 사람들은 중세나 심지어는 현대에 발견된 것이라고 주장하기도 한다) 에니어그램의 기원이 그 당시로부터 변형 없이 정확하게 전해 내려온 것인지에 대해서도 의견이 분분하다. 하지만 한 가지 분명한 것은 에니어그램에서 사용되는, 인간의 본질과 성격을 분석하는 법칙 및 묘사가 인종, 문화, 연령, 성별에 관계없이 어떤 형태로든 인식되어 왔다는 것이다. 인간의 본성과 기능에 대해 이 시스템이 나타내는 모습은 특정한 보편성을 가지고 있는 것으로 보인다.

에니어그램은 BC 2500년경 중동의 신비주의 전통인 수피즘(Sufism) 수도자들에 의해서 엄격하게 구전된 것으로 알려져 있다(Riso, 1992; 이화숙 역, 1993). 기원에 대한 연구들 중 Keyes(1992)의 연구에 의하면, 에니어그램은 수피즘 수도자들에 의해 구전으로 비밀스럽게 전승되어 왔다고 한다. 그 이유는 에니어그램이 글로 쓰일 경우 그 지혜를 잃어 한 스승의 기록이 다른 스승의 기록과 직접적으로 모순을 일으킬 수 있어 몇 명의 사람들이 본래 유형이 아닌 다른 유형으로 지목될 가능성이 있기 때문이었다(이정순 역, 1990). 또한 수피의 스승들은 에니어그램을 개인이 자신에 대해 알 수 있도록 오직 그 사람의 성격 유형에 관해서만 가르쳤다고 한다.

그러던 중 에니어그램을 널리 알리는 데 크게 공헌한 사람은 수피를 공부했던 러시아의 신비주의 학자 Gurdjieff이다. 서방에 알려지게 된 것은 그의 제자 P. D. Ouspensky가 Gurdjieff의 가르침에 대한 기록인 『In Search of the Miraculous』를 1949년에 발행하면서부터였고(Blake, 1996), 1960년대에 이르러 미국에 퍼지게 되었다(Baron & Wagele, 1995). Gurdjieff 이론에 따르는 에니어그램은 미국의 스탠포드 대학교를 중심으로 연구되었고, 1970년대에 그 이론의 전체적인 모습이 복

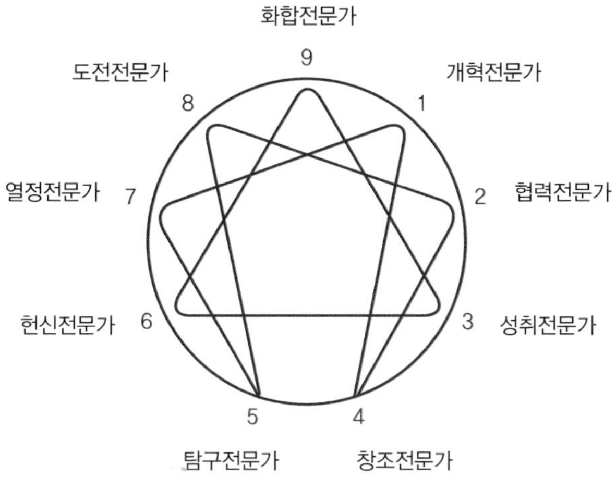

원되었다. 또한 Gurdjieff의 제자 중 한 사람인 J. G. Bennet은 Gurdjieff 사상의 본질을 새롭고 더욱 과학적인 형태로 명료화하고 전달하는 데 노력하였다(Blake, 1996). 현대의 지도자인 Palmer는 캘리포니아 버클리에 있는 'The Center for the Investigation and Training of Intuition'에서 워크숍의 형태인 구전의 방식으로 에니어그램의 지혜를 가르치고 있다.

에니어그램을 서방에 알리는 데 공헌한 다른 지도자로는 Oscar Ichazo와 Claudio Naranjo가 있다. Ichazo는 에니어그램을 칠레에 이어 1970년에 미국에 소개하였고, 몇 년 안에 미 북부지역에 퍼지게 하는 데 공헌하였으며(Riso, 1992), 그는 에니어그램을 에니아곤즈(Enneagons)로 불렀다. Ichazo의 연구 그룹은 현재 칠레의 Arcia 연구소를 중심으로 활발히 활동하고 있다.

또 다른 공헌자인 Naranjo는 캘리포니아 버클리에서 에니어그램을 가르쳤고, 1980년에 DSM-III[1]와 같은 진단영역의 형태로 에니어그램을 병리학적으로 연결하는 데 선구적인 역할을 했다.

현재 에니어그램은 국내뿐 아니라 미국과 유럽, 일본 등에서 활발히 연구가 진행

1) DSM은 Diagnostic and Statistical Manual of Mental Disorders(정신질환의 진단 및 통계 편람)의 약자이다. 미국 정신의학회(American Psychiatric Association: APA)에서 출판하는 서적으로, 정신질환의 기준으로 사용된다. 1952년 최초의 DSM I부터 시작하여 II, III, IV, IV-TR을 거쳐 2013년 5월에 최신판인 DSM-5까지 나왔다.

되고 있으며, 새로운 성격 유형이론으로서 주목받고 있다. 에니어그램과 가장 기본적인 공통점이 많은 MBTI(Myers-Briggs Type Indicator)와 종종 비교되어, 비교 연구도 많이 이루어졌다(Wagner & Walker, 1983). 특히 1991년에는 스탠포드 대학교에서 국제 워크숍이 개최된 이래 에니어그램의 신빙성에 대한 검증이 계속되며 이론을 보급시키고 있고, 2000년에는 에니어그램 세계 대회가 개최되어 지속적으로 확산 중이다. 학문적인 것만이 아니라 현재 GE, AT&T, 모토로라, 제록스 등 대기업에서 인사 관리와 조직운용의 원리로 도입하여 적용하고 있다. 국내에서는 연세대학교에서 에니어그램의 전문가들과 연구자들이 참석한 제1회 에니어그램 워크숍이 개최되었고, 에니어그램을 확산시키기 위해 많은 연구자의 노력이 이어지고 있다. 에니어그램은 그 사용 분야가 점점 늘어나면서 점차 다양한 형태로 진화되어 나가고 있다.

이렇듯 에니어그램이 전 세계적인 호응을 받고 있는 이유는 진정한 내면의 이해를 통하여 자신을 성장시키고 잠재력을 개발할 수 있기 때문이다. 자기의 내면을 올바로 이해하면 자기계발의 방향을 바람직하게 설정할 수 있고 그로 인해 학습의 성과를 더 높일 수 있게 되며, 인간관계의 갈등 원인을 파악하여 이로 인한 어려움도 해결할 수 있게 된다.

에니어그램의 아홉 유형

에니어그램은 원형의 배경에 아홉 개의 꼭짓점을 가지는 도형이다. 이 아홉 개의 꼭짓점에 아홉 가지의 성격 유형이 표시된다[그리스어로 에니어(Ennea)는 숫자 아홉을 뜻하고 그래마(gramma)는 꼭짓점을 의미한다].

프리즘에 백색 빛을 투과하면, 다양한 스펙트럼으로 나타난다. 프리즘에 비유해 본다면 다양한 스펙트럼의 모든 빛깔을 지니고 있다. 다만, 그중에서 하나의 빛깔이 특별히 강해서 각 개인의 고유한 특성을 나타내는 것이다. 이 비유를 신학적인 관점에서 보면, 개개인은 아홉 가지 유형의 신성함을 지니고 있으며, 이 신성함이 아홉 개의 인간적인 특징으로 나타난다. 그리고 철학적인 관점에서 보면, 존재 가치가 있으며 이 가치가 아홉 가지의 본질적인 특성으로 나타난다. 또한 심리학적인 관점에서 보면, 인간의 본성이 아홉 가지의 자연적이고 근본적인 유형으로 나타난다.

이 원형 모델의 성격 패러다임이나 패턴은 어떤 비유를 선택하느냐에 따라 신성함의 아홉 가지 형태, 존재의 아홉 가지 가치, 아홉 개의 현상론적 세계관 또는 관점을 대표한다. 마지막의 관점으로 보면, 이 원형의 근본적인 도식 또는 지도는 가정이나 주요 신념들을 정리해 주는 근간이 된다. 그리고 이 신념은 우리의 인식, 생각, 가치, 감정, 행동에 영향을 미치기도 하며, 심지어는 결정하기도 한다. 이러한 패러다임은 사람들이 자기 자신이나 다른 사람들에 대해 가지는 생각 또는 감정의 중심에 위치해 있다. 또한 타인과 관계 맺거나 시도하는 상호 교류방식도 결정한다. 즉, 각각의 특정한 유형은 이 세상을 살아가는 방식을 의미한다. 경험, 인식, 이해, 평가, 또는 자기 자신, 타인, 그리고 현실에 반응하는 방식이 모두 다른 것이다.

전통적인 지혜를 연구하는 학자들은 원을 통일성, 완벽 그리고 충만함의 상징으로 사용한다. 그러므로 광범위한 인간의 표현 방식을 묘사하는 데 원이 사용되었다는 것은 놀랄 일이 아니다. 재미있게도 현대의 심리학에서는 복잡한 통계적 요인 분석을 이용하여 원형 모델이 인간의 특징을 그림으로 표현하는 데 가장 적합하다는 것을 밝혀냈다.

이 책은 독자가 에니어그램에 대한 어떠한 지식도 없으리라는 것을 염두에 두고 집필했다. 오랫동안 전해 내려오는 지혜(에니어그램을 포함한)와 일부의 인간 발달이나 성격에 대한 현대 심리학 이론에서는 우리의 본질, 진정한 자신과 성격, 사회적인 자신, 거짓된 자신 사이에는 기본적으로 차이가 존재한다고 본다. 먼저, 자연스럽고 진정한 자신의 내면(우리가 선천적으로 가지고 태어난 자신의 모습)을 떠올릴 수 있다. 그리고 사회적인 자신(진정한 자신을 둘러싸고 있는 보호막이자 상처받기 쉬운 자신을 안전하게 보호하는 기능을 가지고 우리를 둘러싼 사회적 환경과 교류하는 역할을 하는)이 있다.

우리의 본질 또는 각 유형의 심장부에는 우리가 생존하고 성공할 수 있게 해 주는 특정한 강점이나 능력이 존재한다. 우리는 이러한 능력과 강점을 이상적이고 높은 가치로 평가하며 이러한 면모에 끌리게 된다. 실제로 이러한 모든 가치는 우리의 중심에 잠재적으로 내재하고 있으며, 이러한 가치를 실제화하고 인식할 능력 역시 모두가 가지고 있다. 하지만 성질에 따라서 우리의 내면에는 이러한 가치의 서열이 존재하고, 그중 일부만을 선호하고 주로 표현하게 된다. 결국 한두 가지 정도의 성격이 다른 성격보다 더 강력하고 중심적이 되는 것이다. 이 선택된 성격이 개개인 인성의 핵심이 되어 개인에게 동기를 부여하기도 하고 경향을 나타내기도 한다. 이 가치들이 바로 핵심 가치 경향이고 우리의 에너지, 인지 능력, 감정적 반응, 행동을 조직하고 이끌게 된다. 그리고 우리가 누구인지, 우리가 어떤 사람이 되고 싶어 하는지의 근간이 된다.

힘의 중심이란

힘의 중심이란 삶을 살아가는 데 있어서 에너지를 얻는 원천을 말한다. 에니어그램의 세 가지 힘의 중심은 머리, 가슴, 장의 신체 기관과 관계가 있다. 그러므로 주요한 문제를 해결하는 데 있어서 머리형은 사고에, 가슴형은 감정에, 장형은 본능에 의존하여 그 기능을 주로 사용한다.

장형(본능 중심)

에너지를 통해 세상을 보고 해석하는 사람들이다. 배는 본능과 관계가 있다. 그래서 이들은 논리적으로 생각하고 계획을 세우기보다는 먼저 몸으로 부딪치는 행동파들이다. 몸의 반응이나 본능적인 느낌에 따라 즉각적으로 행동하는 것이다. 세상을 대하는 이들의 방식은 사람들에게 대항하는 것이며 이들은 다른 사람에게 힘을 행사할 수 있을 때 존중받는다고 느낀다. 그러나 사람들은 이들에게서 종종 압도당하는 느낌을 받는다. 의사결정을 할 때에도 사람 중심이라기보다 일 중심적이며, 주변 사람의 감정보다는 자신의 원칙에 따라 결정을 한다. 사람들과 대화를 할 때에도 공격적이거나 고압적인 말투로 기선을 제압한다.

머리형(사고 중심)

주로 머리에서 힘이 나오는 사람들이며 머리의 주된 기능은 사고이다. 머리 중심의 사람들은 사고의 기능을 사용해서 세상을 바라보고 해석한다. 사고의 기능은 비교하고 분석하는 것이다. 머리 중심의 사람들은 정보를 수집하고 분류하고 계획 세우기를 좋아한다. 이들은 자신의 머리에서 생각할 시간과 공간이 필요하기 때문에 사람들과 떨어져 있으려고 한다. 그래서 이들은 사람들이 자신에게 자신만의 공간을 허용해 주고 지나치게 가까이 가지 않을 때 존중받는다고 느낀다. 머리형은 무엇이든 머리로 이해되어야 행동할 수 있기 때문에 의사결정을 할 때도 논리적인 근거를 바탕으로 한다. 그래서 결정의 근거가 될 수 있는 정보에 관심이 많다. 이들은 대화를 할 때 논리적인 근거나 자료를 인용하기 좋아하고 다른 유형에 비해 객관적이고 매우 공정하게 말하는 편이다.

가슴형(감정 중심)

가슴 중심의 사람들은 심장의 에너지를 통해 사물을 받아들이고 인식한다. 이들은 사람들에게 따뜻한 인상을 주며 미소를 잘 짓는다. 이들은 자신의 이미지에 관심이 많아서 다른 사람에게 어떻게 받아들여질지에 신경을 많이 쓰고 주변의 평가나 의견에 영향을 많이 받는다. 가슴형은 사람들에게 가까이 가려고 하며 그들과의 관계를 통해서 자신의 존재를 확인하려고 한다. 그리고 친밀감을 느낄 때 자신이 존중받는 느낌을 가진다. 이들은 결정을 내릴 때에도 인간관계를 중요하게 여긴다. 그래서 자신의 결정이 주변 사람들에게 어떠한 영향을 미칠지, 다른 사람들이 어떻게 생각할지를 많이 고려하는 편이다. 이들은 대화를 할 때에도 좋은 사람으로 보이기 위해 상냥하고 친절하게 말을 하는 경향이 있다.

세 가지 힘의 중심

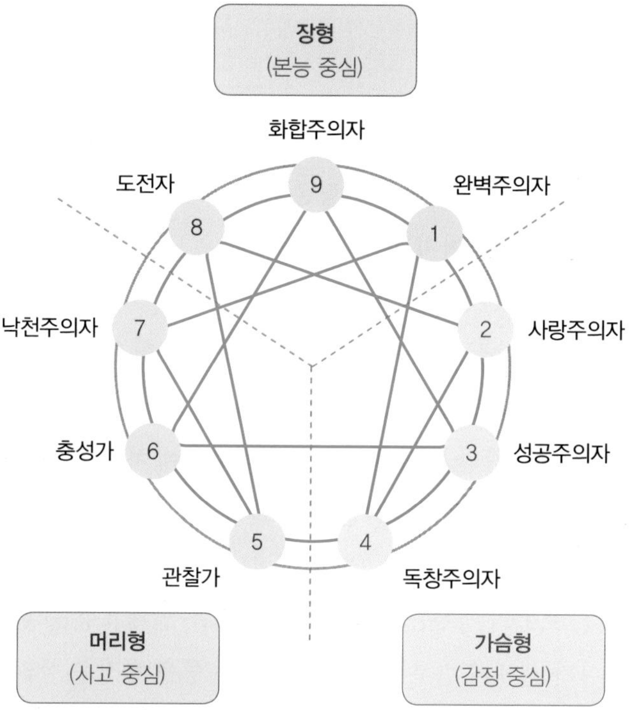
장형
(본능 중심)
화합주의자
9
도전자
8
완벽주의자
1
낙천주의자
7
사랑주의자
2
충성가
6
성공주의자
3
5
4
관찰가
독창주의자
머리형
(사고 중심)
가슴형
(감정 중심)

날개와 화살

에니어그램의 이론에 따르면 모든 사람은 아홉 가지 유형을 모두 갖고 있다. 그중 한 가지가 중심유형으로 굳어지고 나머지 유형들은 날개유형, 화살유형으로 사용하게 된다.

날개란 중심유형 좌우에 있는 유형을 말한다. 중심유형은 날개유형의 특징과 섞이거나 영향을 받는다. 예를 들면, 1번은 2번이나 9번의 날개유형을 가지고 그 특징을 약간씩 지니고 있다. 강한 날개의 특징은 중심유형에 차이를 가져오게 한다. 2번 날개가 강한 1번 유형은 따뜻하고, 남을 더 많이 도우며, 사람들에게 보다 관심을 많이 보인다. 반면에 9번 날개가 강한 1번 유형은 좀 더 관대하고 침착하고 객관적이고 조용한 편이다. 보통의 경우는 인생의 전반부에 두 날개유형 중 한쪽의 날개유형이 강하게 섞이다가 생애 후반부에 다른 쪽 날개유형을 특징을 살리면서 중심유형은 균형을 잡아 간다.

중심유형은 선을 따라 두 개의 다른 유형과 연결되어 있다. 이 두 개의 유형을 화살유형이라고 한다. 긴장을 풀고 있을 때, 또는 성숙해 있을 때 화살이 날아오는 유형의 긍정적인 특징을 갖기 쉽다. 이 유형을 성숙유형이라고 한다. 예를 들면, 1번 유형에게 7번 유형은 성숙유형이다. 매사에 완벽하고 성실하며 화내지 않으려고 노력하는 1번 유형이 성숙하고 느긋해질 때 7번 유형의 긍정적인 특징인 즐거움을 가지게 되고, 자신과 다른 사람들에 대해 덜 비판적이 되며, 보다 자연스럽게 행동하고 삶의 기쁨을 누릴 수 있게 된다.

스트레스를 받는 어려운 상황을 만나게 되면 화살이 가서 닿는 유형의 부정적인 면이 드러나게 된다. 이를 미성숙 상태라고 한다. 예를 들면, 1번 유형이 오랫동안 스트레스를 받거나 원하는 대로 일이 이루어지지 않으면 4번 유형의 단점이 드러나 자신의 분노를 안으로 돌려 우울해진다. 또한 자신이 갖지 못한 것을 갈망하고, 인생에서 좋은 것을 얻지 못할 것이라고 우울해하며 슬픔에 빠진다.

같은 유형은 기본적으로 같은 동기를 가지고 있고 비슷한 방식으로 사람들과 관계를 맺으며 세상을 바라본다. 그러나 한 가지 유형은 기본적으로 화살유형 및 날개유형과 매우 밀접하게 연관되어 있다. 한 유형은 적어도 네 개의 유형과 직접적으로 연결되어 역동적으로 움직인다. 사람을 아홉 가지로 분류하는 것과 마찬가지로 중요한 것은 이 역동적인 움직임이다.

에니어그램은 각 유형을 집착과 회피하는 부분, 방어기제, 미덕, 부속유형 등의 단어로 설명한다. 이 책에서는 주로 힘의 중심과 날개, 화살 그리고 집착과 회피의 용어로 유형 간의 어우러짐과 갈등 상황을 해석하고자 한다.

한 개인의 에니어그램 기본유형은 평생 변하지 않으며 인종과 남녀, 나이를 초월한다. 보통 성격은 변하는 것이라고 오해할 수 있으나 에니어그램에서는 성격은 변하지 않는다고 말한다. 내면의 자아까지 안내하여 본인이 스스로 자아를 발견할 수 있도록 돕는 것이 에니어그램의 특징이다. 자신을 자신이 아는 나와 남들이 아는 나, 그리고 원래의 나로 구분할 수 있다면 에니어그램은 원래의 나를 발견하는 도구인 셈이다. 살아가다 보면 나를 둘러싼 가면과 이미지 때문에, 그리고 하는 일이나 환경에 묻혀서 자신을 잘 모르고 살아간다. 그러면서 그것을 자신이라고 생각할 수도 있다. 인간의 가장 깊은 곳을 들여다보게 해 주는 에니어그램의 세계로 들어가 보자. 그리고 그것이 인간관계에 미치는 영향을 발견하는 것은 즐겁고 신나는 모험이 될 것이다.

에니어그램의 화살유형

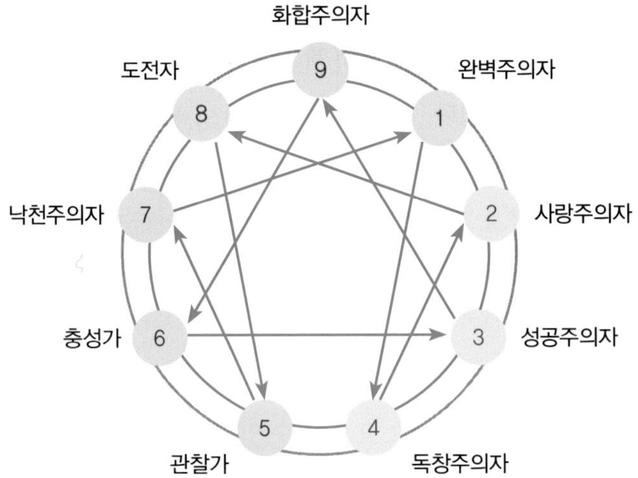

날개: 자신의 유형 양 옆의 유형(예: 자신이 9유형이라면 날개는 8유형과 1유형)

화살의 성숙방향: 1 → 7 → 5 → 8 → 2 → 4 → 1 / 9 → 3 → 6 → 9

화살의 미성숙방향: 1 → 4 → 2 → 8 → 5 → 7 → 1 / 9 → 6 → 3 → 9

02

에니어그램의 9가지 유형

당신의 에니어그램 유형은?

다음 페이지에 있는 진단지는 심리 상태를 진단하거나 개인의 능력을 평가하는 심리검사가 아니다. 자신의 에니어그램 성격 유형을 스스로 파악하는 데 도움을 주기 위한 질문들로 구성된 설문지이다. 그럼에도 진단지라고 하는 것은, 이 질문들이 성격을 보다 객관적으로 파악하게 하여 스스로 성격을 진단하게 만들기 때문이다.

성격 유형에는 좋고 나쁨이 없다. 의식적으로 판단하여 정답을 찾겠다는 마음은 버리고, 편안한 마음으로 답해 보자. 다음의 질문에 당신이 습관처럼 편안하고 자연스럽게 자주 선택하는 경향을 체크하면 된다. 방법은 간단하다. 다음의 각 문항에 표현된 말들이 자신에 대해 얼마나 잘 표현하고 있는지를 1~5의 수로 표현하면 된다. 즉, 강한 긍정에는 5, 약한 긍정에는 4, 중립에는 3, 약한 부정에는 2, 강한 부정에는 1을 적는 것이다.

정말 그렇다	그런 편이다	그저 그렇다	그렇지 않다	전혀 아니다
5	4	3	2	1

1. 나는 어떤 일에서든 빈틈이 있는 것을 쉽게 발견한다. (　　)
2. 나는 일을 할 때 혼자 하는 것보다 여럿이 같이하는 것을 좋아한다. (　　)
3. 나는 나 자신의 발전과 성공을 위해 많은 시간을 할애한다. (　　)
4. 나는 많은 사람 가운데 한 사람이 아니라 유일하게 독특한 사람이다. (　　)
5. 나는 어떤 일을 하든 생각을 많이 하고 집중하고 몰입한다. (　　)
6. 나는 돌다리도 두드려 보고 건너는 안전 지향적인 사람이다. (　　)
7. 나는 즐겁고 재미있는 인생을 살고 싶다. (　　)
8. 나는 리더이고 싶고, 실제로 어디에 가든 리더일 때가 많다. (　　)

9. 나는 나 자신에 대해 '이만하면 됐다'고 생각하며 만족한다. ( )

10. 나는 내가 맡은 일을 다 완수하기 전에는 다른 일을 하기 힘이 든다. ( )

11. 나는 남을 도와줄 때 더욱 활기차다. ( )

12. 나는 성공하기 위해서는 희생을 감수해야 한다고 생각한다. ( )

13. 나는 다른 사람이 별로 하지 않는 고상한 일이나 취미를 좋아한다. ( )

14. 나는 다른 사람들과 어울리는 것보다 혼자 조용히 있는 것을 좋아한다. ( )

15. 나는 일처리 속도가 빠르지 않기 때문에 남들이 답답해하는 것 같다. ( )

16. 나는 새로운 일을 시작하는 것이 두렵지 않고 재미있다. ( )

17. 나는 강한 인생을 살고 싶고, 그럴 만한 자신감도 충분히 있다. ( )

18. 나는 원만하고 어떤 일에서든 타협을 잘하고 양보할 때도 많다. ( )

19. 나는 성실하고 많이 참는 편이다. ( )

20. 나는 남을 칭찬하거나 격려하는 일에 능숙하다. ( )

21. 나는 목표를 정해 놓고 살아가며, 내 목표의 끝은 성공이다. ( )

22. 나는 예술가적인 기질이 다분하며 평범한 것이 싫다. ( )

23. 나는 느낌이나 감정보다 이성적인 사고의 힘을 믿는다. ( )

24. 나는 지나치게 심사숙고하여 일처리가 늦는 편이다. ( )

25. 나는 딱딱하고 고정된 일보다 변화 있고 활력 있는 일이 좋다. ( )

26. 나는 남에게 강한 영향력이 있는 사람이다. ( )

27. 나는 부정적인 말을 싫어하며, 남이 나에게 부정적인 말을 하는 것도 싫다. 그러나 그것을 밖으로 드러내지는 않는다. ( )

28. 나는 원칙에 어긋나는 일은 하지 않으려고 한다. ( )

29. 나는 내 주장을 내세우기보다 다른 사람의 의견에 더 잘 공감한다. ( )

30. 나는 인간관계를 중시하지만, 성공에 방해가 된다면 정리해야 한다고 생각한다. ( )

31. 나는 매우 민감하며 분위기에 약하다. ( )

32. 나는 정보라든가 시간, 돈 등을 아끼는 편이다. ( )

33. 나는 어떤 조직에서든 잘 견디는 편이다. ( )

34. 나는 어린이처럼 명랑하고 즐겁고 재미있다. ( )

35. 나는 매사에 주도적이고, 공격적이며 돌파력이 있다. (　　)
36. 나는 평화롭게 살고 싶고, 주변 사람들과 조화롭게 지내고 싶다. (　　)
37. 나는 남의 말이 옳으면 수긍하지만, 옳지 않으면 받아들일 수 없다. (　　)
38. 나는 남이 나를 찾고 간절히 필요로 할 때 존재감을 느낀다. (　　)
39. 나는 결코 실패하지 않을 것이며, 성공을 위해 효율적인 방법을 찾는다. (　　)
40. 나는 감정 기복이 심한 편이다. (　　)
41. 나는 문제가 생기면 주변에 알리기보다는 혼자 생각하고 해결하는 편이다. (　　)
42. 나는 어떤 일을 할 때 종종 의심이 생기며 그것 때문에 고민에 빠진다. (　　)
43. 나는 계획 세우기를 좋아하고, 미래에 대한 열정이 많다. (　　)
44. 나는 남을 설득하여 내 편으로 만들 자신이 있다. (　　)
45. 나는 편안하게 그냥 있을 때가 가장 좋다. (　　)
46. 나는 일을 시작하면 원리원칙대로 끝내야 한다. (　　)
47. 나는 타인과의 친밀함을 유지하기 위해 나 자신을 희생할 때가 있다. (　　)
48. 나는 빠른 시간 안에 목표한 것을 이룰 자신이 있다. (　　)
49. 나는 다소 비현실적인 꿈을 가지고 있고, 그것을 실현시키고 싶다. (　　)
50. 나는 모든 상황을 다 판단하고 난 후에 행동하는 것이 좋다고 생각한다. (　　)
51. 나는 최악의 상황을 예측하고 그것에 대비해야 마음이 편하다. (　　)
52. 나는 한 가지 일보다 여러 일을 동시에 진행할 때 더 큰 활력이 생긴다. (　　)
53. 나는 내가 필요하다고 생각하면 싸우는 상황이 되어도 두렵지 않다. (　　)
54. 나는 하는 일을 바꾸는 것이 쉽지 않다. 웬만하면 하던 일을 그냥 하기를 원한다. (　　)
55. 나는 화를 내지 않으려고 노력하지만 '욱'하는 일이 많다. (　　)
56. 나는 남이 내가 한 행동에 대해 고마워하지 않으면 깊이 절망한다. (　　)
57. 나는 내가 이룬 결과물이 연봉이나 지위 등으로 나타나길 원한다. (　　)
58. 나는 남들이 인생의 진정한 의미나 가치를 잘 모르고 살아가는 것 같다고 느낀다. (　　)
59. 나는 내 안에 생겨나는 감정을 표현하기가 어렵다. (　　)
60. 나는 나를 정말로 믿어 주고 내가 진실로 믿을 수 있는 사람을 만나면 그를 위해 기꺼이 목숨도 바칠 수 있다. (　　)

61. 나는 슬럼프에서 쉽게 빠져나오며, 슬럼프에 빠진 사람을 도와 빠져나오게 해 준다. ( )
62. 나는 단순하고 우직해서 쉽게 타협하지 않는다. ( )
63. 나는 남들과 싸우는 일은 가능한 한 만들고 싶지 않기 때문에 그들이 하자는 대로 하는 편이다. ( )
64. 나는 어떤 일을 할 때 사소한 것이 어긋나도 신경이 많이 쓰인다. ( )
65. 나는 나를 위해서보다 남을 위해 더 많은 시간을 쓴다. ( )
66. 나는 비교능력이 뛰어나며 성공하는 편에 설 수 있다. ( )
67. 나는 내 자신이 연극 무대의 주인공이라고 생각하고 살 때가 많다. ( )
68. 나는 모르는 사람들과 어울리는 것이 쉽지 않으며, 그 자리를 모면하고 싶어 한다. ( )
69. 나는 나를 설득하거나 이용하려는 사람을 즉각 알아낼 수 있다. ( )
70. 나는 재치와 유머가 삶을 살아가는 데 있어 중요한 요소라고 믿으며, 그렇게 살아간다. ( )
71. 나는 남들이 나를 조롱하거나 비난하면 쉽게 자극을 받아 흥분하며, 그들을 가만두지 않는다. ( )
72. 나는 어떤 경쟁이든 피하고 싶고, 그냥 시간이 흐르면 해결되도록 내버려 둔다. ( )
73. 나는 작은 것에 연연해하다가 큰 것을 보지 못하는 실수도 한다. ( )
74. 나는 다른 사람들에게 꼭 필요한 사람인지에 대해 신경을 많이 쓴다. ( )
75. 나는 일을 능률적으로 하는 것을 좋아하며, 빠른 속도로 완수할 수 있다. ( )
76. 나는 아무리 좋아도 평범하고 남들과 똑같은 것에는 가치를 두지 않는다. ( )
77. 나는 차분하고 조용히 있을 때가 가장 활력이 넘친다. ( )
78. 나는 한결같은 생활태도를 갖는 사람에게 마음이 끌린다. ( )
79. 나는 의무감 때문에 억지로 하는 일에는 성과를 올리기 어렵다. ( )
80. 나는 감각적으로 위기를 느끼며, 위기를 극복하는 최선의 방법은 공격이라고 믿는다. ( )
81. 나는 사람들이 왜 그렇게 아등바등하며 사는지 안쓰럽게 느껴진다. ( )

진단결과 확인

* 다음에 제시된 번호의 합을 각각 구해, 합이 가장 높은 것이 자신의 성격 유형이다.

1, 10, 19, 28, 37, 46, 55, 64, 73번의 합	( )	1유형
2, 11, 20, 29, 38, 47, 56, 65, 74번의 합	( )	2유형
3, 12, 21, 30, 39, 48, 57, 66, 75번의 합	( )	3유형
4, 13, 22, 31, 40, 49, 58, 67, 76번의 합	( )	4유형
5, 14, 23, 32, 41, 50, 59, 68, 77번의 합	( )	5유형
6, 15, 24, 33, 42, 51, 60, 69, 78번의 합	( )	6유형
7, 16, 25, 34, 43, 52, 61, 70, 79번의 합	( )	7유형
8, 17, 26, 35, 44, 53, 62, 71, 80번의 합	( )	8유형
9, 18, 27, 36, 45, 54, 63, 72, 81번의 합	( )	9유형

에니어그램 9가지 유형의 인물 이미지

에니어그램 9가지 유형의 인물 이미지

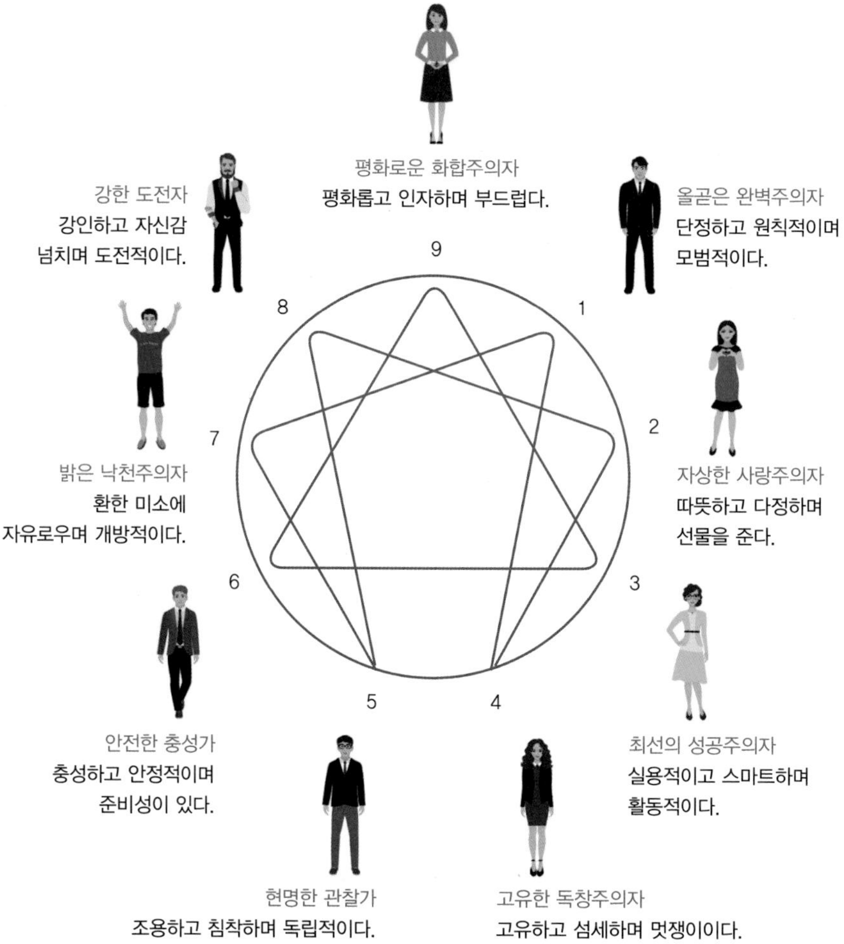

에니어그램 9가지 유형의 심볼

에니어그램 9가지 유형의 심볼

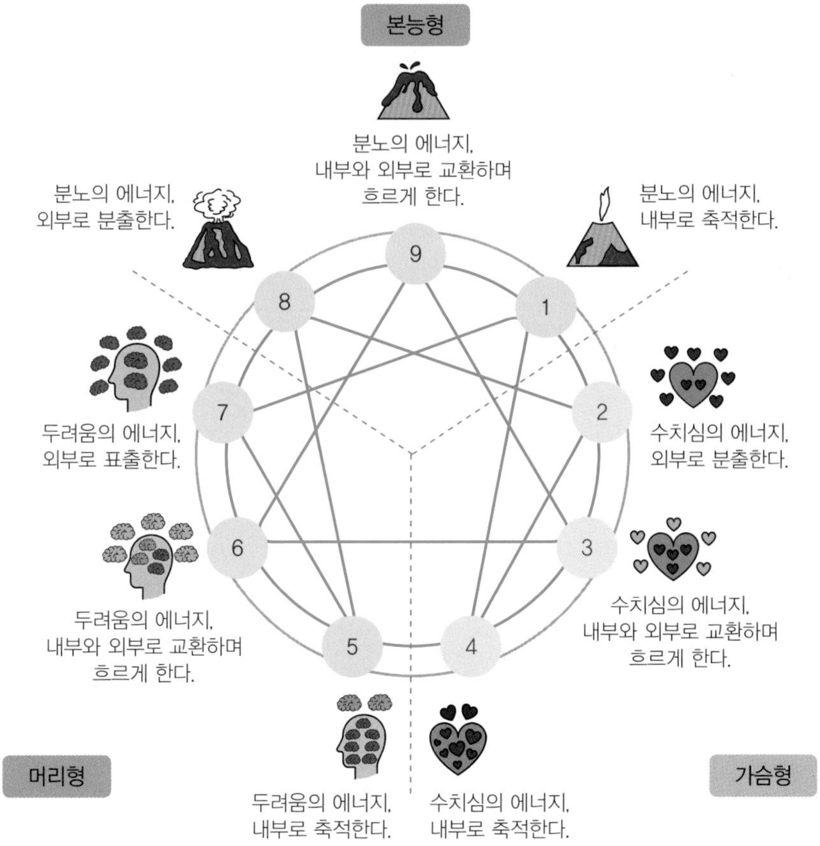

유형 1
올곧은 완벽주의자

1. 1유형의 긍정적인 모습

진지한 / 완벽을 위한 노력 / 책임감 있는 / 이상주의적 / 헌신적인 / 믿을 수 있는 / 양심적인 / 철저한 / 높은 목표 / 고통을 감내하는 / 정확한 / 공정한 / 시간을 잘 지키는 / 인내하는 / 정직한 / 모든 잠재력을 개발하는 / 성실한 / 윤리적인 / 도덕적인 / 명백함을 추구하는 / 높은 기준 / 꾸준하게 노력하는

2. 1유형의 부정적인 모습

지나치게 비판적인 / 완벽주의적인 / 요구가 많은 / 높은 기대치 / 화가 난 / 비현실적인 / 딱딱한 / 고집이 센 / 날카로운 / 엄격한 / 충동에 내몰린 / 간섭하는 / 조급한 / 청교도적인 / 사람을 휘두르는 / 설교적인 / 도덕주의적인 / '해야 할 것'이 많은 / 너무 노력하는 / 지나치게 심각한 / 따지려 드는

3. 긍정적일 때의 핵심 경향

- 당신은 선함에 끌리고 그것을 높이 평가한다. 세상을 좀 더 살기 좋은 곳으로 만들고 싶어 한다. 자신의 잠재력을 모두 찾아내려 노력하고 다른 사람들 역시 잠재력을 찾을 수 있도록 도와준다.

- 당신은 사람들이나 상황이 어떻게 변할 수 있는지를 파악하는 능력이 있고 그러한 현실을 만들기 위해 열심히 노력할 의지가 있다.
- 당신은 고도의 비판 능력을 갖추고 있으며 그렇기 때문에 특정한 수준을 유지하는 데에 노력하며 책임감이 있다.
- 당신은 명확하거나 정확한 점을 짚어 내는 능력이 있다. 당신은 초점과 의도에 있어서 명확하며 정확하기를 좋아한다.
- 당신의 욕구는 세상을 더 좋은 곳으로 만들기 위한 것에 맞춰져 있고, 당신은 그것을 위해 성실을 다해 노력한다.
- 스스로가 가치 있게 생각하는 것에 대한 강한 감정을 가지며 강렬하게 빠져든다.
- 당신은 양심적이고, 헌신적이고, 인내심이 있으며, 믿을 만하다. 그리고 열심히 일하며 부지런하다. 도덕적으로도 청렴한 인생을 살고 싶어 한다.
- 당신은 심각하다. 인생을 높은 목적, 이상향 그리고 목표를 가지고 살아간다. 때로는 힘이 들지만 그 정도는 감당해야 한다고 생각한다.
- 공정함과 정의를 높이 평가한다. 공정하지 못하다는 것은 잘못된 것이다. 바로 잡아야 한다.

4. 부정적일 때의 핵심 경향

- 당신은 선한, 옳은 또는 완벽한 이상형과 자신을 지나치게 동일시할 수 있다. 이것을 다른 무엇보다 중요하게 생각한다. 그래서 당신은 착한 여성이나 착한 남성이라면 흡족해한다.
- 당신은 완벽하게 해낼 수 있지 않은 상황에서는 행동하기를 두려워한다. 부족하다면 채운 후에 하려고 한다.
- 당신은 잘못된 점이나 부족한 점에 너무 집착하여 결과적으로 실제로 있는 것을 제대로 인식하지 못할 수 있다. 그래서 있는 것보다 없는 것이 더 잘 보인다.

- 당신은 무엇이 옳은지 그른지에 대해서 판단하려고 하는 태도를 보일 수 있다. 세부사항이나 모든 것을 바로잡는 일에 지나치게 집착할 수 있다. 그래서 틀린 부분에 대해서 집착을 갖거나 강박적인 태도를 보일 수도 있다.
- 당신은 스스로의 필요, 욕구, 감정을 중요하게 생각하지 않을 수도 있으며, 이것보다 당신이 당연히 해야 한다고 생각하는 '해야 하는 일'을 더 중요시할 수 있다. 따라서 더 도덕적이고 지나친 책임감에 청교도적으로 살아갈 수 있다.
- 당신은 다른 사람들의 인생을 더 좋게(그들의 행복을 위해) 만들기 위해 이것저것 간섭하거나 개입하는 경향이 있다.
- 당신은 지나치게 열정적일 수 있다. 그리고 다른 관점에서 사물을 보려고 하지 않을 수도 있다. 당신은 한걸음 물러서거나 냉정해지는 데 어려움을 겪는다.
- 당신은 지나친 책임감을 느낄 수 있고 일에 중독될 수도 있다. 꼭 이루어져야만 하는 선한 일을 다 하기 위해 시간이 모자라다고 느끼면서 긴장하고 인생을 부담 속에서 살 수 있다.
- 당신은 어떤 상황이나 스스로를 너무 심각하게 생각할 수도 있다. 그래서 놀거나 즐기거나 재미있는 일을 못하게 될 수 있다.
- 당신은 이 세상이 공정하지 않게 돌아가고 있다고 느낄 수 있다. 그런데 이렇게 판단하는 경향 때문에 분노와 화가 쉽게 드러난다.

유형 2 자상한 사랑주의자

1. 2유형의 긍정적인 모습

도와주는 / 이타적인 / 수용하는 / 베푸는 / 희생하는 / 예민한 / 타인 중심적인 / 칭찬하는/ 인정 많은 / 보살피는 / 귀를 기울이는 / 사랑하는 / 격찬하는 / 돌보는 / 대접하는 / 상냥한 / 관계 중심적인 / 동정심 있는 / 지원하는 / 따뜻한 / 기쁨을 주는 / 흔쾌히 받아들이는

2. 2유형의 부정적인 모습

침해하는 / 받기를 거부하는 / 방해하는 / 과보호하는 / 소유하고 싶어 하는 / 괴롭히는 / 조종하는 / 남의 기준에 따르는 / 요구하는 / 필요로 하는 / 피해자 / 숨이 막히게 하는 / 구조하는 / 어린아이 취급을 하는 / 불평하는 / 도움받을 가치가 없는 / 죄책감을 유발하는 / 질투하는 / 대면하지 않는 / 너무 친절한 / 지나치게 상냥한 / 대신 해 주는 / 경계가 없는

3. 긍정적일 때의 핵심 경향

- 당신은 사랑에 끌리고 사랑을 높이 평가한다. 당신은 세상을 더 사랑으로 충만한 곳으로 만들고 싶어 한다. 그래서 타인을 지원하며, 돌보고, 사려가 깊다.
- 당신은 선천적으로 베풀고, 관대하고, 도움을 주는 사람이다. 당신은 타인에게

베푸는 것을 즐긴다. 당신은 자기 자신, 시간, 에너지 그리고 소유물에 대해 관대하다.

- 당신은 사람들을 칭찬하는 재능을 가지고 있고 그들이 스스로에 대해 좋은 느낌을 가질 수 있게 한다. 본능적으로 타인의 재능을 인식하고, 인정하고, 칭찬하고, 격려한다.
- 당신은 타인이 필요로 하고, 원하고, 느끼는 것을 감지하는 직관을 가지고 있다. 그리고 상냥하고 친절하며 조화와 화해를 이루기 위해 노력한다.
- 당신은 사교적이고, 친절하고, 접근하기 쉬운 사람이다. 당신에게는 인생에서 인간관계가 가장 중요하다. 다른 사람들이 성장하는 것을 돕고 그들을 지원하는 것에 즐거움을 느낀다.
- 당신은 남의 이야기를 경청한다. 당신은 진심을 다해서 이야기를 들어주고 그것에 대해 섣불리 판단하지 않는다.
- 당신은 당신의 가치를 스스로 만들어 낸다. 당신은 마치 사랑의 원천처럼 내적으로나 외적인 면에서 사랑으로 충만해 있다.
- 누군가 배고파할 때, 당신은 그들이 스스로 음식을 구할 수 있도록 낚시를 가르친다.

4. 부정적일 때의 핵심 경향

- 당신은 애정 어린, 또는 도움을 주는 이상형을 스스로와 지나치게 동일시할 수 있다. 당신은 애정 어리고 친절한 자신만을 받아들일 수 있다.
- 당신은 강박적으로 도움을 주려고 할 수 있다. 당신은 관심과 승인을 얻기 위해 사랑을 베푼다. 당신은 관심을 줌으로써 보상받기를 원한다. 만일 누군가 배고파한다면, 그들이 이후에도 당신을 찾게 하기 위해서 무엇인가를 제공한다.
- 당신은 상대방에게 보살핌을 제공함으로써 보살핌을 받으려고 한다. 이렇게 함으로써 상대방이 당신을 좋아하도록 조종한다. 또한 타인을 과잉보호하거나

어린아이로 취급하여 그들이 당신에게 의지하게 만들 수 있다.

- 당신은 분노나 실망과 같은 감정을 표출하거나 당신이 싫어하는 타인의 모습을 대면하는 것에 어려움을 겪는다.
- 당신은 적개심이나 분노를 나타내는 것을 힘들어한다. 당신은 타인을 만족시키기 위해 지나치게 노력할 수 있다. 그래서 당신은 스스로의 필요, 원하는 것, 감정에 무심할 수 있다.
- 당신은 혼자 있을 때 초조해진다. 당신은 도와주는 것 외에 달리 관계를 맺는 방법을 모를 수도 있고, 묘한 이야기지만 밀접한 관계를 두려워할 수도 있다.
- 타인을 그들 스스로 성장하게 내버려 두는 것이나 그들이 좌절하는 것을 어려워한다. 그러다가 그들 중에 잘못되는 사람이라도 생기면 자신의 탓 같아서 괴로울 수 있다.
- 당신은 충고하는 경향이 강하다. 도움을 주면서 다른 사람을 조종하려는 욕망이 있고, 당신이 그들을 위해서 한 행동 때문에 그들의 인생에서 중요한 위치를 차지하기를 바란다.
- 당신의 가치는 타인의 필요나 그들의 승인에 의해서 만들어진다. '다른 사람이 나를 필요할 때 나는 특별해진다.'라고 느끼며 사랑은 외부에서부터 다가와서 당신을 충만하게 한다.

유형 3
최선의 성공주의자

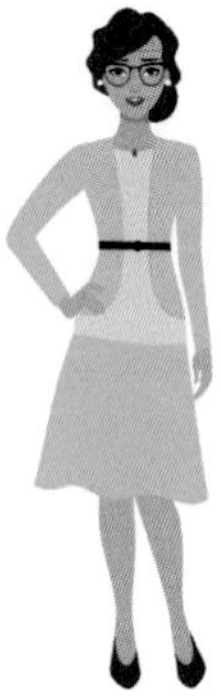

1. 3유형의 긍정적인 모습

효율적인 / 인기 있는 / 성공적인 / 행동력이 있는 / 일을 완수하는 / 다각화된 / 동기부여자 / 다양한 면이 있는 / 열정적인 / 조직화된 / 실용적인 / 자신 있는 / 현실적인 / 이미지를 관리하는 / 목표 지향적인 / 근면한 / 에너지가 충만한 / 팀을 구축하는 / 관리자 / 경쟁적인

2. 3유형의 부정적인 모습

기계적인 / 스스로를 드러내는 / 앞서 나가는 / 계산적인 / 빨리 하는 / 성급한 / 성공 지향적인 / 적당한 / 요령 있는 / 일 중독자 / 정치적인 / 카멜레온 같은 / 잘못 전달하는 / 교묘한 / 성과를 지나치게 올리려 하는 / 평판을 중시하는 / 역할 놀이를 하는 / 변신하는 / 감정을 무시하는

3. 긍정적일 때의 핵심 경향

- 당신은 효율성, 생산성, 근면함, 경쟁력을 높이 평가하고 그것에 끌린다. 선천적인 조직화 능력을 가진다.
- 당신은 일을 시작하기도 잘하지만 일을 마무리하여 완수하는 능력을 가지고 있다.

- 당신은 좋은 영업사원이 될 수 있다. 당신은 자신감과 경쟁력을 보이기 때문에 사람들이 당신과 당신의 상품을 사려고 할 것이다.
- 당신은 팀 플레이어이다. 팀의 리더로서 당신은 팀을 조직하고, 운영하고, 동기부여할 수 있다. 팀의 일원으로서는 스스로의 책임을 완수해 낸다.
- 당신은 에너지로 충만해 있다. 당신은 일을 성취하고 타인에게 동기를 부여하는 능력이 있다.
- 당신은 사람들이 무엇을 기대하는지에 대한 직관을 가지고 있다. 성공하기 위해서 어떤 이미지를 보여야 하는지를 본능적으로 알고 있다.
- 당신은 낙관적이고, 열정적이며, 자신감이 넘친다. 친절하고, 집단생활을 좋아하며, 사교적이다. 또한 적응력이 뛰어나다. 일을 성취하기 위해 협상하고 양보할 줄도 안다.
- 당신은 어려운 일도 완수할 능력이 있다. 당신은 프로젝트와 목표에 대해 엄청난 열정을 가지고 있다.

4. 부정적일 때의 핵심 경향

- 당신은 성공적이고 생산적인 이상형과 자신을 지나치게 동일시할 수 있다. 결국 자신이 누군가보다는 자신이 무엇을 하는가에 의해서 스스로의 가치를 평가할 수 있다.
- 당신은 지나치게 효율적, 기계적이 될 수 있고 당신의 모든 것이 프로그램화될 수 있다.
- 당신은 사람을 프로젝트로 대체할 수 있다. 지나치게 일 중심이 되므로 자신과 일을 혼동하는 실수를 범할 수 있다.
- 당신은 판촉하는 성격이 될 수 있다. 당신의 가치는 얼마나 스스로를 잘 팔고 스스로가 얼마나 팔 만한 가치가 있는지에 의해 결정된다.
- 당신은 스스로의 자아를 잃고 그룹의 이미지에 맞추려고 하거나 그룹이 원하

는 이미지로 스스로를 변형시키려 할 수 있다.

- 당신은 항상 준비 태세를 갖추고 있어야 한다. 당신은 속도를 늦출 수 없고 쉬기를 두려워한다. 당신이 생각하는 가장 중요한 생산물은 진전이다.
- 당신은 공적인 마스크를 씌움으로써 스스로의 자아를 잃고 스스로를 배신할 수 있다. 특히 성공적인 이미지를 그리기 위해 타인과 자신을 배신할 수 있다.
- 당신은 카멜레온과 같은 성격을 지니고 있다. 특정한 역할을 위해 스스로의 내면을 양보하고 배신할 수 있다. 그래서 인간관계는 실용주의적이고 외형적일 수 있다.

유형 4
고유한 독창주의자

1. 4유형의 긍정적인 모습

예민한 / 멋진 / 독창적인 / 창조적인 / 열정적인 / 세련된 / 금상첨화 / 직관력 있는 / 열중하는 / 그리운 / 친절한 / 심미적인 / 센스가 좋은 / 교양 있는 / 특색 있는 / 자기 표현적인 / 감성적인 / 탐구적인 / 귀족적 / 분위기 있는 / 고혹한 / 감수성이 뛰어난 / 몰입하는

2. 4유형의 부정적인 모습

유별난 / 속물인 / 까다로운 / 냉담한 / 비탄 / 극적인 / 억제하는 / 과장하는 / 주의를 지나치게 의식하는 / 독점적인 / 변덕이 심한 / 불평하는 / 잘난 척이 심한 / 철저한 / 거만한 / 신경질적인 / 지나치게 감정적인 / 의존적인 / 오해를 받는 / 감정기복이 심한 / 우울한 / 이상야릇한

3. 긍정적일 때의 핵심 경향

- 당신은 매우 개인주의적이며 독창성을 선호한다. 당신은 자신이 관여된 모든 것에 접촉하려고 한다. 가치에 대한 천부적인 감각이 있다. 당신은 멋있고 품위 있다.
- 당신은 시처럼 일반적인 것을 색다른 것으로 바꿀 수 있는 능력이 있다. 당신

은 조개를 진주로 바꾸듯이 평범한 것을 특별하게 바꿀 수 있다.

- 당신은 아름다움을 선호하며 찬양한다. 당신은 세계를 더 아름다운 곳으로 만들고 싶어 한다. 당신은 미적인 분야에 있어 매우 발달해 있다.
- 당신은 창조적이고 상상력이 풍부하다. 당신은 감정을 다양한 방식으로 표출하는 것을 즐긴다.
- 당신은 감성적인 직관이 강하다. 당신은 자신과 집단의 무의식에 항상 접촉하고 있다.
- 당신은 집단의 감정, 분위기, 경향, 정신에 쉽게 동화할 수 있다.
- 당신은 상처, 고통, 상실, 슬픔과 같은 연약한 감정에 민감하다.
- 당신은 인생에 긴장감이 있고 반전이 있다. 또한 인생의 모든 비극적인 요소를 잘 분별할 수 있다. 이런 희노애락(喜怒哀樂)을 잘 표현할 수 있으며 예술로 발전시킬 수 있는 감성을 가지고 있다.
- 당신은 인생에 대해 강한 감정적인 동조를 느낀다.
- 당신은 낭만적이고 시적이며 회상적이다.
- 당신은 현재에 최선을 다하고 감정적으로 느껴지는 것에 모든 것을 걸 수 있을 정도로 몰입감을 가지고 있다.

4. 부정적일 때의 핵심 경향

- 당신은 특별하다는 이상화된 자아상 때문에 모든 것을 지나치게 확신한다. 당신은 물론 타인에게 본질에 대한 이상야릇하고 까다로운 모방으로 인식될 수도 있다.
- 당신은 자신이 독특하고 특별하지 않으면 아무것도 아니라고 믿는다. 당신의 주체성과 가치는 자신이 얼마나 특별한가에 달려 있다.
- 당신은 아름다운 것을 찾는 심미가가 되어서 예술적인 감각을 인위적으로 기를지도 모른다. 세속적인 삶에서 벗어나기 위해 예술과 미를 숭배한다.

- 당신은 다른 이의 낮은 식견과 속물적인 취향 때문에 그들을 무시할지도 모른다. 당신은 이들을 볼품없다고 간주할 수도 있다.
- 당신은 자신이 너무 감각적이고 경험이 풍부하다고 생각한 나머지 단순한 단어로는 이를 표현할 수가 없다고 생각한다.
- 당신은 남들이 자기와 같이 깊은 경험을 하지 못해서 자신이 오해받는다고 생각하는 경우가 있다.
- 당신은 자신이나 남의 감정에 압도당해서 그것으로부터 헤어나지 못할 수도 있다.
- 당신은 쉽게 우울해진다. 당신은 자신이 고통당하는 것을 특별하다고 생각한다. 그래서 실제 삶이 아닌 우울하거나 낭만적인 공상 속에서 살지도 모른다.
- 당신은 과장하거나 소설 같은 형식으로 극화한다. 이런 극적인 요소는 흥미를 창조하고 지루함을 없애 주며 자신을 특별하게 만드는 데 일조한다.
- 당신의 강렬한 감정은 남들에게 거부감을 조성할 수도 있다. '나는 느낀다, 고로 존재한다.'
- 당신은 현재에서 부족한 것에 집중한다. 당신은 과거에 놓쳤던 이상향에 대해 향수를 느끼고 현재에서 그것을 채우려고 할지도 모른다. 당신은 미래보다 과거를 회상한다.

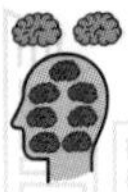

유형 5
현명한 관찰가

1. 5유형의 긍정적인 모습

사려 깊은 / 신중한 / 학구적인 / 명백한 / 묵상적인 / 지성적인 / 이해력 있는 / 탐구적인 / 주제를 아는 / 분별 있는 / 철학적인 / 주의 깊은 / 지각력 있는 / 재치 있는 / 차분한 / 핵심을 찌르는 / 견문이 넓은 / 도리에 맞는 / 분석가 / 논리적인 / 침착한 / 객관적 / 이성적

2. 5유형의 부정적인 모습

독단적인 / 은둔적인 / 인색한 / 추상적인 / 과하게 동떨어진 / 이지적인 / 감정이 없는 / 대화가 통하지 않는 / 무관심한 / 탐욕스러운 / 책임회피적인 / 숨겨진 / 냉정한 / 독점적인 / 성급한 / 간접적인 경험 / 미루는 / 지체하는 / 오만한 / 감정을 두려워하는 / 타협이 안 되는 / 거리 두는

3. 긍정적일 때의 핵심 경향

- 당신은 지혜, 지식, 이해를 중요시하고 또 그것에 끌린다. 당신에게 있어서 지성은 인간 최고의 재능이다. '나는 생각한다. 고로 존재한다.'
- 당신의 열정은 곧 정신이다. 따라서 지각이 예민하고 통찰력이 있으며 독창적인 사상가이다.

- 당신은 객관적이고 냉정하게 관찰할 수 있는 능력이 있다. 또한 당신은 진실된 것을 발견하길 원한다.
- 당신은 다양한 관점과 동떨어진 요소를 추상하고 종합하고 통합하는 일에 능숙하다.
- 당신은 공평하며 주관적인 판단을 피한다. 항상 객관성을 유지하며 감정과 사실을 분리해 낸다.
- 당신은 남의 말을 잘 들어 준다. 당신은 상냥하고 침착하며 위협적이지 않다.
- 당신은 문제의 근본이나 핵심에 도달할 수 있는 능력이 있다. 당신은 기반 지식을 얻기 위해 외부 항목을 꿰뚫어 볼 수 있다.
- 당신은 본연적인 주제가 무엇인지에 대해 명료하고 깔끔하고 간결하게 설명할 수 있다.
- 당신은 독립적이며 재치가 있다. 그리고 고독을 감사해한다. 그 시간을 통해 무엇인가 더 나은 것을 발견하고 알고 싶어 하고 이해하려 한다.
- 당신은 겸손하고 믿음직스러우며 주제넘지 않는다. 할 수 있는 말만 하고 일을 할 때 나서거나 타인을 간섭하지 않는다.

4. 부정적일 때의 핵심 경향

- 당신은 현명하고 통찰력 있다는 이상화된 자아상을 지나치게 인식할지 모른다. 당신은 너무 머리에 의존한 나머지 감정과 몸이 있다는 사실을 잊어버릴 수 있다.
- 당신은 과도하게 지성적이다. 그래서 자신의 감정을 두려워하거나 멀리할지도 모른다.
- 당신은 지나치게 분석적이거나 회의적일 수도 있다. 당신의 의구심은 행동을 방해할지도 모른다.
- 당신은 남의 직관이나 의견을 인정하지 않으려고 할 수도 있다.

- 당신은 인생에 직접적으로 참여하지 않고 단지 관찰하거나 멀찌감치 떨어져 있을지도 모른다. 일정한 거리를 유지하므로 차가운 느낌을 줄 수 있다.
- 당신은 모든 사실을 파악하기 전까지는 결정을 미루거나 행동하지 않을 수도 있다. 당신은 무엇인가를 하기 전에 모든 것을 알려고 한다.
- 당신은 자신의 입장을 드러내기를 꺼린다. 많은 것을 알기 전에는 말이다.
- 당신은 다른 사람에게 나누어 주는 것이 힘들 수 있다. 특히 정보나 시간 그리고 돈을 나눔에 있어서 힘이 든다.
- 다른 사람과의 관계에서 교류를 피하려고 할 수 있다. 사람들이 많이 모이는 장소나 잘 알지 못하는 사람이 있을 경우 그 자리에 안 나가거나 피할 수 있다.

유형 6
안전한 충성가

1. 6유형의 긍정적인 모습

조심성 있는 / 준비된 / 의지가 되는 / 양심적인 / 전통적인 / 안정적인 / 신을 두려워하는 / 매력적인 / 신뢰가 가는 / 세심한 / 성실한 / 존경할 만한 / 책임감 있는 / 참을성 있는 / 믿음직스러운 / 선의의 / 분별 있는 / 권위를 아는 / 사려 깊은 / 가족주의 / 유비무환 / 충성을 다하는

2. 6유형의 부정적인 모습

독단적 / 경계적인 / 의심 많은 / 보수주의적인 / 융통성 없는 / 제한적인 / 틀에 박힌 / 흑백논리의 / 비극적인 / 불안한 / 권위주의자 / 현상유지의 / 공포를 갖거나 공포를 전달하는 / 걱정 많은 / 소심한 / 불확실한 / 비관적인 / 수동적인 / 우유부단한 / 선택을 힘들어하는

3. 긍정적일 때의 핵심 경향

• 당신은 성실함을 추구하고 이를 최고의 가치로 여긴다. 당신은 책임을 영광스럽게 여긴다.
• 한번 약속을 하면 꼭 지킨다. 무언가를 한다고 말하면 당신은 그것을 하고야

만다.

- 당신은 인간관계에서도 신뢰를 받는다. 당신은 친절한 접대인 역할을 할 수 있다. 당신은 손님을 최대한 보호해 준다. 당신은 성실하고 자신의 목적과 집단을 위해 헌신한다.
- 당신은 남을 돌보고, 도와주고, 부모처럼 대해 줄 수 있다.
- 당신은 헌신적인 추종자이거나 지도자의 자질이 있다. 당신은 맡은 일이나 약속한 일에 대해 막대한 신뢰를 받는다.
- 당신은 외면적인 권위에 대해 균형 잡힌 시각을 가지고 있고 자신의 내면적인 능력을 믿는다.
- 당신은 신중하고 조심스럽다. 언제나 법과 명령을 준수한다.
- 당신은 개인적이거나 국가적인 유산에 대한 감사한 마음을 가지고 있다. 자신의 과거를 영광스럽게 여긴다.
- 당신은 교양 있는 사람이다. 당신은 타인에게 믿음직스럽고 숭배받는 사람이다.
- 당신은 언제든지 준비가 되어 있고 위험에 대처하고 있다.
- 당신은 항상 충실하고, 자신감에 가득 차 있으며, 견실하고, 매우 협조적이다.

4. 부정적일 때의 핵심 경향

- 당신은 성실하고 자기 임무를 다해야 한다는 이상화된 자아상을 지나치게 의식할 수 있다.
- 당신은 융통성이 부족하고 생각이 딱딱할 수 있다. 당신에게 있어서 성실성을 바꾸거나 바꾸려 생각해 본다는 것은 힘든 일이다.
- 당신은 현실과 인간관계를 친구와 적, 동업자와 경쟁자, 자신에게 찬성하는 사람과 반대하는 사람으로 양극화할 수 있다. 자신의 테두리 안에 있는 이들은 받아들이고 밖에 있는 사람들은 배척할지도 모른다.
- 당신은 과잉 보호적이고, 꽉 막히고, 제한적인 사람이 될 수도 있다.

- 당신은 독재자가 되거나 반독재자가 될 것이다. 당신의 신념과 헌신은 맹목적이거나 그릇된 이상과 결합될 수 있다.
- 당신은 권위를 지나치게 두려워하거나 의지할 수도 있다. 또한 권위자가 그 권위에 적합하거나 당신의 충성을 받을 자격이 있는지 계속해서 살핀다.
- 당신은 구조나 질서에 대한 것을 지나치게 병적인 상태로 과장할 수 있다.
- 당신은 지나치게 보수적이 될 수도 있다. 당신은 새로운 것을 두려워하거나 불편해할 수도 있다.
- 당신은 지나치게 위험한 것을 경계하고 두려움과 경각심을 확산시킬 수 있다. '조심하지 않으면 다친다.' 따라서 항상 걱정할 수 있다. 당신은 사물이나 사건 자체를 두려워한다.
- 당신은 지루하고 심각하고 순종적일지도 모른다. 당신은 자신의 자발성을 제한한다.
- 당신은 과도하게 비판적이거나 반항적인 사람일 수 있고 심하게 전통적이거나 보수적일 수도 있다.
- 당신은 사적인 영역에 집착한다. 당신은 혼자만의 공간과 익명성을 지나치게 추구한다.
- 당신은 사람들로부터 떨어지려는 경향을 지나치게 키워 왔다. 그리고 당신은 어떤 영향이나 단정 없이는 앞으로 나아가지 못한다.

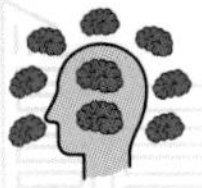

유형 7
밝은 낙천주의자

1. 7유형의 긍정적인 모습

근심 걱정 없는 / 사교적인 / 긍정적인 / 친절한 / 감사하는 / 열렬한 / 즐거움을 지향하는 / 창조적인 / 유머가 있는 / 공상적인 / 유쾌 상쾌 통쾌 / 사교적인 / 활기찬 / 상상력이 풍부한 / 계획적인 / 기쁨에 찬 / 밝은 / 모험하는 / 자발적인 / 시작하는 / 반응하는 / 개방적인 / 자유로운

2. 7유형의 부정적인 모습

변덕스러운 / 수다스러운 / 자기중심적인 / 공상가 / 난해한 / 주목받길 원하는 / 멍 때리는 / 사치에 빠진 / 산란한 / 산발적인 / 제멋대로인 / 현실적이지 못한 / 경솔한 / 어떤 곳에서 이탈하는 / 충동적인 / 즉흥적인 / 무책임한 / 장난이 심한 / 예의 없는 / 고통 회피 / 마감하지 못하는

3. 긍정적일 때의 핵심 경향

- 당신에게 있어서 삶의 목적은 그것을 즐기는 것이다. 당신은 즐거움을 찬양한다. 당신에게는 환희, 광채 그리고 삶의 기쁨이 있다. 당신은 성장, 희망, 부활을 예찬한다.

- 당신은 삶을 축하한다. 삶에 대해 매우 감사하고 있다. 모든 것이 선물로 여겨진다.
- 당신은 세계에 대해 마치 아이와 같이 반응한다. 당신은 사물의 직접성과 밀접하다.
- 당신은 삶에 대한 긍정적인 전망을 가지고 있다. 당신은 불행 뒤에 올 행복을 찾을 수가 있다. '두 죄수가 쇠창살 밖을 볼 때 한 명은 진흙탕을 봤고 다른 이는 별을 봤다.'
- 당신은 창조적인 상상력을 가지고 있으며 참신한 생각으로 가득 차 있다.
- 당신은 활기차고 쾌활하며, 생기가 있다. 친절하고, 사교적이며, 남을 웃기는데 소질이 있다.
- 당신은 타고난 연예인이자 이야기꾼이다. 또한 몽상가이며 장기적인 계획을 잘한다.
- 당신은 무한한 가능성을 창출할 수 있다. 당신은 직관력이 있는 사람이다.
- 당신은 그 어떤 심각한 것도 즐거움으로 바꿀 수 있다. 아홉 가지가 잘못되어도 한 가지의 장점이 있으면 그것을 가지고 새로운 창조의 꽃을 피울 수 있다.

4. 부정적일 때의 핵심 경향

- 자신이 '괜찮다'는 이상화된 자아상과 동일시할 위험이 있다. 당신은 원칙의 한계를 넘어서서 쾌락에 지나치게 집착하게 될지도 모른다.
- 당신은 쾌락에 중독될지도 모른다.
- 당신은 원하는 것을 쟁취하기 위해 고생을 감수하려고 하지 않을 수도 있다.
- 당신은 계획을 파악하기 위해 필요한 지겨운 업무를 향한 기본적인 순서를 따르려고 하지 않을지도 모른다. 씨앗은 금방 자라났지만 뿌리가 내려앉지 않았기 때문에 금세 시들었다.
- 당신은 즐거움이나 격정, 위안, 환희만을 믿고 성장이 춥고 어두운 고요 속에도

존재한다는 사실은 망각하곤 한다.

- 당신의 컴퓨터는 완벽한 상태이며 멋지지 않은 것은 그 안에 존재하지 않는다. 당신은 낙천가로서의 강박관념에 사로잡혀 세상을 장밋빛 안경을 쓰고 볼 수도 있다.
- 당신은 계획과 구상을 현실이나 실행과 혼동할지도 모른다. 계획하는 것만으로는 보이는 것으로 나타나지 않는다.
- 당신은 고통과 괴로움의 어두운 면을 보려고 하지 않는다. 그래서 삶이 아닌 이야기 속을 살아갈지도 모른다.
- 당신의 인간관계는 표면적으로만 지속될지도 모른다. 'Hail fellow well met'
- 당신은 진지한 일 대신 자유로운 연상을 즐길 것이다.
- 당신은 여러 가지 취미를 가질 수도 있으나 어느 한 가지를 완벽하게 소화하거나 끝마치지 못할지도 모른다.

유형 8
강한 도전자

1. 8유형의 긍정적인 모습

힘찬 / 관대한 / 의지력이 강한 / 솔직한 / 진지한 / 자기주도성 / 리더십이 있는 / 스스로 하는 / 정의로운 / 자율적인 / 올바른 / 영향력 있는 / 소탈한 / 근면한 / 두려움 없는/ 빠른 행동력 / 대담한 / 자신 있는 / 유능한 / 짐을 짊어지는 / 책임감 / 약자를 보호하는

2. 8유형의 부정적인 모습

앙심을 품은 / 약자를 괴롭히는 / 세련되지 못한 / 둔감한 / 남자다움을 과시하는 / 말을 듣지 않는 / 과도한 / 냉담한 / 보복하는 / 거친 / 소유욕이 강한 / 괴롭히는 / 싸우기를 좋아하는 / 협박하는 / 독재적인 / 시끄러운 / 쩨쩨한 / 퉁명스러운 / 도발적인 / 일방통행 / 듣지 않는

3. 긍정적일 때의 핵심 경향

- 당신은 힘에 끌리고 그것을 높이 평가한다. 당신은 그것을 어떻게 얻어야 하고, 유지해야 하고, 사용해야 하는지 안다.
- 당신은 긍정적인 면을 불러일으키기 위해 당신의 영향력을 이용한다.
- 당신은 여성 리더, 남성 리더와 같은 책임감 있고 강인한 리더를 만들어 낸다.

- 당신은 자신감이 있고, 자기 자신에 대해 확신하며, 건강한 자기 이미지를 가지고 있다.
- 당신은 독립적이고 자율적이다. 당신은 독자적인 사람이 되는 것에 가치를 둔다.
- 당신은 관대하며, 공동체를 건설하고 기여하기 위해 당신의 개인적 힘을 사용할 수 있다.
- 당신의 다른 사람들이 훌륭한 일을 수행하도록 고무시키는 능력을 가지고 있다.
- 당신은 직접적이고 솔직하고 정직하며, 있는 그대로 이야기한다.
- 당신은 다른 사람들이 자신을 따라오게 할 수 있는 자질이 뛰어나고 힘을 내도록 격려하며 용기를 북돋는다.
- 당신은 진짜 문제에 돌입하기 위해 거짓된 것을 잘라 낼 수 있다. 당신은 '거짓은 안 된다.'라고 믿는다.
- 당신은 도전으로 인해 강건하다. 당신은 어려운 상황을 담당해 낼 수 있다. 모든 일을 호감, 열정, 훌륭한 에너지를 가지고 해낸다.
- 당신은 자기주장이 강하고 자신이 원하는 것을 어떻게 얻어야 하는지 알고 있다.
- 당신은 약자에 대하여 걱정하고 그들의 이익을 대변하고 그들을 위하여 싸울 것이다.

4. 부정적일 때의 핵심 경향

- 당신은 강하고 능력 있는 이상형과 자신을 지나치게 동일시할 수 있다. 이것이 다른 무엇보다 중요하다고 여긴다. 당신은 힘에 중독되어 다른 사람을 조종하기 위해 힘을 사용하고 그 힘에 의존할 수 있다.
- 당신은 다른 사람을 돕기 위해서가 아니라 당신 자신을 보호하기 위하여 힘을 사용한다.

- 당신은 약자를 괴롭히는 독재자가 될 수 있다. 또한 당신의 존재는 절대적이고 위협적일 수 있다.
- 당신은 독립성을 과장되게 표출하고 자기 자신의 일을 한다는 것에 자랑스러워할 수 있다.
- 당신은 자기 자신을 확대하여 공동체의 이익에 맞지 않게 당신의 힘을 사용할 수 있다.
- 당신은 다른 사람에게 거절할 수 없는 제안을 함으로써 그들을 강제할 수 있다. 당신은 협박으로 영향을 미칠 수도 있다.
- 당신은 지나치게 둔감하고 미숙할 수 있다.
- 당신은 다른 사람에 대하여 폭로하면서 그들에 대한 보호나 상처받음에 대해서는 둔감할 수 있다.
- 당신은 남에게 함부로 대하거나 다른 사람들을 이간질시킬 수 있다.
- 당신은 공격적이다. 당신은 가장 크게 소리를 치기 때문에 남들에게 잘 들릴 수밖에 없다.
- 당신은 때때로 최고 권력을 가지고 다른 사람을 억압한다. 그리고 다른 사람들이 당신을 따르도록 강제하고 최면을 걸 수 있다.
- 당신은 당신의 방침대로 사람들을 이끌고 이용한다.

유형 9
평화로운 화합주의자

1. 9유형의 긍정적인 모습

인내심 있는 / 잘 받아들이는 / 거만하지 않은 / 너그러운 / 협상에 능한 / 관용적인 / 내색하지 않는 / 평화로운 / 용기를 주는 / 조화로운 / 겸손한 / 침착한 / 객관적인 / 간섭하지 않는 / 흥분하지 않는 / 온화한 / 확립된 / 철저한 / 편안한 / 예상에 집착하지 않는

2. 9유형의 부정적인 모습

미루는 / 과도하게 유동적인 / 야합하는 / 게으른 / 결정하지 않는 / 수동적 공격성 / 힘없는 / 고립된 / 흐트러진 / 둔감한 / 분노를 억압하는 / 건망증이 있는 / 지루한 / 물러나는 / 따분한 / 무분별한 / 어느 편도 아닌 / 고집 센 / 태만한 / 입장을 알 수 없는 / 장황한

3. 긍정적일 때의 핵심 경향

- 당신은 질서의 평온인 평화를 소중히 한다.
- 당신은 여러 가지 일이 동시에 진행될 때의 조화에 대한 직관과 인식을 가지고 있다.
- 당신은 교류를 할 줄 안다. 당신은 반대 세력을 조절할 줄 알고 한 이슈에 대하

여 두 진영을 모두 볼 수 있다.
- 당신은 허락할 줄 안다. 당신은 사람들이 자신의 방식과 속도대로 해결하도록 간섭하지 않는다.
- 당신은 낙관적이고 사람들에게 자유와 공간을 주어 그들이 이끌어 나가도록 한다.
- 당신은 침착하고 안정된 상태를 가진다.
- 당신은 개인적 판단을 피하고 수용할 줄 알며, 한쪽에 치우치지 않고 열린 자세로 듣는다.
- 당신은 매 순간의 뉘앙스를 주의 깊게 이해할 줄 안다.
- 당신의 개인적 선호나 느낌에 다른 사람 및 주변 환경과의 조화를 맞출 줄 안다.
- 당신은 서로 다른 진영 모두에게 맞는 제안을 할 수 있는 감각이 있다.
- 당신은 지구의 소금과 같은 사람이다. 즉, 겸손한 사람이다. 당신은 온화하고 자랑할 필요가 없다. 있는 것 자체로 더하거나 빼지 않는다.

4. 부정적일 때의 핵심 경향

- 당신은 이상화된 자기 이미지가 확립되었고 어떤 종류의 갈등도 꺼려한다고 과장되게 간주할 수 있다.
- 당신은 지나치게 동의할 수 있다. 당신은 동의를 하든지 안 하든지, 따르든지 따르지 않든지 두 가지의 가치가 서로 함께 존재함을 경험했다.
- 당신은 지위를 획득하거나 진영을 선택하는 데 어려움을 겪을 수 있다. 당신은 우유부단하거나 어떤 결정을 내리는 것을 연기할 수 있다.
- 당신은 삶에 대하여 수동적인 자세를 취하고 가장 저항이 적은 길을 선택할 수 있다. 당신은 확신이 없고 당신의 이익이 방해받는 것을 원하지 않는다. 당신은 일이 실행되지 않은 채로 둔다.
- 당신은 다른 사람들을 불쾌하게 하지 않아야 하기 때문에 자신의 생각을 표현

하는 데 두려움을 느끼거나, 자신의 생각을 포기하고 당신의 요구가 이루어지지 않음에 대하여 분노해야 함에 딜레마를 겪을 수 있다.

- 당신은 로마가 불타도 진짜 문제를 인식하지 않고 그냥 버틸 수 있다.
- 당신이 간섭하거나 당신의 의견 또는 선호를 표현하지 않아도 되는 다른 사람의 지위를 과도하게 동일시할 수 있다.
- 당신은 일반화하고, 균일화하고, 다른 점을 인식하지 않으려 하는 경향이 있다.
- 당신은 다른 사람의 감정은 신경 쓰면서 자신의 감정을 고려하지 않을 수 있다. 분노를 표출하는 것을 억제하고 그것을 수동적인 공격 방법으로 표현한다.
- 때때로 당신은 상관이 없거나 변화를 일으키지 못한다고 믿는다.
- 당신은 자신에 대한 가치를 느끼지 못해서 물리적, 감정적, 사회적, 지성적, 정신적으로 자신을 돌보지 않는다.

성격 유형의 성숙도

에니어그램은 성격의 운명론이나 결정론을 말하는 것이 아니다. 자신을 찾고 스스로를 더 아름답게 만들어 가는 데 유용한 고대의 지혜이다. 왜곡되기 전의 모습으로 스스로를 찾아간다면 다음과 각 유형의 원래 모습을 회복할 수 있다.

1유형 올곧은 완벽주의자의 성숙

- 과도한 비판에서 벗어나 자신과 타인에 대해 용서하는 자세를 지니게 된다.
- 비판적이거나 고치려고 하기보다는 스스로와 상황을 그대로 받아들이게 된다.
- 자기 자신의 결점까지도 이해하고 받아들이게 된다.
- 평화를 구하는 마음을 갖게 되고 더 허용하고 인내하는 모습을 가진다.
- ○, ×, 또는 전부 아니면 전무 같은 흑백논리에서 벗어난다. 그리고 진행형으로 이해하거나, 과정의 논리로 전환하게 된다.
- 무엇에 화가 났는지를 스스로에게 자문할 수 있게 되고, 자신과 타인에 대한 기대치가 비현실적으로 높지는 않은지에 대해 확인하게 된다.
- 화를 마음에 담아 두거나 분개심을 계속 느끼기보다는 그 자리에서 화를 내고 잊어버리게 된다.
- 자신의 감정을 더 잘 수용하게 된다. 특히 적대적인 반응을 수용할 수 있다. 자신이 그토록 싫어하는 사람이 사실은 도움을 줄 수도 있는 사람이다.

2유형 자상한 사랑주의자의 성숙

- 자신이 남을 도와주는 것 말고 다른 곳에서 자신, 스스로의 가치를 찾는다.
- 자신의 필요한 욕구나 감정을 알게 된다.
- 자신을 위해 시간을 할애하고 혼자 시간을 보내는 것을 받아들이게 된다.
- 상대방의 욕구나 필요에 따라 자신을 변화시키려 하지 않고, 진정한 자신의 모습을 찾아가게 된다.
- 대등한 입장에서 타인과 협상할 수 있다. 그러므로 타인이 욕구를 표출하는 것을 도울 수 있다.
- 먼저 도와주고 나서, 타인에게 도움을 간접적으로 요청하는 것이 아니라 직접적으로 요청할 수 있게 된다.
- 자기 스스로에 관심을 쏟게 된다. 자신을 위해 필요한 행동을 한다. 스스로를 돌볼 자격이 있고, 타인의 관심을 받을 자격도 있다고 생각하게 된다.
- 스스로의 한계에 대해 현실적으로 인식하고 그 모두를 인정할 수 있게 된다. 이것이 바로 당신이 생각하는 겸손함의 의미가 된다.
- 'No'라고 생각할 때 'No'라고 말하고 'Yes'라고 생각할 때 'Yes'라고 말할 수 있다.
- 타인이 당신을 돌볼 수 있게 허용해 준다. 스스로의 욕구에 대해 책임을 지고 다른 사람의 욕구는 그들이 스스로 책임을 지도록 한다.
- 인정과 감사를 받기 위해서가 아니라 단지 자신이 원하기 때문에 타인을 도와준다.
- 타인으로부터 무엇이든지 받을 수 있게 된다. 호의와 선물을 받아들인다.

3유형 최선의 성공주의자의 성숙

- 모든 에너지를 자신의 이미지나 프로젝트에 쏟아붓지 않고 자신의 개발을 위해서 남겨 둔다.
- 타인을 조종하기 위한 목적으로 마스크를 쓰는 것을 거부하게 된다.
- 더욱 솔직해진다. 스스로의 진정한 감정을 발견하고 이를 표출한다. 어떠한 역할에서 느껴야 한다고 생각하는 감정의 표출을 억제한다.
- 실패에 대해서 남의 탓으로 돌리거나 변명하기보다는 인생의 한 부분으로 받아들인다.
- 당신은 더 이상 너무 기계적이거나 효율적으로 행동하려 하지 않는다. 경쟁에서 벗어날 수 있다.
- 사회에서 칭찬해 주는 이미지가 아닌 진정하고 가치 있는 것을 표출하고 실현하고 싶어 한다.
- 자기 자신 안에 있는 내면의 어린이를 발견하고 진정한 자신을 개발하게 된다. 만들거나 만들어진 이미지로부터 당신을 분리할 수 있게 된다.
- 당신은 사회와 공익을 위해 일하고 싶어 한다. 단지 성공하기 위해 일하는 것이 아니라 타인의 이익을 위해서 일한다.
- 일에 지친 자신의 육체적 피로를 인식한다(신체적 감각).

4유형 고유한 독창주의자의 성숙

- 이미 자신이 독창적이라는 사실을 인지하고 있다. 별난 행동을 하거나 자신을 특별하게 만들려는 노력을 하지 않아도 된다. 외면의 자아와 대변되는 내면의 사랑스러움을 모색한다.
- 너무 침착하려 하기보다는 자발적으로 앞으로 나아가려고 한다.

• 당신은 일상에서 또 다른 특별함을 찾아낸다.
• 자신의 독창적인 재능을 받아들이고 그것을 남의 것과 비교하지 않는다. 타인이 가지는 가치를 인지하고 인정하며 질투하지 않는다. 자신 안에서도 그 가치를 발견하는 데 오히려 이용할 수 있다.
• 들뜬 감정에서 기인한 과장된 감정보다는 자신의 진정한 감정에 집중한다. 당신은 실제 삶에서 낭만에 대한 집중과 행동으로 움직인다.
• 자신은 현재에 살고 있으며 스스로 행복하기 위해 필요한 것을 지금 다 갖췄다고 생각한다.

5유형 현명한 관찰가의 성숙

• 인간관계에 있어서 능력을 가지고 있다. 자신을 남으로부터 고립시키거나 방어하는 대신 타인을 향해 나아가고, 보호해 주고, 향상시키며, 확장한다.
• 모든 분석뿐만 아니라 감정 이입에도 소질이 있다. 당신은 사고뿐만 아니라 감정에도 귀를 기울인다. 지식을 가지고만 있지 않고 사용하기도 한다.
• 자신의 감정, 특히 아픔과 분노를 가까이 한다. 그 감정들을 통해서 진정한 자신을 표현한다.
• 투명해지려고 노력한다. 숨으려고 하는 대신에 자신을 더욱 나타내려고 한다. 보여지고 알려지는 대로 자신을 놔둔다. 고립과 사적 영역에 대한 고집에서 자유로울 수 있다.
• 멍청해 보이는 것과 실수하는 것에 대한 두려움을 성공적으로 해소할 수 있다. 그것들이 목적을 달성하는 데 있어서 방해가 되지 못하도록 한다. 선택하고 행동하는 데 있어서 모든 것을 알 필요는 없다.
• 각각의 사람이나 상황을 직면함에 있어 선입견, 구분, 구조를 배제한다. 눈앞에 있는 것을 있는 그대로 보며 자신의 자발적인 반응을 신뢰한다. 자기 내면적인 직관, 육감, 감정을 신뢰한다.

• 공허함을 거부하거나 채우려고 하지 않고 그대로 놔둔다. 그것이 비옥한 공간이자 시간과 장소에 언제나 개방적인 힘이라는 사실을 깨닫게 된다.

6유형 안전한 충성가의 성숙

• 자신의 직관과 관점, 그리고 내면의 권위를 신뢰한다. 남들, 특히 권위자의 의견을 참고만 할 뿐 의존하지 않고 자발적이다. 외부에서 안전을 찾지 않고 자기 내부에서의 안전을 추구한다. 당신은 자신과 능력에 대한 사실적인 믿음을 가지고 있다. 자기 자신을 확신할 수 있다.
• 용기를 가지고 있다. 선택에 대한 책임을 지고 용감하게 행동으로 옮긴다. 내면의 한계와 자신의 욕구를 믿는다. 자기가 진정으로 원하는 것이 신(神)이 자신에게 바라는 것이라고 믿는다.
• 남들이 무엇인가를 가지고 도망가려고 한다고 생각하지 않는다. 그들이 최선을 다하고 있다고 생각한다. 타인에게 적대하는 마음의 계획을 짜지 않는다.
• 법이 당신의 편의를 위해 있는 것이라고 생각한다. 당신이 그들을 위한 노예가 될 필요는 없다. 이제 글 대신 법을 따른다.
• 자신이 이미 계획이나 시설의 일원이라고 생각한다. 이미 게임 속에서 뛰고 있다. 그러므로 자신의 존재를 증명하지 않아도 되고 버려질 것을 염려하지 않아도 된다.
• 부정적인 것뿐만 아니라 긍정적인 효과도 고려한다. 과거의 경향은 무엇이 잘못될까를 걱정하고 계획을 행동에 옮기지 못했다. 자신의 최대의 적이었다. 이제는 어떤 이득이 파생될 것인지를 생각하고 행동을 독려한다.
• 자신과 사랑하는 이들을 지킬 수 있는 본능적인 능력을 믿는다. 그 무엇도 자신의 본질을 해할 수 있다고 생각하지 않는다. 자신의 두려움과 맞설 수 있다. 그 두려움은 실제의 것인가 아니면 환상일까?

7유형 밝은 낙천주의자의 성숙

- 당신은 침착하다. 자신이나 상황을 심각하게 받아들이는 것을 두려워하지 않는다. 만약 자신이 많이 심각해지더라도 부딪칠 염려는 없다는 것을 알고 있다.
- 비록 고통이 나를 집어삼켜도 무덤 속으로 추락하지 않을 것임을 안다. 그리고 만약 떨어진다고 하더라도 황폐함과 어두움은 성장의 토대가 될 수 있다는 사실을 알고 있다. 따라서 그 고통을 피하지 않는다.
- 당신이 하는 개인적이고 사회적인 일의 종류에 따라 행복이 유동적이라는 것을 안다. 따라서 할 만한 가치가 있는 것을 한다.
- 무엇이든 미래나 상상 속이 아니라 현재와 이곳에 존재하고 있다. 따라서 미래를 계획하기보다는 현재 맡은 일에 일단 착수한다.
- 자신의 통찰력이 현실화되기에 충분히 중요하다고 생각한다. 그러므로 현재의 어려움에 직면하며 피하지 않는다.
- 고통을 피하려고 하지 않고, 부딪치고 싸우면서 견디어 낸다.
- 상황을 일부러 가볍게 보려고 하지 않고, 자신의 분노나 자기주장을 표출한다.

8유형 강한 도전자의 성숙

- 항상 다른 사람을 위해 말하기보다는 다른 사람도 당신을 위해 말하도록 한다.
- 당신의 상처받을 수 있는 내면을 다른 사람과 공유한다. 그들에게 겁에 질린 아이와 같은 모습을 보게 한다. 그래서 그들이 돕도록 한다.
- 극도의 자급자족이나 자주성이 없는 종속의 공포 대신에, 서로 돕는 상호 의존을 꾀한다.
- 다른 사람들의 숨겨진 동기나 의도를 폭로하려 하기보다는 그들의 의도를 믿는다.

- 당신 자신에 대한 존중을 요구하는 만큼, 타인의 권리도 존중한다.
- 진실을 있는 그대로 말한다.
- 왜 누군가가 당신을 해하려 하겠는가? 그리고 왜 당신이 누군가를 해하려 하겠는가? 그러므로 순수함의 태도를 취한다.
- 매 순간과 상황을 생각할 때, 상처받거나 이득을 취하려 하거나 과거 잘못된 것들의 기억을 떠올리지 않는다. 대신 새롭게 받아들인다. 당신은 손목을 움켜쥐지 않고 손을 열고 받아들인다.
- 정의와 공정함은 자신이 개입하지 않아도 나타날 것이라고 믿는다. 정의와 공정함이 자신에게만 달려 있는 것이 아니라는 것을 깨닫는다.

9유형 평화로운 화합주의자의 성숙

- 흐트러지지 않고 집중하고 선택하여 효율적인 사람이 될 수 있다.
- 게으르지 않고 신속하다. 미루지 않고 해야 할 일을 지금 처리한다.
- 어떤 것이든지 확실해질 수 있다. 자신의 입장, 느낌, 좋아하는 것을 말한다. 자신의 분노가 무엇인지를 알고 진정 필요한 것을 얻을 수 있음을 밝히는 데 주저하지 않는다. 분노가 생길 때 자신의 욕구도 알 수 있게 된다.
- 당신의 내면적인 정신건강과, 외적인 신체건강 모두를 더욱 잘 관리하게 된다.
- 하찮고 필요하지 않은 것과 당신에게 진정 중요한 것을 바꾸지 않는다.
- 현실을 있는 그대로 받아들인다. 그리고 그것이 자신을 화나게 한다면 표현한다. 소리를 지르거나, 얼굴을 찌푸려도 좋다. 이렇게 할 때 상대는 자신을 알고 자신 역시 나를 알 수 있다.

화살이론에 근거한 유형별 성숙과 미성숙

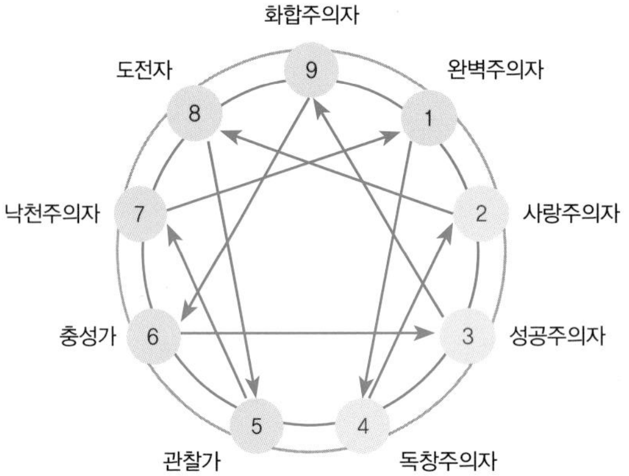

화살의 성숙방향: 1 → 7 → 5 → 8 → 2 → 4 → 1 / 9 → 3 → 6 → 9
화살의 미성숙방향: 1 → 4 → 2 → 8 → 5 → 7 → 1 / 9 → 6 → 3 → 9

에니어그램에서는 성격의 성장과 후퇴 또는 통합과 분열, 성숙과 미성숙이라는 용어를 사용하여 성격 에너지의 역동성을 설명한다. 화살표 반대 방향이 자신의 성숙도를 체크하는 방향으로 이해된다. 인간의 성격이 모두 기계적으로 100% 성장 또는 후퇴라는 방식으로 고착되지는 않는다. 에니어그램에는 화살뿐 아니라 날개, 하위 개념 등의 많은 이론이 있다. 하지만 이 책에서는 가장 일반적인 이론에 근거하여 자신의 성격을 체크하고 발전방향을 찾아보기로 한다.

1유형

1유형이 유형 7의 장점을 사용한다 / 성숙방향

- "완벽하지 않아도 괜찮아."라고 스스로에게 말하는 긍정성을 갖게 된다.
- 스스로 스트레스 상황을 덜 심각하게 받아들인다. 그 가운데서 유쾌한 면을 찾게 되고 스스로 무너지기 전에 휴식을 취한다.
- 더 즉흥적이 된다. 더 많은 통제력을 가지려 하지 않는다. 자연스럽게 상황이

스스로 일어나게 하고 그것을 즐길 수 있게 된다.

- 더 무거워지고 심각해지기보다는 가벼워진다. 원하지 않는 상황이 일어나면 막으려고 했지만 이제는 그것을 그대로 놔둔다.
- 주변의 흐름에 몸을 맡기게 되고 그것과 대립하려 하지 않는다. 강은 스스로 흐르기 때문에 그것의 방향을 바꾸려 하지 않는다. 모든 것이 하나의 과정 속에 있다고 생각한다.
- 스스로의 내면에 있는 어린이에게 무엇을 필요로 하고 원하는지를 물어볼 수 있게 된다.
- 꼭 해야 하는 일보다는 바람직하고 더 즐거운 일을 할 수 있다.
- 집중적 사고보다는 확산적 사고를 사용할 수 있게 된다. 문제를 해결하는 데에는 하나의 옳은 방법만 있는 것이 아니다. 다양한 방법이 있다는 것을 인식하게 되고 창조력과 상상력이 더욱 풍부해진다.
- 스스로와 상황에 잘못된 점을 보기보다는 옳은 점을 찾게 된다. 모자란 부분보다는 이미 가지고 있는 부분에 초점을 맞춘다. 컵의 물이 반밖에 남지 않은 게 아니라 반이나 남아 있다고 생각하게 된다.

1유형이 유형 4의 단점을 사용한다 / 미성숙방향

- 스스로 이해받지 못한다고 느끼고, 피해를 입거나 이용당한다고 생각한다. 세상을 더 좋은 곳으로 만들려는 노력을 인정해 주지 않아서 기분이 나쁠 수도 있다.
- 충분히 옳거나 완벽하지 못하면 '특별'해지려고 노력하기도 한다.
- 때때로 스스로에게 너무 비판적이어서 "무슨 소용이야. 나는 안 돼. 나는 절대 원하는 만큼 발전할 수 없어."라고 말하는 상황까지 갈 수 있다.
- 스스로에게 분노를 돌려서 에너지를 문제해결에 생산적으로 사용하기보다는 우울해진다.
- 정확성과 명백함을 포기하고 상황을 과장하기 시작하고 스스로의 감정을 통제

하지 못하게 된다. 일상적인 경험을 거부하고 극적인 성격으로 변할 수 있다.
- 극단의 논리에 빠져서 모든 것을 절대화하고, 결국에는 이것 아니면 저것, 흑 아니면 백의 양극화에 빠질 수 있다.
- 잘못된 일에 대해 어떤 조치를 취하지 않고 도덕심을 잃는다. 우울함과 자괴감의 늪에 빠질 수도 있다.
- 용기를 잃고 스스로의 이상과 목표를 포기하게 된다.
- 현실을 심각한 태도로 직시하거나 직접 대면하기를 거부하고 그것을 조종하려 한다.

2유형

2유형이 유형 4의 장점을 사용한다 / 성숙방향

- 당신은 스스로에게 "나는 특별하기 때문에 나의 욕구 역시 타인의 욕구만큼 중요하다."라고 말할 수 있게 된다.
- 당신은 문화 같은 감성이나 미용처럼 자기 꾸밈을 접하게 된다.
- 스스로의 창조적이고 자기 표출적인 면모를 개발하게 된다(이전의 자신의 욕구를 억누르는 자세는 버리게 된다). 창조성을 통해서 스스로의 욕구를 표출할 수 있다.
- 스스로의 독특한 자아와 감정, 내면에 접근한다. 스스로의 슬픔을 느끼고 타인을 위해 봉사함으로써 스스로를 외면한 것을 깨닫는다.

2유형이 유형 8의 단점을 사용한다 / 미성숙방향

- 당신을 충분히 인정해 주지 않는 사람들에 대해서 앙심을 품고 복수심을 보일 수도 있다(최소한 당신의 상상 속에서라도).

- 타인을 돕는 구원자가 아닌 타인을 학대하는 자가 될 수 있다.
- 선천적인 상냥함을 잃고, 강인해지고 약한 자존심을 보호하기 위해 딱딱한 방어막을 형성한다.
- 타인에 대해 모질고, 진저리를 치며, 신뢰하지 않는 태도를 보인다.
- 타인을 돕기를 중단하고(한동안), 그들은 혼자라고 말해 줄 수도 있다.
- 다른 사람들이 당신에게 더 의존적이 되도록 한다. 그래서 그들에 대해 힘과 통제력을 가질 수 있도록 더 노력한다.
- 도움을 요청하기보다, 오히려 더욱 독립적이고 도움을 거절하게 된다. 스스로의 욕구뿐만 아니라 모든 형태의 취약점까지도 외면할 수 있다.
- 자신과 타인에 대해 더욱 폐쇄적으로 변할 수 있다.

3유형

3유형이 유형 6의 장점을 사용한다 / 성숙방향

- 자신의 결과물이 아닌 자신과 타인에게 충실하다. '스스로 진실한 모습을 가져야 한다.'라고 생각한다.
- 경쟁력이 있는 동시에 타인이 믿는 사람이 된다. 그러면 타인이 당신을 좋은 지도자로 만들어 준다.
- 어떤 것에 대해 신념을 가지고 있다면, 그것이 사회적으로 인정받거나 인기가 많지 않더라도 고수한다. 가치가 있는 행동이라면, 실패할 확률이 있더라도 실천에 옮긴다.
- 중요한 일에 대해서는 심사숙고하게 된다. 더 이상 자신이 모든 면에서 경쟁력이 있어야 한다고 생각하지 않는다.
- 타인과 경쟁하기보다는 협력한다. 타인도 일을 완수할 수 있다는 믿음을 가지게 된다.

3유형이 유형 9의 단점을 사용한다 / 미성숙방향

- 고통이나 문제를 직접 다루기보다는 그것을 피하거나, 미루거나, 다른 곳으로 시선을 돌리거나, 스스로를 무감각하게 만든다.
- 더 많은 일로 스스로의 진정한 감정을 무디게 하거나 대체할 수 있다.
- 선천적으로 타고난 효율성과 문제해결 능력을 포기하고 "뭐가 달라지겠어." 또는 "무슨 소용이야, 상관없어."라고 말한다.
- 진실한 내면의 반응과 욕망을 믿지 못하고 대신 스스로에 회의를 느낀다.
- 자신의 내면이나 잠재력이 아닌, 외부에서 해답을 찾으려고 할 것이다.
- 원활하게 돌아가는, 일하는 기계적인 작동을 중단하고 방치한다. 활동에서 비활동, 노력에서 소모로 전환된다.
- 어떤 일을 바꾸려고 노력하기보다는 그 상태 그대로에 만족할 수 있다.
- 성공과 일에 대해 충분한 만족을 느끼지 못하면 술, 쾌락, 알코올, 폭식 등에 중독될 것이다.
- 진정한 내면을 더 외면하게 된다.

4유형

4유형이 유형 1의 장점을 사용한다 / 성숙방향

- 행동 지향적이고 문제 중심적인 접근을 취한다. 자신의 운명을 한탄하는 대신 그 문제에 있어서 자신이 무엇을 할 수 있는지를 생각한다.
- 수동적인 희생자에서 능동적이고 꼭 필요한 요원으로 자신을 탈바꿈시킨다. 준비만 계속하는 것이 아니라 직접 실천에 옮긴다.
- 한번에 하나의 감정에 몰두한다. 지금 어떤 감정을 가지고 있는가? 그리고 그것에 대해 어떻게 하고 싶은가? 언제나 명확하며, 일반화와 극적인 반전을 거

부하고, 사실에 집중한다.

- 조화, 균형, 평정을 유지한다. 자신의 반응을 과장하지 않으며 자극을 주고받으려고 하지 않는다. 상황이 요구하는 것을 정확히 해낸다. 일을 객관적으로 처리한다.
- "난 아직 부족해."라는 말보다는 "난 뛰어나.", "나로서는 만족할 만해."라는 말을 사용한다. 자신의 능력, 선량함, 완벽함을 믿는다.
- 화가 났을 때 자신의 탓으로 돌리고 침울해져서 자신이 원하는 것을 이룰 자격이 없다고 생각하지 않는다. 오히려 그것에 더 집중해서 원하는 것을 이루기 위한 촉진제로 사용한다. 자신이 원하는 것을 위해 바로 질문하고 요구한다.
- 비록 흠이 있거나 이뤄지지 않았다 하더라도 현실 그 세계에 사는 것을 추구한다. 당신은 자신이 믿는 것에 공헌한다.

4유형이 유형 2의 단점을 사용한다 / 미성숙방향

- 자신의 필요나 목적을 다루기보다는 남의 것에 더 신경을 쓸 수도 있다. 자신에게보다 남에게 더 세심하다.
- 자신을 돌보는 대신에 남에게 봉사하는 길로 도망치기도 한다.
- 자신의 감정을 직접적으로 표현하기보다 억제할 것이다.
- 자신이 원하는 것을 이루기 위해 직접적으로 질문하거나 행동하는 대신 자신을 속일 수도 있다.
- 자신의 의존성과 독립성을 둘러싼 문제가 과장될 수도 있다. 독점욕이 강해지거나 반대로 무관심해지기도 한다.
- 이렇게 말할지도 모른다. "무슨 소용이야. 난 이미 해결 불가능이니까 남을 돕겠어."
- 고통받는 하인이자 순교자 또는 희생자가 될지도 모른다.

5유형

5유형이 유형 8의 장점을 사용한다 / 성숙방향

- 개인적인 능력과 언제나 연결되어 있다. 당신은 상황을 바꾸거나 영향을 줄 수 있다. 제공할 만한 것이 자신에게 있다. 자신 내면의 권위와 연결되어 있고, 믿는 것을 위해 언제나 다시 일어선다. 자신에게 "난 강인해. 난 할 수 있어."라고 말한다.
- 단정적인 능력이 있다. 어떤 것에 반하여 움직일 수 있다. 자신이 원하는 것과 원하지 않는 것이 무엇인지 표현할 수 있다. 원하는 것을 요구할 수 있다. 생산과 소비의 균형을 맞출 수 있다. 뒤로 끌어당기는 대신 앞으로 뻗어 나간다.
- 자신의 지식뿐만 아니라 육체, 본능, 마음, 감정 역시 고려한다. 본능적인 힘을 추구한다.
- 위로 또는 뒤로 이동하는 대신 안으로 또는 앞으로 이동한다. 감정이나 본능적인 반응 안으로, 그리고 행동함으로써 앞으로 나아간다. 자신을 사회 안으로 밀어붙인다.
- 더욱 넓은 한계의 범위를 설정하고 유지하기 위해 자신의 힘과 주장을 사용한다. 도망가는 대신 한계점을 찾는다. 한 번의 고통이나 저항에 굴하지 않고 견디어 낸다.

5유형이 유형 7의 단점을 사용한다 / 미성숙방향

- 더욱 생각하는 머릿속으로 파고들어서 모든 것을 행동 대신에 지성화, 체계화, 사고화하려고 할 것이다.
- 상황을 완화시키기 위해 농담을 하거나 자신을 옹호하지 않아도 되게끔 일을 덜 심각하게 보이도록 만든다.

- 지금 무엇을 해야겠다는 생각보다는 다음에 무엇을 해야 할지 생각하게 될 수도 있다.
- 어떤 상황에서 자신이 싫어하는 것에 대한 불쾌함을 표명하지 않기 위해 좋은 면만을 찾을 것이다.
- 어떤 문제를 분석하고 파고드는 능력을 포기하게 될지도 모른다. 대신 표면적인 전환으로 자신을 혼란스럽게 하거나, 한 가지 취미를 진득하게 파고들기보다는 여러 가지를 동시에 하려고 한다. 경솔하거나 신뢰가 없어 보일 수 있다.

6유형

6유형이 유형 9의 장점을 사용한다 / 성숙방향

- 자신을 달래고 진정시키려고 한다. 자신에게 "난 화났어."라고 말하는 대신 "난 진정됐어."라고 말한다.
- 침착하고 조용하다. 해결책은 자신 안에 있다는 것을 안다. 감정을 진정시키고 해결책이 떠오르기를 기다린다.
- 사실을 과장하지 않고 오히려 줄여서 말한다. 모든 일을 과장해서 보는 대신 "무슨 큰 대수야."라고 넘길 수 있다.
- 안정된 정신을 가지고 있고 '내가 이런 일을 하면 과연 무슨 일이 벌어질까?'라는 생각보다는 '내가 이런 일을 하든지 말든지 무슨 상관이야.'라고 생각한다. 당신은 흐름을 따라가고 과정을 믿는다.
- 진정하고 흐름에 몸을 맡긴 채 기다릴 수 있다. 반항하는 것이 아무런 도움이 안 된다는 것을 안다.
- 문제의 모든 면에서 진실을 찾아내려고 하며, 어느 한쪽만을 편들어 주지 않는다.

6유형이 유형 3의 단점을 사용한다 / 미성숙방향

- 편안히 쉬는 것보다 더욱 속도를 높여 바빠질 것이다.
- 내면적인 문제를 다루기보다는 외부의 문제를 다룸으로써 자신을 혹사시키고 더 많은 일을 떠맡게 될 것이다.
- 고민하고 걱정하느라 머리를 쉬지 못하게 할 뿐만 아니라, 자신의 내면적인 문제를 다루거나 자신을 증명하려고 한다. 그래서 권위와 타인의 승인을 얻는 것을 피하기 위해 미친 듯이 활동을 하며 돌아다닐 것이다.
- 당신이 진정으로 찾는 내면의 안정과 외부의 역할을 바꾸려고 노력한다.
- 자신이 진짜로 어떤 사람인지, 무슨 생각을 하고 어떤 감정을 가졌는지, 무엇을 진정 원하는지를 숨기기 시작할지도 모른다.
- 반발적인 행동이나 독립적인 생각을 기피하려고 할지도 모른다. 그리고 어떤 형태로든지 실패하지 않으려고 한다. 그 결과 자신의 내면과 외면의 자유는 점점 줄어들 것이다.

7유형

7유형이 유형 5의 장점을 사용한다 / 성숙방향

- 자신을 '나는 쓸모없고 산만하다'고 생각하는 대신에 '나는 현명하고 통찰력이 있다'고 생각한다.
- 자신의 힘을 산만하게 흩어 놓거나 다른 데로 돌리지 않고, 한곳에 집중시킬 수 있다.
- 자신이 하고 있는 것에 집중해서 완벽하게 이해될 때까지 조사한다.
- 지식을 무차별적으로 흡수하지 않고 꼼꼼히 짚고 깊이 이해한다.
- 창조력과 직관을 어떤 체계나 구조에 맞춰 놓는다. 당신은 철저하고 조직적이

다. 이것은 당신으로 하여금 다음 단계의 행동으로 옮겨 가는 데 도움을 준다.

- 조용함과 고독을 즐긴다. 혼자 있는 시간을 허용하고 발전의 기회로 삼는다.
- 차분하고 주의 깊다. 공평한 증인 또는 객관적인 관찰자로서의 역할을 수행할 수 있다.
- 자극에 반응하기 이전에 관찰한다. 자신의 내면성을 발전시켜 나간다.
- 객관성을 유지하려고 한다. 자신을 잃지 않고 일어나는 일로부터 한 발짝 물러나서 상황을 살필 수 있다.

7유형이 유형 1의 단점을 사용한다 / 미성숙방향

- 당신의 삶이 예상보다 즐겁지 않아서 화를 내거나 후회할지도 모른다. 당신이 예상한 즐거움은 쉽게 찾아지지 않는다.
- 빈정거리는 농담과 비판적인 지적, 그리고 후회로 자신의 화를 표출하고, 삶이 공평하지 않거나 적어도 충분히 즐겁지 않다고 믿는다.
- 자신의 즐거움을 방해한다는 이유로 남을 탓한다. 당신이 환상적인 요소를 깨닫지 못하게 타인이 방해한다고 믿는다.
- 삶에 대한 자연스러운 고마움과 모든 것에서부터 장점을 찾아내는 당신의 무의식적인 능력을 포기한다. 그리고 자신과 타인을 비판하고 탓하기 시작할지도 모른다. 당신은 그곳에 있는 것보다 잃은 것에 더 큰 관심을 보인다.
- 만약 당신이 너무 비판적이 되어 실망한다면 침울해질 것이다.
- 긍정적인 사람과 부정적인 사람 사이를 왔다 갔다 할 것이지만 오래 가지는 않을 것이다.
- 괜찮아 보이기를 포기할지도 모른다. 당신은 더 이상 웃지 않을지도 모른다.

8유형

8유형이 유형 2의 장점을 사용한다 / 성숙방향

- 자신과 다른 사람들에게 인정이 많다. 정의를 자비로 조절한다.
- 말할 수 있다. "난 도움이 된다. 난 욕심이 없어." 당신은 탐욕적이기보다는 욕심이 없는 사람이다.
- 다른 사람을 끌어내리는 것보다는 다른 사람을 돕기 위해 힘을 사용한다. 즉, 격려, 배려, 모범 등의 모습을 보인다.
- 당신 자신이 필요한 것 외에 다른 사람의 필요나 감정에도 동정하고 민감해한다. 굳은 얼굴보다 따뜻하고 미소 띤 얼굴을 보여 준다.
- 당신의 친절한 면이나 부드러운 면에 타인이 감동을 받는다. 진정한 친절보다 강한 것이 없고 진정한 강함보다 친절한 것은 없다. 딱딱하기보다는 부드럽게, 거칠기보다는 친절해진다.
- 다른 사람들에게 반대하는 것이 아니라 그들에게 다가간다. 폭력이나 복수를 피한다.

8유형이 유형 5의 단점을 사용한다 / 미성숙방향

- 당신의 권력을 포기하고 물러난다. 당신은 사람들에게 다가가는 대신 멀어질 수 있다.
- 조용해지고 혼자 있고 싶어 한다. 다른 사람들로부터 자신을 고립시킬 수 있다.
- 당신이 알게 된 약함과 불의 때문에 자신의 힘을 자신에 대항하여 쓸 수 있다. 즉, 자신의 힘을 자신을 해치는 데 사용하는 것이다.
- 폭발하는 대신에 내부로 자신의 에너지를 파열하여 당신 내부로 그것을 흡수한다.

- 외부 폭발 대신 내부 폭발의 결과로, 죽음과 공허함에 대한 과장된 느낌을 경험할 수 있다.
- 자신을 블랙홀로 데려갈 수 있다. 그러면 더욱 자포자기하거나, 살면서 내적인 공허함을 격렬하게 거부하려는 시도로 더욱 좌절하게 된다.
- 다른 사람들과의 접촉을 끊기도 한다.
- 다른 사람들이 당신을 지지하거나 위로하지 못하게 한다.
- 독립적이면서 자신의 일을 한다고 과장할 수 있다. 당신은 외로운 방랑자가 된다.
- 과도하게 머리가 좋고 논리적이어서 타인을 비난하고, 복수를 행할 수 있다.
- 행하는 것이 아니라 생각하고 관찰하는 쪽으로 변할 수 있다.

9유형

9유형이 유형 3의 장점을 사용한다 / 성숙방향

- 일에 집중하여 목표 지향적이 될 수 있다. 자신이 무엇을 원하는지 결정하고 단계적으로 착수한다.
- 계획을 세워 외적인 압력에 의존하지 않는 범위에서 조직하고 활동한다.
- 단순히 어딘가에 있는 것이 아니라, 무언가를 한다. 모든 곳에 영향을 미치기 위하여 행동을 취한다. 영향력을 다루고 수동적인 수납자가 되기보다는 적극적인 대리인이 된다.
- 다른 사람의 에너지를 흡수하는 것이 아니라 자신만의 에너지를 만들어 낸다.
- 자신이 전문적이고, 능률적이며, 유능하다고 생각한다.
- 자신에게 "난 성공적이야."라고 말할 수 있다.
- "상관없는 일이야.", "난 신경 안 써."라고 하기보다는, 나는 중요한 사람이며 변화를 만든다고 생각한다.

9유형이 유형 6의 단점을 사용한다 / 미성숙방향

- 걱정하고 두려워하며 생각만 하고, 실행은 한없이 미룬다.
- "~하면 어떨까?"라고 말하는 대신 "~하면 어쩌지?"라고 말하기 시작한다.
- 자기 자신과 자신의 내적 권위를 의심하고 자신의 요구와 자세를 나타내기를 꺼릴 수 있다.
- 스스로 결정을 하지 못하고 외적 권위자에게 보호를 의탁하기도 한다.
- 과도하게 책임감을 느낀다.
- 철저해져서 과도하게 규칙과 일정에 신경 쓴다.
- 쉬지 않고 융통성 없이 강박관념에 사로잡힐 수 있다.
- 걱정이 많다. 편한 마음을 갖기 어려워지고 잔소리가 늘어난다.
- 더욱 느려지고 결정을 한없이 미룬다.
- 다른 사람의 결정을 따르면서도 의심한다.

03

직장생활 업-그레이드 TIP

1유형

1유형의 직장에서의 모습

H 연구소의 유 소장은 깔끔한 강의로 명성이 높다. 강의교재나 강의자료를 잘 챙기는 것은 기본이다. 더 나아가서 강의에 대한 신뢰도도 높다. 무엇보다 시간관념이나, 약속을 지키는 면이 정말 철저하다. 그럼에도 인간관계에는 어려움을 겪고 있다고 고백한다. 자신이 철저하게 행하는 일을 다른 사람에게도 요구하기 때문이다. 사실 요구라고 해도 압박에 가깝다고 사람들은 생각한다. '철저하게 하는 것이 무엇이 나쁜 건가?' 하고 생각하는데, 주변 사람들은 자신을 이해해 주지 않는다고 억울해한다.

Y 상사의 박 대리가 상담을 요청해 왔다. 한 가지 업무가 주어지면 그 업무를 너무 완벽하게 처리하려 하다 보니 항상 시간이 부족해서 결국 중요한 일을 하지 못한다는 것이 고민의 주된 내용이었다. 박 대리의 경우는 잠재의식 속에 항상 완벽해야 한다는 집착이 자리 잡고 있다. 따라서 한 가지 일에 대한 과도한 시간 투자가 전체적인 '시간관리'에 치명적인 영향을 미친다.

일상적인 일처리에서 완벽주의자들은 일을 미루는 법이 없다. 그래서 믿을 수 있는 직원이라는 믿음을 준다. 신뢰와 책임감이 높은 편이다. 문제는, 어느 한쪽에 치우치는 일처리 스타일 때문에 발생하는 것이다. 부분적으로는 일을 완벽하게 해내지만 전체적인 일처리는 못할 수 있다. 즉, 나무는 보는데 숲이 잘 보이지 않는다. 항상 열심히 일을 하는데도 결과적으로는 일에 대한 큰 그림의 완성을 미루게 된다. 이런 평가는 완벽한 책임감을 마음에 간직한 1유형에게는 스트레스이다. 현장에서도 업무처리를 하는 데 많은 시간을 사용하게 된다. 모든 일을 완벽하게 처리하려고만 하니 어떻게 일을 다할 수 있겠는가?

S 전자의 최 부장은 모든 면에서 깔끔하고 성실한 사람이다. 매사에 예의 바르고 성실하다. 회사에서도 인정받고 신망이 두텁다. 회사에서는 분사를 염두에 두고 있었고 그곳의 대표임원으로서 최 부장을 낙점한 상태였다. 그만큼 열심히 살았고, 나름대로 안정된 삶을 살았는데 어느 날 허망한 인생의 비보가 날아들었다. 소화가 잘 되지 않는 듯 배가 더부룩해서 동네 약국에서 소화제를 구입해 복용하였다. 그런데도 치료가 되지 않고 증상은 나아지지 않았다. 바쁜 가운데 인근 병원에 가서 내시경검사를 해 보았다. 그 결과는 매우 놀라웠다. 위암 3기로 판명된 것이다. 자각증상을 거의 느끼지 못하였는데 위암 말기라니……. 본인은 물론 주변 사람들도 큰 충격에 휩싸였다.

원인은 무엇인가? 여러 가지 의학적인 규명이 필요하겠지만 무엇보다 큰 요인은 완벽하게 일을 처리하려는 스타일 때문이 아닌가 싶다. 완벽해야 한다는 심리적 압박감은 많은 시간과 스트레스를 동반한다. 뿐만 아니라 가끔 우선순위에 대한 일 처리보다 덜 중요한 일에 매달리다가 더욱 중요한 일을 놓치는 실수를 범하게 된다. 즉, 일에 대한 효율성이 떨어지는데 그 이유는 원칙을 지키려는 마음 때문이다. 이런 태도는 융통성이 부족하고 경직된 업무 태도로 나타나기 쉽다. 게다가 조직에서 능력을 인정받아야 한다는 무의식적인 노력이 건강을 상하게 했을 것이다. 결국 최 부장은 쉴 틈 없이 자신을 밀어붙이다가 치료의 시기를 놓쳤다. 그는 자각증상을 느끼지 못했다고 했다. 왜 그랬을까? 그 이유는 완벽한 일처리를 하는 데 집중한 나머지 자신의 신체변화를 느낄 여력이 없었기 때문이다.

1유형의 사람들은 세상에 완벽한 일은 없다는 것부터 알아야 한다. 어떻게 완벽할 수 있겠는가? 또 한 가지는 부분보다는 전체를 보는 안목이 필요하다. 예를 들어, 최 부장의 경우처럼 일은 완벽하게 처리했지만 건강을 잃는다. 완벽하게 일을 처리하느라고 시간을 마냥 보내다가 중요한 일을 놓칠 수도 있다. 완벽하게 해야 한다는 심리적 압박감(사실은 집착이다)은 많은 시간을 필요로 한다. 이 세상에 완벽이라는 것은 존재할 수 없다. 그런데도 거의 완벽하게 해야 한다는 심리적 압박이 집착이다. 다 완벽하게 할 수 없기에 자칫 일을 미루는 습관으로 이어질 수 있다. 그러면 시간관리가 제대로 될 리가 없다. 시간관리에서 가장 중요한 것은 소중한 것을 먼저 하는 것이다. 작은 것에 매달려서 소중한 것을 잃으면 안 되기 때문이다. 이런 시간의 정렬을 시간관리라고 한다. 시간관리가 제대로 되지 않으면 일의 우선순위에 대한 일처리가 아닌, 그다지 중요치 않은 일에 시간을 허비하게 된다. 또한 유 소장의 예처럼 완벽한 자신의 스타일을 다른 사람에게 요구하는 경우도 그렇다. 누가 완벽하게 일을 처리해 달라고 요구하는 상사나 부하를 좋아하겠는가? 인간관계에 어려움을 겪을 가능성이 높다. 따라서 일을 실행하는 데도 난관에 봉착한다.

1유형은 먼저 전체적인 지도를 펴 놓고 계획을 세워야 한다. 그리고 모든 것이 완벽하도록 하는 것이 아니라 중요한 몇 가지에 집중적으로 몰두할 필요가 있다. 그래서 여유 있는 시간을 확보하는 것이다. 완벽은 집착이기에 부족함을 허용하는 것이 1유형의 성장 포인트가 된다.

여유 시간을 만들어서 즐거운 인생을 사는 것에 투자하라. 재미있고 웃기는 프로그램도 보면서 편안하게, 긴장된 자신을 이완시키는 시간을 많이 가지도록 한다. 이런 1유형의 사람들은 자연을 바라보면 완벽해지려는 집착에서 탈출하는 여유를 찾을 수 있다. 자신의 실수를 마음으로부터 인정하고 받아들이는 습관 또한 필요하다. 또한 나무보다 숲을 보는 안목을 키우는 것도 중요하다. 멀리 보면 가까운 것들은 별 문제가 되지 않는 것도 많기 때문이다.

미국의 어떤 인디언 예술가들은 그들이 만드는 진주 작품에 일부러 흠을 내는데 그것은 오로지 신(神)만이 완벽하고 인간은 모두 불완전하다는 사실을 상기시키기 위함이라고 한다. '완벽함'을 위해 일하지 말고 '우수함'을 위해서 일하게 될 때 중요한 일을 미루지 않는 건강한 모습을 가질 수 있다.

1유형의 업무 스타일

- 자신의 책임을 다른 직원에게 위임하는 것을 힘들어한다. 그 사람이 일을 제대로 해낼 수 있을지를 걱정하기 때문이다.
- 감정보다 일을 우선시한다. 인간관계를 지향하는 것이 아니라 일을 중심으로

초점을 맞춘다. 물질적인 보상이나 인정보다 일 자체에 헌신한다.

- 만에 하나, 혹시라도, 실수를 할까 봐 두려워한다. '누가 옳은가'를 놓고 곧잘 논쟁을 벌인다.
- 확실하고 명확한 지침과 스케줄을 좋아한다. 두루뭉술하고 추상적인 방법은 답답해하고 이해하기 힘들어한다.
- 누구의 책임인지, 책임지는 일인지 아닌지 등이 분명한 것을 좋아한다.
- 세부적인 사항에 대해서 꼼꼼하고 세심하게 정리한다.
- 사소한 것에 지나치게 집착하는 성향이 있다. 사소한 것이 사소한 것이 아니라 중요한 것이 되기도 한다고 믿는다. 순서와 절차 역시 중요하다.
- 조직에서 일할 때 도덕적이고 윤리적인 면을 중요시한다. 태도와 자세 등 예의 있는 모습을 따진다.
- 프로젝트의 부족한 부분은 잘 파악하지만 전반적인 해결책을 제시하는 데 어려움을 느낀다. 왜냐하면 전반적인 해결책에 부족한 부분이 너무 많이 보이기 때문이다. 변수가 너무 많다.
- 상하질서와 권위를 존중한다. 자신의 본분을 중요시하고 선을 잘 넘지 않는다.
- 직원들의 경력, 학력, 이력서와 신상명세서 등을 늘 참고한다.
- 도전이나 위험을 감수하려 하지 않는다. 이런 것을 철저하게 계산한 다음에 움직인다. 완벽하지 않은 도전이나 모험은 실수를 초래할 수도 있다고 생각한다.
- 명분과 비전 등을 위해 일하며, 유능한 팀을 위해 완벽할 수 있게 열심히 한다.
- 공정이 중요한 가치이다. 즉, 자신과 다른 사람의 노력 정도를 비교한다. 어느 곳으로 기울게 되는 것은 마땅치 않다.
- 다른 직원들에게 비판받을 때 회피하는 경향이 있다. 자신이 완벽하게 일을 처리했기 때문이기도 하고, 그렇게 하기까지 원인에 대한 설명을 하려는 경향이 강하다.
- 일하는 만큼의 노력에 대한 보상을 원한다. 그렇다고 드러내 놓고 요구하지는 않는다. 자신의 노력과 수고를 알아주지 않는다면 섭섭한 마음과 분노가 생길 수 있다. 그러면 작은 것까지도 따지면서 비판적이 될 수 있다. 이것은 상처받

은 마음을 정당화하기 위한 반등을 형성하여 다른 사람의 잘못을 지적하거나 자신의 변명으로 삼는다.

- 다른 직원의 실수가 자신의 명예에 나쁜 영향을 미치는 것을 원하지 않는다. 실수를 범한 직원이 밝혀지기를 바란다. 쉽게 접지 못하고 끝까지 알려고 할 수 있다. 이것이 원인이 될 때 인간관계는 악화된다. 필요 이상으로 집요하다고 생각한다.
- 불리한 조건에서 일하는 직원을 좋아한다. 또 열심히 노력해서 자신의 능력을 향상시킨 직원을 적극 지지한다.
- 기록을 잘한다. 성과와 실수도 기록하고 기억한다. 잘했으면 칭찬과 응원을, 못했으면 객관적인 증거를 보여 준다. 아니라면 논리적으로 지적하고 비판한다.
- 항상 좋은 명분을 위해서 일하려고 한다. 여기에 스스로의 자부심이 높다.

1유형의 리더십 스타일

1유형의 리더는 품질 관리에 목표를 둔다. 이를 위해서는 철저한 감독이 필요하다. 완벽한 계획을 마련하고 각 부서에 책임을 할당한다. 그러면 각 부서의 직원은 분명한 지침을 가지고 계획을 단계적으로 실행에 옮긴다. 그때부터 조직에서 이루어지는 모든 의사소통은 당면 계획에 관한 것이어야 한다. 1유형의 리더에게는 책임 소재를 명확히 하는 것이 매우 중요하다.

1유형의 리더는 일을 제대로 수행하는 데서 기쁨을 얻는다. 1유형은 지루한 줄 모르고 혼자서 쉬지도 않고 일하는 스타일이다. 여러 가지 목록과 계획, 도표를 책상에 펼쳐 두고 대안을 꼼꼼히 살펴보고, 책임을 할당하고, 문제가 발생하면 어떤 대책이 필요한지 궁리한다. 하지만 아이디어를 새로 검토하고 가다듬는 것은 이들에게 힘든 일이다. 시작 단계에서 새로운 정보를 받아들이기는 하지만 일을 수행할 때 단계적인 절차에 따라 기계적으로 하는 경향이 있다. 그래서 생각의 유연성이나 융통성이 다른 직원들에 비해 떨어진다. 1유형에게는 기존의 방법이 새로운 방법보다 더 편해 보인다. 흑백논리로 생각하는 경향이 있다. 따라서 처음의 계획에 부합하는 정보만 받아들이고 부합하지 않는 정보는 받아들이지 않으려고 한다. 일단 프로젝트가 시작되고 나면 1유형의 마음을 돌리기란 매우 힘들다. 모든 것은 실행 전에 처리해야 편하다.

1유형의 리더십 스타일은 계획을 구상하는 단계에서는 매우 효율적이다. 반면에 즉석에서 결정을 내려야 하는 상황이나, 서로 상반되는 정보를 처리할 때는 비효율적이다. 정해진 프로그램을 엄격하게 따르는 1유형의 리더를 설득하려면 기존의 계획을 살짝 바꾸어 진술한 다음에 간략하게 보완책을 제안하라. 기존의 계획 전체에 의문을 제기하지 않는 방식이 더 효율적이다. 기존의 계획을 약간만 수정해서 제안하는 것이 중요하다. 1유형 리더는 높은 안목을 지닌 조언자를 옆에 두면 효과적이다. 조언자의 역할은 항상 새로운 아이디어를 검토하고, 그것을 토대로 전략상의 변화를 제안하는 것이다. 많은 1유형 리더는 의사결정의 스트레스에서 벗어나기 위해 믿을 만한 측근에게 의사결정을 맡긴다.

1유형의 대다수는 정직한 노력을 통해 밑바닥에서부터 한 계단씩 밟고 올라가 리더가 됐다. 그래서 평상시에 누가 퇴근 시간을 넘기면서까지 일을 하는지, 누가 프로젝트에 적극적으로 참여하는지, 누가 대충대충 하는지 눈여겨본다. 그리고 모든 직원에게 정직, 충성심, 단정한 외모, 권위에 대한 존중을 가장 중요한 자질로서 요구한다.

1유형 리더가 추진하는 프로젝트는 종종 애초의 계획보다 범위가 더 확장되고 시간이 더 걸리고 비용이 많이 든다. 1유형은 단계적인 접근법을 선호하고, 시간과 돈, 자원의 낭비를 철저히 막고 완벽한 계획을 구상하기 위해 최선을 다한다. 또 예견하지 못한 문제가 불가피하게 발생하면 그것을 확실하게 제거하기 위해서 노력한다.

1유형의 실행 전략

1. 시간을 너무 잘 지키려고 하다 보니 긴장감에서 헤어나지 못한다. 시계를 5분 뒤로 늦추어 놓고 다른 사람이 5~10분 늦는 것을 이해하라.
2. 사회의 비리를 파헤치는 프로그램보다는 분노감을 해소시켜 줄 만한 오락 프로그램을 시청하라.
3. 여행을 적절하게 다니고 평소에는 규칙적인 산책을 일상화하라.
4. 미리 일을 당겨서 하지 말라. 늦게 한다고 해도 당신은 아마 중간 이상일 것이다.
5. 취미활동에 매일 일정 시간을 투자하라. 예를 들어, 정원 가꾸기, 영화 감상, 운동, 산책 등이 좋고, 친구들과 함께 시간을 보내거나 일터에서 여유 있는 시간을 가지라.
6. 자신에게 정기적으로 특별한 물건들을 선물하라(꽃, 운동 경기 관람, 향료를 넣은 목욕 비누, 좋아하는 식당에서의 저녁 식사 등).
7. 자신에게 유머의 중요성을 각인시키라. 의식적으로 농담을 하기도 하고 만화를 본다거나 개그 프로그램을 시청하라.
8. 비록 자주 바뀔지라도 자신이 무엇을 원하는지 인식하고 그것을 요구하는 법을 배우라.
9. '해야 한다'보다는 '나는 ~하고 싶다' 또는 '나는 ~하고 싶지 않다'라고 생각하라. 예를 들면, '나는 ○○회사를 방문해야 한다.'가 아니라 '나는 ○○회사를 방문하고 싶다.'라고 생각하라.
10. 엉망으로 어질러 놓는 서랍, 벽장, 방 등을 하나쯤은 허용하라.

2유형

2유형의 직장에서의 모습

H 병원의 Q 과장은 마음씨가 따뜻하고 배려심이 많아서 누구에게나 인기 있는 직원이다. 그녀의 별명은 '기다려 봐'라고 했다. 워크숍에 참석한 그녀는 강의가 진행되는 내내 밝은 미소를 띠고 있었고, 쉬는 시간에는 음료와 간식 등을 가져다주었다. 보통의 참가자들은 자신의 휴식을 취하거나 개인적인 일을 처리하기 위해 전화를 하며 휴식시간을 보낸다. 하지만 Q 과장은 강사가 힘들다고 하면서 강사 챙기기에 수고를 마다하지 않았다. '기다려 봐'라는 별명이 생기게 된 이유가 재미있다. 그는 누군가에게 어떤 부탁을 받으면, 기꺼이 그 문제를 해결하기 위해서 열심히 일한다. 그런데 그 열심히 일하는 것도 자신이 할 수 있는 한계를 넘어서는 데 문제가 있다. 보통의 경우에 사람들은 자신이 해결하지 못하면 못한다고 말하면 끝이다. 그러나 Q 과장의 경우에는 다른 사람에게 부탁을 해서라도 문제를 해결해 주려고 한다. 그렇게 해야 자신의 마음이 더욱 편해진다.

Q 과장은 다른 사람들이 무엇을 부탁하든지 웬만하면 그대로 들어주려고 노력한다. 어디를 가도 빈손으로 가는 것을 부담스러워하며, 상대방의 욕구를 채워 주려고 노력한다. 때로는 상대방이 부탁하지 않았는데도 배려하며 그들이 필요로 할 것 같으면 그것을 해 줌으로써 자신의 마음이 편안해진다. 자신부터 챙겨야겠다는 생각을 하다가도 실제 상황을 만나면 어느새 상대방의 말을 들어주고 만다. 다른 사람의 일을 처리하다 보니 정작 자신의 일은 하지도 못한 채 시간이 부족하게 된다.

K 군 역시 비슷한 경우이다. 컴퓨터 사용방법과 수리 등에 상당한 능력을 가진 K 군의 친구들은 시도 때도 없이 많은 것을 K 군에게 물어온다. 그런데도 한마디 싫다고 하지 않고 모든 내용에 대해서 친절하게 안내한다. 친구들은 늦은 밤에도 찾아

오거나 전화를 해대기 일쑤이다. K 군의 부모는 이런 아들의 행동에 스트레스를 받고 신경질적인 반응을 나타내지만, 정작 본인은 태평하다. 취업 준비 등 할 일이 산더미인데 남의 일을 도와주며 세월을 보내고 자신의 일은 한없이 미루고 있다. 간혹 휴대전화를 꺼 놓기도 하지만 얼마 가지 못해서 다시 친구들을 위한 자료를 찾느라고 바쁜 시간을 보낸다.

인간은 누구에게나 다른 사람들을 도우려는 미덕이 있다. 이것은 사회적인 가르침이기도 하고 많은 사람이 협력하는 방법이기도 하다. 그렇지만 다른 사람을 돕는 것은 사실 다른 사람들로부터 인정받고 사랑받고 싶은 욕구이기도 하다. 이것이 심해지면 집착이 된다. 항상 자신의 욕구는 보지 않으려 하고 다른 사람들의 욕구만을 보려고 한다. 이런 자신의 욕구를 회피하려는 현상은 수치감을 느끼지 않으려는 내면의 숨겨진 의도이다. 즉, '내가 이렇게 잘 도와주는데 나에게 수치심을 줄 수 없잖아!' 수치감을 당하지 않기 위해서 다른 사람들이 요구하기도 전에 적극적으로 도와줌으로써 그 감정 상태에서 벗어나려고 한다.

'다른 사람들이 나를 사랑하지 않으면 어떻게 하나!' 하는 염려가 있다. 그렇다면 내가 먼저 봉사와 사랑의 이름으로 다른 사람들의 필요를 채워 주는 것이다. 그러나 다른 사람들의 욕구를 채워 주는 봉사와 희생으로 자신의 욕구를 채울 수는 없다. 그리고 자신의 성장과 성공을 위해서 쓸 시간이 부족하기 때문에 다른 사람과의 경쟁에서 밀릴 수밖에 없다.

다른 사람들을 도와주고 수치심을 느끼지 않으려는 노력은 자기주도적이 아니라 타인 의존적이다. 이것은 자율적이고 책임감 있는 인생에 큰 걸림돌이 된다. 다른 사람을 돕는 것은 아름다운 미덕이기에 열심히 해야 하지만, 그렇게 해야만 다른 사람들이 자신을 인정해 주고 사랑해 주는 것은 아니다.

다른 사람들에게 자신을 맞추면서 살아가는 삶은 자신도 모르는 자기모순에 빠지게 할 수 있다. 그렇게 되지 않으려면, 우선 일관된 자신의 모습을 만들기 위해 노력해야 한다. 또한 자신의 진정한 욕구를 인식해야 한다. 그 후에 타인의 희망과 자신의 희망을 명확히 구별하도록 한다. 그러다 보면 당연히 갈등상황이 연출된다. 그 갈등은 인간관계에서 일어나는 자연스러운 현상이다. 두려워할 일이 아니다. 다양한 방법으로 수정하고 관계를 개선하려는 노력이 있어야 한다. 그렇지만 수치감을 면하기 위해서 먼저 무엇인가를 계속 공급해 준다면 얻는 것보다 잃는 것이 더 많을 것이다.

무엇보다 수치심은 자신이 보는 문제일 뿐, 꼭 무엇인가를 도와주어야 한다는 생각은 집착이나 강박관념에 지나지 않는다. 스스로 사랑받을 만한 충분한 가치가 있다는 자존감을 향상시키는 것이 중요하다. 자신을 위한 실행은 이기적인 행동이 아니라, 자신과 타인 모두를 만족시킬 수 있는 방식이라는 사실을 인식하여야 한다.

2유형의 업무 스타일

- 조직 내에서 자신의 존재 가치는 상사에게 인정받는 데 있다고 믿는다. 그래서 상사를 기쁘게 하려고 노력한다. 그리고 상사를 두려워할 수 있다.
- 혼자서는 힘이 들 때, 다른 직원들과 힘을 합하면 가능하다. 그러나 좀처럼 그런 일을 하려고 하지 않을 것이다.
- 칭찬, 인정, 격려 등에 예민하게 반응한다. 그러나 비판이나 거절을 당하면 의기소침해진다.
- 조직 내 역학관계나 사무실 내에서의 활동을 많이 한다. 직원들과의 인간관계에 지극한 관심이 있다. 그들의 신상과 생일, 기념일 등을 챙긴다.
- 사랑하는 사람에게 중요한 일이기 때문에 그 일을 선택할 수 있다. 즉, 조직에서도 애정의 관계가 영향을 미칠 가능성이 농후하다.
- 조직 내의 해당 분야에서 중요한 직원, 그리고 상사의 지지를 얻기 위해 노력한다.
- 프로젝트에 지원하는 상사의 뒤에 서기를 원한다. 스포트라이트를 받는 자리보다 비선의 실세나 보이지 않게 상사를 움직이는 브레인이 되기 위해 노력한다.
- 직장 내 대인관계에 관해 복잡한 전략을 가지고 있다. 장래성이 높다고 판단되는 사람들을 지원한다. 직장에서 최고가 되려는 야심이 있다. 하지만 동료들을

도우려는 마음도 강하다. 이 두 가지 양가의 감정에서 스스로도 인식하지 못하는 갈등을 겪을 수 있다.

- 조직 내에서는 '중요한' 사람들과 친분을 쌓고 '중요하지 않은' 사람은 멀리한다. 반대로 직장 외의 관계에서는 그 반대의 경우가 더 많다.

2유형의 리더십 스타일

2유형은 숨어 있는 막후 실력자인 경우가 많다. 그리고 동시에 유능한 리더이기도 하다. 이들은 조직 내에서 비즈니스의 사다리를 올라가는 중인 잠재력 있는 인재를 보면 끌린다. 그리고 유망하고 새로운 사업에도 관심이 많다. 또 세부적이고 완벽한 구조를 수립하기보다는 핵심 인물을 육성하는 데 주력한다. 2유형의 사업적 비전은 인간관계가 촘촘히 얽혀 있을 때 번창할 수 있고, 네트워크가 탄탄한 조직이다.

어떤 조직이든지 조직 내 그룹과 조직 외 그룹이 있기 마련이다. 그런데 가능하다면 모든 결정은 조직 내 그룹에게 유리한 쪽으로 나게 된다. 2유형은 조직 내 그룹에 들어가기 위해서 리더에게 접근한다. 만약 이 접근이 실패하면 또 다른 사람에게 접근을 시도한다. 즉, 조직 내 자신을 성공하게 해 줄 어떤 사람과 연결되어 있다고 믿는다.

2유형은 대외적인 이미지를 매우 중요하게 생각한다. 권력과 성공을 추구한다. 회사에서 리더의 위치에 있는 2유형은 탁월한 성과를 거두는 일에 매진하고 또 성공 이미지를 구축하기 위해 자신의 개인적인 매력을 활용한다. 그리고 공격적인 전략을 써서 요직에 있는 인물들, 다시 말해 프로젝트를 성공리에 추진하는 데 필요하다고 여겨지는 인물들과 제휴하기 위해 노력한다. 자신의 영역을 주장하기보다는 직원들에게 평등하게 권한을 가지게 하고 경쟁을 피하는 구조를 선호한다. 2유형은 직감적으로 다른 사람들의 필요를 알아차리며, 권력을 지닌 사람들에게 접근하는 데 거의 저항감을 느끼지 않는다. 때에 따라 강한 경쟁심을 보일 수도 있다. 근본적으로 2유형은 다른 사람들의 인정을 받고 주목을 받아야 힘이 난다.

2유형이 보이고 싶어 하는 이미지는 공격적인 사람보다는 도움을 주는 사람이다. 사람들의 인정이나 칭찬에는 무관심한 척하지만, 은밀하게 그것을 끌어내는 데 명수이다. 따라서 인기 또한 높다. 사무실 분위기에 민감하기 때문에 업무적인 열정과 개인적인 매력의 본을 직접 보이려고 한다. 그것이 직원들로 하여금 본받도록 유도할 수 있기 때문이다. 수익을 많이 올리는 것은 물론 회사에서 가장 중요한 일이다. 하지만 성공을 뛰어난 인력 자원과 동일시한다면 직장생활의 질을 향상시키는 일에도 손익 못지않은 관심을 쏟을 것이다.

2유형의 리더십 스타일은 고객의 필요를 파악하고 충족시켜 주는 것을 강조한다. 만약 고객의 필요가 변한다면 조직 구조도 변해야 한다. 이때 리더십의 초점은 고객 만족에 둔다. 타사와 경쟁을 벌이기보다는 고객의 필요를 충족시키는 데 주력한다. 소비자가 원하는 물건이나 서비스를 제공하는 것에 총력을 기울인다. 2유형의 리더는 기꺼이 보고서 작성 등 까다로운 절차를 간소화하고 인간관계에 초점을 맞춘다. 혼자 고립된 상황보다 사람들과 함께 있는 상황에서 더 큰 능력을 발휘한다. 중요한 결정을 내릴 때는 종종 자신이 신뢰하는 사람의 조언을 구하기도 한다.

2유형의 전형적인 전략은 막후 실세가 되는 것이다. 뒤에서 간접적으로 리드하는 것이 직접 경쟁자와 맞서거나 거절을 당하는 것보다 훨씬 더 쉽다. 비서의 역할을 함으로써 2유형은 자유롭게 관찰하고 조언하고 사정을 살필 수 있다. 상사의 어젠다(agenda)와 자신을 철저히 동일시한다. 그렇게 되면 조직 내에서 강력한 '내 그룹' 네트워크를 형성한다. 막강한 영향력은 덤으로 따라온다. 2유형은 또 조직 내 그룹을 부추겨서 자기 자신의 이익에 맞는 정책을 수립하게 한다. 2유형이 압력을 가하면 조직 내 그룹은 부응할 것이다.

2유형의 실행 전략

1. 1인자가 되기 위해 항상 최정상을 염두에 두고 생활하라. 그러기 위해 자신에게 필요한 사항이 무엇인지 체크하여 계획적으로 노력한다.

2. 다른 사람이 나를 좋아하게 만들기 전에 나부터 자신을 사랑하라. 사소한 것이라도 한 달에 한 번씩 자신에게 특별한 선물을 하라.
3. 일주일에 한 번 이상 자신에게 필요한 것을 상대방에게 떳떳하면서도 정중하게 요청하라. 직무적으로 필요한 것을 상식 선에서 하는 것은 필수이다.
4. 자기주장 훈련을 받거나 스피치 훈련을 하라. 예를 들면, "나는 이렇게 하는 것이 좋아.", "이렇게 하면 좋은 일이 일어날 거야." 등 자신의 요구사항을 분명하게 말하는 습관을 들이라.
5. 다른 사람에게 사랑받기 위하여 무언가를 주어야 한다는 생각을 버리라.
6. 자주 혼자만의 시간을 가지라. 이때 클래식 음악을 들으면서 명상을 즐겨 보는 것도 한 가지 방법이다.
7. 상대방이 호의를 베풀어 주면 감사함으로 그냥 받으라. 반드시 신세를 갚아야 한다고 생각할 필요가 없다.
8. 일이나 인간관계 등에서 새로이 시작하는 것들은 충분한 정보를 얻은 후 천천히 접근하려고 노력하라.
9. 사람들을 구제하려고 하지 말라. 다른 사람들이 자신의 행동에 대해 책임을 지도록 내버려 두라.
10. 다른 사람의 요청이나 요구가 자신에게 지나치게 스트레스를 준다고 느낄 때, "아니요, 지금은 말하기에 적당한 때가 아닙니다." 혹은 "아니요, 전 당신에게 도움을 줄 수가 없습니다."라고 단호하게 말하라.

3유형

3유형의 직장에서의 모습

L 전자의 S 과장은 요즘 왕따를 당하고 있다. 센스 있고 업무처리 능력도 있지만 다른 사람들과의 관계가 원만치 않다. 일도 잘 못하면서 자신을 왕따시키는 직원들에게 화가 잔뜩 나 있다. 하지만 다른 직원들은 자신의 성공만을 위해서 오직 상사에게 집중하는 S 과장이 마땅치 않다. 고과표를 잘 받아서 진급을 하려고 하는 자세가 미운털이 박힌 것이다. 서로 도와야 할 동료들을 경쟁의 자리로 몰고 가는 S 과장이다. 언젠가는 부서 내 인간관계를 망치게 만드는 원흉이 될 것이라고 부서원들이 긴장하고 있다.

금융권에서 일하고 있는 김 대리는 매우 총명하고 아름답다. 일도 효율적으로 하고 어디에서나 사랑과 인정을 받는 편이다. 한 가지 일을 해도 상호연관성이나 기타 다른 부분까지 생각하고 처리하기 때문에 또 다른 일을 해야 할 필요를 줄이게 된다. 당연히 능력 있는 사원으로 인정받는다. 그럼에도 이번 정기 승진에서 탈락됐다. 의외의 결과에 모두가 놀랐다. 하지만 실제로는 더 좋은 결과를 얻기 위해서 거짓말한 것이 이해받지 못하였기 때문이다. 김 대리의 성공지향적인 경향과 노력은 가끔 원치 않는 결과를 만들어 낸다. 가만히 성실하게 일해도 되는 상황이다. 그런데도 효율을 극대화시키려고 무리하게 처리하거나, 거짓말로 둘러댄 것이 오히려 일을 망치고 시간은 더 많이 들이게 되었다.

자영업을 하는 백 씨는 10여 년 전에 실패한 사업을 일으키기 위해서 안간힘을 쓰고 있다. 그러나 좀처럼 사업은 일어나지 못하고 있다. 자신감도 있고 일에 대한 열정도 남다르지만 오만함과 지나친 경쟁심 때문에 사람들로부터 신뢰감을 잃어버렸다. 사업 특성상 사람들의 평가가 중요한데 믿을 수 없는 사람이라는 낙인이 찍혀서 일이 좀처럼 진행되지 않는다. '좀 더 빨리', '좀 더 일찍' 성공하고픈 지나친 욕망이 그의 발목을 꼭 잡고 있는 상황이다. 그런데도 자신은 그것을 인식하지 못하고 자꾸만 다른 것으로 변명하면서 솔직하게 인정하려고 하지 않는다.

이런 유형의 사람들은 지나친 성공에 대한 집착 원인이 되어 실패에 대한 두려움 때문에 일을 미루는 경향이 있다. 시간관념이 철저하고 목표를 높게 잡으며 효율적으로 일을 처리하는 스타일이기 때문에 일을 성공적으로 완수하지 못했을 때 심한 스트레스를 받게 된다. 그렇게 되면 일을 처리할 때 수단과 방법을 가리지 않게 된다. 자신이 실패했다는 사실도 좀처럼 인정하지 않는다. 그렇지만 결과를 놓고 분석해 보면 시간관리에 실패한 것이다. 1유형의 완벽해야 한다는 집착이 일을 미루는 원인이 되는 것처럼, 성공해야 한다는 3유형의 집착이 일을 무리하게 추진하다가 깨지는 결과를 초래하는 것이다.

성공을 추구하고 실패를 회피하는 사람들에게는 시간은 무엇보다도 성취를 위한 수단이고 잘 이용해야 할 대상이다. 때문에 시간을 초 단위로 얼마나 효율적으로 이용할 것인가에 집착한다. 약속 시간보다 5분의 여유가 있으면 그 5분 안에 또 다른 일을 하려고 하기 때문에 결과적으로 약속에 늦는 경우가 있다. 짧은 시간에 많은 일을 처리하는 것에 대한 즐거움이 있다. 때문에 급한 일을 부탁받았을 경우, 그 일이 중대하고 주목을 받는 일이라면 시간 내에 잘 처리해 낸다. 그러나 그렇지 않을 경우에는 일을 미룬다. 그러다가 제대로 시간 내에 마치지 못한다면 어떤 일이 일어날까? 작은 일이라 무시당했다고 생각할 것이다. 당연히 다음에는 일을 부탁하지 않을 것이다. 신뢰감을 잃어버렸기 때문이다. 이런 일이 반복된다면 언젠가는 점차 소문이 나고 사업에 지장을 초래하게 될 것이다.

3유형의 사람들이 실패를 회피하는 이유는 인생의 가치를 오직 '성공이냐 실패냐'의 척도로 보기 때문이다. 인생에서 성공도 중요하지만 전체적인 균형 역시 중요하다. 세상에서 말하는 성공이 절대적이지 않은 것은, 성공하고도 실패하는 일들이 너무나도 많기 때문이다. 사회적으로 성공은 했지만 가족들에게 아픈 상처를 주고 애정과 사랑을 잃어버렸다면, 성공했는데 주변의 친구들은 다 떠나가고 홀로 남게 되었다면, 과연 진정한 성공이라 할 수 있겠는가? 이것은 시간을 효율적으로 쓰는 것이 아니라 결과적으로는 일을 미룬 것만도 못한 최악의 결과가 될 것이다.

애처롭게도 성공을 해야만 다른 사람들이 관심을 가져 주고 사랑해 줄 것이라는 집착은 부정적이다. 에니어그램이 말하는 3유형의 심리적 배경에서 비롯된 이런 생각 때문에 그토록 성공을 갈망하고 실패를 회피하는 것이다. 그러나 꼭 성공해야만 다른 사람들이 인정해 주고 사랑해 주는 것은 아니다. 정신없이 일에 매달려서 살아가는 모습은, 자기반성이나 새로운 창의성을 무시하게 됨으로써 효율성 속에 감추어진 자기약점을 발견하지 못하게 한다. 일이 없으면 참지 못하는 '일 중독증' 현상도 여기에서부터 파생된 것이다. 전체적인 모습에서 보면 게으르거나 일을 미루지는 않는다. 그러나 오히려 너무 열심히 일하기 때문에 시간관리 자체에 허점이 발생하는 것이다.

3유형의 업무 스타일

- 주어진 임무를 잘 수행하는 사람의 이미지와 자신의 감정을 동일시한다. 자신이 속한 조직의 성공 모델이 되려고 노력한다.
- 유능한 사람과 호감 가는 사람을 비교한다면 유능한 사람이 몇 수 위이다.
- 다른 방법을 사용해서라도 일의 효율성을 높이고 시간을 절약하는 데 우선순위를 둔다. 지름길을 택하며, 여러 개의 일을 동시에 처리한다. 일단 일을 시작해 놓고 세부적인 사항은 나중에 살펴봐도 된다는 식이다.
- 리더로서 존경을 받는 것과 자기 자신의 모습 그대로 호감을 얻는 것 사이의 차이를 잘 구별하지 못한다.
- 아무런 걸림돌 없이 성공하기를 바란다. 노력에 대한 보상을 기대하며 애매모호한 피드백은 좋아하지 않는다.
- 진정한 자신의 자아와 직장에서의 역할을 혼동한다. 즉, 일이 자신이고 자신이 일이라고 생각한다.
- 성장전략을 고수한다. 그러다가 반대에 부딪치면 실패의 염려가 있는 것은 버

리고 가장 승산이 높은 일을 우선 처리한다.

- 과정보다는 결과를 중시한다. 모로 가도 서울만 가면 된다고 생각한다.
- 자신의 능력을 최대한 발휘하며, 무슨 일이든 빠른 시간에 익힐 수 있는 능력이 있다.
- 직원들의 주목받는 이미지를 추구하며 사회적 명성을 얻은 유명인이 되기 위해 노력한다.
- 직원들에게 영향력을 행사하기를 좋아하고 높은 자리에 올라가기 위해 노력한다.
- 부정적인 피드백은 싫어하며 긍정적인 피드백에만 주의를 기울인다. 좋은 이미지를 유지하려고 노력한다. 비판을 잘 받아들이지 않으며 문제가 생기면 다른 사람에게 책임을 전가한다.
- 실패를 회피한다. 실패할 징후가 보이면 서둘러 떠난다. 성공할 가능성이 높은 일을 찾아 나선다. 조직보다 자기 자신이 우선된다.
- 목표를 정하고 그 목표를 향해 달려간다. 다른 사람들도 당연히 그렇게 일하기를 원한다.
- 일과 목표에 방해를 받으면 신경질을 낸다. 이런 경우는 보통 일과 관련된 경우이다.

3유형의 리더십 스타일

3유형은 리더가 되기를 선망한다. 노력을 통해서 성공하고, 성공을 통해 자존감을 얻을 수 있을 경우 이들은 소매를 걷어붙이며 한없는 에너지가 샘솟는다("자, 이제 시작합시다. 난 자신이 있습니다. 그런데 여러분은 왜 그렇게 힘이 없습니까?"). 물론 직원들은 이들을 따르고 협력할 것이다.

일단 프로젝트에 돌입하면 3유형의 초점은 그 프로젝트에 맞춰지며 반대 목소리에는 귀를 기울이지 않는다. 빠른 속력으로 일을 추진하는 도중에는 자신을 의심할 시간이 없다. 이들은 진행 중인 프로젝트에만 몰두한다. 뒤를 돌아볼 여유도 없다. 목표에 초점을 맞춘 3유형은 강한 반대 세력이 이들을 중단시킬 때까지는 그냥 계속 돌진한다. 그러다가 반대 세력이 나타나 제동을 걸면 바로 전투가 벌어진다. 3유형의 리더는 가공할 힘을 지닌 투사이다. 이들은 자신이 세운 목표가 정확하다고 믿기 때문에 그 목표를 달성하게 해 줄 가능성이 조금이라도 엿보이면 어떠한 위험도 기꺼이 감수한다. 수완을 부리고 애걸하는 것도 마다하지 않는다. 압박을 받을 경우 속도를 늦추기는커녕 오히려 사업을 확장한다. 누구보다 빨리 목표를 달성할 수만 있다면 어떠한 위험도 감수할 만한 가치가 있다고 생각한다.

자신이 추진하는 프로젝트에 대한 방해를 용납하지 않는 태도 때문에 3유형은 새롭거나 상반되는 정보를 잘 받아들이지 못한다. 부하직원들에게는 "이것저것 따지지 말고 그냥 해라!"라고 요구한다. 3유형의 리더는 부하직원들이 편법을 써서라도 효율성을 높여 주기를 기대한다. 그 결과 품질 관리가 등한시되는 경우가 많다. 질보다는 양을 중시하고, 품질 향상보다는 사업을 확장하는 데 더 많은 관심을 기울인다. 가장 강하게 외치는 요구가 "그냥 해라!"이기 때문에 세부적인 내용에 투자할 시간이 그렇게 많지 않은 것은 당연하다.

3유형의 리더는 비즈니스를 할 때 목표치를 높이는 데 초점을 맞춘다. 또 이미 알려진 아이디어를 새로운 상황에 맞춰 멋지게 포장해 선보이는 데 대가이다. 독창적이고 혁신적인 아이디어를 내는 것에는 관심이 없는 편이다. 독창적인 아이디어를 내려면 연구해야 하고 또 앞으로 일어날지도 모르는 문제를 모두 검토해 보는 데 엄청난 시간이 소요되기 때문이다. 3유형은 연구에 장시간을 투자할 인내심이 없다. 이들은 과거에 성공한 프로젝트의 사례에서 해결책을 뽑아다가 즉시 그것을 새로운 목표에 적용하기를 좋아한다. 그리고 실질적인 결과물을 내놓는 데 큰 흥미를 느낀다. 이러한 3유형의 스타일은 일반적으로 조직에서는 큰 인정을 받는다. 조직은 승자를 사랑하고 조직 내 많은 사람은 누군가가 선두에 나서서 책임을 지겠다고 할 때 흔쾌히 박수를 쳐 준다.

3유형의 실행 전략

1. 당신의 밀어붙이는 성향이 다른 사람들에게 미칠 수 있는 부정적인 영향을 인식하라. 다른 사람들이 일을 잘 해낼 수 있을 때까지 참고 기다리도록 노력하라.
2. 상대방의 기여도를 높이 평가하고 상대를 인정하고 있다는 것을 보여 주기 위해 특별히 노력하라.
3. 서둘러 의사결정을 내리려고 하지 말라. 인간적인 면을 비롯해 다양한 각도에서 현상을 바라보고 생각하는 시간을 충분히 가지라.
4. 자신이 바라는 것을 구체적으로 찾아보고 그것을 이루면 어떻게 되는지 생각하라. 그 성과를 이루었다면 어떤 상태가 될지 어떤 만족이 올지 어떤 의미가 있을지를 생각하라.
5. 매우 사소한 것까지도 다른 사람들을 인정해 주는 말을 자주 하라.
6. 자원봉사 등을 통해 순수한 마음으로 다른 사람에게 선행을 베풀려고 노력하라.
7. 다른 사람들이 자신에게 비판하는 말을 할 때 그 말에 사실인 점이 있는지를 찾아보라.
8. 돈을 버는 것인지, 가족과 행복해지고 싶은 것인지, 또는 승진을 하는 것인지 등 당신이 진정으로 원하는 삶이 어떤 것인지를 끈기 있게 찾아보라.
9. 전문가의 지도를 통한 명상과 의식훈련으로 자신의 행동과 진정한 감정 간의 마찰이 없는지 계속 인지하라(자기성찰에 관한 모든 것).
10. 업무 외의 즐거움을 찾도록 노력하라.

4유형

4유형의 직장에서의 모습

작가인 C 씨가 어느 날 자신의 옷장을 열었다가 깜짝 놀랐다고 한다. 왜냐하면 보라색 계통의 옷이 60~70%를 차지하고 있었기 때문이다. 평소에는 그냥 무심하게 지나쳤지만 그날은 보라색 옷이 지나치게 많은 것이 한눈에 보였다. 보라색은 모든 색 가운데서도 참 독특하다. 신비스러움, 고상함, 고귀함, 독창, 관능 같은 이미지를 가지고 있다. 보통은 평범한 사람들이 보라색 옷을 입는 것은 기피사항이 된다. 하지만 C 작가는 보라색 옷이 너무 많았다. 워크숍에 참석해서 에니어그램 성격에 대한 공부를 함께하면서 자신이 왜 보라색 옷이 많은지 깨닫게 되었다고 한다. 평범에 대한 회피, 그리고 독특함에 대한 집착이 있었던 것이다. 평범한 것에 대한 두려움 때문에 독특한 것을 찾다 보니 실행은 느려졌다. 원고 독촉을 자주 받았고 썼다, 지웠다를 반복하는 일이 많았다. 한 가지를 꾸준히 하는 것이 힘들었고, 마감이 항상 힘들었다. 결국 실행하면서 마감까지가 모두 장벽이 되었다.

회계 업무를 하고 있는 연 부장은 뛰어난 판단력과 정확성으로 능력을 인정받고 있다. 그러나 일처리 속도가 너무 늦어서 항상 고민이고 그것이 회계 업무나 다른 직원들 간의 갈등요인이 되었다. 세무신고 마감일이 가까워져 일이 많을 때는 상황에 맞는 일처리를 필요로 한다. 즉, 다른 것보다는 빠른 일처리가 우선이다. 연 부장은 꼼꼼하고 깐깐하게 일을 처리하려고 야근업무를 밥 먹듯이 한다. 그렇지만 부서의 전체적인 팀워크가 망가지고 여기저기서 원망의 소리를 듣는다. 자신도 업무 처리를 빨리하고 싶지만 대충 하는 것 자체가 용납이 안 된다.

주부 한 씨는 세탁기를 될 수 있으면 쓰지 않는다. 세탁기를 사용하면 때가 잘 지워지지 않을 뿐 아니라, 세탁기를 사용하는 데 들어가는 세제가 많은 공해를 일으킨다고 생각하기 때문이다. 남편은 이런 아내의 태도가 못마땅하다. 허리와 팔이 아프다고 하면서도 손빨래를 고집하기 때문이다. 세탁기로 빨래를 하고 그 시간에 다른 것도 해 주었으면 하는데 아내는 쉽게 자신의 고집을 꺾지 않는다. 그녀는 반찬을 해도 무공해 식품을 쓰고, 특별한 요리를 만드느라 시간을 물 쓰듯 한다.

평범한 것은 마음에 들지 않는다. 이런 유형의 사람들은 특별한 것을 추구하려고 하는 심리가 내면에 깔려 있다. 이런 성격적 심리는 일을 시간 내에 처리하는 데 지장을 초래한다. 특별한 것을 추구함으로써 다른 사람들의 관심을 끌고 그래야만 사랑받을 수 있다고 믿는다. 독특한 자신을 추구하는 사람들은 자신을 남과 다른 특별한 존재로 인식하고 자신의 개성만을 추구해 가는 경향이 높다. 그렇기 때문에 당연히 '독특한 자신'에 대해 집착하게 된다.

이들은 자신의 깊은 생각을 적절히 표현하는 방법만 습득하면 '독특한 자신'이 될 수 있다고 믿는다. 그래서 평범함을 회피하고 특별한 존재가 되려고 노력한다. 그러나 이러한 경향이 강해지면서 여러 가지 부작용을 만나게 된다. 자칫 그의 고유함과 독특함이 주위로부터 인정받지 못해서 고립되고, 그렇게 됨으로써 생활에 만족할 수 없게 되는 것이다. 인생이란 무엇이던가? 원래 평범한 것이 아닌가? 일반적으로 느낄 수 없는 깊은 감동을 추구하고 위험이 따르는 모험에 마음이 끌린다. 하루하루 착실하게 생활하는 것에 만족하지 못하고 모험적이고 특별한 체험이나 깊은 감동을 불러일으키는 것을 추구함으로써 현실도피에 빠지기 쉽다.

인간관계에서 강한 정신적 유대감을 추구하는 것은 인생에 깊은 맛을 더해 준다. 하지만 인간관계라는 것이 반드시 감동만을 가져다주는 것은 아니다. 이러한 함정에 빠지지 않기 위해서는 독특한 것을 추구하는 자신의 장점을 살리면서 동시에 평범한 것도 겸허하게 받아들일 수 있는 균형 감각이 필요하다. 즉, 회피하는 평범에 대한 인식 자체를 전환하는 것이다. 감동을 느끼고 있을 때의 시간은 강하게 의식하면서 전광석화처럼 빠르게 흐른다고 느낀다. 반면, 감동이 없는 시간은 지극히 단조롭게 지나가고 의식은 시간으로부터 사라진다. 근본적으로 주관적인 감정에 따라 시간을 파악하기 때문이다. 시간은 누구에게나 모든 것에 평등하다. 지나친 특별함에 마구 시간을 쏟다 보면 결국 꼭 해야 하는 중요한 일을 하는 데 시간이 모자랄 수밖에 없다.

이런 유형의 사람들이 자신의 능력을 발휘하고 성공적인 인생을 살기 위해서는 작고 평범한 것들을 사랑하고 실천하려는 노력이 필요하다. 시간을 사용함에 있어서도 특별한 것만 고집할 것이 아니라 필요한 일을 사랑하고 시간을 나누어 줄 필요가 있다. 보다 현실적인 일에 눈을 돌려 열심히 성실하게 일을 하다 보면 특별한 일을 할 수 있는 성공에 가까이 가게 된다. 다시 생각해도 평범은 위대하다.

4유형의 업무 스타일

- 자신의 창의적인 비전과 아이디어를 통해 동료들로부터 존경받기를 원한다.
- 일보다도 감정이 우선시된다. 그래서 감정에 압도되면 일에 집중하지 못하고, 사랑 문제 때문에 직장생활에 어려움을 겪을 수 있다.
- 자신보다 능력이 출중한 영역이나 사람들과는 관계가 쉽지 않다. 모든 것이 비교의 대상이고 감정적 교류를 해야 하기 때문이다. 질투는 하나의 힘이 될 수 있겠지만 협력의 세계를 필요로 하는 분야에서는 문제를 만들어 낼 가능성이 높다.
- 특별한 권위자를 찾는다. 또는 자신이 하고 있는 일 가운데 특별한 기술이나 역량이 있는 사람들과 가깝게 지내기를 원한다.
- 남과 다른 독특한 일을 하고 싶어 한다. 그래서 창의성, 더 나아가 천재성을 요구하는 일을 좋아한다. 독특한 스타일을 추구하고 직장생활에서도 자신만의 독특한 모습을 갖고 강한 감정과 연관된 일에 많이 끌린다. 예를 들면, 고민을 들어주는 상담가라든가, 동식물 애호가나 인권운동이라든가, 늦은 밤 자살을 생각하는 사람들을 위한 전화 상담원과 같은 직업에 매력을 느낀다.
- 평범한 일을 하면 자신의 품격이 떨어진다고 생각한다. 하지만 평범한 일에 대한 이해나 판단은 서로 다르다. 예를 들어, 숫자를 다루는 직원을 평범하게 생각할 수도 있고 최고 경영자를 평범한 직업으로 생각할 수도 있다. 반면, 예술

같은 일을 하는 분야를 최고의 가치로 여길 수도 있다.

- 자신과 같은 분야에서 일하는 경쟁자에게는 공격적이고 적대적인 태도를 보인다. 자신만의 영역이라고 생각하기 때문이다. 반면, 다른 분야에서 성공한 사람에게는 칭찬을 하면서 매력적이라는 생각을 한다.

4유형의 리더십 스타일

예술적인 4유형의 리더는 경쟁이 치열한 환경에서는 성공을 추구하는 3유형처럼 보이고 또 그렇게 행동한다. '성취하는 효율적인 사람'이라고 불리는 3유형의 이미지는 직장에서 높은 평가를 받는 직장인이라면 누구나 그런 모습을 택한다. 즉, 경쟁에서 이기기 위해서는 3유형처럼 보이고 행동해야 하는 것이다. 경쟁심이 많은 4유형은 물질적인 보상과 타인의 인정을 받을 수 있는 일에 강한 동기가 유발된다. 많은 사람 가운데에서 두각을 드러내고 유능하며, 일에 너무 몰두해서 우울한 기분에 빠져들 틈이 없다. 그러면서도 4유형은 일할 때의 감정과 실제 자기감정 사이의 차이를 예민하게 느낀다. 또 3유형은 목표와 결과를 위해서 일을 하는 데 반해, 4유형은 다른 사람을 이기고 최고가 되기 위해서 일을 한다. 즉, 다른 사람보다 눈에 띄려고 목표와 결과를 향해 달리는 것이다.

자신의 능력을 증명해 보일 필요가 있을 때 4유형의 리더는 어떻게 해서든 경쟁자를 물리치겠다는 각오로 열과 성을 다해 일에 매진한다. 필요하면 위험도 기꺼이 감수할 수 있다. "중요한 일 앞에서는 위험을 감수하고라도 뛰어들어야 하지 않겠어요?"라고 말한다. 일상적인 업무보다는 위기의 순간에 더 효율적으로 일한다. 날마다 하는 평범한 업무는 따분하고 우울하게 만든다. 왜냐하면 그런 일에서는 자신의 능력을 증명해 보일 수가 없기 때문이다. 일이 따분하게 느껴지기 시작하면 지금까지 이룬 성과를 파괴할 수도 있다. 가끔 잘 나가다가 뒤집어 엎는 행동을 하는 이유는 이 때문이다. 그러다가 갑작스러운 위기가 닥치면 일에 대한 흥미가 되살아난다. 4유형에게는 목표를 달성하기 힘들어 보일 때 비로소 그 목표를 향해 달리고 싶은 의욕이 생기는 것이다.

4유형의 밀고 당기는 '밀당 패턴'은 비즈니스에도 그대로 적용된다. 4유형은 도달하기 힘든 목표를 추구할 때에는 힘이 솟지만, 일단 목표를 달성한 이후에는 업무가 말할 수 없이 따분하게 느껴진다. 무엇인가 극적인 요소가 없으면 그다지 흥미를 느끼지 못한다. 4유형 리더는 비즈니스에 자신의 흥미를 끌 만한 것이 있기를 원한다. 비즈니스에도 열정과 영혼을 불어넣을 수 있기를 원한다. 즉, 감정적으로 고무된 상태에 있기를 원하는 것이다.

4유형은 개개인의 독특한 개성이나 창의성을 높이 사는 비즈니스 환경에서 뛰어난 역량을 발휘한다. 성공이 자신의 가치와 연결될 때는 일과 자신을 완전히 동일시한다. 그렇지만 일이 그냥 일에 불과할 때에는 관심이 흩어지면서 다른 것에 관심을 가지려고 한다. 일에 대한 흥미가 사라지면 4유형은 그 일을 떠나서 뜨거운 열정이 일어날 수 있는 새로운 관심사를 찾아 떠난다. 4유형은 '생활비를 벌기 위해 하는 일'과 '진정한 자신'을 구분하는 경향이 있다. 본업과 부업이 전혀 다른 경우가 그것이다. 은행직원이 시인으로 활동한다든가, 과학자가 취미로 춤을 배운다든가, 혹은 낮에는 냉혈한처럼 치열하게 경쟁하다가 밤에는 따뜻한 마음을 가진 만인의 친구가 되어도 전혀 이상하지 않다. 조직에서는 자신의 감정을 불러일으킬 만한 것이 없을 때 대안을 찾는 것이다.

4유형의 리더는 종종 가치 있는 대의를 지지하는 일에 열정을 쏟아붓는다. 마음이 끌리는 일을 만나면 열정적인 리더가 되지만, 목표를 다 이루고 나면 금방 흥미가 사라지곤 한다. 이 역시 새로운 감정적 분출을 할 수 없어서이다. 만약 4유형이 상사라면 조화를 이루는 사람들을 한 팀으로 묶어서 안정감을 주고 경쟁이 사라지게 할 가능성은 적다. 반면에 직원들로 하여금 비즈니스 확장과 같은 역동적인 환경에서 각자 최고의 역량을 발휘하도록 경쟁심을 고무하는 데 능력을 발휘한다. 무엇인가 치열하게 부딪치고 열정 있는 조직에서 자신의 감정적 파고를 즐긴다고 할 수 있다. 사실 그래야 자신의 역량이 더 극대화된다.

4유형의 실행 전략

1. 매일 일정한 시간을 정해 놓고 명상 등을 통해 스트레스를 줄이는 방법을 실천해 보라. 마사지, 한증막, 사우나에 가는 것도 한 가지 방법이다.
2. 일이 아닌 자기 자신이 가치 있게 여기는 활동을 할 시간을 만들라.
3. 현재의 성공 수준을 높이 평가하고 소질이나 능력, 지식 등을 자랑스럽게 여기라.
4. 과거의 일에 집착하지 말고 미래를 계획하며 현실에 뿌리를 내리려고 노력하라.
5. 조직이나 사회에서의 책임감을 억지로 수행할 때 스트레스를 받을 수 있다. 그러므로 구태의연한 방법보다 새로운 방법을 시도하여 성과를 올릴 수 있는 방안을 늘 연구하라.
6. 최상의 것을 끄집어낼 수 있는 창조적인 일에 몰두하라. 그리고 그 일을 통해 경제적인 수익을 창출할 수 있도록 해 보라.
7. 자신의 장점을 발견하고 자부심을 갖고 행동하라. 나아가 자신이 존경하는 사람의 장점을 잘 생각해 보고, 그렇게 되도록 자신의 능력을 개발하라.
8. 자신과 비슷한 점이 많은 사람과 인간관계를 맺으라. 속 깊은 이야기를 나눌 수 있는 친척들이나 친구들과의 관계를 유지하라.
9. 상대방이 생각 없이 내뱉은 말에 격분하지 말라. 불쾌하더라도 그 말의 속뜻을 읽으려고 노력하라.
10. 감정 컨트롤이 제대로 되지 않을 때는 결코 부치지 않을 편지에 가능한 한 유창한 언어로 자신의 감정을 적어 보라. 또는 시, 음악, 무용, 미술 등과 같이 창조적으로 표현해 보라.

5유형

5유형의 직장에서의 모습

워크숍에 참석하였던 G 화학 K 대리는 회사에서 교육담당자이다. 강의를 하는 내내 많은 질문을 쏟아냈다. 휴식시간과 점심시간에도 마찬가지여서 잠시도 쉴 틈을 주지 않았다. 워크숍이 끝날 무렵 K 대리는 강사님은 참 대단하시다고 돌연 필자를 칭찬하였다. 자신은 강의할 때 휴식시간이나 점심시간에는 질문을 하지 말라고 한다는 것이다. 강의시간 내내 말을 해야 하기 때문에 휴식시간까지 쉬지 못하면서 답변을 하면 너무나 힘이 든다는 것이다. 그러면서도 자신은 끊임없이 질문을 했는데 모두 대답을 해 주는 필자가 존경스럽다고 하였다. 무엇이든지 자신의 관심 분야에 대해서는 알고 싶고 자신이 아는 것은 지켜야 하는 스타일인 것이다. K 대리는 알기 위해 질문하고 아는 것을 지키기 위해서 침묵하는 모습에서 주변 사람들을 답답하게 한다는 사실을 잊고 있었다. 일이 늦어지는 것은 당연지사가 되었다. 실행하기 전에 워밍업이 너무 길다 보니 어떤 때는 생각만 하고, 정작 실행은 하나도 제대로 이룬 것이 없이 사라지는 경우도 다반사였다. 워크숍이 끝나고서야 K 대리는 자신의 모습을 찾게 되었다면서 기뻐하였다.

D 유통의 P 과장은 무엇이든지 혼자 생각의 동굴 속으로 들어가서 깊이 생각하는 스타일이다. 그러다 보니 주변 사람들과 가정에서는 '무슨 생각을 하고 있는지 모르겠다.', '혼자서 무슨 생각을 그렇게 하느냐?'는 핀잔을 많이 듣는다. 별것도 아니고 쉬운 것인데도 너무 어려워하고 복잡하게 생각하는 것 아니냐는 충고도 듣는다. 자신의 생각을 정리하는 데 시간이 많이 걸리기 때문에 시기를 놓치거나 판단 착오를 할 때도 있다. 일을 요령 있게 빨리 처리하고 인간관계에 신경 써서 출세하는 사람들을 보면 한숨이 절로 나오기도 했다. 지난번 회의에서도 자신이 하려고 했던 말을

다른 동료가 먼저 하는 바람에 공을 세울 수 있는 기회를 놓쳐 버리고 말았다. 다른 사람들이 하는 말을 다 듣고 나서 말하려고 했다가 생긴 일이었다. 모든 것을 알고 객관적인 판단을 하려다가 항상 한발 늦는 자신이 괴롭기만 하다.

J 제약회사의 연구원 C 부장은 우연히 자신의 행동이 가족들에게 어떤 영향을 미치는지에 대한 깨달음을 얻었다고 한다. 한번은 가족들과 거실에서 월드컵 축구경기를 보고 있었는데, 마침 한국 팀이 골을 넣었다. 가족들이 다 일어나서 소리 지르고 아파트 전체가 함성으로 가득 찼다. 그러나 C 부장은 골 장면을 느린 화면으로 보고 싶었다. 가족들에게 제발 좀 앉아서 화면을 다시 보자고 흥분을 진정시켰다. 하지만 함성을 지르면서 기쁨을 나누고 있었던 가족들은 이해할 수 없는 그의 행동에 대해 재미없다며 시큰둥해졌다. 골 장면에 대한 자세한 모습을 보고 싶었던 그는 가족들의 이런 태도가 이해할 수 없다는 반응이다. 도대체 C 부장은 무엇을 잘못한 것일까? 괴롭기만 하다.

앞서 제시한 세 사람의 예는 우리에게 무엇을 설명하는가? 모든 것을 알고 난 다음에 무엇인가를 결정하고 싶어 하는 사람들의 특징을 보여 주고 있다. 이들의 내면을 들여다보면 무엇이든 알아야 한다는 집착과 강박관념이 자리 잡고 있다. 모든 것을 알아야 한다는 것은 단순하게 알아야 한다는 것이 아니다. 철저하게 알고 싶어 하는 욕구이다. 그 원리까지도 알고 싶은 것이다. 단순하게 활용할 수 있는 것도, 그 기본원리를 안다면 훨씬 편안해진다. 그렇지 않으면 알고 싶은 그의 욕구가 무의식적으로 행동을 억제하게 되고, 많은 시간을 사용하게 한다. 모든 것을 알고 싶어서 시간을 정보 확보에 사용하게 되니, 시간이 늘 부족하고 결정 또한 느려진다. 그리고 그 충분한 시간이 확보되지 못하면 심각한 스트레스에 노출된다.

사물을 볼 때 한걸음 물러서서 관찰하는 습관 때문에 비교적 감정에 휩싸이지 않고 사건의 본질을 제대로 파악할 수 있다는 장점이 있다. 그러나 이것이 시간을 잡아먹는 도둑이 될 수 있다. 아무리 계획이 뛰어나고, 사실을 잘 알아도 실행하지 않으면 자신의 것이 되지 않는다. 과도한 관찰은 실행에 제한을 가져온다.

이런 사람들은 현장 속으로 뛰어드는 용기가 절대적으로 필요하다. 생각 속에만 머무르지 말고 행동으로 실천할 때 성공 가능성이 그만큼 커지는 것이다. 시간을 물처럼 쓰면서 아는 것에만 집중할 때도 시간은 흘러간다. 결국 많은 시간이 지나는 동안 자신이 결정한 내용과 현장 사이에는 괴리가 발생한다. 이런 악순환의 고리는 행동하는 것만이 끊을 수 있다. 내 생각의 동굴에서 빠져나와서 변해 가는 세상을 따라가야 한다. 일단 움직이고 삶의 활력을 찾아 다시 생각하라. 그러면 생각의 효율에서도 빛을 발할 것이다. 목표를 정하고 열정적으로 움직이라. 지식이나 기술, 부존자원은 부족한데도 인간관계 기술이 뛰어나서 성공하는 사람들을 보면 씁쓸해진다. 이해하기가 힘들기 때문이다. 그러나 이런 현상은 알기만 하면 된다는 스타일의 사람들이 빠지는 큰 함정일 수 있다. 시간의 흐름까지도 잘 알아야 하기 때문에 주변 사람들과 조화를 이루지 못함으로써 발생하는 현상이다. 자신이 시간조차 관찰하는 것은 아니라고 이야기할지 모르지만, 모르는 것이 두렵다는 무의식적 행동이 자신도 모르게 그렇게 만드는 것이다. 무의식적인 성격이란 오래된 습관의 결정이 아닌가? 그러므로 다른 습관을 만들면 내 삶의 패턴은 달라질 수 있다.

시간은 정지되어 있지 않고 계속해서 흘러만 간다. 그러므로 이런 시간 속에 있는 그들은, 모든 것을 알고 행동해야 하기 때문에 다른 사람들에게 나누어 줄 시간이 항상 부족하다. 친구가 연락 없이 갑작스럽게 찾아오면 반갑기보다 당황하는 이유가 그것이다. 파티나 사람들끼리 모여서 담소하는 시간이 아깝게 느껴지는 이유도 그렇다. 조직에서의 회식 자리가 부담스러운 것 역시 마찬가지이다. 자신이 모르는 것은 두렵다는 사실이 항상 걸림돌로 작용한다. 하고 싶고 알고 싶고 흥미 있는 일은 세상에 많이 있는데 그것을 알고 연구할 수 있는 시간은 너무 부족하다. 그렇기 때문에 사무실이나 집의 공간에서 아는 것에 몰두한다. 이제 그 무의식의 두려움에서 빠져나오라. 다 알려고 해 봐야 다 알 수 있는 것도 아니고, 그만한 능력도 없다. 자신의 오두막집에서 빠져나와 더 넓은 세상의 성공을 성취하라.

5유형의 업무 스타일

- 자신의 에너지가 많지 않다고 생각한다. 그래서 다른 사람의 필요를 충족시키는 데 자신의 한정된 시간과 에너지를 사용하고 싶어 하지 않는다.
- 직접 고객을 상대하는 일은 기피의 대상이 된다. 할 수는 있으나 오래 하기 힘들고 성과도 잘 나지 않는다. 직접 상대하기보다는 뒤에서 결정을 내리는 역할을 맡을 때 뛰어난 능력을 발휘할 수 있다.
- 감정이 배제되고 사실에 근거한 객관적인 의사결정을 높이 평가한다. 결정을 내리기 위한 지침으로 자신의 감정을 사용하는 것은 5유형에게서 찾아보기 힘들다. 그것은 자신에 대한 통제력을 상실하는 것처럼 보인다. 카리스마 넘치는 상사의 리더십 앞에서도 판단력이 흐려지지 않는다.
- 앞으로 일어날 일을 모두 예측해야 마음이 편안하다. 앞일을 예측해서 미리 대비할 수 있기를 바란다. 미팅에 참석하는 사람들의 명단을 미리 입수해서 알게 되면 한결 마음이 편하다.
- 상황이 복잡하고 시끄러우면 시선이 흩어지고 집중과 관찰이 잘 안 된다. 또한 자신의 사적인 영역 역시 보호받지 못한다고 판단한다. 자연스럽게 신경이 쓰이고 스트레스를 받는다. 다른 여러 사람과 함께 있으면 역시 집중하기가 어렵다고 느낀다.
- 갈등을 피하려고 감정소모를 사용하기 어렵다. 감정이 얽히는 상황을 피하기 위해 메모가 잔뜩 붙은 칸막이를 세워 둔다. 그것이 부족하면 비서를 전면에 세운 뒤 방문을 걸어 잠그고 자신은 뒤에 숨는다.
- 자신의 관심사를 추구할 자유와 사생활을 보장받기 위해 열심히 노력한다. 독립성을 확보하기 위해 노력한다.
- 예상치 못한 질문을 당하거나, 즉흥적인 반응을 요구받으면 당황스럽다. 상황을 파악하고 어떻게 대처해야 할지를 생각하기 위해서 혼자만의 동굴이 필요하다.

5유형의 리더십 스타일

5유형 리더는 주로 개인 사무실 안에서, 또는 SNS와 같은 간접적이고 비대면적인 방법을 통하여 뒤에서 통솔하는 스타일이다. 이들은 대개 보다 적극적인 리더십 스타일을 보이는 리더(특히 8, 3번 유형)와 협력해서 일하는 경우가 많다. 공격적인 리더의 배후에 앉아서 주로 분석가 혹은 브레인의 역할을 한다. 가령, 사람들 앞에서 프레젠테이션을 해야 하는 경우를 생각해 보자. 가능하면 하지 않는 것이 마음이 편하긴 하다. 그러나 해야 하는 상황이 온다면 자신감 있는 표정을 짓고 할 말을 모두 암기해서 유창하게 프레젠테이션을 할 수도 있다. 5유형은 상황에 따라 적극적인 리더, 심지어 매력적인 스타일의 리더가 될 수도 있다. 강의 중에 만난 L 건설의 이 과장은 매우 직선적이고 남성적인 스타일의 사람으로 8유형으로 보일 정도였다. 그는 입사 후 지금까지 모두 현장에서 근무했다고 한다. 그는 현장에서 많은 사람과 부딪쳐야 하는 자신의 처지를 한탄하였다. 왜냐하면 사람들과의 만남이나 교제가 불편하기 때문이다. 언제나 자신의 방에서 비밀스럽게 일하는 것을 좋아하는 이 과장이었다. 자신만의 공간이 없고 개방된 분위기에서 많은 사람을 만나는 것을 힘들어했다. 5유형의 리더는 앞일을 예측할 수 있을 때 외향적이고 적극적인 사람으로 보일 수 있다. 적극적으로 책임을 지고 부하에게 일을 위임하고 비상사태를 침착하게 처리한다. 그러나 일단 일이 끝나면 그 일에 자신의 시간과 에너지를 전혀 투자하려 하지 않는다. 혼자 있는 시간이 반드시 필요하다.

5유형의 리더는 아이디어에 집중하며, 사람들과의 상호 교류보다는 그 아이디어를 상대방에게 이해시키는 일에 초점을 맞춘다. 아무런 미사여구 없이 있는 그대로의 메시지를 전달하며, 문제가 있으면 그것을 감추려 하지 않고 있는 그대로 털어놓은 뒤 직원들의 자발적인 참여를 기다린다. 5유형의 리더는 팩트 체크를 하면서 원하는 사실을 얻기 위해서 누군가 자발적으로 말해 주기를 기다린다. 사무실 안에 있는 모든 직원은 말하기 전에 상사인 리더의 생각을 알고 싶어 할 것이다. 하지만 리더는 먼저 나서지 않는다. 5유형 리더에게는 감정을 빼고 사실만을 말해 주는 부하들이 필요하다. 하지만 직원들은 그렇게 움직이지 않을 것이다. 따라서 있는 사실 그대로 뉴스를 방송하듯이 전해 줄 조언가가 옆에 있는 것이 도움이 된다. 일단 어떤 프로젝트를 진행하기로 결정이 나면 리더는 신속하게 부하들에게 권한을 위임한다. 5유형의 리더는 해당 부하들을 모두 모아 놓고 함께 미팅을 하기보다는 각 부하와 따로따로 '비밀' 미팅을 가진다. 그것은 자신의 사생활을 보호하기 위해서이다. 각 부하의 이야기를 경청하지만, 부하들끼리 서로 정보를 공유하거나 부서 간 협력하는 분위기가 조성되는 것을 원하지 않는다. 그러면 부하들은 5유형 리더의 본을 받아서, 자기 자신의 능력을 향상시키고 싶은 마음에 자신이 가진 정보를 감추게 될 것이다. 또는 조직 내에서 자신의 유불리에 따른 거래를 시작할지도 모른다. 이럴 경우 벌어질 수 있는 최악의 시나리오는 5유형 리더에게 영향력을 행사하는 데 관심을 기울이는 부하들 사이에 파벌주의와 은밀한 경쟁이 일어나는 것이다.

고도의 추상적인 사고에 능한 5유형은 엄청난 양의 정보에서 핵심 아이디어를 추려 낼 수 있다. 그 아이디어를 토대로 실현 가능한 이미지를 머릿속에서 구상한 다음 이미지를 충실하게 재현해 내려고 수고할 것이다. 5유형 리더는 오래 기다리고 참을 수 있다. 기본적인 필요가 충족되는 한 웬만한 어려움이 닥쳐도 겁에 질리지 않는다. 애초의 아이디어를 계속 따르면서 매우 힘든 시기를 잘 견뎌 낼 수 있으며 그러는 동안에도 새로운 정보를 원래 계획에 접목시킨다. 5유형 리더의 머릿속에 안전하게 저장된 핵심 아이디어는 비즈니스가 침체에 빠졌을 때에도 웬만해서는 큰 영향을 받지 않는다.

하지만 모든 비즈니스는 협력을 필요로 한다. 강의를 나갔던 C 그룹에서의 일이다. 그 조직의 팀장은 팀원들에게 정보의 수집을 독려하였다. 부하들은 많은 정보를 팀장에게 제출하였다. 하지만 팀장은 팀원들에게 나눠 주지 않고 스스로 독점하였다. 정보가 독점되는 것은 보통 바람직하지 않다. 팀원들은 다른 정보를 전혀 알지 못하고 팀장이 뿌려 주기만을 기다린다. 아무리 기다려도 팀장은 정보를 알려 줄 어떤 움직임도 없다. 팀원들은 지쳐 가는데 팀장만 유일하게 아무런 문제의식이 없다. 보통 5유형에게는 '구두쇠'라는 별명이 있다. 정보의 독점현상 때문에 붙여진 별명이다. 5유형 상사의 리더십은 이런 구도를 깨는 데 있다. 어떨 때는 정말 필요하다. 그러나 보통의 경우에는 협력을 필요로 하고 그 협력은 정보를 공유하는 데서 발전을 이룰 수 있다.

5유형의 실행 전략

1. 자신이 다소 어리석게 느껴질지라도 모험을 감행하고 큰 소리로 말해 보라. 실수를 두려워하지 않는 다른 사람을 모방하는 데 힘쓰라.
2. 창의적 활동이나 운동을 통해 자신의 느낌을 표현하는 법을 배우라.
3. 타인과의 갈등이 일어났을 때 피하려 하지 말고 자신의 입장과 의견을 떳떳이 말하려고 노력하라.
4. 대화할 때 길게 이야기하기보다는 짧게 하고, 상대가 흥미를 느끼는지 살피라. 그리고 상대를 대화에 참여시키라.
5. 어떤 사람이 자신에게 의미 있는 존재라면 상대방에게 그것을 알려 주라.
6. 누군가에게 무언가를 주고 싶은 마음이 들 때 망설이지 말고 행동으로 옮기라.
7. 혼자만 생각하고 있으면 상대방은 너무 답답해한다는 것을 인식하라. 생각하고 있는 바를 알리고 계획을 공개하여 실천하고 보여 줄 때 성공할 수 있다.
8. 다양한 사람과의 상호 관계를 경험하려면 현실 세계나 공개된 장소로 적극적으로 나아가라. 상담이나 교육을 통해서 자신을 개방할 때 효과를 볼 수 있다.
9. 성공한 사람들은 도전하는 사람들이었다. 도전 없이는 성공도 없으므로 도전에 대한 가치를 인식하고 아는 것을 실천하는 데 더욱 집중하라.
10. 마음이 내키지 않더라도 되도록 많은 사람이 모이는 장소에서 자신의 의견을 말해 보고 자신의 실적을 발표해 보곤 하라.

6유형

6유형의 직장에서의 모습

L 보험회사의 팀장인 R 씨는 최근 자동차를 구입했다. 그런데 스스로가 실망한 부분이 있었다. 그것은 자동차를 구입하는 데 너무나 많은 고민을 했다는 것이다. 결정하기까지 8개월이라는 시간을 흘려보냈다. 그나마 차를 구입한 것도 함께 전시장에 들렀던 친구가 30분 만에 신차 계약을 하는 것을 보고 나서이다. 그것도 친구가 결정한 그 차를 계약한 것이다. 그 친구는 어떻게 그 비싼 자동차를 그렇게 빨리 결정할 수 있는지 신기하기도 하고 부럽기도 하다. 그러고 보니 자신은 결정하는 것을 매우 두려워한다는 것을 알게 되었다. 무엇이든지 결정할 때는 사람들에게 물어보고 다녔다. 큰 결정은 말할 나위가 없었고 작은 결정조차도 혼자 하는 것을 어려워하였다. 그렇다고 그가 문제가 있는 사람이거나, 일을 못하는 사람은 아니다. 차를 세우고 자동장치로 문을 닫았음에도 손으로 다시 확인한다. 그러다 보니 모든 일에 시간을 더 걸리고 빠른 의사결정에 애를 먹는다. 그의 고민은 깊어만 간다.

자동차 부품업체인 P 산업에 근무하는 강 과장은 차분하고 조심스러운 성격이다. 생각을 많이 하고 구체적인 아이디어가 많이 있지만 자신의 의견을 드러내기보다 다른 사람들의 의견을 조용히 듣는 경우가 많다. 그러던 중에 중요한 프로젝트를 수행하게 되었는데 지나치게 신중한 나머지 결정을 미루다가 다른 업체에 프로젝트를 빼앗겨 버리고 말았다. 회사에서는 곤경에 처하였고 결국 문책성 인사를 당하게 되었다. 그는 자신의 지나치게 조심스러운 성격에 대해 많이 번민하고 있다. 모든 일을 씩씩하게 빨리 처리하는 사람들을 보면 어떻게 저렇게 빨리할 수 있는지 신기하기까지 하다. 자신은 좋은 아이디어에도 의문을 갖는데 다른 사람들은 별것도 아닌 것을 가지고 잘도 처리한다. 그들이 잘하는 것인지 또 자신의 처리방식이 잘못된 것인지 헷갈려하면서 상당한 자기정체성의 혼란까지도 경험하고 있다.

가구업체를 경영하고 있는 신 사장은 굉장한 상상력의 소유자이다. 그런데 그가 하는 것은 즐겁거나 행복한 상상보다는 항상 최악의 경우를 상상한다. 사업이 안정적이기는 하지만 몇 번의 대박을 터뜨릴 수 있는 절호의 기회를 놓쳤던 아픈 경험을 가지고 있다. 요즘같이 불황일 때는 과거에 대박 찬스를 놓쳐 버린 자신이 미워서 견딜 수 없다. 업계의 다른 박 사장이 대박을 터뜨린 후 사업을 취미생활처럼 하면서 때때로 여행도, 휴가도 즐기는 것을 바라보다 보면 자신의 신세가 너무나 처량하게 느껴진다. 다른 사람들이 긍정적인 것만을 바라보고 일을 벌이는 것이 부럽기만 하다. 그러면서도 그것에 대한 부정적인 면을 생각하지 않는 조급함이 걱정된다. 간혹 그의 예상대로 낭패를 보는 사람들도 있지만 예상과는 다르게 잘되는 사람들도 있다. 그는 그런 그들이 신기하기도 하고 부럽기도 하다.

이런 유형의 사람들은 장래에 성공하는 행복한 모습을 상상하기를 좋아한다. 그리고 그 행복은 장차 모든 고생이 끝난 다음에서야 누리는 것이 마땅하다고 생각한다. 그래서 일을 하는 중간에 어떤 오락이나 삶을 즐겁게 하는 일들은 좀처럼 하지 않는다.

이런 현상은 내면의 '안전에 대한 집착'에서 비롯된 것이다. 안전에 대한 두려움은 긍정적인 측면보다는 부정적인 측면을 보게 한다. 그리고 그런 모습 속에서는 오락과 재미를 느낄 여유를 갖지 못하는 것이다. 그러나 따지고 보면 많은 위험성이 사라지고 안전이 확보되고 난 다음에서야 누릴 수 있는 것이 얼마나 있겠는가? 그 다음이라는 것은 아마 평생 안 올지도 모르고, 나는 혹시 기다릴 수 있는지 몰라도 가족이나 다른 사람들은 기다려 주지 않을 것이다. 세상의 현상은 급격하게 변하고 달라지기 때문에 가장 안전하다고 생각했던 것도 불안전한 것으로 변할 수 있다.

내면에 존재하고 있는 안전하지 못한 것에 대한 두려움을 완화시키기 위한 방법을 모색한다. 즉, 안전을 유지시켜 주는 사람이나 조직을 찾거나, 때로는 반항하는 것으로 나타나기도 한다. 바로 이런 순응과 대항을 반복하게 되고 이 둘 사이에서 흔들린다. 그러면 자신의 일을 끝까지 하지도 못하고 시간만 마냥 잡아먹을 뿐 성과가 나지 않는다.

좋은 아이디어가 떠올랐는데도 '누가 방해하면 어쩌지?', '실패하면 안 되는데…….', '내가 정말 할 수 있을까?'와 같은 걱정 때문에 일의 속도는 더디기만 하다. 일을 하지 않는 것은 아니다. 일에 몰두하기는 하는데 점점 그 성과가 가시화되면서 불안이 온다. 그러면 결말은 알 수 없는 곳으로 사라져 버리고 만다.

이제 과연 무엇이 두려운 것인지를 가려내어 보자. 머릿속에서만 뱅뱅 돌고 있는 그놈의 불안의 정체를 파악하자. 실제 현실과 두려움을 교차적으로 체크하면서 그 당사자 혹은 상황과 직접적으로 대화해 보는 것도 한 가지 방법이다. 상상 속의 상황과 현실의 상황이 자신이 느끼고 있는 것처럼 그토록 안전하지 못한가를 다시 한 번 점검해 본다. 아마도 자신이 느끼는 불안감이 100%라면 실제로 불안해할 요소는 5%도 안 될지 모른다. 상상 속에 존재하는 실체 없는 불안에 대한 특효약은 직면하는 것이다.

인간은 자신의 단점을 보려고 하지 않는다. 그러나 그것을 드러내지 않고 묻어 두기만 한다면 자기혐오가 깊어지고 열등감만 쌓여 가게 된다. 자신의 내면을 성찰하며 개선의 노력을 기울인다면 고통 없이 자신의 결점을 받아들이는 성숙을 경험할 수 있을 것이다. 이 길은 자신만이 할 수 있으며 어려운 것도 불가능한 것도 아니다. 내가 안전에 대한 욕구가 지나치다는 인식이 들면 시간관리를 통해서 자신의 내면을 수술해 들어가는 것도 괜찮은 방법이다. 인간은 완전한 것이나 불완전한 것이나 에너지를 사용한다. 이럴 때 에너지의 방향에 대한 균형을 잡는 것이 무엇보다 중요하다. 시간에 충실한 편인 이들의 모습은 시간의 완전을 이루지 못할 경우에는 혼란을 경험할 수 있다. 그러므로 새로운 일이라도 사람을 믿고, 자신을 믿고, 자신감을 가질 때 성공이 눈앞에 있다.

6유형의 업무 스타일

- 강력한 성공을 피하려는 경향이 있다. 성공 기회를 날려 버리거나 시간을 질질 끌거나, 혹은 컴퓨터 사고로 중요한 파일을 날려 버린다. 성공을 하면 다른 사

람의 표적이 돼서 공격받을 가능성이 높다고 믿는다. 아무도 권위 있는 사람을 좋아하지 않는다는 믿음 때문에 스스로 권위를 가질 수 있는 기회를 무의식적으로 날려 버리게 된다. 놀랍지만 조직에서의 승진이 두렵다. 부하직원들이 생기면 그들의 모든 의견에 답을 해 주어야 한다. 하지만 그 답을 자신이 알 수 없다고 느낀다. 무한 부담을 갖게 된다. 다른 하나는 높은 리더의 자리에 올라갔을 때의 부정적인 인식이다. 걱정과 의심이 많은 6유형은 조직이나 부하가 '은밀하게 날 밀어내려는 움직임이 느껴지는데? 그럴 가능성이 있나?', '왜 난 승리를 하고도 그 기쁨을 누리지 못할까?'라고 생각한다. 하지만 그럼에도 결국은 승진을 한다. 따라서 스스로가 성격적인 부분을 체크하고 올라가야 한다.

- 약한 자신을 보호하기 위해 이들은 권위에 의존한다. 그 권위에 따라서 충성한다. 또는 권위가 약해서 자신의 안전이 위협받는다면 대항함으로써 반응한다. 상대의 발 앞에 엎드리든지 아니면 상대의 목에 칼을 들이대면서 위협할 수 있다. 이 양가의 감정은 모두 안전과 깊이 관계되어 있다.
- 권위 있는 사람의 힘을 과대평가한다. 권위 있는 사람들의 힘을 실제보다 더 크게 보는 경향이 있다. 또 그들과 비교하고 잘 위축되기도 한다.
- 난관에 대항할 때 본연의 힘이 나온다. 역경에 맞서 대항하며 충성을 다한다. 또 성공할 가능성이 적어 보일 때에도 최선을 다해서 경쟁한다. 약자의 편에 서기를 좋아하며, 회사가 부도 위기에 처했을 때도 영웅적으로 어려움을 헤쳐 나간다.
- 어떤 경우의 의견이 있을 때 혹시라도 허점은 없는지 자세히 검토한다. 걱정과 의심이 많고 항상 반대 의견을 말하는 '초 치는 사람'이다. "그건 그렇지만……, 혹시라도" 또는 "그러다 만에 하나라도 안 되면 어떻게 합니까?"라고 말한다.
- 6유형은 분석력이 뛰어나다. 모든 것을 일단 의심하고 어떤 제안이 나왔을 때 그것을 반박하는 의견을 제시하곤 한다. 의심이 많아서 눈에 보이지 않는 뒷면을 들여다보려는 태도 때문에 예리한 분별력이 발달한다.
- 성공이 눈에 보이기 시작해도 계속해서 전진하지 못한다. 아무런 반대나 저항이 없는 탄탄대로일 때 오히려 집중력이 떨어진다. 처음에는 마음속에서 의심

이 올라온다. 그러다가 점점 의심이 심해지면서 마지막에는 긍정적인 가능성들이 모두 비현실적으로 보인다.

• 내면의 불안을 잠재우기 위해서 영웅이 되려고 노력한다. 다른 사람들에게 자신의 강인함을 증명해 보이고 자신의 마음을 완전히 통제하려고 한다. 두려움에 대항하기 위해서 최선을 다한다. 그 최선의 기본 역량은 성실과 근면이다.

6유형의 리더십 스타일

6유형은 어려움이 있을 때 힘이 솟아난다. 회사가 부도 위기를 맞아 구조조정을 단행할 때 6유형 경영자는 어떻게 행동할까? 또는 종료 2분을 남겨 둔 상태에서 상대에게 지고 있는 축구경기의 미드필더가 어떻게 경기하는지 잘 보라. 6유형 리더는 비즈니스가 탄탄대로를 달릴 때보다 긴급하게 회생해야 할 때 더 명석한 판단력과 강한 추진력을 발휘한다. 머릿속에서 상상해 낸 최악의 상황 대신, 구체적인 어려움에 맞설 때 의심이 사라진다. 눈앞에 보이는 문제에 초점을 맞추어 행동에 돌입할 때 비범한 힘과 지성이 발휘된다. 행동에 완전히 몰입하면 평상시 늘 따라다니던 두려움은 순식간에 사라진다. 두려움은 주로 마음속에 거하기 때문이다. 두려움에는 실체가 없다. 하지만 미래를 상상함으로써 그 두려움을 현재에 느끼는 것이 6유형이다. 그러나 미래의 걱정과 근심이 아니라 현재의 걱정과 근심이라면 용기를 낼 수 있다. 6유형의 힘은 이때 극대화된다.

한편, 성공이 눈앞에 다가오면 6유형 리더의 내면에는 큰 변화가 일어난다. 아이러니하게도 성공을 눈앞에 두면 활력과 관심이 오히려 줄어든다. 어려움이나 반대하는 세력이 없어지면 결정을 미루는 태도가 다시 나타난다. 조직의 문제에 대해서 시간을 끌면서 준비한다. 시간이 지연되기 때문에 과도한 준비만을 반복한다. 또한 의사결정을 늦추는 경향도 되살아난다. 어떤 일을 결정하기에 앞서 여러 가지 요소를 신중하게 검토하며, 확실하지 않으면 앞으로 나아가지 않으려고 한다. 만약 프로젝트를 성공리에 끝낸 직후라면 부하직원들이 정직한 피드백을 제공하여야 한다.

그렇게 되면 6유형 리더는 다시 긴장을 하고 추진력을 유지하는 데 큰 도움을 얻을 수 있다. 6유형 리더들은 문제점과 위험요소를 사리에 맞고 건실하게 펼쳐 보이는 '정직한 피드백'에 귀를 기울일 것이다. '프레젠테이션이 전체적으로는 잘됐지만 어떤 부분이 문제였던가?' 혹은 '회의 시간에 누가 어떤 비판을 했나?' 등에 이들은 관심을 기울인다. 칭찬 일변도의 내용만 들어 있으면 정직한 피드백이라고 생각하지 않는다. 또 뭔가 건설적인 내용이 없으면 예리하지 못한 분석이라고 생각해 귀를 기울이지 않을 것이다. 불안요소를 추적하고 위험을 회피하는 심리는 이런 리더십의 모습을 가진다고 볼 수 있다.

6유형 리더는 가시적인 성공에 대해서 양면적인 태도를 보인다. 많은 6유형 리더는 약자의 명분을 위해서 선봉에 나선다. 다른 사람들의 신념에 초점을 맞출 때 이들 자신의 신념도 덩달아 불타오르며, 자신의 신념에 부하들이 동조해 줄 때 자신의 견해에 대한 확신이 더욱 강해진다. 이들은 자신이 옹호하는 명분을 반대하는 세력이 있을 때 강력한 리더가 된다. 장애물이 있을 때는 그것에 주의를 집중할 수 있기 때문이다. 이들은 반대 세력에 맞서서 모든 힘을 다해서 싸운다. 하지만 장애물이 사라지면 갑자기 이들은 사람들의 눈에 띄는 존재로 나타나게 된다. 리더의 자리에 계속 머물기 위해서 이들은 계속 약자로 있어야만 한다. 반대 세력이 사라지고 새길을 개척하는 것이 이들에게는 훨씬 더 어려운 일이다. 그래서 긍정적인 가능성보다는 어려움에 더 많은 주의를 기울인다. 성공을 유지하려면 믿을 만한 후속 프로그램이 반드시 필요하다. 그래야 6유형 리더가 추진력을 잃지 않을 수 있다. 또 존경하는 스승(멘토)이나 해당 분야의 전문가로부터 꾸준히 피드백을 받는 것이 내면의 의심을 물리치고 앞으로 나아가는 데 큰 도움이 된다.

주변 모두가 긍정적인 면으로 기울기 전에 부정적인 예상들을 사람들에게 알리는 것이 중요하다. '언젠가 우리 회사도 큰 위험에 처할 것이다.', '머지않아 큰 위협이 우리 조직을 뒤덮을 것이다.', '우리 회사도 망할 수 있고 우리 조직도 사라질 수 있다.'

프로젝트를 성공리에 끝낸 이후에 사업 확장 계획을 즉시 실행에 옮겨서 6유형 리더가 중간에 마음을 바꾸는 일이 없도록 해야 한다. 일단 새로운 단계에 들어서면 이들은 다시 이전처럼 의욕이 솟아나서 유능한 문제해결사가 될 것이다. 의심이 많은 성격의 장점은 리더를 계속 정직하게 해 준다는 점이다. 6유형의 리더는 성공을 거둔 후에도 대부분 교만해지지 않는다. 스스로를 많은 두려움을 극복한 사람으로 보며, 다음에 만나게 될 어려운 문제를 해결하는 데 초점을 맞춘다. 에니어그램의 완벽주의자인 1유형처럼, 6유형 역시 문제점에 초점을 맞춘다. 그래서 이들은 계속 문제점을 찾아내서 해결하려고 한다. 또한 오랫동안 엄청난 힘과 인내력으로 일할 수 있다. 이들은 당장 만족을 얻지 못해도 꾸준히 일할 수 있다.

6유형의 실행 전략

1. 다른 사람이 당신의 장점을 말하고 칭찬할 때는 의심하지 말고 곧이곧대로 믿어 주라.
2. 자신이 앞으로 달라질 것이며 두려움이 닥쳐도 그것에 맞서 극복할 수 있다고 생각하라.
3. 현재 하고 있는 일에 대해서 만족감을 느끼는 것이 인생을 사는 '올바른' 방법임을 기억하라.
4. 다른 누군가가 당신에게 잘했다고 말해 줄 때를 기다리지 말고 스스로 자신의 등을 두드려 주라. 예를 들면, 당신 자신에게 칭찬의 글을 쓰거나 말하라.
5. 권위자가 부탁을 하면 싫어도 끌려가는 경향이 있다. 그러므로 싫은 부분에 대한 거절을 두려워하지 말고 당당하게 "No"라고 말하라. 그렇지 않으면 마지막에는 지쳐 버릴 것이다.
6. 자신의 지나친 경계심에 대해 다른 사람과 함께 현재의 상황을 점검해 보라. 예를 들면, "당신은 정말 ~을 생각하고 있어요? 당신도 ~을 생각하고 있는 것 같은데, 제 생각이 맞나요?"라고 의견을 물어보라.
7. 일을 잘게 나누어 한번에 하나씩 하라. 너무 많은 일을 떠맡아서 과로하거나 과도한 스트레스를 느낀다면, 가능한 한 다른 사람에게 그 일을 넘겨주도록

하라.

8. 걱정이 될 때는 자신을 비판하지 말고, 사실을 점검하고 그 두려움을 관찰하라. 예를 들면, 일 년에 비행기 추락 사건이 몇 번 있는지 통계치를 찾아보라.
9. 명상, 호흡, 시각화 기법을 시도하거나 긴장 이완 훈련에 참가해 보라. 시간이 날 때마다 머릿속으로 평화스러운 장면을 떠올려 보곤 하라.
10. 운동이나 야외에서의 활동, 걷기 등 신체 활동을 적극적으로 하라.

7유형

7유형의 직장에서의 모습

교사인 K 씨는 동료인 남편과 결혼하였다. 꼼꼼한 성격의 남편이 믿음직스러운 한편, 답답하게 느껴질 때가 너무 많다. 많은 사람이 선호하는 직업인 안정적인 교직도 훌훌 털어버리고 싶을 때가 한두 번이 아니다. 같은 학년을 계속 맡기 싫어하고, 한 번 간 식당은 또 가기 싫어하다 보니 밥 먹는 시간이 고통스러울 때가 많다. 그러나 정작 문제는 똑같은 일을 되풀이하는 것을 싫어하다 보니 일상생활에서도 여러 가지가 문제가 된다. 남편과 상의하여 아파트를 구입하였는데 얼마 살다 보니 싫증이 나서 팔고 다른 곳으로 이사하고 싶은 강한 충동을 느꼈다. 그래서 남편의 눈치에도 불구하고 이사를 자주 다녔는데 한국 상황에서 아파트를 사고파는 것은 일종의 재테크가 아니겠는가? 결과는 불편했다. 매수하여 이사 간 아파트 값은 떨어지고 매도한 아파트 값은 올라가니 빚만 잔뜩 지게 되었다. 그래서 진득하게 있었으면 재벌이 되었을 것이라고 말하곤 한다. 지금은 전셋집에 살면서 자신의 역마살을 풀어 달라고 하소연하고 있다.

인테리어 업자인 J 씨는 공사현장을 다니느라 바쁘다. 워낙 설계를 잘하기도 했지만 공간을 마술사처럼 만들어 주니 주변에서 꽤 인기가 높다. 이처럼 능력을 인정받는 그이지만 사업적인 면과 인간관계에서는 썩 성공하지 못한 편이다. 그의 능력은 인정하지만 도대체 믿을 수 없는 공사 관리를 한다. 때문에 전체 업무를 맡지 못하고 부분적으로 하청을 받아서 일하느라 수익이 신통치 않다. 또한 장손인 그는 모든 가족을 챙겨야 하는 부담을 안고 있었는데 그 일을 처리하는 데도 매우 어려워하고 있다. 이런 여러 가지 문제점은 공통적으로 일이 있으면 피하기만 하는 그의 성격 탓이다. 곤란한 일을 직접 처리하기를 싫어해 다른 사람에게 넘기는 일이 비일비

재하다. 따라서 일은 더 어려워지고 계속 피해 다니다 보니 신용을 잃고 일은 어렵게 진행되어 간다. 지금은 그의 좋은 기술을 아까워하는 몇몇 분의 도움으로 근근이 사업을 진행 중이다.

이 두 사람은 전형적으로 고통을 피하고 싶어 하는 내면을 가지고 있다. 항상 모든 일이 좋게만 진행되기를 바라고 있기 때문에 싫은 일은 의도적으로 기피하게 된다. 그러나 인생에서 항상 좋은 일만 일어나는 것은 아니다. 때로는 나쁜 일도 일어나고 원치 않는 일도 발생한다. 고통을 피하려고 하다 보니 시작은 잘하는데 마무리가 되지 않는다. 결말이 없는 것이다. 항상 웃으면서 시작했다가 얼버무리고 끝이 나니 일을 미루는 것은 아닌데 결과적으로 일을 미루는 것보다 더한 일이 발생하는 유형이다.

이런 유형의 심리를 갖고 있는 사람들은 일을 진행하다가 고통이라는 적수를 만나게 되면 그대로 꼬리를 내려 버리고 도망가려고 하는 경향이 높다. 뿐만 아니라 날마다 비슷한 무미건조한 일은 고통으로 여겨 성실하게 실천하려고 하지 않는다. 일이 처음 시작될 때는 정말 신이 나서 하늘을 날 것 같은 기분이다. 그러나 일이 진행되는 과정에서 어려움과 문제점이 나타나는 시점이 되면 점점 고통을 느끼다가 결국 모두 던져 버리고 만다.

워낙 낙천적인 성격이라 과거의 실패에 얽매이지 않는다는 장점을 가지고 있다. 반면, 과거의 역사를 기억하지 않으니 거기서 우러나는 참 교훈을 배우는 데는 한계가 있을 수밖에 없다. 부정적이지 않고 긍정적이어서 매사가 즐겁고 항상 좋고 괜찮다고 생각한다. 창조에 대한 열의와 특별하고 재미있는 것을 좋아하는 이들이 가진 장점은 실로 신비에 가깝다. 이들이 있는 곳에는 근심이 사라지고 기쁨이 넘쳐흐르며 누구와도 쉽게 친해지고 잘 어울린다. 논리성도 뛰어나고 어느 한 법칙에서 새로운 개념을 구축하거나 대립하는 개념의 공통점을 찾아내는 능력이 뛰어나다. 종종 이러한 논리성을 활용해서 독창적인 아이디어를 제시하기도 한다. 그러나 내면을 살펴보면 이런 능력 역시 고통을 회피하고, 재미있는 일만을 하고 싶어 하는 '집착'의 산물이라고도 할 수 있다. 그러므로 창조에 대한 열의와 독특한 것에 매료되는 장점을 살려 새로운 아이디어를 개발하는 데 전념한다면 훨씬 더 성공한 인생을 살 수 있을 것이다.

일을 미루는 것은 고통스러울 때이거나, 더 좋은 즐거움이 나타났을 때이다. 더 좋은 것은 항상 옳다고 느끼면서 이곳저곳 신기한 모험을 즐긴다. 하지만 일을 미루는 상황을 미연에 방지할 수만 있다면 무한한 에너지 덩어리로서 큰 성공을 불러올 수 있다. 가장 근본적인 해결책은 시작한 일을 끝내는 끈기와 성실성이다. 그러면 더 이상 일을 미루지 않고 마무리할 수 있으며 신용을 쌓을 수 있게 된다. 지나간 날의 실패가 있다면 성공의 재료로 재생산할 수 있다. 그것은 성공으로 가는 사다리인 것이다. 그러기 위해서는 가끔씩 부정적인 측면에도 눈길을 줄 필요가 있다. 그리고 부정적인 면을 끌어안고 사랑하라.

7유형의 업무 스타일

- 낙천적인 성격 때문에 함께 일하기 좋은 사람들이다. 힘든 시기에 다른 사람들에게 너그러울 뿐만 아니라 위기를 극복할 만한 창의적인 아이디어를 많이 내놓는다. 인기투표를 하면 주로 일등을 한다.
- 7유형은 종종 비실용적인 아이디어나 비효율적인 접근법을 주장한다. 이들은 실천보다 아이디어와 이론을 더 선호한다. 또 반복적인 작업에 염증을 잘 느끼기 때문에 새로운 접근법을 곧잘 시도한다.
- 원하는 지원을 끌어내기 위해 사람들의 마음을 조종하는 경향이 있다. 자신의 아이디어에 대한 반대 의견을 무시하고 자신의 가능성을 크게 부풀려서 포장한다. 특히 긍정적인 면을 적극적으로 홍보한다. 대안을 마련해 두지 않은 채 명쾌한 아이디어를 내놓는다. 설득력 있는 아이디어를 제시하지만 자세히 들여다보면 허점이 많다. 또 반드시 그렇게 하겠다는 의도도 없으면서 자신감 있게 말함으로써 결과적으로 기만 행위를 하기도 한다.
- 자신의 능력과 가치에 대한 강한 확신을 가지고 있다. 이러한 자신감을 유지하기 위해 언제나 자신과 다른 사람을 비교한다. '내가 저 사람보다 뛰어날까, 아

니면 못할까?', '내가 저 사람보다 위일까, 아니면 아래일까?', '내가 이 프로젝트를 성공할 수 있을까, 아니면 실패할까?' 이와 같은 긍정적인 자아 이미지는 부정적인 피드백을 받으면 금방 사라질 수 있다.

- 문제가 발생하면 정면 대결을 피하고 미꾸라지처럼 틈새로 빠져나가기를 잘한다. 또 반권위적이고 규율에 얽매이는 것을 싫어한다. 그 결과 규범이나 매뉴얼을 자기 맘대로 확대해석함으로써 능청맞게 피해 나간다.
- 7유형은 권위를 부담스러워한다. 따라서 권력을 분산시키고 위계질서를 파괴함으로써 자신의 책임을 감소시킨다. 그 결과 팀원 모두가 중요한 역할을 분담하는 평등구조를 지향하며, 상명하달식의 전통적인 구조를 피한다. 만약 명령을 내리는 상사가 없다면 직원들은 자신이 원하는 방식으로 일하게 될 것이다.
- 정해진 틀이 없는 개방적인 프로젝트에서 최고의 능력을 발휘한다. 네트워크를 형성하고 계획을 짜고 아이디어를 종합하는 데 탁월하며, 프로젝트와 자신의 다른 관심 분야를 연계할 때 더 큰 능력을 발휘한다.

7유형의 리더십 스타일

7유형 리더는 서로 다른 정보 사이에서 연관성을 찾아내 여러 정보를 하나로 통합하는 데 탁월하다. 또 긍정적인 비전을 제시하는 능력도 뛰어나다. 이들은 서로 다른 시스템에서 유사성을 찾아내고 매우 독창적인 방법으로 데이터를 통합한다. 성공한 7유형 리더는 흔히 독창성과 창의성, 미래의 앞서가는 사고방식을 요하는 전문 분야에서 두각을 드러낸다.

대개 말이 많고 설득력이 있는 7유형 리더는 프로젝트에 참가한 부하직원들에게 강한 동기를 부여하고 자신의 비전에 사람들을 끌어들이는 능력이 있다. 또 기획이나 데이터 통합을 중요시하며 일의 진행 속도가 빠르고 급격하게 변화하는 환경에서 최고의 기량을 발휘할 수 있다. 프로젝트의 초기 단계에서 진가를 보여 주는 7유형은 압력을 받을 때 오히려 신속하게 생각하고 움직일 수 있다. 탁월한 기획가이지만 계획을 실천하는 데는 뛰어나지 못하다. 시작에는 천재이나 지속하는 면이 부족하기에 프로젝트의 시작에 강점이 있다. 변장술이 빠른 배우이고 아이디어가 풍부한 사람들이다. 대다수의 7유형은 여러 프로젝트를 동시에 진행하며, 하나의 프로젝트를 진행하더라도 다각도에서 접근하기를 좋아한다. 7유형은 두 권 이상의 책을 동시에 읽거나 다른 일을 한번에 해도 이상하게 느껴지지 않는다.

7유형 리더는 기획 단계에서 가장 탁월한 능력을 발휘하지만, 일단 계획을 세우고 나면 그 즉시 다른 사람에게 프로젝트 이행의 책임을 넘겨 버린다. 반복적인 일에 대한 책임을 지우지 않는 게 좋다. 이들은 쉽게 지루함을 느끼는 성향 탓에 이미 내린 결정을 수시로 바꾸거나 엉뚱하게 옆길로 빠지는 경우가 종종 있기 때문이다. 갑자기 우선순위가 바뀌기라도 하면 서둘러 뒷일을 수습하는 것은 다른 직원들의 몫이 된다. 만약 7유형 리더의 밑에서 일한다면 사업상 필요하지 않아 보이는 엉뚱한 일을 하라는 지시를 받을 때도 종종 있을 것이다. 뿐만 아니라 명확하지 않고 심지어는 서로 상충하는 지시를 받을 수도 있으며, 아무런 지시를 받지 못할 때도 있다. 그 결과 위기가 발생하면, 7유형 리더는 직원들에게 모든 것을 맡기고 휴가를 떠나 버릴 수도 있다.

프로젝트 진행에 차질이 생겼다는 사실을 누군가 알려 주지 않으면 7유형의 리더는 만사가 잘 진행되고 있다고 생각할 수 있다. 좀처럼 잘 안 된다는 생각을 하지 않는다. 그 자체가 고통이기 때문이다. 또 누군가 나쁜 소식을 전하면 마치 그 사람이 잘못이라도 한 것처럼 느끼게 할 수도 있다. 7유형 리더는 자신의 아이디어를 실천에 옮겨 줄 사람을 필요로 한다. 만약에 아이디어를 실행하는 단계에서 문제가 발생하면 그 사람에게 잘못을 따질 수도 있다. 자기 자신의 실수를 잘 보지 못하기 때문에 부하에게 책임을 묻는 것이다. 즉, 이상화된 자아 이미지(나는 좋다)를 가지고 있는 7유형은 일이 잘못되면 다른 사람에게서 원인을 찾는다. 자신의 계획은 완벽하다고 믿기 때문에 만약 문제가 발생하면 그 계획을 실행하는 사람이 뭔가를 실수한 게 분명하다고 확신한다. 이처럼 7유형의 리더는 자기 잘못을 인정하는 대신에 자신을 정당화하고, 상황을 재해석한다.

7유형이 리더인 경우 그 아래에서 일하는 직원들이 일을 알아서 처리해야 하는 경우가 많다. 프로젝트를 성공리에 완수하려면 부하직원이 프로젝트의 각 단계를 지속적으로 감독하고 아이디어 중에서 실행 불가능한 부분은 알아서 제거해야 한다. 7유형 리더가 조성하는 예측 불가능한 환경에서 어떤 단단한 기반을 찾으려고 노력하다 보면 부하직원 자신의 성격 유형이 더 강화될 수 있다. 예를 들어, 리더의 분명한 지침이 없는 상황에서 1유형의 부하직원은 더 엄격한 모습을 보이게 되고, 3유형의 부하직원은 더 독단적인 성향을 나타낼 수 있다.

7유형의 실행 전략

1. 규칙적인 식사, 수면, 운동습관이 중요하다. 수영이나 태극권 등 운동을 시작하라.
2. '다른 일을 했더라면…….'과 같은 생각은 도움이 되지 않는다. 지금 하고 있는 일에 집중하라.
3. 음주하는 데 돈을 쓰지 않도록 주의하라. 과식을 하거나 당신이 감당할 수 있는 것 이상으로 일을 벌이지 말라.
4. 갖고 싶은 것에 초점을 맞추지 말고, 이미 갖고 있는 것에 감사하라.
5. 문제가 곧 해결될 것이라고 쉽게 무시하지 말고 인생의 어두운 면이나 부정적인 면을 충분히 고려하라. 긍정적인 사고가 모든 문제를 해결하는 것은 아니라는 점을 깨달으라.
6. 속마음을 털어놓을 만한 친구나 상담가와의 대화를 통해 스트레스가 너무 쌓이지 않도록 하라.
7. 자신의 감정을 솔직하게 인정하고 그것이 곧 지나갈 것임을 믿으라.
8. 친밀한 사람과 함께 보내는 시간을 충분히 할애하라. 예를 들어, 배우자와 함께 보낼 시간을 따로 떼어 놓고 하루 스케줄을 잡으라.
9. 남들이 이야기해 주는 자신의 특성에 대해 열린 마음으로 듣고, 자신을 향상시

키는 데 이용하라.

10. 자칫 자기중심적으로 흐를 수 있으므로 대화를 하거나 인간관계를 만들어 나갈 때 상대방이 무엇을 원하는지 물어보라.

8유형

8유형의 직장에서의 모습

C 그룹에서 인사를 담당하고 있는 D 부장은 별명이 불도저이다. 가장 잘 쓰는 말이 '빨리 빨리'이다. 한국의 문화가 빨리 빨리이지만 D 부장의 빨리 빨리는 그중에서도 압권이다. 어떤 일이든지 느린 것은 견디지 못하고 큰소리를 친다. 부하는 물론이고 때에 따라서는 상사에게도 큰소리를 친다. 업무추진 속도는 기가 막히게 빠르며 타의 추종을 불허한다. 그런 D 부장을 선호하는 상사도 있으나, 못 견디게 싫어하는 상사도 있다. 특히 부하직원들은 무서워하거나 복종을 하지만 속으로는 마음이 편하지 않다. 일을 잘하기는 하지만 부작용도 만만치 않기 때문에 호불호가 갈린다. 요즘 구조조정의 이야기가 돌고 있다. 그는 전혀 불안해하지 않고 큰소리를 치지만 그의 이름이 살생부 명단에 올랐다는 소문이 파다하다. 그는 불안해하고 있을까? 아니면 겉과는 달리 속으로는 떨고 있을까? 그것이 알고 싶다.

무역회사 S 사에서 팀장으로 일하는 백 과장은 어느 날 굉장한 충격을 받았다. 화장실에서 부하직원들이 자신을 적나라하게 평가하는 소리를 듣게 된 것이다. 그런데 화장실 문을 확 밀고 나가서 분통을 터트리려는 순간, 그들이 하는 말이 하나도 틀리지 않았다는 깨달음이 왔다. 얼마 전에 있었던 생생히 기억나는 사건을 가지고 말하고 있던 터라 그들의 말이 모두 옳다고 느낀 것이다. 그 사건 이후에 그는 부하들의 눈치를 보게 되었고 의기소침한 채로 일을 하게 되었는데 더욱 큰 사건을 경험하게 된다. 이번에는 해고 통지를 받은 것이다. 평소 자신감이 넘쳤던 그는 상사에게 덤벼들었고 그 과정에서 폭행죄로 고소당하게 되었다. 일은 어찌어찌 수습되었지만 그 후유증으로 심한 내부적인 갈등을 겪고 있다. 그는 '나는 왜 별로 잘난 것도 없는 주제에 덤벼들고 싸워서 일을 크게 확대시키는지'에 대해서 갈등하고 있었다.

어려서부터 겁나고 두려운 것이 없었던 그는 자신이 약하다고 생각한 적이 한 번도 없었다. 그런 생각이 어떤 조직에 가서도 갈등을 일으키는 원인이 된다는 사실이 그를 괴롭힌다.

복지사업에 종사하고 있는 장 씨는 일방통행식의 일처리 때문에 여러 가지 어려움을 겪고 있다. 여건상 여러 사람과 원활한 업무처리를 의논해야 하는데 자기 마음대로 일을 처리하기 때문에 일도 잘못되고 인간관계도 원활하지 못했다. 자기 자신도 그렇게 하지 않으려고 하지만 어느새 그렇게 일을 처리하기 일쑤이다. 다른 사람들의 항의를 받으면 힘차게 되받아쳐서 상처를 받고 단체를 떠나는 사람들이 적잖게 발생한다. 그 때문에 일을 못하겠다거나 부딪치지 않고 일하려는 사람들이 생겨서 전체 조직에 균열현상이 생겼다. 일의 효율성은 떨어지고 협회에서는 그를 제재하려는 움직임이 본격화되고 있다. 그는 불안하지만 누구에게도 상의하거나 자신의 약한 모습을 보여 줄 수 없으므로 혼자서 끙끙 앓는 소리를 내고 있다.

이런 심리를 가지고 있는 사람들은 자신이 옳다는 것을 증명해 보이기 위해서 최후의 전사처럼 전력을 다해서 싸운다. 자신이 옳고 힘이 있다고 생각하기 때문에 물러난다는 것은 있을 수 없다. 이렇게 강력하게 주장한다. 때문에 다른 사람들은 그들을 무서워하기도 하고 건방지게 보기도 한다. 여간해서는 한번 꺼낸 말이나 자기 주장을 꺾지 않기 때문에 독재자 스타일의 일처리 방식을 선호하게 된다. 타인을 누르고 싶어 하기 때문에 싸움을 걸기도 하고, 이기고 제압하려고 하려고 하니 엄청난 갈등을 유발시키는 빌미를 제공하기도 한다. 그러면서도 한편으로는 자신의 정의를 실현하기 위해서 약자의 편에 서기도 한다. 그들(약자)을 지키고 도와주는 것은 자신의 강함을 나타낼 수 있는 기회가 되기 때문이다.

이런 유형의 사람들에게는 자신의 연약함이 드러난다는 것은 죽음 그 자체이다. 그러나 강한 존재는 사실상 자신이 약한 존재라고 하는 말에 다름 아니다. 약하기 때문에 강해지려고 하고 약함을 드러내지 않기 위해서 더욱 강한 모습으로 위장한다. 모욕이나 자존심에 상처를 입거나 부당한 대우를 받으면 참지 못해 겁도 없이 폭발해 버리는 것이다.

이들이 일을 미루는 것은 힘에 대한 약점 노출 때문만이 아니라, 시간마저도 컨트롤하고 지배하려고 하는 데 원인이 있다. 시간에 지배당하고 끌려다니면 자신의 약함을 드러내는 것으로 여겨져 시간을 지키는 피곤한 일을 아예 하려고 하지 않는다. 또한 자신은 시간과 관계없는 강한 사람이라는 사실을 주지시키고 싶어 한다.

생각보다는 행동으로 의사를 표시하는 경향이 있어 먼저 움직이다 보니 실수를 자주 하는 편이다. 하지만 '잘못했다'는 말을 거의 하지 않아서 인간관계에 갈등을 겪는 경우가 많다. 일처리도 갑자기 많은 일이 생기면 처리하기 힘들고 자신의 약함이 드러나기 때문에 확실하게 응징하여 버린다. 그 응징이 갈등이 될 수도 있고 미루는 것이 될 수도 있다. 이런 유형의 사람이라면 우선적으로 행동에 앞서 한 번 더 생각하는 습관부터 기르는 것이 좋다.

불도저 스타일에 컴퓨터 스타일을 보완한다면 어떤 결과가 일어나겠는가? 잘 안 어울릴 것만 같은 관계는 대단한 성공으로 이어지게 된다. 무리한 힘은 자신과 타인을 파괴시킬 수 있다. 자신을 성찰하고, 현재 무리하게 일을 진행하는 것이 나의 약함에 대한 두려움 때문은 아닌지 살펴볼 필요가 있다. 또한 정확한 판단을 위한 모든 정보를 주변 사람들에게 개방할 필요가 있다. 우리는 일을 하면서 성공적인 인생을 꿈꾼다. 천하의 게으름뱅이가 되어서 일에 실패자가 되는 것을 원하는 사람은 아무도 없다. 약함에 대한 두려움 때문에 여러 가지 문제점을 가지고 있는 유형이 아닌가를 살펴보자. 약함을 회피한다는 것을 이해하기 어렵다면 약함에 부드러움을 대입하여 보라. 부드럽다는 것은 미소, 경청, 배려 등의 덕목을 말한다. 이것이 진정한 강함이 아닐까? 현시점의 4차 산업혁명 시대는 더욱 부드러운 카리스마를 요청하고 있다. 약함을 거부하는 것이 아니라 받아들일 때 더욱 강해지는 이치를 받아들이라. 그때 성공은 나를 향해서 미소 지을 것이다.

8유형의 업무 스타일

• 정의가 주요한 이슈이다. 리더는 과연 정의로운 사람인가?
• 복수한다. 정의롭지 못한 방법으로 불이익을 당하면 가만히 있지 않는다. 자신

은 강한 사람이기에 불합리한 방법으로 정의롭지 못하게 당하고 가만히 있으면 약한 사람이 된다고 믿는다.

- 조절하고 받아들이는 타협을 연약함이라고 볼 수도 있다.
- 자신도 인식하지 못하는 사이에 사람들을 여러 파벌로 분열시킨다. 물론 일부러 그러는 것은 아니다. 연약한 직원을 도와주다 보면 흔히 일어나는 일이다. 사람들이 자신의 편인지, 적인지 알고 싶어 한다. 여기에 대한 분명한 답을 얻기 위해 일부러 사람들에게 시비를 건다. 이 시비에 대한 반응을 보면서 상대를 알아 가려고 한다.
- 사무실에서의 위계질서를 통제한다. 자신을 방어하기 위해 한계를 정한다. 누가 여기 책임자인가?
- 정의의 수호와 약자 보호에 관심이 많다. 결국은 자신의 편을 만들며, 그 조직은 더욱 강한 자신을 만들어 간다.
- 자신에게 유리한 규칙을 다른 사람에게도 강요한다. 하지만 그렇지 않은 규칙은 대수롭지 않게 여긴다. 다 같이 규칙을 만들고 지키기를 강요하지만, 정작 자신은 그 규칙을 무시할 수 있다. 나는 규칙 따위에 매이는 사람이 아니다.
- 직설적으로 화를 표출한다. 감정을 숨기지 않는다. 일단 화를 내고 나면 남아 있는 앙금이 없다. 난 화를 잘 내지만 뒤끝은 없다. 하지만 당한 사람은 기억한다.
- 어디서든 리더가 되려고 한다. 프로젝트나 회사에 대해 통제권을 행사한다. 혹은 부하직원들의 충성심을 얻기에 유력한 경쟁자를 주목한다. 정직한 리더를 존경한다. 적수가 되는 경쟁자가 나타나면 좋아한다. 왜냐하면 함께하면 폭발력 있는 파워를 얻을 수 있다. 그렇지 않다면 대결을 하여 이기면 그만이다.
- 자기 의견이 정답이라고 생각한다. '내 방식이 최고니까 모두 날 따라와.'
- 주변에 약간의 변화가 있어도 모두 알기를 원한다. 평상시 알고 있던 데서 조금만 다른 점이 발견돼도 누가 정보를 조작했을지 모른다는 걱정이 일어날 수 있다.

8유형의 리더십 스타일

8유형과 3유형은 자본주의가 가장 많이 발달한 이 세상에서 각광받는 스타일이다. 8유형은 직선적이고, 숨기지 않고 다 공개하기 때문에 보이는 모습 그대로이다. 숨겨 두는 이면의 것들이 없다. 용감하게 앞장서는 인물로 많은 사람에게 환영을 받는다. 이들은 일을 적극적으로 추진해야 하는 시기에 높은 평가를 받는다. 다른 직원들이 일하기 꺼려해도 앞장서서 일을 맡고 헤쳐 나간다. 사람들은 전투가 필요할 때, 특히 사업 확장 시기에 보스 기질이 강한 8유형의 뒤에 일렬로 늘어선다. 회사가 어려울 때 회사를 다시 제 궤도에 올려놓기 위한 전면전의 지휘권을 8유형에게 흔히 맡긴다. 그러면 이들은 사람들을 하나로 결집해서 있는 힘을 다해 적을 향해 돌진한다. 감정이 흑백으로 분류되면 큰 힘을 발휘하기 때문에 이들은 목표를 달성할 때까지는 그 일이 얼마나 오래 걸리든지 자신의 연약한 면(백)을 억누를 수 있다. 둘 중에 하나를 선택하면 하나만을 보고 돌격해 나갈 수 있다.

이들은 권력을 분산시키기보다는 자신에게 집중시키기를 좋아한다. 또 이들이 리더의 자리에 있으면 대대적인 구조조정이 이루어질 가능성이 높다. 불필요한 부분을 제거하고 정리해고 및 고용을 추진함으로써 자신의 강한 힘을 확실히 보여 준다. 흔히 나쁜 고용주는 8유형을 이용하여 피 묻히는 일을 쉽게 처리한다. 칼자루를 쥐어 주고 많은 어려운 일에 전권을 주면 그 일을 힘차게 해낸다. 그 후 8유형의 리더를 제거함으로써 조직의 구조조정을 끝낸다. 8유형의 리더는 이 점을 주의하여야 한다. 자신의 힘의 확장을 통한 많은 일이 이용의 대상이 될 수도 있음을 기억하라. 또한 고용주는 이렇게 조직의 문제를 위해 리더를 이용하는 점도 조심해야 할 것이다.

8유형의 리더는 기업이 안정 국면에 접어들었을 때는 오히려 큰 능력을 발휘하지 못할지도 모른다. 일상적인 관리는 경쟁 체제에 돌입했을 때보다 재미가 훨씬 떨어지므로 비상사태에서 진가를 발휘한다. 넘치는 에너지는 안정된 상황에서는 오히려 문제를 일으키는 요인이 될 수 있다. 건설적인 에너지 배출구가 없을 때 8유형 리더는 일에 대한 흥미와 의욕을 잃게 된다. 이럴 때는 문제가 터지기 전에 미리 이들의 관심을 좋은 프로젝트에 돌리는 것이 최선책이다. 넘치는 에너지를 주체하지 못하는 8유형 리더는 사소한 일에 열을 올리는 경우가 종종 있다. 예를 들어, 직원들 간의 하찮은 갈등을 해결하는 데 힘을 쏟아붓거나, 각 부서의 소소한 일에까지 일일이 간섭한다. 이들에게 힘을 제공하는 연료는 어딘가에는 배출되어야 한다. 그런데 특별한 프로젝트가 없을 때는 오히려 사소한 일을 통해 배출이 되는 것이다. 이들은 별것 아닌 일에 엄청나게 화를 내기도 하며, 절차상의 사소한 문제도 전쟁을 초래할 수 있다.

8유형 리더 밑에서 일할 때에는 자신의 의중을 남김없이 드러내는 것이 필요하다. 그들의 생각에 굳이 동의하지 않아도 되지만 자신의 생각은 반드시 밝히는 것이 도움이 된다. 또 리더가 화를 낼까 봐 무서워서 정보를 조작하거나, 은폐하는 행위는 오히려 화를 불러올 뿐임을 명심하라. 또 자신의 생각에 따라 행동하지 말라. 미심쩍을 때마다 리더를 찾아가서 의견을 구하라. 자주 찾아가 보고하는 것이 8유형 리더의 신뢰를 얻는 데 꼭 필요하다. 이들에게는 나쁜 소식을 전해도 괜찮다. 얼마든지 처리할 수 있기 때문이다. 하지만 새 소식이 있는데도 그것을 전하지 않으면 그때는 보복을 각오해야 한다. 부당한 해를 입는 것에 민감한 이들은 악의 없이 그저 실수로 어떤 일을 보고하지 않는 것에서도 배신의 씨앗을 찾으려고 하는 경향이 있기 때문이다.

8유형의 리더는 정보가 빈약해서 시야가 가려지는 것을 싫어한다. 절차상의 하자라도 발생하면 이들은 함정에 빠진 듯한 느낌을 받는다. '이건 그저 빙산의 일각에 지나지 않을까요?', '확실한 사실을 알고 싶습니다.' 이럴 경우 이들이 가장 많이 쓰는 방어책은 비난이다. '이 일의 책임자가 누구인가?', '책임자가 나와서 보고를 해 보라.' 비난은 금방 경멸로 바뀐다. 비난이나 모욕을 받을 때 가만히 있으면 8유형 리더는 잘못을 시인하는 것이라고 생각한다. 이들은 문제가 더 커지지 않을 것임을 확인받고 싶어 한다. 만약 어떤 문제의 책임자로 지목을 받으면 변명하려 들지 말고 그냥 책임을 지라. 8유형 리더는 비난에 대응하는 방식에 관심을 가질 것이다. 그리고 당신의 의견에 대해 자료를 꼼꼼히 마련해 두라. 8유형 리더는 그것이 언제가 되든지 분명히 세부사항을 점검할 것이기 때문이다. 뿐만 아니라 변명을 하거나 책임을 전가하려는 행동은 죽음이다. 대신 당당하게 비난을 받고, 앞으로의 방안을 분명하게 제시하라. 그리고 문제가 어느 정도의 파장을 가질 것인지 그 범위를 알려 줌으로써, 그 문제가 그 이상으로 확산되지는 않을 것임을 확신시키라. 거기에 대해서 적절한 제안을 건의하고 직접적인 보고 시스템을 만들어 8유형 리더가 진행과정을 직접 점검할 수 있도록 하는 것이 중요하다.

8유형은 권한을 다른 사람에게 잘 위임하지 못한다. 그렇게 할 경우에는 권한을 위임받은 사람이 어떻게 일을 처리하는지 늘 감시한다. 8유형 리더가 권한 위임을 어려워하는 이유는 스스로 상황을 통제하기를 원하기 때문이다. 혹시 권한을 위임했을 경우 일하는 과정을 관찰하면서 직원의 능력을 시험해 볼 것이다. 그러나 정작 직원은 그 사실을 전혀 눈치채지 못할 수도 있다. 만약 직원이 일을 잘 처리하면 또 다른 일이 주어질 것이다. 이렇게 여러 개의 과제를 주고 그 모든 과제를 처리하는 능력을 살펴본 다음에 만족하면 그때서야 직원에게 마음 놓고 권한을 위임할 것이다.

8유형 리더가 직원의 업무 성과에 대해 아무 말을 하지 않으면 좋게 평가하고 있다는 뜻이다. 아무 걱정할 필요가 없다. 아무 말이 없는 것은 결국 지금 하듯이 계속하라는 뜻이다. 8유형 리더는 칭찬에 인색하다. 직원이라면 능력에 대한 칭찬을 다른 사람의 입을 통해 들을 것이다. 칭찬을 잘하지 않는 8유형이 '우리는 지금 전보다 더 잘하고 있다.'라는 말을 하면 그건 더할 나위 없이 잘하고 있다는 뜻이다.

8유형의 실행 전략

1. 자신의 파격적이고 잘 순응하지 못하는 행동을 인정하고 즐기는 다른 사람을 찾아 함께 재미있는 시간을 보내라.
2. 자신의 직선적인 태도를 존중해 주고 솔직하게 대해 주는 사람과의 유대관계를 돈독히 하라.
3. 막연히 무엇인가 되겠지 하고 손을 놓아 버리는 기대감은 종종 당신을 실패하

게 만들 수 있다. 그러므로 지나친 낙관은 금물이다. 기록이나 현실적으로 곰곰이 따져 볼 필요가 있다.

4. 창조적이거나 신체적인 활동을 즐길 만한 시간을 따로 떼어 놓으라.
5. 다른 사람의 경험이나 관점을 무시하지 말라.
6. 상대방에게 감사해하고 있음을 큰 목소리로 자주 표현하라.
7. 스스로에게 하는 만큼 다른 사람을 심하게 몰아세우지 말라. 그들은 자신만큼 언쟁을 좋아하지 않는다는 것을 명심하라.
8. 다른 사람과 타협하는 것을 배우라. 중용의 가치를 깨닫고 중립적 의견의 정당성을 이해해야 한다.
9. 대화 도중에 화가 치밀어 오르면 일단 이야기를 중단하라. 또 분노가 폭발할 것 같으면 숫자를 세어 보는 것도 좋은 방법이다.
10. 운동을 하거나 큰 소리로 노래를 부르면서 넘치는 활력을 발산시키라.

9유형

9유형의 직장에서의 모습

T 화학의 고 과장은 '법이 없어도 살 수 있는 사람'이라는 평가를 듣는다. 후배도 잘 챙기고 업무도 늦게까지 남아서 처리한다. 부하직원들도 거리낌 없이 고 과장을 대하고 상사들도 편한 사람으로 느끼고 있다. 하지만 집에서는 다르다. 퇴근이 항상 늦고 다른 사람들이 자신의 남편을 만만하게 대한다는 것이 아내의 불만이다. 자신에게는 소중한 남편인데 다른 사람들은 만만하게만 생각하고, 나이나 직급에 맞는 대우를 받지 못하는 것 같아서 마음이 불편하다.

D 유통의 조 대리는 가능하면 일을 미루려고 하는 것이 큰 고민이다. 항상 지적을 받고 자신도 고치려고 노력하지만 잘 고쳐지지 않는다. 일찍 일어나서 준비한다고 해서, 늦게 일어나는 날보다 더 잘 준비하는 것도 아니다. 시간이 많다고 해서 일을 잘하는 것 역시 아니다. 항상 한 박자 늦게 시작하다 보니 모든 것이 밀리기 일쑤이다. 업무보고, 거래처 방문, 서류정리 등도 마감시간이 가까워서야 벼락치기를 한다. 벼락치기의 달인이라는 별명도 있다. 상사에게 독촉을 받아서 하기 때문이다.

컨설팅 회사에 다니고 있는 최 차장 역시 일처리가 늦다고 독촉받는다. 주변 사람들로부터 너무 태평해서 탈이라는 소리를 자주 듣는다. 부장이 업무 지시를 해도 자꾸 미루다가 나중에 급하게 일을 처리하게 된다. 또 커뮤니케이션에 혼동을 자주 겪는다. 일자나 내용 등에 대해서 잘못 알아듣는 경우도 있다. 가끔 지각도 잘하는데 꼭 3분, 5분 지각을 한다. 사람은 좋아서 대인관계가 나쁘지 않지만 업무는 자주 밀려 있고 마감시간이 되어서 한꺼번에 하는 경우가 많다. 그러다 보니 종종 일에 펑크가 나서 자신은 물론이요, 다른 사람들에게까지 피해를 입힌다. 돈을 빌려주고 못 받는 경우도 있다. 원인은 무엇일까? 자세히 살펴보면 갈등을 싫어하다 못해 회피하기 때문이다.

어릴 때부터 말 잘 듣는 어린이로 성장한 사람 중에 이런 갈등을 회피하고자 일을 미루는 사람이 많다. 사회생활이 본격화되기 시작하는 초등학교에 입학하면서 갈등을 경험하게 된다. 그런데 생소한 것이라서 미루고 피하는 수동적인 방법을 택하게 된다. 갈등을 유발하지 않으니 주변에 친구도 많고 포용력도 뛰어나다. 하지만 이런 것 역시 자신이 주도적으로 일을 처리해서 얻은 결과가 아니라 친구들이 다가오는 것을 피하지 않은 결과로 얻어진 것이다. 성장하면서 자신의 진로문제 등에 대해서 결정을 못하거나 미루려는 경향이 더욱 커진다.

이런 수동적인 방법이 결국 일을 미루게 하고 시간을 한없이 잡아먹게 하여 게으름꾼으로 만들어 버린다. 갈등이 없으면 얼마나 좋을까? 하지만 인간은 혼자서는 살 수 없고 함께 살아가는 한 갈등은 피할 수 없는 운명이다. 사안에 따라 선별하여 갈등을 피하거나 갈등과 맞서 싸워 나가면서 효율적인 일처리 습관을 만들어야 한다.

이런 유형의 사람들은 대부분 매우 성실하고 근면하다. 인내심이 대단하여 한번 시작한 것은 싫증을 느끼지 않고 꾸준히 하는 특성이 있다. 게다가 쉽게 한눈을 파는 성격이 아니기 때문에 해결하는 키워드만 찾아내면 잠자는 거인이 깨어 일어나 성공하는 놀라운 역사를 이루게 된다. 대기만성형의 스타일이라 할 수 있다. 조직에서는 저평가 우량주라고 할 수 있다. 잠자는 거인인 대기만성형의 이 사람들은 어떻게 자신을 발달시켜야 할까?

결단하는 습관을 갖도록 노력하고 우선순위를 정해서 그것을 실행하려는 노력이 관건이다. 갑자기 큰일을 결정하기란 쉽지 않을 것이다. 그러므로 작은 일부터 시작해서 결정하는 습관을 갖도록 하면 효과가 있다. 결코 "아무려면 어때?" 하는 식으로 갈등을 피해 가려고 하지 말라. 또 한 가지 우선순위의 확보 문제이다. 이렇게 작은 갈등에 대해서 스스로 결정을 내리기 시작하다 보면 복잡한 문제에 대해서도 그 길이 보이기 시작한다. 그러면 자동적으로 어떻게 살아야 하나의 문제가 해결된다. 굼벵이로 사는 것이 아니라 부지런한 꿀벌로 살아가는 것이다. 무엇보다 중요한 것은 자신을 가치 있게 보는 것이다. 스스로 자신을 낮게 여겨 조화를 맞추려고 하는 노력은 자기비하이다. 이것은 주변과 쉽게 동화되어 자신을 잃어버리려는 갈등 회피에 불과하다. 그러므로 그런 갈등에서 벗어남으로써, 창조적이고 자신의 가치를 만들어 나갈 때 성공적인 시간관리의 최고봉에 오르게 될 것이다.

9유형의 업무 스타일

- 절차와 명령 및 보상 체계 등이 정확하게 규정되어 있기를 바란다. 이런 규정이 없다면 자신이 손해를 볼 것이라고 느낀다. 그러므로 일정한 지침이 있는 프로젝트에 에너지를 투입할 때 능력을 발휘하며, 일상적인 일을 꾸준히 한다면 많은 성과를 거둘 수 있다. 그러나 갑작스러운 변화가 일어난다면 적응하는데 어려움을 겪을 수 있다.
- 항공기를 자동조종 장치로 조종하는 것처럼 맡은 일을 기계적으로 수행할 수 있다. 또한 그런 상태를 편히 여겨 엄청난 양의 업무를 처리할 수 있다. 정해진 일과에 따라 성실하게 일하는 한편, 자신에게 정말로 중요한 일에 대해서는 무심할 수 있다.
- 처리해야 할 일이 산적해 있으면 그 양에 압도되어 어찌할 바를 모른다.
- 정해진 일과에서 높은 생산성이 도출될 때, 그리고 프로젝트에 다른 직원들이 열정을 쏟아붓는 것을 볼 때 덩달아 힘이 솟아난다. 주변의 직원들과 수평을 맞추고 함께 평화로운 분위기를 연출한다. 이런 상황에서 업무 역량은 어마어마한 힘을 발휘한다.
- 의사결정 내리기를 싫어하고 회피하려 한다. 어떤 일이든지 정해진 규칙대로 따라가기를 선호하며 즉석에서 의사를 결정해야 하는 상황은 기피한다.
- 새로운 영역에 도전하기를 싫어하며, 잘 알려지고 익숙한 상황에서 더 안전함을 느낀다. 혹시 나중에 실망하게 될까 봐 두려워서 모험 감행을 꺼린다.
- 일의 우선순위를 가리는 일이 어렵게 느껴진다. 주어진 업무가 있다면 그것을 잘할 수 있다. 핵심적인 일을 미뤄 두고 주변적인 일에 관심을 기울인다. 즉, 우선순위를 가리는 것 자체가 어렵다.

- 종종 권위에 대해 양면적인 태도를 보인다. 우선순위를 정해서 중요한 일부터 처리하는 것을 힘들어하면서도 다른 사람이 방향을 제시해 주는 것은 완강하게 거부한다. 은근한 고집이 있다. 자신이 원하는 것이 아니면 '싫다'라고 말하는 대신 조용히 하지 않는 것으로 싫다는 감정을 표시한다.
- 긍정적인 지원이 있을 때 뛰어난 능력을 발휘한다. 하지만 자기를 포장해서 선전하는 것은 좋아하지 않는다. 다른 사람들로부터 인정받기를 원하지만 그것을 적극적으로 구하지는 않는다. 공격적이지 않고 순응하는 리더가 되기를 원한다.
- 분노가 일어나면 문제를 무시함으로써, 혹은 구조적인 문제나 잘못된 경영방식, 또는 다른 사람들에게 책임을 돌림으로써 분노를 표출한다. 이런 수동적 공격방법은 9유형에게 흔히 나타나는 일이다. 상사가 이런 고집을 부리면 부하는 정확한 지침을 몰라서 당황한다. 반면, 부하가 이렇게 수동적으로 공격하면 대책이 없다. 편안한 환경을 만들어 주고 원인을 잘 살펴보아야 한다.
- 동료들 간에 아무런 마찰이 없는 상태에서 편안함을 느끼며, 모든 일이 아무 문제 없이 순조롭게 진행되기를 기대한다. '직장 내 가족들'이 서로 잘 지내기를 바란다. 회사 측과 직원들이 서로 원만한 관계를 유지하기를 간절히 바란다.

9유형의 리더십 스타일

9유형 리더는 여러 개의 관점에서 동시에 진실을 보기 때문에 하나의 방향을 잡는 데 어려움을 겪을 수 있다. 여러 개의 대안을 놓고 지나치게 신중하게 검토하다가 정확한 비전을 제시하지 못하는 것이다. 구체적인 목표보다는 대략적인 목표를 선호한다. 그 이유는 구체적인 목표를 잡으면 세부적인 내용이 서로 상충할 가능성이 높기 때문이다. 각 부서에서 필요로 하는 것이 서로 부딪칠 수도 있기 때문에 이를 방지하려고 하는 것은 자연스럽다. 9유형 리더는 모든 사람의 의견을 수렴하고, 많은 정보를 수집한다. 또한 모든 사람에게 이익을 조금씩 다 분배하는 경향이 있다. 이것이 평화롭고 갈등을 최소화하는 방식이 되기 때문이다. 그런데 여러 부서에서 보고가 들어올 때 9유형 리더가 그것들을 하나로 묶어서 통일된 비전을 제시하지 않는다면 어떤 결과가 생길까? 그 결과, 각 부서가 서로 자기 부서의 이익을 챙기려 다투는 사태가 발생할 것이다.

포괄적인 관점을 얻고 싶어 하는 9유형 리더는 계획을 완성하기 전까지는 부하직원들에게 그것에 대해 말하려 하지 않는다. 이들은 부하직원들이 자신의 폭넓은 비전을 이해하고 그 비전을 향해 매진할 것이라고 가정한다. 그렇기 때문에 부하직원들이 개인적이고 이기적으로 행동하는 것을 볼 때 크게 실망할 것이다. 또 이들은 프로젝트를 진행하는 절차를 구체적이지 않고 분명하게 처리하기보다는 두루뭉술하게 정할 가능성이 농후하다.

9유형 리더는 모든 직원의 의견을 수렴하고자 한다. 이와 같은 폭넓은 사고방식은 부정적으로 작용하면 프로젝트를 신속하게 진척시키는 데 방해가 될 수 있다. 그렇지만 반대로 긍정적으로 작용하면 프로젝트의 모든 부분을 잘 설명할 수 있는 포괄적인 개요를 짜낼 수 있다. 이들은 일을 진행하는 속도가 느린 편이며, 어떤 문제에 대한 적절한 해결책을 찾으면 그것을 두고두고 반복해서 쓰는 경향이 있다.

9유형 리더는 갈등에 잘 대처하지 못한다. 에니어그램에서는 9유형이 평화에 집착하고 갈등을 회피한다고 설명한다. 그래서 문제를 해결하려고 하지 않고 회피하려고 한다. 그 결과 당장의 어려움을 모면할 수 있을지는 모르지만 정확한 방향 제시가 가장 절실할 때에 그렇게 하지 못하는 실수를 범하고 만다. 직원들 간의 갈등을 무마하려는 태도는 결과적으로 리더로서의 입지를 약화시킬 수 있다. 이러한 리더십 스타일은 위로부터의 방향 제시를 그다지 필요로 하지 않는 자발적인 직원들, 즉 보편적인 지침만 있어도 스스로 구체적인 방향을 잡아서 일을 할 줄 아는 직원들에게 잘 맞는다. 반대로 명확하고 정확한 방향 제시를 필요로 하는 직원들에게는 잘 맞지 않는 리더십 스타일이다. 신속한 변화와 즉각적인 의사결정이 요구되는 상황에서도 역시 9유형의 리더십 스타일은 잘 맞지 않는다.

새로운 변화를 선도해야 하는 경우에 9유형 리더는 능력을 발휘하지 못한다. 매일 반복되는 일상 업무라든가 기존의 운영 방식을 고수할 때 이들은 열정이 솟아난다. 9유형의 리더십이 전형적으로 나타나는 곳은 공공기관이나 학교 등 교육 서비스 기관들이다. 이것은 이런 직종들이 변화가 덜하고 갈등요소가 비교적 다른 조직에 비해 적기 때문이다. 이러한 리더십 스타일은 장기간 걸리는 프로젝트를 진행할 때 놀라운 능력을 발휘할 수 있다. 잘 지치지 않고 싫증을 내지 않으며 꾸준하게 일을 진행할 수 있기 때문이다. 9유형 리더십의 전략은 모든 사람에게 조금씩의 이익을 배분하며 그럼으로써 합의를 도출하는 것이다. 결과적으로 갈등을 최소화하고 평화로운 모습으로 나갈 수 있기 때문이다.

9유형의 실행 전략

1. 목표설정 자체를 미루는 경향이 있으므로 그날그날 이루고 싶은 것을 짧게 기록해 보라. 그리고 일의 우선순위를 정해 중요한 일부터 처리하라.
2. 목표를 세울 때는 분명한 기한을 정하라. 한 가지 목표를 달성하고 나서 다음 목표를 정하라.
3. 진행하는 과정에서의 갈등이나 결과에 대해서는 나중에 생각하고 우선 실천부터 하라.
4. 한 가지 목표를 이루어 냈으면 스스로에게 그에 대해 보상을 해 주라.
5. 시간관리 전문가나 관련도서를 통해 시간관리 기술을 배우라.
6. 일을 할 때는 자신이 가장 좋아하는 음악을 들으며 분위기를 편안하게 만들라.
7. 원하는 것을 확실히 알고 나면 매우 능률이 높아지므로 뚜렷한 목표를 정하라.
8. 자신의 생각이 옳다고 느껴지면 주저하지 말고 즉시 행하라.
9. 자신에게 즐거움을 주는지의 여부에 기초해서 의사결정을 하라.
10. 평소 사소한 문제들을 가지고 의사결정 연습을 해 보라.

04

유형별 직장 내 인간관계와 코칭 포인트

들어가기 전에

코칭이란

'지도하다'는 뜻을 가진 코치(coach)는 원래 4륜마차를 가리키는 말이었다. 지금과 같은 교통수단이 없던 시대에 4륜마차는 유일하고도 강력한 이동수단이었을 것이다. 지금 우리가 흔히 말하는 코칭 역시 우리를 다른 차원에서 이동시키는 수단이다. 현재 상태에서 목표 상태로 우리가 이동하도록 '지도'하는 것이다.

코칭 단체들은 보다 전문적인 정의를 내리고 있다. 국제코칭연맹(ICF)은 코칭을 '고객의 개인적, 전문적 가능성을 극대화하기 위해 영감을 불어넣고 사고를 자극하는 창의적인 프로세스 안에서 고객과 파트너 관계를 맺는 것'으로 표현한다. 또 한국코치협회는 '개인과 조직의 잠재력을 극대화하여 최상의 가치를 실현할 수 있도록 돕는 수평적 파트너십'으로 정의한다.

포춘 500대 기업의 CEO 중 50% 이상이 코칭을 받고 있으며, ICF 에드 모델 회장은 전 세계 코칭의 시장 규모가 50억 달러(약 5조 원)에 달한다고 밝혔다. 국내에서도 LG, 포스코, KT, SKT 등 대기업과 GE, 듀폰, 시티은행, 화이자 등 외국계 기업들이 코칭을 도입하기 시작해, 이미 다양한 형태로 기업에 보급되었다. 또 사회의 다양한 곳으로 빠르게 확산되고 있다(사단법인 한국코치협회). 코칭에서 중요한 핵심으로 꼽는 것은 성과의 극대화, 잠재능력의 발견, 새로운 관점의 제시, 인간관계의 기술, 변화와 성장 등 다섯 가지이다.

코칭의 프로세스

1. 코칭질문 1단계: 관계, 신뢰감 형성

- 오늘 얼굴에 생기가 도시네요. 어떤 좋은 일이 있나요?
- 최근에 읽은 책이나 영화, 연속극에서 감동받은 내용이 있다면 어떤 것인가요?
- 한 주간 어떻게 보내셨어요? 요즘 최고의 관심사는 무엇입니까?

2. 코칭질문 2단계: 목표 정하기

- 어떤 주제로 대화하면 가장 유익하시겠습니까?
- 해결하고 싶고 이루고 싶은 것이 있다면 무엇입니까?
- 말씀하신 여러 가지 이슈 중 한 가지를 선택한다면 가장 중요한 것이 무엇입니까?

3. 코칭질문 3단계: 현실점검

- 목표를 이루는 데 현실적인 어려움이 무엇입니까?
- 무엇이 현재 당신의 문제를 만들었다고 생각하십니까?
- 그 목표를 이루는 데 자신에게 있는 장점, 환경, 도와줄 사람 등을 말해 보세요.
- 지금 같은 상황이 계속된다면 3년 뒤에는 어떤 모습이 될까요?

4. 코칭질문 4단계: 실행전략 탐색

- 예상되는 장애물은 무엇입니까?
- 만약 그 장애물이 없다면 무엇을 하시겠습니까?
- 그것을 어떻게 해결할 수 있을까요?
- 더욱 집중해야 할 것은 무엇인가요?
- 줄이거나 과감하게 끝내야 할 것은 무엇인가요?
- 전과 다른 방식으로 새롭게 할 것은 무엇인가요?

5. 코칭질문 5단계: 약속

- 다음에 만날 때까지 무엇을 하시면 좋겠습니까?
- 실행을 위해 구체적인 첫 행동은 무엇이 될까요?
- 언제부터 시작하시겠습니까?
- 주변에 그것을 지지해 주고, 격려해 주고, 점검해 줄 전략적 성공파트너가 될 사람은 누구입니까?
- 제가 그것이 진행되고 있다는 것을 어떻게 알 수 있을까요?

코칭을 잘 활용하려면

- 자기 진단을 통해 자신이 어떤 유형인지 파악하고 그 유형적 특징들을 2장을 통해 숙지한다.
- 주변에 있는 중요한 상사, 부하들의 특징을 참고로 유형을 파악해 본다.
- 자신과 타인의 유형을 참조하여 이 장에 있는 유형별 특징을 보고 셀프코칭, 상사가 부하에게 진행하는 코칭 포인트를 통해 다른 사람들과 관계 속에서 갈등을 넘어 협력과 성공으로 나아가는 전략과 코칭을 접목한다.

셀프코칭

- 모든 유형에 셀프코칭 질문이 있다.
- 노트를 준비해서 각 셀프코칭 질문에 대한 답을 스스로 적어 본다.
- 매일 편한 시간대를 선정해서 스스로 코칭 프로세스 중 2단계에서 5단계를 진행하다 보면 자신 안에 있는 놀라운 잠재력을 발견하여 성과를 극대화하고 있는 자신을 발견하게 될 것이다.

1유형(완벽) VS 1유형(완벽)

대개 1유형들은 '맡아서 해야 할 임무나 의무를 중히 여기는 책임감이 좋은 사람'이라는 소리를 자주 듣는다. 늘 남보다 먼저 앞장서서 몸소 다른 사람의 본보기가 된다. 자신의 할 일을 말없이 묵묵히 하고 칭찬을 바라지 않는 스타일의 사람이다. 그렇기 때문에 다른 사람에게 일을 맡기지 않고 자신이 끝까지 책임감 있게 해낸다. 직장 내에서 같은 1유형들이 만나면 책임감이 강한 파트너를 만나서 서로 만족해한다. 모든 일을 완벽하게 처리하기를 원하기 때문에 1유형 간의 만남은 책임감이 강한 조합이라고 할 수 있다.

1유형은 자신이 해야 할 책임감을 중요한 덕목으로 여긴다. 옳고 그름을 밝히거나 잘못된 점을 지적하는 비판을 자주 하는 편이다. 따라서 1유형은 책임감이 없는 사람을 불편하게 생각한다. 그리고 칭찬! 무엇을 바라는가? 당연히 할 일을 하고서는 무슨 칭찬을 바란단 말인가? 그래서 칭찬은 주로 생략하게 된다. 다른 사람들에게만 그런 것이 아니다. 자기 자신에게도 똑같이 그렇게 한다. 옳고 그른 것은 밝혀내려고 하지만, 잘하거나 옳은 행동에 대해서는 상대적으로 칭찬에 인색하다. 스트레스를 받는 환경이 되거나 문제가 생길 때 같은 1유형 간의 관계는 '상사는 직원을 칭찬하지 않으며 직원은 상사를 비판한다.'

1유형은 예의와 예절 그리고 에티켓도 중요하게 여긴다. 약속에 늦게 되면 반드시 사전에 미리 말하고 너그러이 받아 줄 것을 이해받아야 한다. 계획대로 실천하고, 실천하지 못하게 되었을 경우 그 이유를 사전에, 혹 여의치 않을 경우에는 사후에라도 이야기한다. 다른 사람이 1유형에게 이런 절차를 생략하면 그것은 책임감이 없고 개념이 잡혀 있지 않은 상식 밖의 사람이 된다. 장 중심의 1유형은 평생의 숙제가 분노의 처리이다. 분노를 자신 안에 쌓아 두고 있다가 틀린 것을 발견하는 순간, 분노가 올라온다. 상식과 예의 그리고 원칙에 벗어나면 분노의 에너지가 맨 밑에서부터 서서히 올라온다. 그러다가 원칙에서 벗어난 상대를 만나면 잔소리가 많아지고 길어진다. 했던 말을 두고두고 할 수도 있다. 하지만 원칙을 잘 지키고 두 번 말하지 않고 틀림이 없는 사람이라면 아무런 문제가 없고 신뢰관계가 잘 형성된다.

1유형은 일이 진행되는 과정이나 상황과 관련된 문제를 다 파악하지만, 문제점이 많이 보이다 보니 각각의 모든 문제를 해결하기에 벅찬 경우가 많다. 그렇기 때문에 최종적인 결정을 내리는 것도 힘들 수밖에 없다. 1유형은 다양한 문제에 대한 포괄적인 해결 방식을 좋아하지 않는다. 각각의 상황을 모두 만족시켜 줄 수 없기 때문이다. 따라서 포괄적인 방법보다 하나씩 다루는 디테일한 방법을 좋아한다. 또한 실험적인 방법을 새로 택하기보다는 과거에 성공했던 방법을 반복해서 사용할 확률이 높다. 그러나 때로는 실험적인 방법이 필요한 경우도 있다. 그럴 경우에는 부족한 부분보다는 가능한 부분을 더 부각시키고 도전하자고 말해 주면 좀 더 편안하게 실험적인 일을 찾아낼 수 있을 것이다. 완벽을 추구하기 때문에 완성된 부분보다 부족한 부분을 자꾸 보다가 새로운 일에 대한 도전이 늦어질 수 있기 때문이다.

일을 하다 보면 1유형이 가지고 있는 완벽한 해결책은 존재하지 않는 경우가 더 많다. 에니어그램에서 말하는 1유형의 완벽에 대한 집착은 부족한 것을 피하려는 심리에서 생겨난 집착이다. 부족한 내용을 찾았다면 차라리 그 비판적인 정보를 가지고 상사에게 다가가라. 1유형 상사들은 이치가 맞고 타당성이 높은 신뢰할 만한 정보를 원하기 때문에 1유형 직원의 정보가 쓸모 있고 유용하다면 받아들일 것이다. 포괄적인 해결책이 때로는 디테일한 해결책보다 큰 위력을 발휘할 수 있음을 믿어 보라. 실험적인 방법을 적용했을 때 익숙했던 방법에서는 볼 수 없었던 새로운 세상이 열릴 것이다.

1유형 직원은 진심으로 자신을 믿어 주는 상사와 함께하기를 원한다. 원리원칙에 따라서 공정한 일처리를 해 주는 1유형 상사가 있다면 그들은 최선의 헌신으로 보답하려고 할 것이다. 따라서 1유형 상사는 1유형 직원에게 공정함을 선물하면 신뢰를 얻을 수 있다. 특별히 봐 주는 것이 아니라, 다른 사람들과의 경쟁에서 공정하게만 대해 준다면 다른 불만을 드러내지 않을 것이다. 그렇지만 현장에서는 이런 이론이 통하지 않을 때가 많다. 관리급의 1유형 상사들은 조직에 대해서 조금 더 유리한 선택을 한다. 반면에 1유형 직원들은 동료나 직원에게 더 유리한 선택을 한다. 예를 들어, 1유형 상사는 직원들을 조금 희생시켜서라도 조직에 도움이 되는 결정을 내릴 수 있다. 그것이 상사의 입장에서는 더 합리적이고 완벽에 가깝다고 느끼기 때문이다. 이런 경우 1유형 상사의 마음은 자신의 판단을 확신하겠지만, 직원들은 동료나 그의 직원에게도 공정하기를 원한다. 직원들도 자신의 판단이 맞다고 확신할 것이다. 이런 불공정함을 1유형 직원이 느끼게 되면 무뚝뚝해지고 비생산적인 태도를 보이게 된다.

대개 그렇듯이 직원에게는 조직을 위한 결정이 상사에게 유리해 보이고 자신과 동료들에게는 불리한 조건으로 보이는 경우가 많다. 이럴 때 1유형 직원은 1유형 상사를 비판하고 고민하게 된다. 얼굴에 '나 화났다'고 써 놓고 다닐 수도 있다. 자신이 꼭 해야만 하는 정도의 일만 하고자 한다. 조금이라도 더 노력하지 않으려고 수동적 자세를 보이게 된다. 이런 모습은 전형적인 1유형들의 대결양상이라고 할 수 있을 것이다. 1유형 상사나 1유형 직원은 서로 간에 상대방이 분노를 참지 못해서 스스로 무너져 내리기를 기다린다. 서로의 실수나 흠도 부지런히 찾는다. 갈등이 발생하면 하던 일의 속도를 줄이고 서로 간에 예의를 지키고 존중하는 자세를 보여야 한다.

1유형 상사는 직원들이 숙이고 들어오면 그간 직원의 지적과 비판에 대해 마음을 열고 허용하는 영역을 넓혀 주는 것이 좋다. 1유형 직원은 상사의 입장에서 판단해 보기를 권한다. 상사의 입장을 생각하면서 역지사지(易地思之)로 이해하려고 한다면 조금 더 상사를 이해할 수 있을 것이다. 평소에 신뢰할 수 없는 상사였다면 몰라도 그렇지 않았다면 비판의 긴장을 풀라. 그리고 조직의 큰 틀에서 일하려는 상사에게 자신의 입장을 솔직하게 건의하라. 모두를 다 만족시킬 수 없을 때는 진실한 대화를 요청하라. 뒷담화를 하는 것보다 앞에서 솔직한 대화를 요청하는 직원을 1유형 상사는 허용해 줄 것이다.

성숙한 1유형 상사는 적절하게 일을 나누어 주고 마치는 시점까지 적절한 동기부여와 함께 칭찬을 아끼지 않는다. 직원은 자신의 실수에 대해서 많이 민감하다. 상사가 자신의 실수를 지적하지 않아도 이미 많은 걱정에 지난밤 잠을 자지 못하고 뒤척였을지 모른다. 지금 상사 앞에서 그 부담감으로 몸 둘 바를 모르고 후회하고 있을 수도 있다. '그럴 수도 있지.'라는 말은 자신에게 허용하기 어렵다. 1유형 직원이 이럴 경우 그의 잘못을 감싸고 결과보다 책임감을 가지고 열심히 일했던 과정을 칭찬하라. 한 번의 실수로 과중한 책임감을 느끼는 직원의 짐을 가볍게 덜어 준다면 더욱 큰 동기부여가 된다. 또한 직원의 건의사항에 대해 열린 마음으로 받아들이는 수용의 자세를 갖는 것이 좋다. 약간의 실수에 대해서는 개의치 않는 자세를 갖고 길고 멀리 보라. 가급적 잘못을 지적하고 가르치려는 자세를 버리고 애정을 가지고 돌보는 모습이 필요하다. 그리고 직원의 일하는 모습 뒤에 숨어 있는 개인적인 고민에 대해서도 함께해 주는 마음이 필요하다. 이렇게 될 때 1유형 직원은 상사가 자신을 신뢰한다고 믿으며 진정 존경하는 마음을 갖는다. 조직에서 이런 관계가 형성된다는 것은 쉽지 않은 일이지만 같은 1유형 간의 결합은 이것을 가능하게 한다.

♠ 1유형의 셀프리더십 코칭

- 순서와 절차를 중요시하다가 큰 결과를 놓친 경우가 있다면 무엇입니까?
- 과도한 책임감으로 생긴 스트레스를 어떻게 처리하십니까?
- 10년 후 성공한 내가 현재의 나에게 칭찬이나 인정을 한다면 어떤 말을 할 수 있을까요?
- 상대방의 실수를 보고 '그럴 수도 있지.'라고 수용한다면 어떤 효과가 생길까요?

♠ 상대방과의 관계리더십 코칭

- 지금까지 해 왔던 것처럼 소신껏 일을 한다면 미래에 어떤 결과가 예상되나요?
- 완벽하지 못해서 걱정했는데 의외로 더 좋은 결과를 얻은 경험이 있을까요?
- 당신이 격려와 지지를 보냈을 때 업무 및 직장환경에 어떤 긍정적 효과가 있을까요?
- 업무를 진행하면서 완벽하지 않아도 좋은 것이 있다면 어떤 부분일까요?

1유형(완벽) VS 2유형(사랑)

1유형이 생각하는 기본적인 규칙은 어떤 행동이나 이론 등이 일관성 있게 지켜지는 것이다. 이것이 지켜질 때 편하고 지켜지지 않을 때는 자신이나 다른 사람 모두 불편해진다고 여긴다. 반면에 2유형은 다른 조직원들 간의 소통과 사랑의 관계가 더 중요하다. 2유형은 대개 일도 잘하지만 사랑을 얻기 위해 일을 한다는 말이 더 적합할지도 모른다. 이런 인정을 계속해서 받지 못한다면 직장을 옮길 수도 있다. 1유형과 2유형의 조합에서는 1유형이 리더의 역할을 맡고 2유형이 지원해 주는 역할을 맡을 때가 많다. 그렇게 된다면 원활한 관계를 유지할 수 있다. 상식적으로 2유형이 상위 직급에 있을 때도 이런 방식이 적용될 가능성이 많다. 비상식적인 직급 관계도 가능하다는 뜻이다. 겉으로는 아니지만 내부적으로는 2유형 상사가 1유형 직원을 도와주는 지원 역할을 맡게 되는 경우도 있다. 그만큼 2유형의 도와주려는 성향은 강하다고 할 수 있다.

1유형은 자신이 완벽을 추구한 만큼 '자신이 옳다'고 믿는 경향이 강하다. 반면, 2유형은 같은 조직의 직원들이 자신을 좋아한다고 느끼기를 원한다. 그래야 사랑받고 있다고 생각한다. 이런 두 유형의 차이점 때문에 2유형들이 1유형의 지휘나 통솔에 대해 거부하기가 쉽지 않은 것이다. 왜냐하면 2유형은 일 자체보다는 일을 통해서 얻는 인간관계에서 인정받는 것을 더 중요하게 여기기 때문이다. 1유형 상사는 2유형 직원의 도움을 받아 완벽하게 업무처리를 할 수 있어서 좋고, 2유형 직원은 1유형 상사가 원하는 것을 제공함과 동시에 인정과 사랑을 받을 수 있으니 서로 도와서 함께 살 수 있는 공존의 길이 열릴 수 있는 것이다. 그런데 문제는 1유형이 사람과의 관계보다 일 자체를 더 중요하게 여길 때 발생한다. 1유형이 일에 집중할 때 주변 사람과의 관계가 소홀해질 위험이 있다. 특히 2유형에게 그런 모습을 보이게 된다면 인간관계의 인정과 친밀한 관계가 중요한 2유형의 불만은 높아진다. 물론 일 자체가 중요하기는 하겠지만 관계가 더 소중한 2유형은 다른 조직으로 옮길 수도 있다.

1유형 상사들은 꼼꼼하고 계획적이다. 중간이 생략된 결과 중심의 보고서는 허술하다고 지적을 받을 수 있다. 왜 그렇게 되었는지 과정도 중요하게 챙긴다. 또한 일을 감당해 낼 수 있는 힘도 중요한 요소이다. 이런 능력이 없이 자리만 지키고 있는 것을 바라보는 것 자체가 큰 스트레스이다. 완벽할 정도의 시스템을 구축하는 것이 도달하려고 하는 목표이다. 그렇지만 직원들의 감정과 그때그때 이루어지는 인간관계를 지나쳐 버릴 때가 많다. 사람과의 관계보다는 건조하게 일만 강조하고, 감성적인 언급이 없어서 기계적이라는 느낌을 줄 수 있다. 또한 딱딱한 사무적인 분위기를 만들게 됨으로써 창의적인 분위기를 만들지 못할 가능성이 존재한다. 이런 분위기 때문에 감성적인 부분이 조금이라도 더해진다면 훨씬 부드러운 조직을 만들 수 있다. 이때 2유형 직원의 역할이 매우 중요하다. 1유형 상사가 기계적으로 추진하는 분위기를 2유형 직원이 새롭게 전환시키는 역할을 할 수 있기 때문이다. 하지만 자신이 공연히 나섰다가 싫은 소리를 들을 필요가 없다고 판단할 수도 있다. 기계적인 조직 전체의 분위기도 불편하지만 상사에게 싫은 소리를 듣고 관계가 나빠지는 것은 더 불편하기 때문이다.

이럴 때 건강한 2유형 직원이라면 사무실의 경직된 분위기를 1유형 상사에게 알릴 것이다. 가만히 있어도 되지만, 조직의 건강함을 위해서 이 정도 도전은 해 볼 만하다. 이런 보고에 1유형 상사는 불편하거나 비판을 받고 있다는 생각을 할 수 있다. 하지만 건강한 2유형 직원은 조직 전체를 위하는 일이기에 과감하게 실행할 수 있다. 보통의 경우 2유형 직원은 상사에게 인정받기 위하여 직무에 최선을 다하는 경우가 많다. 하지만 2유형 직원은 1유형 상사에게 인정받기를 원하는 자세를 갖기보다 자신 있는 소신 발언을 하도록 노력해야 한다. 또한 1유형 상사는 2유형 직원에게 도움받기만을 원하지 말고 그의 비판적인 의견도 받아들여야 한다. 이런 관계는 두 유형 모두에게 불편하고 힘든 일이긴 하다. 관계를 중요시하는 2유형 직원은 상사가 굳게 믿고 있는 사실과 다른 말을 소신 있게 함으로써 생기는 상사와의 관계를 두려워한다. 완벽을 추구하는 1유형 상사는 직원의 비판적인 의견을 수용하는 것이 어렵기도 하지만 비판을 받을 만큼 빈틈을 만들었다는 자신에게 화가 난다. 하지만 두 유형은 이런 두려움과 분노로부터 긍정적인 자세를 갖는 것이 필요하다. 소신 있는 비판에 대해 받아들이는 자세는 건강한 성숙을 위해 꼭 필요한 영양분이 된다. 그리고 그 영양분은 두 유형의 좋은 관계와 영향력을 통해 조직 전체의 발전으로 열매를 맺을 것이다.

2유형 상사들은 종종 직장 내에서 자신과 가까운 사람들로 이루어진 그룹을 옆에 두고 싶어 한다. 이렇게 되면 공적인 조직 안에 또 다른 사적 모임들이 만들어진다. 공적 관계가 개인적인 관계 때문에 영향을 받게 되는 것이다. 흔히 말하는 몰래 만나는 비선 라인이 공적 조직 안에 만들어진다. 이런 사조직은 2유형 상사가 지금까지 쌓아 왔던 직장 내의 관계를 바탕으로 만들어지기도 한다. 도와주고 도움을 받았던 관계가 2유형 상사의 주변에 만들어지고 더 나아가 사적으로 긴밀한 관계에서 공적인 일들이 이루어지며 결정되는 부작용을 만들어 낸다. 만약에 이런 2유형 상사에게 1유형 직원들이 있다면 어떤 반응을 보이게 될까? 1유형 직원들은 비선 라인의 활동이나 공평하고 올바르지 못한 인사, 일과 무관한 직장 내 인맥의 형성 등 또 다른 조직이 있다는 것 자체가 못마땅하다. 조직 내에서의 비선 라인 서열이나 사적인 유대관계 등이 공정한 시스템을 와해시키거나 무너뜨리고 파괴할 수 있을 것이라고 생각한다. 이런 것들이 자신의 승진을 막거나 차별받을 수 있다는 의심을 품는다. 열심히 노력해도 사적인 조직에 의해 피해를 본다는 생각이 들면 결국에는 매우 공격적이 된다.

어디까지나 1유형은 성실하게 노력하고 열심히 수고해서 하나씩 하나씩 해결하며 올라가고 성장하기를 원한다. 누가 특별히 알아주면 좋겠지만 그렇지 않아도 상관없다. 공정한 시스템만 작동한다면 언젠가는 자신이 노력한 것들이 인정받는 날이 올 것이라고 믿는다. 누구를 찾아다니고 누구와 알아야 한다는 것은 있어서는 안 된다고 생각한다. 다 같이 공평하고 공정한 자리에서 출발하여 열심히 일하고 싶어 한다. 그 결과로서 생각이나 행동이 감정과 사람들에게 좌우되지 않고 침착하고 냉정하게 평가받는 조직을 원한다.

2유형 상사는 감정의 전환이 빠르고 감정 표현도 잘한다. 하지만 1유형 직원들은 감정적으로 자연스럽지 못하다. 감정은 시간이 흐르면 변화한다. 좋았다가 나빠질 수도 있고 나빴다가 좋아질 수도 있다. 그러나 1유형 직원은 이런 감정적 변화를 이해하기 어렵다. 특히 좋은 감정일 때보다 나쁜 감정일 때의 이야기를 오히려 더 믿는다. 그리고 감정이 격해졌을 때 그 상사의 말이 더욱 진심에 가깝다고 느낀다. 그리고 상사의 말을 오랜 시간 동안 곰곰이 새겨 보고 기억하고 간직한다. 1유형 직원은 2유형 상사의 감정 높낮이가 자신이 생각하는 것보다 편차가 크다는 것을 받아들이고 이해해야 한다. 또한 감정에 따라 처신을 달리하는 상사를 이상하게 보지 말아야 한다. 그것은 감정의 변화에 따른 상사의 행동일 뿐 직원인 자신을 향해 노리고 하는 말이나 불순한 의도는 아니다.

만약 2유형 상사와 갈등이 생겨서 상처받는 일이 생긴다면 분노하는 것을 잠시 멈추고 이 상황에 대한 상사의 감정을 이해하고자 노력하는 것이 좋다. 즉, 우리는 감정적 고조기에 원치 않는 다툼을 벌였고 그 감정은 시간이 지나면 회복될 것이라고 믿는 것이다. 2유형 상사의 격한 감정은 1유형 직원이 생각하는 것처럼 지속적이고 끈질기지 않다. 따라서 약간의 냉각기를 거친 후 회복 절차를 밟으면 훨씬 단단한 관계를 만들 수 있다. 감정적 소나기를 피하고 시간을 보내면서 새로운 관계를 만들어 나가는 것이 바람직하다. 2유형 상사에게 추가 제언을 하자면, 1유형 직원에게 감정적인 호소로 관계 개선을 꾀하기보다는 업무를 맡기고 격려와 동기부여로 성과를 올리게 하는 것이 더 지혜로운 방법이라고 조언하고 싶다.

♠ 1유형의 셀프리더십 코칭

- 음악이나 미술 등 예술 활동이 당신에게 어떤 유익이 있겠습니까?

- 다른 사람들의 마음을 느끼는 데 집중해 본다면 당신의 삶의 무엇이 달라질까요?
- 비판하는 것보다 수용하는 태도를 가진다면 대인관계는 어떻게 달라질까요?

♠ 2유형의 셀프리더십 코칭

- 일에 과도한 개인적 감정이 개입된다면 그 일의 결과는 어떻게 달라질까요?
- 다른 사람의 인정을 받는 것이 자신의 주도성과 어떤 상관관계가 있을까요?
- 다른 사람의 도움을 적게 받으면서 업무를 추진한다면 당신에게는 어떤 변화가 있을까요?

♠ 1유형 상사가 2유형 부하에게

- 지난번 프로젝트의 성공은 당신의 도움이 결정적이었습니다. 이번 프로젝트에도 당신의 도움을 받고 싶은데 어떻습니까?
- 과업과 인간관계를 구분해서 업무를 진행한다면 어떤 좋은 결과가 나올까요?

♠ 2유형 상사가 1유형 부하에게

- 감정의 흐름을 바로 판단하지 말고 좀 더 지켜본다면 결과가 어떻게 달라질까요?
- 당신의 삶 속의 쉼표가 업무에 줄 수 있는 긍정적인 요소가 있다면 무엇일까요?

1유형(완벽) VS 3유형(성공)

1유형은 모든 일을 '완벽'하게 완성하기를 원하는 반면, 3유형은 결과를 얻을 수 있는 '최적의 시간'을 가장 중요한 요인으로 고려한다. 또한 1유형은 양에 관계없이 마무리가 '깔끔한 완벽'을 추구한다. 반면에 3유형은 '많은 양'의 직무 완성을 원한다. 즉, 많은 양 자체가 효율을 재는 기준이 되기 때문이다. 이렇게 서로 다르지만 두 유형 모두 '일 중독'에 빠지기 쉽다. 완벽하기 위해서 또한 성공하기 위해서 일에 투자하는 시간이 길어진다. 나중에는 자신과 일의 경계가 모호해져서 스스로 혼란에 빠진다. 너무 많은 시간을 일에 사용하면서 건강에 무리를 줄 수도 있다.

3유형은 늘 효율적인 방법을 택하는 스타일이다. 같은 시간에 많은 양을 만들어낼 수 있는 길을 찾아간다. 이를 위해 꼭 필요한 과정이 '명백하고 확실한 목표 설정'이다. 그리고 그 목표를 향해서 전심전력을 다해 노력한다. 일을 하는 도중에라도 최종 목표를 이룰 수 있는 또 다른 길이 보이면 처음 계획을 수정하기도 한다. 오히려 일을 진행하면서 더 좋은 결과물을 얻을 수 있는 방향으로 변경하는 것을 매우 반긴다. 결과만 좋으면 그만이다. 상사의 지시가 있어도 큰 틀만 벗어나지 않는다면 지시를 약간 다르게 바꾸고 새롭게 고치는 방법을 택해도 된다고 생각한다.

그러나 처음부터 끝까지 한결같지 않고 그때그때 달라지는 일관성 없는 3유형의 업무처리 방식을 1유형은 너그러운 마음으로 받아들이기 쉽지 않다. 제대로 일을 하려면 목표를 설정하는 것뿐만 아니라 처리 방식의 순서도 정확해야 한다고 생각한다. 1유형은 불쑥 예정에 없던 일이 주어지면 처음부터 엉망이 된다고 생각한다. 하나부터 차근차근 열심히 일을 진행해 나가는 1유형의 입장에서 보면 그때그때 다른 것 같은 3유형의 효율주의는 '꼼수'나 '요령'으로밖에 보이지 않는다.

하지만 3유형 입장에서는 1유형의 업무 스타일이 이해가 안 된다. 하나가 끝나고 또 하나씩 해서는 언제 일이 끝날지 알 수 없다. 그런 태도를 가지고는 이기거나 앞서려고 서로 다투는 경쟁적 사회 환경에서 살아남을 수 없다고 믿는 것이다. 그래서 3유형의 상사들은 보통 여러 가지를 동시에 진행한다. 지금 하고 있는 프로젝트를 완성하기도 전에 새로운 도전을 받아들이기 때문에 당장 진행하는 프로젝트를 마무리할 시간이 부족하다. 3유형은 일을 개시하고 다른 사람에게 업무를 위임하고는 다음으로 넘어가길 원하기 때문에, 결국 일을 끝까지 완수하는 것은 다른 직원들의 몫이 된다.

그런가 하면 1유형 직원은 좋은 계획을 찾기 위해서라면 거꾸로 되짚어서라도 간다. 아예 모든 일을 멈추는 것이 최선이라고 생각하기도 한다. 3유형이 보기에는 사소한 세부사항들도 1유형에게는 기본적인 필수사항이 될 수 있다. 확실하지 않은 상황에 놓이면 이리저리 생각만 하고 태도를 결정하지 못한다. 만약 일이 제대로 진행되지 못해서 많은 문제가 발생하고 결국 자신이 책임져야 한다고 생각하기 때문이다. 1유형의 해결방식은 "우리 다시 생각해 보아야 하는 것 아니야? 서로 의견을 내어 토론하자. 논의를 심도 있게 해 보자고! 이러다가 큰 실수를 저지를 수도 있어!"이다. 그러니 앞만 보고 달려가는 3유형 상사에게 1유형 직원은 문제 직원으로 보일 수 있다. 하지만 1유형 직원은 엄청난 시간과 노력을 연구하고 비교하고 생각하고 다듬는 데 사용한다. 그런데 3유형 상사는 빨리 일을 진행하라고 한다. 그러면 1유형 직원은 일을 빨리 진행하기보다는 상사를 설득하기 위해 완벽한 자신의 주장을 뒷받침할 만한 자료를 모으기 시작한다. 일의 진행속도는 더욱 느려질 뿐이다.

두 유형 모두 자신의 실수를 쉽게 인정하지 않을 것이다. 실수를 인정한다는 것은 자신의 능력에 의문을 제기하는 것이나 다름없다. 두 유형 모두 직업적 능력과 자신을 동일시하기 때문에 실수를 인정하고 싶지 않다. 상사가 화가 나서 속도를 높이고 직원의 목소리에 귀를 기울이지 않으면 갈등이 발생하게 마련이다. 서로 자신이 옳다고 주장할 때 팽팽하게 맞서게 되는 것이다. 어떻게 하는 것이 갈등을 최소화하는 것일까?

3유형 상사가 1유형 직원의 의견을 청취하는 것은 일반적으로 조직 운영에 큰 도움이 된다. 1유형은 본인의 성공이 아닌 조직을 위해 좋은 의견들을 말할 수 있으며 대개 몸을 사리지 않고 열심히 일한다. 그러나 다른 사람들에게 자신이 인정받기 위해 나서는 것으로 여겨지면 주춤거리면서 한발 뒤로 물러선다. 그들에게 일이란 마땅히 해야 하는 것이지 인정받기 위해 하는 것이 아니기 때문이다. 이런 직원의 의견을 청취하는 것은 오히려 당연한 것일지 모른다. 3유형 상사가 속도에 좀 더 여유를 가지고 1유형 직원의 목소리에 귀를 기울인다면 실수를 최소화해서 오히려 계획보다 더 빨리 마무리할 수도 있음을 명심해야 할 것이다. 또한 1유형 직원도 3유형 상사를 위해 맞춰 줘야 할 것이 있다. 1유형 직원이 3유형 상사에게 의견을 제안할 때는 매우 장황하거나 상세한 설명보다는 간단 명료하고 효율성을 고려하여 말하는 것이 좋다. 명확한 목표와 이를 달성하기 위한 과정을 간단 명료한 개요 형태로 제시하는 것이 바람직하다.

일반적으로 1유형 상사들은 일정한 방침이나 목적에 따라 행위를 제한하는 통제가 매우 엄격하다. 1유형 상사들은 모든 세부사항을 확실하게 해 두고 싶어 한다. 그런데 오히려 3유형 직원으로 하여금 그 모든 세부사항을 한꺼번에 아우르는 통합적인 규칙을 만들어 일하게 만드는 부작용을 연출할 수 있다. 세부적인 것을 지시했는데 통합적인 것을 만들었으니 다시 세부적인 것을 만들라는 지시가 곧 떨어질 것이다. 1유형 상사는 과정이 중요하다고 생각해서 세부적인 지침을 내린다. 일이 중간에서 잘못되지 않도록 단속해야 한다. 하지만 3유형 직원이 보기에는 그렇게 세부적인 것을 따지다가는 효율적이지 못하게 된다. 그래서 덜 중요한 것들은 '퉁' 치고 가장 빠르고 많이 할 수 있는 통합적 방법을 찾는 것이다.

3유형은 목표지향적인 반면, 1유형은 그 목표로 향하는 모든 단계를 확실하게 점검해야 한다. 1유형은 인품, 정당한 노력, 그에 합당한 보상을 중요시한다. 3유형은 성공적 결과, 인정, 이미지를 위해 일한다. 경쟁, 보너스, 직함이 있을 때 일을 다그쳐서 힘을 더 가하게 된다. 하지만 이것은 좀 더 보수적인 성향을 가진 1유형 상사가 보기에는 마음에 들지 않을 수 있다. 1유형 상사는 직업적으로 성공하기 위해서 완전하고 물 샐 틈 없는 지침을 강요할 때도 있는데, 3유형은 이런 지침을 아예 무시하거나 요령 있고 융통성 있게 처리할 것이다. 자질구레한 일을 처리하고 작업파일을 고치는 데 시간을 들이기에는 큰 의미가 없다고 생각하는 것이다. 3유형 직원에게는 작은 실수 정도는 큰일이 아니지만 1유형에게는 매우 중요하다.

1유형과 3유형이 기운차게 뛰어다니는 관계로 활약하는 환상적인 조합은 어떤 것일까? 1유형 상사가 3유형 직원에게 현장 업무의 권한을 모두 맡기고 위임해 주는 상황이다. 그리고 3유형 직원이 현장과 회사를 연결해 주면서 관리하는 역할을 맡는 것이다. 3유형은 위임받은 권한 내에서 정보의 빠른 변화를 현장에 바로 사용할 수 있고 빠르고 즉각적인 결정도 내릴 수 있다. 이런 3유형의 의견과 제안은 실제로 1유형 상사에게 매우 유용한 경우가 많다. 그리고 상황에 따라 효율적이고 확실하다면 회사 전체 계획도 수정할 수 있는 결정적인 원인이나 기회의 마련도 가능하다.

♠ 1유형의 셀프리더십 코칭

- 너무 디테일하게 매달리다가 원치 않은 결과가 나온 경험이 있나요?
- 유연성과 일관성을 함께 잘 사용하는 방법이 있다면 어떤 것이 있을까요?
- 업무에서 완벽함을 조금만 내려놓는다면 얻을 수 있는 유익은 무엇일까요?
- 업무에서 완벽함을 추구하다가 놓친 중요한 인간관계는 어떻게 회복할 수 있을까요?

♠ 3유형의 셀프리더십 코칭

- 결과 중심적인 태도 때문에 잃어버린 3년은 무엇인가요?
- 일을 하다 그 일을 멈춘다면 어떤 것이 두려우세요?
- 타인이 내가 성취한 성공을 바라봐 주지 않는다면 그 성공은 어떤 의미일까요?

♠ 1유형 상사가 3유형 부하에게

- 원칙과 결과 중 어느 것이 당신의 미래를 멋지게 해 줄 것이라고 생각하십니까?
- 과정과 절차를 무시하는 당신의 요령 있는 행동이 결과에 어떤 영향을 미칠까요? 그리고 예상되는 부작용은 어떤 것이 있겠습니까?
- 만약 빠른 업무 진행 때문에 문제점이 발견된다면 자신에게 어떤 피드백을 주시겠습니까? 그 피드백 중에 향후 업무진행에 꼭 필요한 것은 무엇입니까?

♠ 3유형 상사가 1유형 부하에게

- 빨리 가려면 혼자 가고 먼 길을 가려면 같이 가야 한다는 속담이 당신에게 주는 교훈은 무엇인가요?
- 원칙을 지키면서도 빠른 성과를 얻을 수 있는 방법은 무엇이 있을까요? 그런 구조를 만들어 가는 방법은 어떤 것이 있을까요?

1유형(완벽) VS 4유형(특별)

성숙한 1유형과 4유형이 만날 때는 개인적으로 만날 때보다는 감정이 덜 드러난다. 그래서 일에 집중하기가 쉽다. 성숙한 4유형은 조직에서 감정적으로 높아지거나 낮아지는 등의 기복을 잘 드러내지 않는다. 조직에서 살아남기 위해서는 최대한 자신의 감정적 에너지를 겉으로 노출하지 않아야 하기 때문이다. 사생활과 조직을 연관 지어 관계를 맺는 것이 매우 위험한 일임을 잘 아는 4유형일수록 조직 생활에 적응을 잘한다. 4유형이 조직에서 개인적 감정을 잘 드러내지 않는 이유와 같이 1유형도 개인적인 것보다 직무에 초점을 맞춘다. 그래서 직무와 관계없는 개인적인 비판이나 부정적인 감정을 함부로 드러내지 않는다.

그런데 대개의 4유형 직원은 개인적인 모임에서는 물론 조직에서도 감정적으로 특별한 대접을 받고 싶어 한다. 하지만 1유형 상사는 모든 직원에게 똑같은 원칙과 규율을 적용해야 한다. 특별 대우를 하는 것은 1유형 상사에게는 어려운 일이다. 모두에게 공평하고 공정한 것이 원칙이라고 생각하기 때문이다. 특별한 대우가 필요한 사람에게조차 보상이나 대우는 다른 조직원들과의 관계를 고려할 때 피하고 싶은 일이다. 1유형 상사의 이런 원칙을 강요당하면 4유형의 감정은 매우 힘들 수 있다. 그들은 소소하고 별것 아닌 규율 따위 때문에 소중한 자신의 감정이 갇히는 것을 원치 않는다. 자신을 필요로 하지 않는다는 메시지로 해석한다. 4유형은 특별한 자신에게 특별한 규칙을 적용하는 게 당연하다고 생각한다. '도대체 나를 뭘로 아는 거야?' 이렇게 1유형 상사의 원칙을 지키기 힘들어지면 속에서 쌓여 있던 감정적 상처가 나타나기 시작한다. 1유형의 상사가 관여하는 모든 규율에 대해 저항하고 무시하며 명령을 수행하지 않을 수도 있다. 처음에는 감정적인 부끄러움으로, 그리고 서서히 부당함을 호소하다가 나중에는 노골적인 방법으로 나타날 수 있다.

4유형이 회피하는 것은 바로 '평범함'이다. 1유형 상사의 규칙이 뒤떨어진 예전 그대로의 원칙이라고 생각하는 4유형이라면 그 규칙을 따르는 것은 자신의 자유로움과 창의적인 감정이 감옥에 갇히는 느낌이 들 것이다. 이런 상태가 계속되면 '업무를 태만히 하거나', '무모하게 일을 벌이거나', '타 부서와의 관계 협조가 안 되거나', '고객 관계에서의 부조화'로 나타나게 된다. 4유형 직원이 업무를 지속적으로 잘하게 하려면 리더가 인정해 주는 것이 필수적이다. 이들에게는 다른 사람과 함께 하는 칭찬보다는 개인적인 인정이 매우 효과적이다. 그냥 스쳐 지나가는 형식적인 칭찬보다는 진심으로 다가서는 따뜻함과 관심을 보여 주는 것이 중요하다. '당연히 할 일을 하면서 꼭 그렇게 인정과 관심을 받아야 하나?' 하는 생각을 하는 1유형 상사라면 이 점을 놓쳐서는 안 된다.

일반적인 경우 4유형이 명백하고 확실한 목표를 갖기란 쉽지 않다. 가졌다고 해도 수시로 변경되는 감정의 흐름을 따라가느라 목표를 놓치기 쉽다. 하지만 조직에서 1유형 상사가 목표를 확실하게 설정해 주기 때문에 이런 경우 성숙한 4유형은 감정에 휘둘리지 않고 일에 쉽게 몰두할 수 있다. 이렇게 조직에서 일이 원만하게 진행되면 4유형의 독특한 창조력이 나타날 수 있는 좋은 환경이 마련되는 것이다. 자신의 재능인 독특한 창조력이 객관적이고 합리적인 조직의 목표와 만나 환상적인 플러스 효과를 일으킨다. 여기에 두 유형의 어울림과 조화가 빚어내는 아름다운 창조물이 생산된다. 1유형과 4유형의 공통점은 이상적인 목표를 가진다는 데 있다. 1유형이 이상적인 개혁을 꿈꾼다면 4유형은 여기에 독특한 창조의 날개를 달아 줄 수 있다.

하지만 반대의 경우 심각한 실패 상황에 닥칠 수 있다. 늘 똑같은 원칙만을 말하며 자신에게 특별한 관심을 갖지 않거나, 응원을 받지 못해서 4유형이 날카로워질 때이다. 안정감을 잃어버리고 예민하고 까다로워져서 불만을 나타내고 질서를 어그러뜨리기 시작한다. 갑자기 1유형 상사가 말하는 합리적인 명령도 도움이 안 되며 충분하지 않다고 생각하게 된다. 아마도 1유형 상사는 4유형 직원의 스트레스를 이해하지 못할 가능성이 높다. '왜 그러는 거야? 불만이 뭐지?'라고 하면서 대화를 시도해 보아도 4유형 직원은 그 감정을 쉽게 말하지 않는다. 1유형 상사는 4유형 직원의 감정을 있는 그대로 읽어 주기보다는 직원이 왜 그런 행동을 하는지 이유를 분석하고 싶어 한다. 그러나 이런 노력은 관계를 더욱 어렵게 만든다. 이 정도 되면 4유형 직원은 얼굴을 대하는 대면과 대화를 피하게 된다. 말해 봐야 더 힘들 것이라는 생각으로 가득 찬다. 뒤로 돌아가서 자신의 아픔과 고통에 대한 것들을 말하기 시작한다. 이것이 불씨가 되어 조직 전체가 어려움을 당하기도 한다. 이런 상황이 벌어지면 1유형 상사는 원칙으로 맞서며 이렇게 되기까지의 과정과 원인을 분석하고 따지게 된다. 끝없이 파고들어 가는 원인 규명과 책임이 누구에게 있는지를 따지며 아주 강압적인 보스의 모습이 된다.

갈등의 회오리가 지나간 후에는 어떻게 될까? 역설적이지만 이런 태풍 후에는 전반적으로 조용한 고요가 찾아온다. 1유형은 어쨌거나 자신의 책임이 존재한다는 것을 인지하기 시작한다. 잘 이해는 되지 않지만 상대가 폭발한 데는 자신에게도 잘못이 있음을 알고 상대를 이해하려는 시도를 한다. 또 어떻게 하면 갈등을 해소할 수 있을지에 대한 자료도 수집하기 시작한다. 4유형은 감정의 파고가 낮아지면서 어떤 일이 벌어졌고 자신이 어떤 일을 했으며 어떻게 수습할 것인지에 대한 고민을 하게 된다. 적극적이지는 않지만 마음으로 정리를 시작한다. 이런 상태가 지속될 때 중간에서 중재시켜 주는 사람이 있어 주면 좋다. 중재자는 1유형 상사가 자신의 잘못을 인정하려 하고 있다는 것을, 4유형 직원이 감정적 행동을 했고 지금은 좋아졌다는 것을 서로에게 전달만 해 주어도 충분하다.

성숙하지 못한 4유형 상사의 경우 모든 행사를 본인의 감정적 욕구 중심으로 돌아가도록 진행하려 한다. 하지만 성숙한 4유형 상사들은 남에게 감정을 드러내지 않는다. 그것이 조직에 미치는 부정적인 영향을 알기 때문이다. 조직에서 성과를 내야 한다는 것을 알기 때문에 3유형의 날개를 많이 활용한다고 할 수 있다. 에니어그램의 화살이론은 4유형의 성숙방향으로 1유형을 안내한다. 감정적 기복이 창조

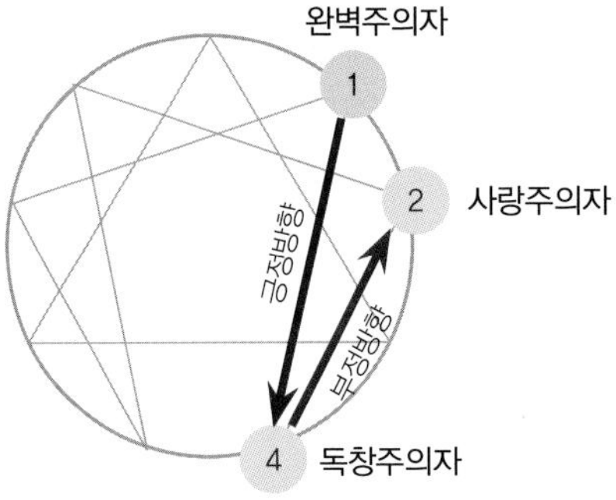

4유형의 화살방향

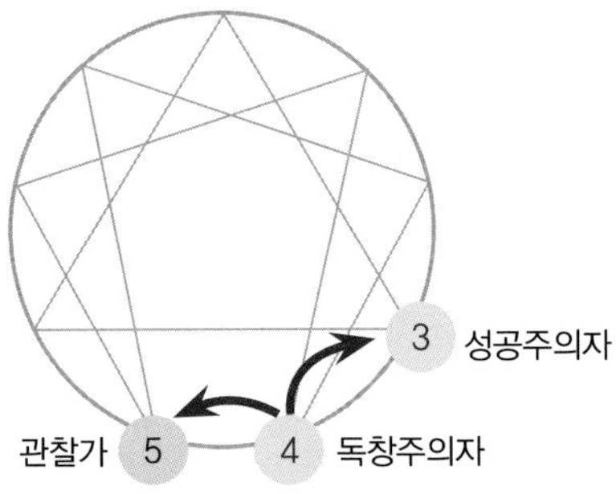

4유형의 날개유형

의 능력으로 사용되면 최상이다. 하지만 현실의 조직 속에서 살아갈 때는 1유형의 완벽하다는 일처리 방법을 찾아가는 것이 필요하다. 감정은 상하지 않으면서도 질서를 잘 유지하는 것이 중요하기 때문이다. 또 비슷한 경우로 위험도 높은 도전을 하면서 성과를 이끌어 내려고도 한다. 이 경우도 조직의 특성상 성과가 중요하다는 전략적 판단을 하는 것이다. 과도한 경우 경쟁의식이 발동하여 성공할 수 있다는 비법 등에 끌려 도전을 즐기기도 한다.

그러므로 4유형 상사와 1유형 직원이 함께 일하는 구조라면 4유형 상사는 1유형 직원들에게 세부사항을 맡기는 것이 좋다. 1유형 직원들은 원칙을 기준으로 규율을 준수하면서 열심히 목표관리까지 해낼 것이다. 4유형 상사는 고유하고 독특한 창조를 위한 미래의 일이나, 목표에 대한 문제를 생각하고 작은 세부적인 사항에 대해서는 1유형의 직원에게 맡기라. 이렇게 되면 직장에 신선한 바람이 불어올 것이다. 1유형 직원들은 그들의 엄격한 기준에 따라 작고 소소한 일에 열성과 헌신을 다할 것이고 4유형 상사의 특별하고 고유한 아이디어에 열광할 것이다.

♠ 1유형의 셀프리더십 코칭

- 이상과 현실이라는 관점에서 지금 자신의 목표를 현실성 있게 조절한다면 자신의 삶에 어떤 좋은 선물이 주어질까요?

- 때때로 일어나는 분노의 원인이 과도한 자신만의 기대치 때문이라고 볼 때, 그 기대치를 실현 가능한 것으로 조정한다면 자신에게 어떤 면이 변화될까요?
- 자신이 추구하는 이상적인 개혁을 창조적이고 긍정적인 관점에서 비난보다 수용과 격려로 대한다면 어떤 성취가 있을까요?
- 내 평상시의 모습을 주변 사람들의 눈으로 본다면 어떤 모습일까요? 그러한 모습이 업무성과를 높이고 관계에서 더욱 좋은 결과를 가져오는 데 얼마나 좋은 방법일까요?

♠ 4유형의 셀프리더십 코칭

- 타인에 대한 비판 속에 있을 때, 긍정적인 자신의 의도는 무엇인가요?
- 자신이 추구하는 독특한 창조적 환경을 만들기 위해 집중해야 할 일은 무엇인가요?
- 조직 내에서 풀 수 없어서 숨겨진 감정기복의 스트레스를 풀 나만의 방법은 무엇인가요?
- 업무에서 감정적 반응 대신 업무 자체로 대하고 집중할 수 있는 좋은 방법이 있다면 어떤 것이 있을까요?

♠ 1유형 상사가 4유형 부하에게

- 조직이라는 테두리 내에서 스트레스를 받을 때 자신만의 독특함을 발휘해 그 스트레스를 해소하기 위해서 내가 시도해 볼 것은 무엇인가요?
- 업무관계에서 목표의식을 세 배로 향상시키려면 어떻게 하면 좋을까요?
- 자신의 특별한 헌신이 인정과 보상을 받으면 어떤 업무능력이 향상되어야 할까요?

♠ 4유형 상사가 1유형 부하에게

- 업무 역량을 극대화하기 위해 전략적 파트너십으로 업무를 구분해 본다면 어떤 부분에서 세부사항을 위임하면 좋을까요?
- 당신만의 열정과 헌신을 업무 어느 곳에 집중하면 더 좋은 결과가 나올 것이라고 생각하나요?
- 상사의 감정적 기복 속에서도 자신만의 목표관리를 유지하는 환경을 만든다면 어떻게 하면 좋을까요?

1유형(완벽) VS 5유형(관찰)

5유형은 사물이나 현상을 주의하여 자세히 살펴보는 관찰 능력이 뛰어나다. 그렇기 때문에 관찰을 통해 수집한 자료들을 실제 문제에 도움이 될 수 있도록 정리한 지식이 많다. 이때는 자신의 감정을 철저히 배제하고 정보를 수집한다. 감정은 어떤 현상이나 일에 대하여 일어나는 마음이나 기분을 말하는데 이것이 그의 관찰 활동을 방해하기 때문이다. 이런 특성 때문에 다른 유형의 사람들은 5유형에게 거리감이 느껴지고 차가운 사람이라는 판단을 한다. 가장 객관적인 관찰을 위해 5유형은 사람과의 관계에서 '거리두기'를 한다. 이러한 '거리두기'는 상대에게 냉철하고 건방지다는 느낌을 주기도 한다.

때로 5유형은 자신이 원하는 정보나 관찰의 대상에 대한 호기심이 생길 때 자신의 숨겨 두었던 감정을 일부 보여 주기도 한다. 이럴 때는 관찰한 결과를 토대로 옳고 그름을 판단하여 밝히거나 잘못된 점을 지적할 때이다. 이런 면에서 1유형과 비슷한 점이 있다. 1유형도 원칙에 맞지 않는 것들에 대해 비판하기 때문에 여기에서 두 유형의 공통점이 생기게 된다.

1유형 상사의 입장에서는 5유형 직원이 정보에 대한 관찰 능력과 정보수집 능력이 뛰어나기 때문에 그 사실을 매우 반긴다. 1유형 상사는 완벽한 일처리를 원하기 때문에 빠른 정보와 질적으로 우수한 자료는 늘 관심의 대상이 된다. 5유형 직원 덕분에 정보에 대한 목마름이 해결된다. 게다가 잘못된 것을 찾아내는 능력이 뛰어난

1유형 상사가 5유형 직원의 도움으로 그 잘못을 고칠 수 있는 실마리를 찾아낼 수도 있다. 1유형의 상사는 5유형 직원의 정보를 통해서 잘못된 것들을 고칠 수 있는 방법을 알게 되고 그것은 '개혁'이라는 자동차에 추진력을 부여한다. 흔히 1유형의 긍정적인 부분 가운데 개혁가라는 닉네임이 따라 다닌다. 그 이유는 틀리고 잘못된 것이 관행이라는 이유로 굳어져서 계속 진행되는 것이 있기 때문이다. 1유형에게는 이런 관행 중에 틀린 것, 잘못된 것이 눈에 잘 들어온다. 조직 내의 잘못된 것을 비판적인 시각으로 공유한 1유형 상사와 5유형 직원은 이론이나 이치에 합당한 합리적인 사고를 가지고 있으며 약속도 잘 지키고 정보가 새어 나가지 않도록 단속하는 데도 능하다. 이런 장점들이 모여서 조직의 낭비되는 요소와 비효율적인 것들을 바로잡는 데 상승효과를 낼 수 있다. 이렇게 되면 조직의 개혁에 박차를 가할 수 있게 된다.

같이하는 프로젝트가 제대로 작동되기 시작하면 1유형과 5유형의 조합은 속속들이 꿰뚫어서 밑바닥까지 빈틈없이 철저하게 연구한다. 이런 과정을 거쳐서 꼼꼼하게 잘 정리된 결과물을 내놓게 된다. 두 유형 모두 실수 없는 정확한 정보를 기초로 결정을 내리고 싶어 하기 때문에 매우 방대한 양의 정보를 수집한다.

그러나 때로는 이렇게 수집한 정보를 가지고 줄다리기 경쟁이 벌어질 수도 있다. 1유형이 5유형 직원에게 필요 이상으로 정보를 달라고 요구하면 5유형 직원은 오히려 자신이 모은 정보를 숨기려 들 것이다. 근본적으로 5유형은 자신이 어렵게 모은 정보에 인색하다. 어렵게 모아 놓은 정보를 필요 이상으로 가져가려는 상사에게는 마음을 열기 어렵다. 또 그 정보가 같이 진행하는 프로젝트에 꼭 필요하다는 확신이 서지 않으면 더욱 정보를 공개하지 않으려고 한다. 조직에서 프로젝트에 얼마만큼의 정보가 필요한지 정확하게 알 수 있을 때 필요한 만큼만 제공한다. 이론이나 이치에 합당하고 제3자가 보기에도 마땅한 정도의 상식적인 정보만 주는 것이 5유형의 생각이다. 따라서 1유형 상사는 타당한 이유와 프로젝트와의 관련성 등을 종합하여 정보를 요구하는 것이 좋다. 1유형 상사의 정보 요구를 차갑게 거절했을 때는 감정적 긴장감이 생길 수 있다. '별것도 아닌데 그렇게까지 할 필요가 있을까?'라는 의심이 생긴다. 이런 점이 갈등의 이유가 되지 않도록 마음에 새겨 두고 조심하는 것이 좋다.

5유형 상사는 미리미리 분명한 목표를 세우고 조직적으로 일을 밀고 나가는 스타일이다. 이런 방식은 1유형 직원에게도 만족스럽다. 또 상사의 어떠한 요구와 명령도 허용하고 받아들일 수 있다. 5유형 상사는 늘 1유형 직원의 일처리 방식이 마음에 들기 때문에 일일이 검사하고 점검하며 관리할 필요가 없다. 믿는 만큼 독립적인 직원이 된다. 두 유형 모두 혼자서 무엇인가를 만들어 가는 일을 좋아한다. 감정적인 교류보다는 형식적이고 직업적인 교류가 잘 이루어진다.

두 유형에게 어려움이 발생하면 일반적으로 둘 다 물러서는 방법을 취한다. 1유형 직원이 말이 없어지고 침묵이 길어진다면 그것은 비판을 하고 있다고 해석할 수 있다. 이때 5유형의 상사는 먼저 대화를 개시하여야 한다. 적당한 타이밍이 필요한데 5유형의 상사가 그 시기를 놓쳐 버리는 경우가 종종 있다. 서로 비슷한 면이 많지만 1유형은 장 중심이고 5유형은 머리 중심이다. 이성적이고 객관적이며 상식적인 면이 비슷하지만 머리형인 5유형은 실행 중심보다는 좀 더 사고 중심이다. 따라서 일을 처리하는 속도에서 다소 차이가 발생한다. 1유형은 빠르고 5유형은 느리다. 이 차이가 갈등을 깊게 할 수 있다. 생각을 하고 판단을 하는 과정이 너무 길어지는 경우이다. 빠른 1유형 직원이 느린 5유형 상사를 답답하게 여기게 되고 건의도 마음대로 할 수 없는 상황에 놓이면 부작용이 생긴다. 당연히 5유형 상사의 리더십이 답답하다는 등의 뒷담화를 함으로써 서로의 갈등의 골이 깊어질 수 있다.

두 유형 모두 서로의 맡은 바 책임을 가지고 업무에 임하는 특징이 있으므로 협력하는 것이 바람직하다. 5유형이 상사인 경우 1유형 직원에게 업무 처리를 맡기고 마감 기한을 정해 주면 좋다. 언제까지 끝내야 한다는 사실을 알면 그 기간에 책임감 있게 일을 진행한다. 또 시간이 정해져 있으므로 스스로 관리를 해 가면서 업무를 진행할 수 있다. 중간에 별도의 간섭이나 과정에 대한 참견 또는 관리를 안 해도 스스로 책임감 있게 잘 진행해 나갈 수 있다. 하지만 정보나 경험이 부족할 경우 문제가 된다. 완벽한 일처리를 원하는 1유형 직원은 많은 시간이 걸릴 것이다. 이때 5유형 상사가 풍부한 정보와 지식을 공급해 준다면 1유형 직원에게는 가뭄에 단비와도 같다.

1유형이 상사인 경우에도 전문적인 업무를 맡기고 기한을 설정한 후 5유형 직원에게 맡기는 것이 좋다. 중간에 정보나 지식을 필요로 할 수도 있다. 이때에는 1유형 상사가 가지고 있는 고급 정보를 제공하면 5유형 직원은 많은 도움을 받고 상사에게 고마워할 것이다. 늘 정보가 부족한 5유형이다. 있어도 또 가지고 싶은 직원의 성향과 형편을 생각한다면 정보는 많이 제공할수록 좋다. 5유형 직원은 혼자 있는 것을 좋아한다. 복잡하고 시끄러운 환경에서는 집중하기가 매우 어렵다. 사람들이 많은 미팅이나 회식 자리도 생략하기를 원한다. 따라서 혼자 있는 시간을 가능한 범위 내에서 허락해 주고 방해받지 않는 시간과 장소를 제공하면 매우 효과적이다.

♠ 1유형의 셀프리더십 코칭

- 당신이 가진 정보를 타인에게 공유하는 것은 삶에 어떤 유익으로 돌아올까요?
- 당신이 처한 상황 중에서 ~때문에 안 된다고 생각하는 것을 ~덕분에라는 표현으로 바꾸어 보시겠어요? 정리되는 생각이 있다면 무엇인가요?
- 정보를 나눔으로써 얻게 되는 업무적 성과는 무엇일까요?

♠ 5유형의 셀프리더십 코칭

- 제공할 만한 정보가 많은 당신의 탁월성이 조직을 위해 쓰인다면 당신은 어디까지 나아갈 수 있을까요?
- 타인과 협력하며 일하는 것을 조금 더 늘린다면 나에게 어떤 성장이 일어날까요?
- 나의 유용한 정보가 조직에서 도움이 되도록 하려면 팀원들은 어떤 점을 고려해야 하나요?
- 관찰하는 나와 참여하는 나가 균형을 이루기 위해 어떤 노력을 해야 할까요?

♠ 1유형 상사가 5유형 부하에게

- 당신이 생각하는 객관적이고 합리적인 것의 의미는 무엇인지 말씀해 주시겠어요?
- 조직에 필요한 정보를 기꺼이 내어주는 것에 대한 두려움이 없다면 당신은 얼마나 큰 인정을 받을 수 있을까요?
- 타인과 협력하며 일하는 것을 조금 더 늘린다면 나에게 어떤 성장이 일어날까요?
- 내가 옳다고 생각하는 것을 상대방에게 어떻게 합리적으로 전할 수 있을까요?

♠ 5유형 상사가 1유형 부하에게

- 이 기획안에 대한 PT를 당신에게 맡긴다면 언제까지 가능하시겠습니까?
- 나의 업무적 관찰이 더 좋은 성과로 연결되도록 하려면 당신이 어떤 도움을 나에게 줄 수 있을까요?
- 업무적으로 불편한 상황이 있을 때 좀 더 빨리 협의나 협조 요청을 한다면 우리 팀에 어떤 긍정적 효과가 있을까요?

1유형(완벽) VS 6유형(안전)

대개 1유형은 스스로 노력하며 헌신적인 직원이 된다. 또한 스스로의 노력으로 조직 내에 잘 흡수되며 조직원으로서의 보람을 가지게 되기를 원한다. 그중 하나가 승진이다. 자신이 원한 것이 아니라면 노력도 없이 그냥 되는 것들은 용납하고 인정하기가 어려울 수 있다. 정확한 승진 이유와 그 근거가 있어야 한다. 그래야 떳떳하고 다른 사람들에게도 인정을 받을 수 있기 때문이다. 자신이 받을 자격이 있다고 생각하면 괜찮으나 그렇지 않은 경우는 마음이 불편하다.

6유형은 성실하게 노력해서 조직 내에 스며들기를 원한다. 마치 자신이 조직인 것처럼 생각하고 완전히 조직과 하나가 되기를 원한다. 조직이 있고 내가 있다는 6유형의 방식은 조직으로서는 반가운 일이다. 그렇지만 100% 그럴 수만은 없다. 조직 내에는 여러 부서가 있을 텐데 6유형의 이러한 특성 때문에 서로 경쟁하거나 갈등을 일으키기도 한다. 자신이 속한 조직 내에서의 혼연일체를 위해 다른 조직과의 불편한 일들을 초래하는 것, 이것이 6유형이 가장 유의해야 할 특성이다.

1유형은 규칙을 잘 따진다. 따진다기보다는 그것이 원칙이기 때문에 지키려고 노력하는 것이다. 지켜지지 않을 경우 힘들어한다. 합리적인 방법을 통해 규율이 정해졌다면 혹시 돌아가는 길이라 할지라도 그것을 지켜야 한다. 악법도 법이다. 고쳐야 하지만 고쳐지기 전까지는 지켜야 한다. 그것이 많이 잘못되었다면 그 역시 올바른 절차에 의해 고쳐야 한다. 이것이 1유형을 이상주의자라고 부르는 이유이다. 조금 답답하게 보일 수도 있으나 규칙과 질서를 지키는 면에서는 모범생의 모습이다.

하지만 6유형은 규칙에 대해 회의적이다. 6유형은 조직의 안전을 위해서라면 때로는 형편에 따라 규칙을 확대 또는 축소하여 해석할 수도 있다. 규칙을 바꿀 수도 있고 다른 사람들에게 그렇게 하라고 할 수도 있다. 따라서 이런 6유형에게 엄격한 규율을 앞세우는 것보다는 관대하게 허용해 주는 것이 좋다. 물론 기본적인 기준점에 합격한 경우에 한해서이다. 6유형도 1유형 못지않은 모범생 스타일이다. 그렇지만 1유형과 다른 모습을 보이는 것은 조직의 '안전'이 먼저라는 생각 때문이다. '안전'이 없어지고 나면 규칙은 어디에도 사용할 수 없는 것이다. 두 유형 사이에 이렇게 서로 다른 우선순위가 있다.

성숙한 리더인 1유형 상사는 규율을 잘 지키고 원칙적인 일들을 빈틈없이 해 나가지 않는 직원들이라도 그들의 의욕을 불러일으키는 동기부여를 잘한다. 항상 직원들에게 용기를 북돋아 주고 칭찬하는 것을 잊지 않는다. 일반적인 1유형은 '틀린 것', '부족한 것', '안 된 것' 등에 초점을 맞추기 때문에 칭찬에 인색한 편이다. 그러나 성숙하게 되면 에니어그램 7유형 지점의 장점을 사용한다. 즉, 칭찬, 웃음이 많아지고 여유가 생긴다. 틀린 것과 안 되는 것을 허용하는 빈도도 늘어난다.

6유형은 동기부여나 칭찬이 결여된 상사에게는 부정적인 시각을 갖는다. 동기부여가 부족할 때 자신이 비난을 받고 있다고 느낄 수도 있다. 그 이유는 책망을 받거

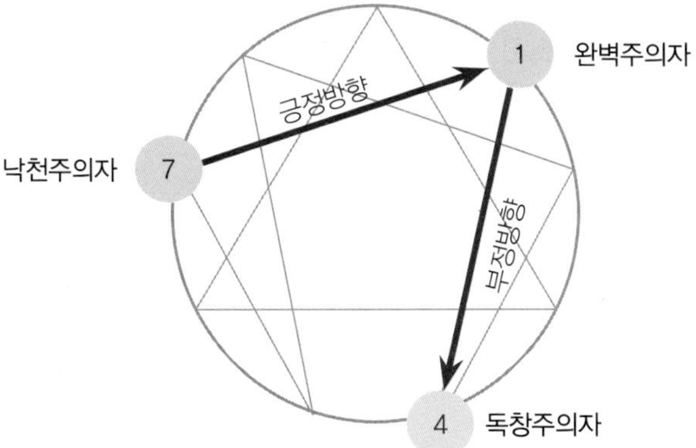

1유형의 화살방향

나 거부당했다는 느낌을 받기 때문이다. 6유형 직원이 계획한 프로젝트가 문제가 있었다고 한다면 6유형은 어떤 생각을 하게 될까? 이번 프로젝트는 자신의 실수가 아니며 이전에도 많은 사람이 했던 잘못이라고 생각할 수 있다. 그리고 다른 어떤 직원에게도 일어날 수 있다는 것을 확인받고 싶어 한다. 프로젝트에 문제가 생긴 것은 어쩔 수 없었다는 사실을 알리고 싶어 하는 의식에 쫓기기 시작한다. 이런 정도의 상태가 되면 6유형은 자신의 주장이 틀리지 않았다는 것을 뒷받침할 만한 증거를 모으고 다른 사람들에게도 위험을 알린다. 자신이 위협받고 있다는 생각에 다른 사람들의 동정과 지지를 받고 싶어 하는 것이다. 이때 상사가 어떤 행동을 취하느냐가 매우 중요하다. 어떤 태도를 취하느냐에 따라서 6유형 직원은 '이 상사가 믿을 만한 사람인가?' 또는 '그 상사를 어떻게 확신할 수 있지?' 등의 생각을 하게 된다.

6유형이 저지른 실수에 대해 1유형 상사가 옳고 그른 것으로만 판단하면 상황이 어려워진다. 그런 판단은 6유형 직원으로 하여금 더욱더 자신을 방어하게 할 것이기 때문이다. 문제는 더 커지고 해결하기 어렵게 된다. 문제를 다른 시각으로 방향 전환하려는 태도가 필요하다. 6유형이 이해할 수 있도록 최대한 안전한 방향으로의 안내가 좋은 결과를 얻을 수 있게 한다. 예를 들어, '이런 실험적인 단계를 거쳤고 우리는 거기에서 많은 것을 배웠다. 이제 앞으로 나아갈 수 있다.'이거나, 아니면 '우리가 함께한 작업들을 통해서 매우 유익한 정보를 얻을 수 있었으니 지금 겪은 일을 통해 반드시 성공할 것이다.'라고 말하는 식이다.

6유형은 단기적인 과제를 처리하는 관리자로서의 역할은 보통 잘 수행해 낸다. 그렇지만 장기적인 프로젝트를 끌고 나가는 힘은 좀 부족한 면이 있다. 그 이유는 안전하게 업무를 수행하기 위해서 잘못되는 경우를 대비하려고 하기 때문이다. 심지어 너무 조심하다가 마감 시간을 놓쳐 버리는 경우도 있다. 그 이유는 만사를 튼튼하고 안전하게 하려고 여러 방면에 안전장치를 두다 보니 이런 사태까지 벌어지는 것이다. 계획된 프로젝트의 진행 도중에 이런 경우, 저런 경우를 고려한다. 또 다양한 대비를 위해 나중에 더 보태는 것이 많아진다. 그런 문제로 심지어 일이 진행 중 멈추기도 한다.

성숙한 6유형 상사는 1유형 직원에게 완벽하지 않아도 충분히 잘하고 있다는 신호를 꾸준히 보낸다. 1유형 직원은 자신이 잘 비판하는 스타일이기 때문에 본인이 비판받고 있다는 감정이 들면 더 불편해한다. 그래서 처음 시작할 때 업무지침을 분명하게 설정해 주는 것도 1유형 직원에게 많은 도움이 된다. 1유형 직원은 일의 속도가 떨어지고 비판받지 않기 위해 정도에 지나치게 업무에 열중하게 되어 스스로 많은 스트레스를 받는 경우가 있다. 심해지면 이런 환경을 조성한 6유형 상사를 비판할 수도 있다. 하지만 6유형 상사는 혹시 이런 일이 벌어지더라도 조금 더 여유를 가지고 그 비판을 받아들이는 것이 좋다. 비판한 후 시간이 지나면 늘 스스로 후회를 하는 것이 1유형이다. 상사가 자신의 비판에 대해 적으로 대하지 않으면 비판한 자신을 스스로 비판하는 것이다. 그렇게 비판하고 후회하는 1유형을 따뜻하게 허락하고 너그럽게 받아들이며 품어 주는 리더십은 1유형 직원의 기를 살리는 일이 된다.

두 유형 모두 직장 내에서 부정적인 말들이 떠돌아다니면 스스로 비난의 대상이 되고 있다고 느끼기 쉽다. 1유형은 다른 사람이 어떤 생각을 하고 있는지 걱정하고, 6유형은 자신이 공격받고 있다고 생각한다. 두 유형 모두 업무에서 손을 떼고 근심에 쌓이며 업무가 손에 잡히지 않는다. 그래서 조직 내에서 탁자에 둘러앉아 비형식적으로 정기회의를 하는 것은 두 유형 모두에게 매우 좋은 효과를 가져온다. 매주 몇 분씩이라도 모두 어떻게 지내는지 확인하는 것만으로도 떠도는 소문을 없애는 데 효과적이다. 이런 비공식적인 회의들은 조직 내에서 어떤 일이 일어나고 있는지를 쉽고 확실하게 이해하고 파악할 수 있도록 해 준다. 조직 내에서의 비형식적인 대화를 통해서 갈등 상황의 사실 관계와 원인 등을 알게 해 준다. 또 직원들 사이에 긴장을 풀어 줄 수 있다. 지나치게 딱딱하게 경직되는 성향의 두 유형은 이런 회의를 통해 긴장을 풀고 서로에 대한 존중의 자세를 회복한다. 그리고 두 유형이 자신의 프로젝트에 아직 문제가 없다는 사실을 깨닫고 안심한다.

♠ 1유형의 셀프리더십 코칭

- 공정한 인사가 지켜지지 않을 때 자신을 지킬 방법이 있다면 무엇인가요?
- 자신의 동기부여 능력을 배가시키기 위해 주변 사람들의 어떤 부분을 칭찬해

주고 용기를 북돋아 주면 좋을까요?
- 주변 사람들과 평화로운 관계 유지를 위해 흑백논리식의 옳고 그름 대신 내가 선택할 수 있는 좋은 방법은 무엇인가요?

♠ 6유형의 셀프리더십 코칭

- 지금처럼 과도한 걱정과 염려가 자신의 업무와 인생에 어떤 영향을 미치리라고 생각하나요?
- 불확실하게 보이는 미래나 실패에 대한 긍정적인 면은 무엇인가요?
- 자신에게 있어 진정한 안전이란 무엇인가요? 그리고 그것을 얻으려면 무엇을 내려놓아야 하나요?

♠ 1유형 상사가 6유형 부하에게

- 자신의 염려와 생각보다 조직과 팀의 힘을 신뢰한다면 어떤 안정감과 유익이 있을까요?
- 최악의 상황보다 최선의 경우를 생각해 본다면 어떤 변화를 생각할 수 있을까요?

♠ 6유형 상사가 1유형 부하에게

- 완벽하지 않아도 나는 충분히 잘하고 있다고 스스로에게 동기부여를 한다면 어떤 긍정적 변화가 있을까요?
- 주변 사람들과 좋은 관계 유지를 위해 비형식적인 대화를 시도해 본다면 어떻게 하면 좋을까요?

1유형(완벽) VS 7유형(행복)

두 유형의 관계는 서로가 필요로 하는 것을 채워 줄 수 있을 때 환상적이 된다. 7유형은 계획하고 미래를 제시하며 사람들을 만나기도 하고 또 맞이하기도 하면서 목적한 바를 이룬다. 반면에 1유형은 일의 안정적인 구조, 일을 끝마치는 것을 통해 성취감을 느낀다. 그래서 계획한 것을 토대로 일을 꿰뚫어 알고 일정한 방침이나 목적에 따라 행위를 제한하여 완성하는 역할을 담당한다.

이들의 사업 기술은 서로 다르고 생각하는 방법도 다르다. 1유형은 옳고 그름을 따지는 것을 바탕으로 논리에 의지해서 계획을 실행한다. 반면, 7유형은 서로 간에 '주고받는다'는 생각으로 시작한다. 1유형이 틀리거나 부족하면 한걸음도 못 나가는 스타일인 데 반해, 7유형은 틀린 것은 틀린 대로 그대로 두고도 다음 전략을 의논할 수 있다. 또 7유형은 새로운 기술과 아이디어를 받아들이고 그때그때 사정과 형편을 보아 가며 일을 처리하는 융통성 있는 구조를 특별히 좋아한다. 반면, 1유형은 7유형의 이러한 일처리 방식을 이해하기가 어렵다. 또한 1유형은 차례대로 하지 못하게 될 때 불안을 느끼고 순간적으로 바로잡고 싶은 강한 충동을 느낀다. 자연스럽지도 자유스럽지도 못하고 무엇인가 답답한 벽에 부딪히는 것 같다는 느낌을 갖게 된다.

1유형 상사는 작은 실수를 지적하면서 옳고 그른 사고방식을 강조할 수 있다. 그때그때의 분위기와 생각으로 일을 하던 7유형은 허를 찔렸다고 생각할 수 있다. 하지만 이런저런 핑계를 대면서 위기를 모면하려고 할 것이다. 말을 잘하고 긍정적인 7유형은 변명을 하는 것이 자연스럽다. '원래 의도가 그래요.', '타이밍이 안 맞아요.' 하는 식이다. 하지만 이런 꾀를 부려서 마땅히 져야 할 책임을 지지 않는 회피적인 전략을 1유형에게 행하면 그 결과는 치명적이다. 1유형은 이것을 '통합적 사고'의 증거로 보기보다는 그저 핑계 또는 거짓말로 본다. 잘못하면 '못 믿을' 사람으로 정해 버려 관계가 어려워질 수 있다. 1유형은 순서를 정하고 그것을 철저하게 따르는 스타일이기 때문에 7유형을 올바로 이해하지 못하면 신뢰와 관련된 갈등을 일으킬 수 있다.

그렇지만 7유형이 마냥 딴 일을 하는 것은 아니다. 여러 가지로 아이디어가 많은 그들은 1유형이 바라는 순서대로 하지 않았을 뿐, 일의 문제를 해결하고 있는 중이다. 결과를 향하여 나아가는 방향에 대한 순서만 다를 뿐인 것이다. 그러므로 1유형의 상사는 7유형 부하의 일처리 방식에 대해서 심사숙고할 필요가 있다. 자신의 원리 원칙을 내려놓고 가장 큰 틀의 원칙을 정한다. 그리고 그 범위 안에서 7유형 부하에게 작은 융통성을 발휘하게 해 주면 좋은 결과를 얻을 수 있다. 즉, 1유형 상사가 7유형 직원을 상대할 때는 너무 무겁게 다루지 말고 가볍게 감독할 필요가 있다. 일이 되어 가는 경로나 절차에만 너무 중점을 두지 말고, 합리적이고 최종적인 한계를 설정하고, 과정보다는 결과를 가지고 평가해야 한다. 1유형 상사가 과정에 대한 참견을 시작하면 7유형 부하는 견뎌 내기 쉽지 않을 것이다. 정해진 틀보다는 자신만의 융통성 있는 방법으로 최종 결론을 찾아가는 것이 빠르기 때문이다. 일이라는 것은 언제나 여러 가지 얼굴을 가지고 있다. 그런데 목표를 향하여 밀고 나가는 추진 방법이 오직 한 가지뿐이라는 생각에 사로잡히는 1유형 상사들이 많다. 하지만 7유형이 가고자 하는 길에도 얼마든지 좋은 결과를 가져올 수 있다고 가슴을 열고 받아들이고 믿어 주면 긍정적인 결과를 만들어 낼 수 있다.

7유형 직원의 또 다른 특성 중 하나는 일을 끝내는 작업을 미루는 것이다. 시작할 때는 의욕이 넘치고 열정이 넘친다. 그래서 멋있게 시작한다. 그러나 진행이 되면서 점점 힘이 빠지다가 마감시한이 임박하면 일이 늦어지다 못해 결론을 내지 못하는 경향이 있다. 7유형 직원에게 있어서 일을 마치는 것이 힘든 때는 일을 마쳐도 행복한 결과가 없는 경우이다. 그 행복하고 달콤한 묘약이 사라지면 활동의 힘이 많이 사라진다. 꿈을 먹고 사는 7유형에게는 마치 고통을 당하는 것처럼 느껴진다. 이럴 때는 1유형 상사가 마감을 할 수 있도록 현실에 눈을 돌리게 해야 한다. 원래 7유형은 머리 중심의 사람들이다. 따라서 느낌으로 설명하거나 본능적인 명령을 하는 것보다는 논리로 설득하는 것이 더 효과적이다. 대신 1유형 상사의 긴 잔소리나 설교는 삼가야 한다. 왜냐하면 듣는 척만 할뿐 실제로는 딴 생각을 하면서 '멍을 때리고' 있기 때문이다.

7유형 상사의 경우에는 그때그때 처한 환경에 따라 그 자리에서 결정하거나 처리하는 임기응변에 강하다. 또한 일을 하는 중에도 잘못되었다 싶으면 언제든지 방향을 바꿀 수 있다. 직원들의 질문에 대답해 주지 않은 문제들을 수두룩하게 남겨둔 채 다른 일을 하거나 휴가를 떠날 수도 있다. 어떤 일이든 계획을 세우고 철저히 일을 진행하는 1유형 직원은 예상을 뒤엎는 상사의 결정에 정신이 헷갈리고 생각이 막혀서 어찌할 바를 몰라 한다. 지금까지 해 온 일들은 어쩌고 이제 와서 그것도 갑자기 다른 방식으로 일을 하라니 어리둥절하다. 1유형 직원은 이런 상황을 감당하기가 쉽지 않다. 이런 일이 계속되면 피로가 쌓이고 직장생활에 위기를 느끼게 된다. 7유형 상사의 입장에서 던지는 '명료한 메모' 또는 '물 샐 틈 없는 지시사항'도 1유형 직원이 해석하면 다르다. 본질적인 현상은 추구하지 않고 겉으로 드러나 보이는 현상만 고려하는 것으로 보인다. 1유형 직원은 그런 방식을 '감독 소홀' 또는 직무를 핑계 삼아 직무에서 벗어난 '직권 남용'으로 이해하기 쉽다.

1유형 직원은 이런 막연한 지시사항이나 처음 지시와는 다른 변동사항으로 인해 화가 나면 상사의 지시를 문자 그대로만 따르기 시작한다. 하라는 대로만 정확하게 할 뿐 상황의 변동으로 인해 발생한 문제 상황에 허둥대는 상사를 전혀 돕지 않게 된다. 그러므로 7유형 상사는 처음 지시와 달라진 이유를 명확히 밝혀야 한다. 또한 어느 정도 여유를 가지면서 변경에 따른 정확한 지시사항을 전달하도록 노력하는 것이 좋다. 1유형 부하에게 명확한 지시인지 검토해 볼 시간을 충분히 주는 것이다. 그런 후에 지시를 내리면 1유형 직원은 그 지시사항에 대한 문제점과 보완점을 가지고 올 것이다. 7유형 상사는 꼼꼼하게 지시사항에 대한 문제점을 밝혀내는 1유형 직원이 신기하기도 하고 어쩌면 끔찍할 수도 있다. 반대로 이렇게 꼼꼼하게 따져 주는 부하가 아니면 7유형의 비전과 아이디어는 빛이 바랠 것이다.

이와 같이 1유형 직원에 의해 한 차례 걸러지고 나면 7유형 상사는 자신의 그야말로 완벽한 아이디어가 구체적으로 살아나는 느낌을 받는다. 아이디어는 많지만 일을 끝내는 방식에 서툰 7유형 상사가 1유형 부하를 만난다는 것은 신선하면서도 괴로운 일이다. 이런 끔찍한 과정이 지난 후라면 7유형 상사는 진짜 휴가를 마음 놓고 떠날 수 있게 된다. 멀리 보는 상사와 문제를 가깝게 보는 직원의 조합, 그것이 이 두 유형이 가지는 강점이다.

1유형 직원은 잘못을 인정하지 않는 사람을 보면 참을 수 없다. 따라서 상사가 자신의 잘못을 직원들에게 돌리고 빠져나가는 것을 볼 때는 참기가 어렵다. 하지만 상사이므로 바로 분노를 표출하기가 어렵다. 분노가 잠재적으로 쌓이게 된다. 본능 중심의 1유형은 분노를 쌓아 두고 누르는 편이다. 하지만 옆의 사람들이 '저 사람 화가 났네.'라는 것을 쉽게 알 수 있다. 결국 시간이 지나도 환경이 개선되지 않으면 여기저기에서 마찰이 생긴다. 비판의식은 최고조로 높아지고 7유형 상사의 잘못된 점만 눈에 들어오게 된다. 촘촘한 그물처럼 치밀한 1유형 직원이 빈틈을 노리면 7유형 상사는 꼼짝도 할 수 없다.

7유형의 상사는 이쯤에서 자신의 장기를 발휘할 필요가 있다. 1유형 직원의 분노라는 에너지를 배출하도록 도와주는 것이다. 1유형 직원의 분노가 겉으로 나타나는 것은 오히려 건강해질 수 있는 기회이기도 하다. 이럴 때 귀를 기울여 직원의 말을 들어주고 그의 분노에 공감해 주면 자연스럽게 비판은 수위가 낮아지게 된다. 상사의 실수와 잘못에 대한 1유형 직원의 지적을 7유형 상사가 겸허히 받아들이고 오히려 고마워한다면 그 전보다 더욱 성실한 1유형 직원으로 돌아올 것이다.

♠ 1유형의 셀프리더십 코칭

- 진지하고 무거운 주제를 모두가 다가오기 쉽게 다루기 위해서는 타인의 어떤 도움이 필요할까요?

• 처음 계획대로 일이 진행되지 않을 때 자신의 틀을 벗어나 본다면 일이 어떻게 달라질까요?
• 자신의 아이디어를 좀 더 신선하고 새롭게 만들려면 어떤 태도가 필요할까요?

♠ 7유형의 셀프리더십 코칭

• 여러 가지 일을 함께 처리하면서 생긴 아쉬움이 있다면 무엇입니까? 무엇을 좀 다르게 하여 그 일을 탁월하게 만드시겠습니까?
• 일의 마무리를 잘하기 위해 필요한 것은 무엇입니까?
• 당신이 말한 제안에서 긍정적 측면은 무엇이고 부정적 측면은 무엇인지 좀 더 근거 있게 말해 주시겠습니까?

♠1유형 상사가 7유형 부하에게

• 지금 잘 안 되고 있는 상황을 좀 더 근거 있게 설명해 보시겠어요?
• 융통성과 핑계의 차이를 자신의 말로 정리해 보시겠어요?
• 지금 맡고 있는 일을 언제까지 어떤 모습으로 마무리하시겠습니까?

♠ 7유형 상사가 1유형 부하에게

• 제가 지시한 내용에서 궁금한 점이 있으면 언제든지 이야기해 주겠습니까?
• 제가 말한 아이디어에 당신의 생각을 첨언한다면 매우 완벽한 내용이 도출될 것 같은데 한번 세심하게 검토해 보겠습니까?
• 자신만의 원리원칙을 내려놓고 이 상황을 바라본다면 어떤 지혜를 얻을 수 있을까요?

1유형(완벽) VS 8유형(강함)

8유형은 본능 중심 중에서도 분노를 외부로 배출하는 유형이기 때문에 힘을 강하게 사용한다. 같은 본능 중심이면서도 원칙을 중요시하는 1유형은 '같은 듯 닮은 듯' 보이면서도 아니다. 그런데 두 유형 모두 일에 집중하고 실질적인 결과를 중요시한다. 다른 유형에 비해 진행 과정 중에는 세세하게 따지지 않는다. 원칙과 방향이 가장 중요하다. 감정적 낭비도 적어서 일에 더욱 몰입할 수 있고 성과를 내기 위해서라면 많은 부분 서로 노력할 수 있다. 그래서 기한을 정해 놓고 일을 하는 것도 효과적이다. 결과 중심적인 두 유형은 어떤 방법을 써서라도 결과를 내기 위해 숨 가쁘게 속도를 낼 것이다.

그런데 실제 직장 내에서 볼 수 있는 둘의 관계는 대개 둘 중 하나이다. 방금 언급했던 것처럼 힘을 합치거나 아니면 서로 간에 권력 싸움을 벌인다. 강한 힘이냐, 원칙이냐가 싸움의 주요 요인이 된다. 이런 현상은 업무를 중심으로 할 때 어떻게 감독하느냐의 문제와 직결된다.

권력 싸움은 서로 다른 감독 방식 때문에 발생한다. 1유형은 '하나의 올바른 법도'를 중심으로 감독하는 반면, 8유형은 '내 방식 또는 평탄한 길' 방식으로 감독한다. 1유형이 상사라면 8유형 직원을 성과의 결과를 보고 평가 내리는 방식이 가장 바람직하다. 8유형 직원은 좋은 성과를 내지만 성과를 내기까지의 과정을 설명하는 것에 대해 거부할 수도 있기 때문이다. 논리적이고 공정한 규칙을 강조하는 1유형이,

과정에 대한 상세한 설명을 요구하는 것은 어쩌면 당연한 절차일 수도 있다. 하지만 8유형 직원에게는 이 부분이 권력의 남용으로 느껴지기도 한다. 그렇기 때문에 8유형 직원의 성과도가 높다면 그냥 내버려 두는 것이 좋다. 그리고 1유형 상사는 8유형 직원에게 업무를 지시하고 일정한 영역을 자율적으로 맡겼을 때 큰 실수를 하지 않는 한, 가급적 참견하는 것을 삼가는 것이 좋다.

하지만 대개 1유형 상사는 허술하고 실수하는 부분이 보일 때 참지 못하는 경우가 더 많다. 그대로 놔두면 안 될 것 같은 부정적인 생각이 떠오르기 때문이다. 그때마다 일일이 참견하고 감독한다면 8유형 직원과의 충돌은 피할 수 없게 된다. 그것이 공정하고 매뉴얼대로 했다고 해도 8유형 직원이 보았을 때는 간섭으로 느껴지기 때문이다. 자신에게 권한을 인정하고 맡겨 두면 결과를 낼 수 있다고 자신 있어 한다. 소소한 참견은 자신을 믿지 못하는 상사의 과다한 요구라고 생각하는 것이다. 조금 더 나아가서 어떤 때는 거칠게 항의할 수도 있다. 그렇게 믿지 못할 바에야 왜 나에게 일을 맡겼느냐고 말할 수도 있다. 분노를 표출하는 본능형인 8유형 직원이 항의를 하게 되면 직장 내의 긴장감이 높아진다. 그렇기 때문에 큰 틀에서 일을 맡기고 권한을 위임하여 결과를 지켜보는 것이 바람직하다. 감독을 포기하는 것이 아니라 8유형에게는 권한을 주고 결과를 내보이라고 믿음을 보여 주는 것이 더욱 효과적인 방법이기 때문이다.

8유형 상사는 정신적으로도 그렇고 신체적으로도 강하게 감독한다. 이러한 방법은 자신의 공격성을 억누르는 1유형 직원에게 매우 공격적으로 다가올 수 있다. 공개적인 분노에 맞닥뜨리면 1유형의 내재적인 비판의식이 튀어나와 날뛰기 시작한다. 대부분 1유형 직원은 상사에게 겸손하고 순응하는 편이다. 다만, 자신이 공격당하는 상황이 벌어지면 이를 방어하기 위해 내재되어 있던 비판의식이 나타난다. 상사가 분노를 표출하고 화를 냈으니 상사가 잘못되었다고 생각하는 것이다. 8유형은 화가 나면 순간적으로 떠오르는 대로 내뱉는 경향이 있다. 속에 있던 분노를 표현하는 것에 거침이 없다. 본능형의 분노 에너지를 8유형은 표현한다면 1유형은 억누른다. 그렇기 때문에 8유형의 분노 표현을 다 들으면서 1유형 직원은 자신이 할 말을 속으로 정리한다. 그리고 준비한 칼날 같은 객관적 논리성으로 상사와 대결을 벌인다. 하지만 이 충돌은 그리 오래가지 않는다. 조직이라는 특성이 1유형을 보다 오래 참게 하는 일종의 장치가 된다.

8유형 상사는 허용하는 범위가 넓고 결단력이 있으나 단순하고 세세한 면이 부족하다. 이런 기준으로 볼 때 1유형 직원은 8유형 상사에게 최적의 파트너라고 할 수 있다. 따라서 8유형 상사는 분노의 표출을 최대한 자제하고 깔끔하고 논리적인 업무지시를 내리는 것이 중요하다. 1유형 직원에게 우선순위의 기준을 알려 주고 순서를 정해 주면 무엇이든 차근차근 순서를 정해서 일하기를 좋아하기 때문에 그 능력을 최대치로 끌어올려 힘을 쏟는다. 성과는 곧 나타난다. 여기에다가 부드러운 미소나 칭찬 등의 격려는 8유형이 가질 수 있는 능력의 옵션이 된다. 이것은 1유형 직원을 위한 것도 되지만 8유형 상사 자신을 위해서도 큰 무기가 될 수 있다.

성숙해지려는 두 유형이 직장에서 만난다면 각자의 성장에 큰 도움이 될 것이다. 먼저, 8유형은 1유형의 행동을 지침으로 삼을 수 있다. 1유형의 '올바른 원칙'을 기준으로 자신을 돌아보는 것이다. '내가 하는 행동이 적절한가? 너무 심하게 밀어붙이고 있는 것은 아닌가? 도를 넘기고 있는 것은 아닌가?' 스스로 물을 수 있게 된다. 생각 없이 거친 들판을 달리면 강한 힘은 느낄 수 있지만 방향감각을 상실할 수 있다. 이럴 때 1유형의 원칙과 기준은 방향을 잡아 주고 목표점 역할을 해 주며 결승지점까지 달릴 수 있는 동력을 제공한다.

반대로 8유형은 1유형의 걱정의 짐을 많이 덜어 줄 수 있다. '괜찮아, 내가 책임질게. 우리 한번 모험을 해 보자. 재미있을 거야.'와 같은 식이다. 일하는 과정에서 생기는 1유형의 부정적인 생각을 8유형은 속 시원하게 한방으로 정리해 준다. 원리와 원칙에서 벗어나는 많은 문제 상황 때문에 1유형은 늘 골머리를 앓는다. 그런데 이런 머릿속을 정리해 주는 것이다. 1유형은 성격상 혼자 일하는 것을 선호하는데, 직장에서는 혼자서는 할 수 없는 일들을 자주 만난다. 이때 8유형의 강한 힘을 받아 다른 사람들과 협력하면 더욱 탄력적으로 나아갈 수 있다. 또한 이상과 현실 속에서 복잡한 1유형의 생각이 8유형 덕분에 단순하게 한 가지만 바라보게 된다.

보통 1유형에게는 심판관이 있다고 말한다. 매사에 무엇이 잘되었는지 무엇이 잘못되었는지 판단하고 지적한다. 이 심판관의 기능이 8유형과 함께하면 보다 현실적

심판을 하도록 완화시켜 준다. '이 정도는 괜찮아.', '이것은 현실이고 이런 방법까지는 괜찮아.' 하는 방식이다. 한 가지 길만 고집하는 면도 완화된다. ' 보니까 괜찮네!', '쓸데없는 걱정을 했네!', '일단 해 보라니까?'라는 8유형의 평가와 격려가 심판관의 의식을 상당 부분 완화해 주고 쌓인 분노를 치워 주며 건강을 회복시킨다.

♠ 1유형의 셀프리더십 코칭

- 다양한 원칙을 수용한다면 자신이 생각한 목표를 완벽히 달성하는 데 어떤 영향력을 가져올 것이라고 생각하시나요?
- 완벽을 추구하다 내면에 억압된 분노를 어떻게 처리하면 좋겠습니까?
- 자신이 세워 놓은 원칙과 기준을 갈등 없이 지켜 내는 방법이 있다면 무엇일까요?

♠ 8유형의 셀프리더십 코칭

- 자신만의 방식과 보편적인 방식 사이의 균형을 잡기 위해 내가 솔선수범해야 할 것은 무엇인가요?
- 다른 사람들이 내 의견에 반대 의견을 말할 때 내면에서 치밀어 올라오는 분노를 긍정적으로 해결할 수 있는 방법은 무엇일까요?
- 행동범위가 너무 크다 보니 부족한 섬세함을 보완하기 위해 내가 몸에 익힐 습관은 무엇인가요?

♠ 1유형 상사가 8유형 부하에게

- 당신의 역량대로 일하기 위해 어떤 업무에 대해 권한 위임이 필요하다고 생각하십니까?
- 때때로 내면에서 분노가 올라올 때 팀의 질서와 원칙 안에서 그것을 처리하는

방법이 있다면 어떤 것이 있을까요?

♠ 8유형 상사가 1유형 부하에게

- 어떤 부분을 더 강화시키면 당신의 업무능력이 지금보다 배가될 것이라고 생각하시나요?
- 위임과 집중이라는 측면에서 갈등이 있을 때, 갈등요소를 과감하게 상사에게 위임하고 업무에 집중해 본다면 어떤 부분에서 도움을 받고 싶은가요?

1유형(완벽) VS 9유형(평화)

1유형은 '책임감'이 있다. 꾸준하게 일을 마감할 때까지는 다른 것을 쳐다보지도 않는다. 계속 노력하고, 돌아가더라도 종착점을 잃어버리지 않는다. 그것을 끝내야 한다는 조급함은 있지만 그만두어야겠다는 생각은 거의 하지 않는다. 즉, 1유형은 '하던 일은 끝까지 한다'. 반면에 9유형은 '하던 일은 계속한다'. 9유형은 1유형에 비해 인내심이 있다. 다른 것으로 바꾸는 것은 갈등의 소지가 있고 변화에 대한 부담감이 존재한다. 그런 이유로 하던 일을 '지속'하는 능력이 있다. '하던 것을 계속한다'는 말의 의미는 힘들어도 그것을 참고 놓지 않는다는 뜻이다. 이런 이유로 인해 두 유형 모두 인내심이 있으며 이 점에서 두 유형은 서로 통한다고 할 수 있다.

그래서 두 유형의 조합은 시스템을 세우고 굳건하게 만드는 데 이상적이다. 이런 상황에서는 '인내심'이 최고의 핵심 요소이기 때문이다. 두 유형 모두 기존의 절차를 더 강화시키기를 좋아한다. 급격한 변화와 그로 인해 밀려드는 결정의 압력을 싫어하기 때문이다. 차이가 있다면 1유형은 허술한 것을 조여서 빈틈없이 만드는 데 강하고 9유형은 하던 것을 지속하는 힘이 강하다. 이런 이유 때문에 이 두 유형은 지속될 수 있는 조직을 완성하고 견고하게 하는 데 충분히 헌신할 수 있다.

두 유형 모두 구조가 있어야 활동할 힘이 생긴다. 명확한 절차나 매뉴얼 없이 일을 추진하라고 할 때 무엇을 해야 할지 갈피를 잡을 수 없다. 또 적응하는 데 시간을 필요로 한다. 다른 유형들은 그런 시스템이 자유를 제한하고 즐거움을 가로막는다고 여긴다. 하지만 1유형과 9유형의 생각은 다르다. 절차에 억눌린다고 느끼지 않는다. 오히려 특정 분야의 전문가가 되기를 좋아한다. 특정 분야의 전문가는 하던 일을 계속해서 오랜 시간이 지나는 동안 숙련되고 단련되어 다른 사람들은 흉내조차 내지 못하는 완숙도를 가진 이들을 말한다. 요즘 말하는 '달인'이 이에 해당된다. 그렇기 때문에 두 유형 모두 세부사항까지 구현해 내는 데 집착한다. 있던 것에서 계속 모으고 쌓아서 '형설의 공(螢雪의 功)'을 이룰 수 있는 능력이 탁월하다 하겠다. 또한 두 유형 모두 위험을 그다지 좋아지는 않는다는 공통점도 있다.

두 유형이 협력하는 형태는 1유형 상사들이 만든 구조 위에 9유형 직원들이 정착하는 것이다. 1유형 상사는 명확한 목표를 설정하고 이를 달성할 수 있는 디테일한 구조를 만들어 낼 수 있다. 그러므로 목표 지점을 명확히 파악한 1유형의 구조는 충분히 9유형의 부족함을 채울 수 있다. 하지만 1유형은 이 구조가 유지되도록 늘 긴장을 늦추지 않는다. 직원들이 이 구조를 지켜 내고 있는지 끊임없이 확인한다. 그런데 구조에 적응이 된 9유형 직원은 더 이상 확인할 필요가 없다. 굳이 적응된 구조를 바꾸고 싶지 않기 때문이다. 다만, 구조에 적응하는 데 다른 유형에 비해 시간이 걸릴 뿐이다. 그러므로 큰 틀에서 거시적인 안목을 가진 9유형을 움직이게 하는 데는 1유형 상사의 임파워먼트(empowerment)가 필요하다.

이런 9유형의 특성 때문에 두 유형이 협력하지 못하는 형태는 주로 구조가 정착되는 과정에서 나타날 수 있다. 빈틈을 노리는 1유형 상사가 9유형 직원의 부족하고 허술한 부분에 대해서 지적을 하고 나설 때이다. 부드러운 말로 부족한 부분에 대해 설명하면 갈등이 일어날 수 없다. 왜냐하면 9유형이 일을 태만히 하는 경우는 별로 없기 때문이다. 속도는 좀 늦을지 몰라도 부정적 변수만 없다면 순종적으로 반응할 것이다. 하지만 칭찬은 별로 없고 지적하는 것이 산처럼 쌓여 간다면 마감 시기를 놓치거나 또는 중요한 단계에서 일을 그르칠 수 있다. 9유형의 특징 중 하나가 분노를 축적하고 쌓아 두는 것이다. 심지어 자신은 화가 나지 않았다고 느끼고 태평하다. 하지만 이는 사실이 아니다. 분노는 쌓여 가고 있는데 정작 자신은 모른다. 어느 정도 분노가 차서 팽팽해진 후에야 자신이 화가 났다고 느낀다. 그렇기 때문에 분노는 오히려 1유형 상사가 낸다. 부족한 것을 지적했음에도 불구하고 잘 고쳐지지 않거나 방침이 바뀌지 않기 때문에 혼자서 펄펄 뛸 수 있다. 9유형은 자신이 화를 내지만 않으면 통제력을 잃지 않았다고 느끼기 때문에 화를 내는 1유형에 대해 불편해하지 않는다. 이런 태도는 상사를 더욱 화나게 만든다.

이것을 방지하기 위해서는 긍정적인 피드백과 부정적인 피드백의 균형을 잘 맞춰 주면 좋다. 9유형은 노력에 합당한 명확한 보상을 좋아하기는 하지만, 무엇보다도 무조건적인 긍정적 지지에 가장 큰 반응을 보인다. 9유형은 겉으로 티가 나게 자존심을 내세우지 않는다. 불만이 있어도 잘 참는 편이다. 그러나 그렇다고 해서 자존심이 없는 것은 아니다. 다만, 표현하지 않고 있을 뿐이다. 그런데 1유형 상사는 보통 칭찬에 인색하다. 그래서 일을 진행하는 과정에서 1유형 상사가 칭찬 같은 긍정적 피드백을 잘하지 않으면 9유형 직원에게는 본인도 인지하지 못한 분노의 형태로 쌓였다가 자존감에 상처를 줄 수 있다. 이때 분노가 폭발하며 이것이 갈등의 원인이 된다.

1유형과 9유형이 상호보완적인 관계로 만나면 자신의 부족한 점을 채울 수 있다. 일이란 다양한 변수가 존재하는 것이 일반적이다. 조직에서 업무를 진행하면서 다양한 변화의 바람이 불거나 변동이 생기면 그때그때 대처해야 한다. 또 처음 시작할 때의 구조가 변경되거나 디테일한 적응이 필요할 때도 있다. 이럴 때 1유형의 파트너십은 중요한 일을 감당할 수 있게 된다. 아주 작은 세부적인 것에 완벽을 기하는 1유형의 비판적인 능력이 프로젝트를 다시 추스르는 데 도움이 된다.

9유형이 상사일 경우에는 1유형 직원은 일을 완수하고 목적지에 도착하도록 만드는 조력자가 된다. 상사가 일을 벌여 놓았을 때 그 일을 좁혀 주는 데 힘이 된다. 그들의 디테일함을 사용하면 도움이 된다. 넓은 아량을 보이면 존경심도 얻을 수 있고 관계가 한결 깊어진다. 책임감이 강하고 의리가 있기 때문에 잘 이끌어 주면 헌신하게 된다.

9유형은 구조를 세워 놓고 일을 진행하면 자동적으로 밀고 나간다. 중간에 끼어드는 감정적 혹은 다른 여러 변수가 나타나도 잘 지치지 않는다. 무던하고 침착하게 하던 일을 지속한다. 잘못된 것을 감지하거나 일을 후회하거나 흥미를 잃어버리지 않는다. 큰 산 위에서 눈을 뭉쳐 밀어 내리듯이 계속해서 굴러가게 만든다.

그런데 9유형이 업무에 압도당하고 있다고 느끼면 완고해질 수 있다. 즉, 하던 대로 일을 하지만 지적받거나 바꿔야 하는 일에 아무런 진전을 보이지 않는다. 특별한 요구도 없고 반항도 하지 않지만 그냥 가만히 있는 상태를 말한다. 이렇게 되면 심지어는 대리인을 지정해야 하는 등 특별한 조치가 필요하다. 1유형의 비판은 업무의 질을 높이고 파트너가 생각하지 못하는 부족한 부분을 해결하는 능력이 있다. 하지만 과도하면 상대방의 감정적 문을 닫게 하고 9유형 같은 경우 완고해지게 만드는 갈등을 유발할 수 있다. 항상 긍정적인 피드백을 사용하도록 노력해야 할 것이다.

♠ 1유형의 셀프리더십 코칭

- 일과 삶의 양립을 위해 당신은 어떤 원칙을 세우시겠습니까?
- 어떻게 하면 즐겁고 행복하게 일하는 구조를 만들 수 있을까요? 당신을 아끼는 사람이 어떤 조언을 해 줄 것 같으세요?
- 처음 마음먹었을 때와 같이 진행이 되지 않으면 어떤 마음 상태가 되나요? 그리고 부정적인 감정이 올라올 때는 어떻게 대처하는 것이 좋겠습니까?

♠ 9유형의 셀프리더십 코칭

- 타인의 인정 없이도 스스로를 인정할 수 있는 것 10가지를 생각해 보시겠어요?
- 스스로의 감정과 표현에 좀 더 솔직해진다면 나의 삶은 어떻게 달라질까요?
- 무엇을 해야 할 때 좀 더 빠른 행동력을 보인다면 어떤 결과가 만들어질까요? 행동한다면 어떤 방법과 원칙을 세우시겠습니까?

♠ 1유형 상사가 9유형 부하에게

- 일에 대한 인정은 하지 않고 지적만 한다면 상대방은 어떤 반응을 보일 것 같으세요?

- 긍정적 피드백과 부정적 피드백을 타인의 입장에서 한다면 당신의 무엇이 달라져야 하나요?
- 하루의 일과를 계획적으로 하기 위해서 필요한 마음의 자세와 구체적인 실행 방안은 어떤 것이 있을까요?

♠ 9유형 상사가 1유형 부하에게

- 업무 소통 시에 당신이 조금만 더 부드럽게 말을 한다면 우리 팀은 어떻게 달라질까요?
- 당신의 세부적이고 디테일한 업무능력은 언제나 나에게 큰 도움이 됩니다. 당신의 장점을 살리면서도 업무를 좀 더 빠르게 하는 방법이 있다면 어떤 것이 있을까요?

2유형(사랑) VS 2유형(사랑)

2유형끼리의 관계는 서로가 비슷함으로 인해 익숙한 모습에 편안하다. 하지만 공통적인 특징인 관계에 대한 욕구 때문에 서로가 경쟁을 할 수 있다. 개인적인 관계에서는 다른 사람에게 더 많이 관심을 끌기 위해서 경쟁한다. 그러나 공동의 목표를 가지고 서로를 지원하는 상황이 되면 협조적이고 협동하게 된다. 같은 2유형이 만나면 조직에서의 성과는 매우 뛰어나다. 그 이유는 언급하였다시피 공동의 업무 목표가 있기 때문이다. 조직이 아닌 일반적인 인간관계에서 2유형은 도울 수 있기를 희망한다. 그렇기 때문에 서로를 배려해 가면서 만남을 갖는다. 그것은 주도권을 상대방에게 주는 것이다. 상대방이 주도해 나가는 상황에서 자신이 도울 수 있는 기회를 찾는다. 그렇지만 조직에서는 그렇게 할 수 없다. 업무가 진전이 되지 않기 때문이다. 날마다 할 일이 있고 실적을 내야 하기 때문이다. 그렇기 때문에 같은 2유형끼리는 인간적인 방법으로는 안 된다. 주도권을 서로 내어주고 도울 방법만 찾는다면 공동의 업무는 마비될 것이다.

2유형 상사는 매력적인 경우가 많다. 이들은 다른 사람이 자신에게 호의 있게 대하고 좋아하기를 바란다. 다수의 의견을 반영하기 위해 적극적으로 직원들을 이끈다. 반면에 적으로 여기는 감정의 대상이 되면 자신이 알고 있는 우월적 정보를 바탕으로 조종하려 하고 앙심을 품기도 한다. 직원을 조종하려면 다른 사람의 정보를 알고 조직의 권력구조를 이용해야 한다. 2유형 상사는 더 높은 상사들에게 호감을 살 수 있는 방법을 잘 안다. 그동안 쌓아 놓은 노하우가 있다. 도움을 주는 상황을 거쳤기 때문에 그것을 바탕으로 상사를 어느 정도 조종하는 능력이 생긴 것이다. 고위층에게 다른 직원의 부정적 모습이나 동료들에 대한 안 좋은 소식을 전할 수도 있다.

그래서 2유형이 함께 일할 때 필요한 것은 경계를 정하는 일이다. 되는 것과 안 되는 것 그리고 할 수 있는 것과 할 수 없는 것의 경계를 명확하게 하면 조종할 필요가 줄어든다. 명확한 구조 내에서는 서로의 눈치를 볼 필요 자체를 없애 준다. 또 도움을 주고서 사랑을 받거나 덕을 볼 가능성을 미리 막거나 끊어 주는 역할을 할 수 있다. 다른 사람이나 부서를 활용하거나 이용하는 일이 없어지거나 줄어든다. 여러 가지 복잡한 비선이 사라지고 업무분담이 쉬워진다. 경계는 조직에서 정해 주는 것도 있지만 스스로 정하면 더욱 효과적이다.

2유형은 인정받기를 원하며 다른 사람들과의 관계에서 끼어들지 못할까 봐 걱정한다. 소외가 두려운 것이다. 조직에서는 항상 누가 인기가 있는지를 눈여겨본다. 누가 성공가도를 달리고 있는지, 누가 앞으로 잘나갈지를 다 알고 있다. 이들에게 권력과 가깝게 지내는 것은 매우 중요하다. 그를 도와 조력자가 되고 그의 정보를 알게 되어 간접적인 방법으로 통제할 수 있는 권리, 즉 통제권을 얻는 것이다. 이렇게 해서 생긴 통제권으로 권력자를 조종하는 실질적인 권력자로 올라선다. 모든 인간관계는 양날의 면이 있다. 2유형이 도움을 줄 때 무조건 좋다고 받기만 한다면 그를 비선이나 실세로 만들게 되는 부작용이 생긴다. 도와준다고 무턱대고 좋다고 받는 것보다 필요에 따라 적절한 도움을 받는 것이 필요하다. 따라서 2유형과의 관계는 도움을 주는 입장이나 받는 입장이나 양쪽 모두에 '절제'가 필요하다. 필요한 만큼 필요에 따라 정도에 넘치지 않도록 알맞게 조절하여 제한하는 것이 필수적이다.

2유형 직원의 경우 자신이 상사만큼이나 중요하다고 생각할 수 있다. 따라서 조직에서의 업무성격을 명확하게 해 두어야 한다. 2유형은 자신이 업무에서 받아들여지지 않는 상황을 힘들어한다. 큰 충격을 받을 수도 있다. '그렇게 중요한 결정이었는데 왜 저는 안 불렀나요? 제 의견을 물어보셨어야죠!' 하는 식으로 항의하게 된다. 모든 일에 관여하고 싶어 하는 것이 2유형 직원의 마음이다. 실제로 인간관계에 대한 활동성이나 조직이나 팀이 돌아가는 것들을 다 알고 싶어 한다. 그래서 '오지랖이 넓다'는 말도 자주 듣는다. 직원들의 애경사도 관심의 대상이 된다. 그러다 보니 2유형은 자신이 보이지 않는 상황 속에서 전체를 조종하고 있다고 느끼기도 한다. 그러면 자존감이 높아지고 자신이 여기서 없어서는 안 될 사람이라고 생각하게 된다. 그러므로 가급적 특정 업무에 관한 한 2유형을 같이 끌어들여 본인의 위치가 있음을 보여 주는 것이 좋다. 미래에 대해 안심시켜 주는 것이다. 자신만의 위치가 있다고 느끼지 못할 때 2유형은 다음 상황을 조종하려고 할 수 있다. 심지어 상대와 등지고 적이 될 수도 있다. 이런 2유형 직원들은 자신을 배려해 줄 때 반응을 보인다. 어떤 업무에 자신이 제외되거나 자신이 하는 배려가 당연하게 여겨지는 상황에 놓이면 2유형은 8유형의 부정적인 면을 보인다. 8유형의 부정적인 모습을 아는가? 공격적이고 화를 내며 벼랑 끝에 서 있게 된다. 에니어그램 화살이론의 화살표 방향인 것이다.

2유형은 모두 자신이나 자신이 하는 일에 대한 비판과 지적에 매우 민감하다. 실수하면 문제가 된다. 자기 자신이 '없어서는 안 되는', '꼭 필요한 사람'이 될 수 없기 때문이다. 이들은 자존심에 상처를 받으면 자신을 변호하려고 한다. 자신이 그동안 했었던 많은 도움과 헌신을 기억나게 하려고 할 것이다. 우리 조직이 매우 힘들었을

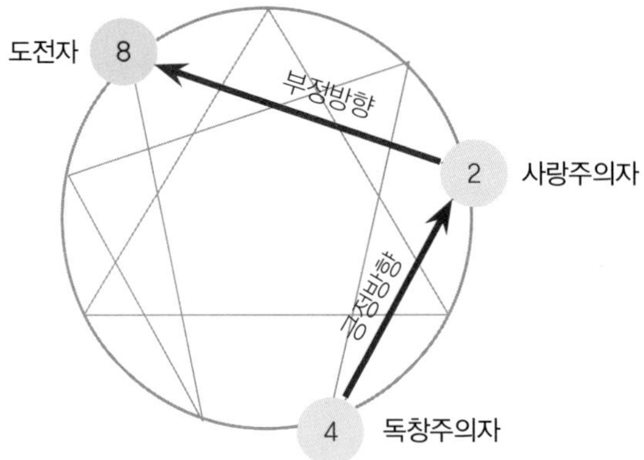

2유형의 화살방향

때 자신이 어떤 일을 해서 그 위기를 벗어났다는 등의 아주 긴 스토리가 펼쳐진다. 이 스토리에는 개인적인 관계도 많이 등장한다. 특히 조직에서의 일뿐 아니라 개인적으로 나누었던 관계적인 일들도 등장하기 마련이다. 또한 문제를 피하려고 한다. '내 잘못이 아니다'는 식이다. 따라서 2유형 상사나 직원이 하는 말을 잘 경청하라. 그들이 자신을 변호하려는 변명에도 귀를 기울여서 마음으로 받아 주는 것이 필요하다. 2유형은 한 일에 비해 작은 평가를 받고 지내 왔다는 억울함이 있을 것이다. 스스로는 많은 것을 주었다고 생각하고 있기 때문이다. 잘 들어주는 것만으로도 그들의 마음을 진정시킬 수 있다.

2유형은 상사이건 직원이건 상관없이 다른 사람에게 관심 있다는 것을 숨기지 않는다. 이는 모든 사람에게 마음이 끌려 주의를 기울이는 것은 아니고 그런 사람에게 관심을 잘 표현한다는 뜻이다. 때문에 상대적으로 그런 표현을 받지 못한 사람들은 소외되고 있다는 느낌을 갖는다. 주는 사람에게는 아낌없이 주고 그렇지 않은 사람에게는 눈길을 주지 않는다. 즉, 편애하는 경향이 있다. 중요한 사람들은 이들에게 관심의 대상이 될 만한 자격이 있다. 하지만 그렇지 않은 사람에게까지 확대 적용하지는 않는다. 이런 부분에 대한 조정이 필요하다. 즉, 편애가 되려고 하는 기울어진 에너지를 바로잡기 위한 노력이 필요하다. 감정에 치우치는 일을 조심해야 한다.

♠ 2유형의 셀프리더십 코칭

- 지금 하고 있는 일이 자신과 상대방에게 도움이 되는 전략적 파트너십이라는 관점에서 업무를 추진한다면 어떤 관계가 예상됩니까?
- 대인관계에서 갈등을 해소하고 서로 편하게 업무에 집중하기 위해 업무나 개인적인 일에서 경계선을 세운다면 어떤 점에 경계선이 필요하겠습니까?
- 타인과 좋은 관계를 유지하는 진정한 사랑은 어떻게 하는 것일까요?

♠ 상대방과의 관계리더십 코칭

- 자신이 갖고 있는 장점과 재능을 관찰해 조직에서 없어서는 안 되는 꼭 필요한 존재로 스스로 칭찬과 지지를 한다면 어떻게 표현할 수 있을까요?
- 실수를 범할 때 상처를 받지 않으면서도 어떻게 하면 나만이 갖고 있는 돌봄과 격려로 다시 자존감과 업무능력을 배가시킬 수 있을까요?

2유형(사랑) VS 3유형(성공)

가슴형인 2유형과 3유형의 관계는 매우 에너지가 높은 팀이 된다. 두 유형 모두 어떻게 생산적인 일을 하고 다른 사람들에게 어떻게 흥미를 불러일으키거나 마음을 끌 수 있는지를 잘 알고 있다. 그래서 이미지를 중시한다. 타인에게 다가서는 방법을 그 누구보다 더 잘 아는 유형들이다. 보통은 자연스럽게 3유형이 리더를 맡게 된다. 그 이유는 3유형은 자신이 어디서나 중심이 되고 싶어 하기 때문이다. 2유형의 경우 상사로부터 관심의 욕구가 채워진다면 기꺼이 3유형을 지지하는 자리로 만족할 수 있다. 그렇게 두 유형 간에 무언의 합의는 상사와 직원 또는 동료의 자리를 자연스럽게 만들고 연결시켜 준다.

2유형은 상사의 이미지를 부드럽게 만들어 줄 수 있다. 2유형은 이미지를 사용하는 것이 가식적이라는 생각을 하지 않는다. 이들은 인간관계에 민감하기 때문에 3유형이 효과적인 이미지를 구축하려고 하는 것을 도와줄 수 있다. 반면에 성공 이미지를 추구하는 3유형은 자신이 허접한 사람이 아니라는 것을 강조한다. 어디서나 중심이 되고 싶고 빛나는 모습이 되기를 원한다. 이런 욕구를 잘 충족시켜 줄 수 있는 유형이 2유형이다.

두 유형의 관계가 가장 잘 유지되는 경우는 3유형 상사가 2유형 직원이 수고하고 도움이 되도록 이바지한 점을 인정할 때이다. 3유형은 자신이 이끌고 일을 진행시켜 나가는 데 2유형이 도와주고 지지해 주기 때문에 아무런 문제가 없을 것이다. 그러나 3유형 상사가 자기중심적이고 공로를 자기만을 위해 내세우면 갈등이 생긴다. 2유형 직원이 3유형 상사를 지지하고 헌신하는 이유는 자신의 도움이 공로로 인정받기 위해서이다. 그러나 상사가 자신을 도와준 직원을 인정하지 않고 모든 것을 자신의 능력이나 공로로 포장할 때 2유형은 이 현실을 받아들이기 힘들다. 이런 일이 반복되면 2유형 직원은 더 이상 3유형 상사에 대한 지지와 도움을 거절하고 다른 사람을 찾게 될 공산이 크다. 즉, 자신의 지지와 헌신을 인정해 주고 받아 줄 상사가 필요한 것이다.

3유형은 자신이 하는 직무가 방해받았을 때 화를 낸다. 성과를 내고 성공하기 위해서는 효율을 추구하고 시간을 절약하기 원한다. 2유형 직원을 지지하고 감정적 표현을 하는 데 에너지를 소비하느라 목표에 도달하게 되는 시기를 놓쳐서는 안 된다. 따라서 서둘러 목표를 이루려는 욕심에 다른 사람들의 헌신에 대한 감사를 미루게 된다. 미루는 것이 반복되면 나중에는 그들의 헌신을 당연한 것으로 여긴다. 심지어 그들의 헌신을 잊고 자신의 역할이 가장 컸다고 생각하기도 한다. 시간이 더 지나가면 정말로 잊어버릴지도 모른다. 이것은 그야말로 가장 큰 3유형의 실수이다. 자신의 도움을 인정받지 못한 2유형은 조력자가 아닌 이용당했다는 감정적 상처를 크게 입게 된다. 다른 유형들도 마찬가지이지만 2유형은 이런 상황을 가장 싫어한다. 2유형 직원은 3유형 상사를 떠나려는 움직임을 보일 수도 있다.

처음에는 엄살 정도의 소리가 나지만 상처가 깊어지면 2유형은 3유형 상사에 대한 부정적 또는 폭로성 소문을 돌리기 시작할 것이다. 그렇게 되면 주변 사람들이 3유형 상사를 실패자로 보기 시작할 것이다. 사무실 내 정보망은 신뢰도가 높은 2유형 직원의 소문에 근거하여 3유형 상사를 다시 보기 시작한다. '잘 모르니까 좋아 보였던 것이다'는 식으로 '진짜' 이야기들이 공개된다. 다른 사람들의 관심과 자신이 한 일에 대해 감사를 받지 못했던 2유형 직원의 반격이 시작된 것이다. 이런 공격을 받으면 3유형은 자신의 약점인 이미지가 깎이는 기분으로 나쁜 감정적 동요를 일으킨다.

이런 문제를 사전에 예방하는 길은 앞서 언급했듯이 3유형이 2유형에게 관심을 보이고 지속적으로 사적인 대화를 나누는 것이다. 처음에는 2유형이 이런 관심을 요구하지 않는다. 상사가 알아서 잘해 줄 것이라고 믿는다. 하지만 3유형에게서 그런 기대감을 채울 수 없다고 판단하는 순간 위기가 다가온다. 3유형은 2유형에게 도움의 손길을 받았으면서도 반복되는 상황에 특별한 도움을 기억하지 못하게 된다. 따라서 3유형은 지속적으로 2유형과 대화와 교류를 주고받아야 한다. 사적인 대화 시간을 자주 가지며 도움에 대한 감사를 자주 표현해 주는 것이 좋다. 보통 3유형은 일에 대한 관심이 많기 때문에 개인적인 관계로 대화할 시간은 늘 부족하다. 놓치기 쉬운 대목이다. 2유형은 아무런 감정적 터치가 없는 진공 상태에서는 일을 잘하지 못한다. 조직 안에서 일과 직무로 만났지만 따뜻한 사람과의 관계를 원한다. 그 이유는 조직이나 직무가 아닌, 사람을 위해 일하기 때문이다. 사람과의 작은 관계가 큰 조직에도 영향을 미친다고 여기는 것이다.

3유형은 다급한 결정을 할 경우 선배나 상사를 큰 관심 없이 대강 보아 넘기는 경향이 있다. 바로 자신이 권위자가 되고 싶은 것이다. 상사의 자리를 원하기 때문에 그 자리를 얻어 내려는 과정에서 무신경해질 수 있다. 이런저런 신경을 다 쓰고서야 어떻게 그 자리에 설 수 있겠는가? 때문에 다소 무리를 해서라도 그 자리에 설 수 있다면 그렇게 하려고 할 것이다. 3유형 직원은 상사와 직면하고 또 대놓고 경쟁적이 될 수 있다. 자신이 그 자리에 가고 싶은 욕망이 있기 때문이다. 그러므로 이런 경우 상사의 입장에서는 3유형 직원이 자신을 좋아하지 않는다고 느끼기 쉽다. 하지만 이런 선입견은 문제를 더욱 크게 만들고 관계를 악화시키게 된다.

좋은 방법은 상사나 직원이나, 2유형이나 3유형이나, 경계를 세우고 제한을 두는 것이다. 3유형은 자신의 업무범위를 확실히 알아야 한다. 만일 그 경계와 범위가 명확하지 않으면 경계를 무너뜨려 가면서 다른 사람의 영역에 침범하고 목표를 재설정할 수 있기 때문이다. 자신이 할 수 있는 일과 할 수 없는 범위의 기준이 3유형의 무분별한 확장을 통제하고 조직에 기여할 수 있는 통로를 열어 준다. 만약에 3유형의 성공을 향한 추구가 적절하게 통제되지 않을 때에는 다소 도발적이 될 수 있다. 그래서 2유형 상사는 3유형 직원에게 할 수 없는 일은 제한을 두고 할 수 있는 작은 영역 내에서 권한을 부여한다. 또 과업의 목표를 확실하게 안내해 주는 것이 좋다. 승진의 기회가 확실하게 주어지면 3유형도 2유형의 인간관계를 다루는 능력을 닮아 갈 확률이 높다. 2유형 상사의 배려와 감성적인 지원이 인간관계에 큰 힘이 된다는 것을 알게 되기 때문이다.

3유형 직원은 자신이 관여하는 생산품에 무엇이 필요한지 잘 알고 있다. 여기에 2유형 상사와의 관계를 통해 생산품이 생산되는 과정에서 사람들의 관계를 어떻게 조절해야 하는지도 배우게 된다. 3유형이 2유형의 관리 방법을 모범으로 삼으면 제품생산량 목표를 충족하는 것만큼이나 사람들의 필요를 충족하는 것도 중요함을 배우게 될 것이다. 이런 상관관계를 통해서 서로 발전하는 방법을 터득할 수 있다.

2유형은 3유형에게 관계를 통해서 생산성과 효율성을 추구하는 방법을 가르쳐 주고 3유형은 2유형에게 감사하며 사적인 대화를 나눈다면 매우 이상적인 관계를 유지할 수 있다. 또한 2유형이 3유형에게 자신의 필요를 채우는 법을 배우면 성숙한 2유형으로 성장할 수 있다. 왜냐하면 도와주느라고 자신을 돌보지 못하는 경우가 많기 때문이다. 3유형은 2유형에게서 일과 사랑 중에 사랑의 부분을 배우는 것이 좋다. 일만을 위한 대화가 아닌 사적인 대화도 주고받으면서 일에 활력을 찾을 수 있다. 일이란 결국 사람이 하는 것이기 때문이다. 그렇게 되면 서로 간에 윈/윈의 관계를 맺을 수 있을 것이다.

♠ 2유형의 셀프리더십 코칭

- 타인을 향한 자신의 헌신이 인정받지 못했을 때 오는 화를 긍정적인 방식으로 해결할 방법으로는 무엇이 있을까요?
- 인간관계에서 타인이 자신을 좋아해야만 한다는 생각의 좋은 면과 부정적인 면은 무엇인가요?
- 타인을 자신만의 방식으로 도와주는 것이 진정한 사랑일까요?

♠ 3유형의 셀프리더십 코칭

- 자신이 하는 직무가 방해받을 때 내면에서 올라오는 화를 어떻게 처리하면 좋

을까요?

- 타인과의 관계 역량을 더욱 키우기 위해 업무적으로 당연한 것이 아니라 개인적으로 감사 표현을 한다면 무엇이 달라질까요?
- 다른 사람들과의 비교, 경쟁을 통한 성공이 주변 사람들과의 관계에서 어떤 결과를 가져오리라고 생각하시나요?

♠ 2유형 상사가 3유형 부하에게

- 다른 사람들과 좋은 관계 형성을 위해 명확히 해야 할 업무 경계와 범위는 무엇일까요?
- 자신만이 갖고 있는 효율적이고 결과 중심적인 에너지가 팀원들 간의 관계를 훼손하지 않으면서 윈/윈하는 관계가 되게 하려면 무엇이 필요할까요?

♠ 3유형 상사가 2유형 부하에게

- 자신의 업무와 팀원들과의 관계 속에서 자신의 기여와 헌신을 스스로 인정하고 칭찬하는 방법 세 가지를 찾아본다면 어떤 것이 있을까요?
- 팀 활성화와 성과를 이끌어 낼 나만의 효과적인 방법을 세 가지만 구성해 본다면 무엇이 있을까요?
- 당신만의 감성능력을 팀 활성화와 목표달성을 위해 사용한다면 이번 주에 어떤 시도를 해 보시겠습니까?

2유형(사랑) VS 4유형(특별)

이 두 유형의 관계에서는 직장의 감정적인 분위기가 매우 중요하다. 4유형은 자신이 특별하다고 느끼고 싶어 하는 욕구가 강하다. 2유형은 주로 도움을 주는 전략으로 관계를 맺거나 경계를 넘어서는 확장 등으로 온갖 종류의 관계를 많이 만들어낸다. 두 유형이 함께 근무하는 곳은 직장 내 분위기나 일하는 형태도 보통의 직장과는 다르게 독특할 확률이 높다. 그리고 감성적인 터치가 빈번히 일어날 것이고 전반적으로 업무보다 사람에 대한 관심이 높을 것이다. 공장과 같이 사람과의 관계보다 기계에 의해서 움직이는 형태의 조직 내에서조차 인간적이며 사적인 생활에 대해 관심이 기울어질 것이다. 서로 같이 어울리고 시간을 공유하는 것은 낭비가 아니다. 조직을 활성화하고 생산성을 높이기 위한 동기를 부여하는 것이다. 때로는 더 나아가서 가족도 회사에 소속되어 있다고 느끼기도 한다. 가족 같은 회사, 회사와 가족의 경계가 불분명한 조직, 그들이 꿈꾸는 모습이다. 그래서 사람과의 관계에서는 친밀도가 높아지게 되고 직장은 인간적인 소속감을 느낄 수 있는 곳이 될 수 있다. 식사 시간에 다른 사람들의 이야기를 들어주고 같이 일하는 모든 사람을 서로 알고 지내는 것이다.

2유형은 자신은 없어서는 안 되는 사람이라고 느끼고, 4유형은 자신이 유일무이하며 특별하다고 느낀다. 따라서 이 두 유형이 만나면 경쟁적이 되기 쉽다. 이런 경쟁 관계와 상하 관계의 갈등 상황은 4유형이 특정 영역에서 인정받을 때 해소될 수 있다. 자신이 특별하다는 인식이 침해되지 않는 분위기만 조성된다면 갈등을 최소화할 수 있을 것이다.

2유형 상사들은 사업을 행할 때에도 복수의 페르소나(가면, 다른 사람들 눈에 비치는, 특히 그의 실제 성격과는 다른, 한 개인의)를 사용한다. 각 사람들에게 맞춤형 도움을 제공하기 위해 이 사람과 저 사람을 대할 때 모습이 달라질 수 있음을 말하는 것이다. 4유형은 이런 2유형의 모습에 거부감을 느낄 수도 있다. 사람들에게 아첨하거나 인정받기 위해 원칙도 버리는 것처럼 보일 수 있기 때문이다.

2유형의 화살표에서 미성숙방향은 8유형을 가리키고 있다. 열심히 노력한 자신의 도움이 아무것도 아닌 것으로 돌아가는 순간 돌변한다. 지금까지의 도움을 자원했던 모습은 사라진다. 그리고 도움을 거절하고, 늘 상냥했던 얼굴 대신 분노를 폭발시키는 모습을 보인다. 이런 모습에 대해 4유형은 2유형의 부끄러운 모습이 노출된 것으로 생각한다. '어떻게 저렇게 대놓고 주의를 끌려고 하지?' 또는 '저렇게 자신의 요구를 표현하다니 품위가 없지 않은가?' 또는 '왜 저렇게 남이 자기를 좋아하기를 원하고 필요로 할까?'와 같은 입장을 보인다.

4유형 직원은 지지, 관심, 도움을 필요로 한다. 그러나 4유형은 이런 관심을 원하면서도 막상 받게 되었을 때는 불편함을 호소한다. 그것은 자신이 도움받는 것을 오히려 자신의 부족한 부분이 드러났다고 느끼기 때문이다. 아니면 관심과 지지를 보내는 이유가 자신이 못했기 때문에 격려를 통해서 잘하라는 메시지로 해석하기도 한다. 흔히 관심과 지지를 원하면서도 막상 그것이 왔을 때 불편한 또 하나의 이유

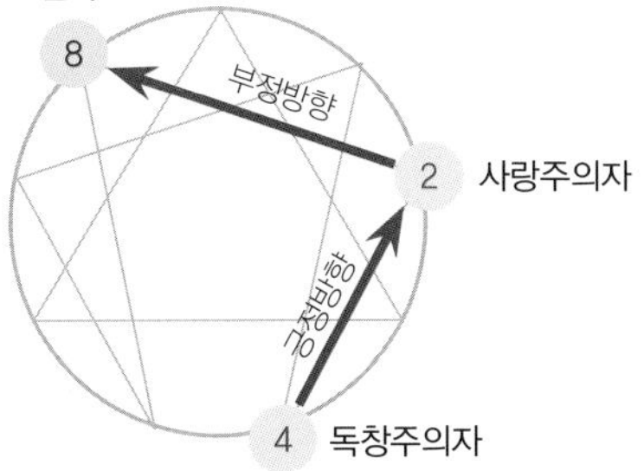

2유형의 화살방향

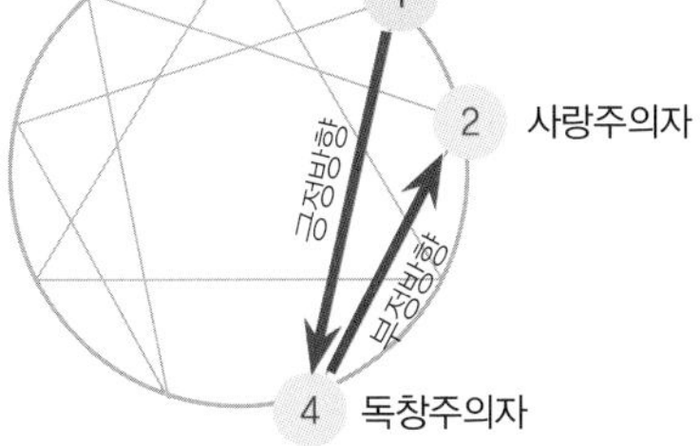

4유형의 화살방향

는 동료와 부정적으로 비교되고 있다고 받아들이기 때문이다. 즉, 관심과 지지조차도 '자신의 부족한 부분을 깨닫고 동료의 잘하는 모습으로 변하라.'라는 완곡한 당근 정책에서 비롯된 미사여구라고 받아들이는 것이다. 그래서 4유형은 반대로 대해야 하는 어려운 경우가 있다.

4유형 직원이 경쟁적이 될 때에는 날카롭고 신경질적이다. 이때는 파워도 높아져서 힘을 사용하고 물러서려고 하지 않는다. 힘으로 안 될 때는 눈물로 호소하기도 한다. 함께 힘을 맞받아치기에는 여러모로 쉽지 않다. 이럴 때는 감성적인 면이 폭발한 상태이므로 일단 물러서는 것이 좋다. 그러므로 2유형 상사는 직접 4유형 직원과 맞서는 것보다 대리인이나 중재자를 세우는 것이 바람직하다. 2유형 상사는 물러섬과 동시에 4유형이 해야 하는 특별한 의무와 책임을 맡기고 자신이 직접 할 수 있는 영역과 본인만이 할 수 있는 독특한 것을 주는 것이 좋다.

4유형 상사는 조직 내에서의 위치나 자리 등 지위를 즐긴다. 이 상황에서는 2유형도 4유형을 도와줄 수 있다. 2유형 직원은 직장에 꼭 있어야 하는 사람이 되기를 좋아하고 또 독특한 성향과 스타일을 가지고 이끌어 가는 상사의 필요를 채워 주기를 좋아한다. 2유형 직원은 4유형 상사의 감정 기복이 심하다는 사실을 깨닫고는 그에 맞게 행동하는 전략을 사용한다. 어디서나 적응 능력이 뛰어난 2유형은 4유형 상사에게서 더욱 적응의 질적 능력을 높여 나간다. 이때 2유형 직원에게는 도와준 것에 대한 적절한 보상이 있어야 한다. 그것은 물질적 개념이라기보다는 정서적 개념에 가깝다. 함께하고픈 욕구가 강한데 많은 부분을 공유했던 정보들이 불확실해지고 어두워지면 심한 모멸감을 느낀다. 무시당하고 있다는 감정이다. 자신이 무시당하고 있지 않다는 메시지를 분명히 줄 때 그 모멸감은 사라진다.

그러나 4유형 상사가 2유형 직원의 도움에 대한 표현이 소홀해지고 사적인 생활에만 집중하면 2유형은 무시당하고 있다고 느끼기 쉽다. 왜냐하면 잘 도와주는 자신을 인정해 주지 않는다고 여기거나 노력한 만큼의 배려를 느끼지 못해서이다. 이런 상태가 지속되면 2유형 직원은 상사의 존재를 점점 무시하기 시작한다. 그러나 직장의 상사를 그것도 특별한 문제가 없는 상사를 무시하는 것은 위험한 행동이다. 2유형 직원이 자신에 대한 인간적인 처우를 무시하는 상사에게 할 수 있는 것은 자신의 자발적인 도움을 다시 거두어들이고 물러나는 것이다. 이런 행동이 2유형 직원이 할 수 있는 가장 흔한 복수일 것이다. 자신이 당했다고 생각하는 강도에 따라서 자신의 반발도 강도를 달리할 것이다.

이렇게 되면 대개는 특별히 크게 화가 난 것처럼 보이지는 않지만 갑자기 직장 내 모든 일이 제대로 굴러가지 못하기 시작한다. 전형적인 저항 방법은 상사를 제쳐 두고 다른 사람의 일을 지지하는 것이다. 4유형의 상사는 직원들이 자신을 위해 일하는 사람들이라고 생각한다. 그러나 2유형 직원들은 누구를 '위해' 일하지는 않고 누구와 '함께' 일하고 싶어 한다. 4유형 상사가 2유형 직원들이 자신에게 꼭 필요한 사람이라고 느끼게 해 줄 때 이런 차이점을 극복할 수 있다.

4유형은 때로 우울한 모습을 보여 주곤 한다. 우울은 4유형의 기본 정서 중 하나이다. 특별해지고 싶으나 그렇지 못할 때 곧잘 우울 감정을 느낀다. 또한 열심히 노력해서 어떤 결과를 얻고 싶지만 그것이 마음대로 안 될 때 우울에 빠지는 경향도 존재한다. 2유형이 이런 4유형을 해석할 때 범하는 오류가 있다. 그것은 4유형의 우울이 자신으로 말미암았다는 것이다. 자신은 잘 도와주고 있는데 그것을 보상하기는커녕 우울해하고 있으니 심기가 편할 리가 없다. 자신의 도움이 쓸모없어져서 또는 자신이 도와주었음에도 불구하고 우울한 사람을 보면서 자괴감을 가질 수 있다.

하지만 2유형은 이런 사적인 감정을 발견할 때 자신의 도움과 연결시키려는 것을 피해야 한다. 그것은 2유형 때문이 아니라 4유형의 성격 특성상 숨어 있던 것이 밖으로 발현되는 고유한 행동이기 때문에 4유형의 일반적인 현상이라고 이해해야 한다. 자칫 자신의 선행에도 불구하고 감사해하기보다 우울해한다고 여기기 시작해서 불친절하게 대한다면 4유형 입장에서는 특별한 이유 없이 2유형 상사가 자신을 미워한다는 오해를 불러일으킨다. 반대로 2유형이 상사인 경우도 마찬가지이다. 상사인 2유형 때문이 아니라 4유형 직원의 독특한 특성 때문인 것을 잘 이해해야 한다. 그러므로 2유형이 4유형의 우울로 인한 자신의 태도에 주의하기만 한다면 자연스럽게 갈등 없이 해결될 수 있다.

♠ 2유형의 셀프리더십 코칭

• 타인과의 관계를 조직 활성화와 생산성 향상을 높이는 동기부여의 에너지로 활용한다면 어떤 점을 활용할 수 있을까요?
• 열심히 도움을 주었던 자신의 노력이 무위로 돌아가는 순간 올라오는 화를 해결할 수 있을 만한 나에게 주는 긍정적 말은 무엇입니까?
• 자신이 경쟁적인 모습이 되어 감정이 폭발하고 있다고 느낄 때 일단 한걸음 물러선다면 어떤 부분에서 유익함이 있을까요?

♠ 4유형의 셀프리더십 코칭

• 특별하고 싶은 내면의 욕구를 조직의 테두리 안에서 해소할 수 있는 나만의 방식을 개발한다면 어떻게 하면 좋을까요?
• 평범한 것 중에 없어진다면 가장 아쉬움을 가질 것은 무엇일까요?
• 자존감이 침해받지 않는 선에서 타인의 지지와 관심, 도움을 수용할 수 있는 방법이 있다면 어떤 것이 있을까요?

♠ 2유형 상사가 4유형 부하에게

• 자신만의 특별한 재능을 활용해서 자신만이 팀 목표를 달성할 수 있는 부분이 있다면 무엇인가요?
• 감정에 휘둘리지 않고 좋은 관계를 유지하기 위해 내가 세워야 할 나만의 계획은 무엇일까요?

♠ 4유형 상사가 2유형 부하에게

• 우리 팀에 없어서는 안 될 사람이 되기 위해 당신은 업무에 대해 어떤 태도와

행동이 필요할까요?

- 타인의 부족한 부분을 채워 줌으로써 서로 윈/윈할 수 있는 당신만의 재능은 무엇인가요?

2유형(사랑) VS 5유형(관찰)

두 유형은 여러 가지 면에서 매우 극명한 차이를 보인다. 하지만 이 두 유형의 분명한 차이가 직장에서 문제로 이어지는 경우는 흔하지 않다. 사람과의 관계가 중요한 관계 중심적인 2유형과 이론적으로 생각하고 고립된 상태에서도 일할 수 있는 5유형의 능력이 결합되기 때문이다. 두 유형 모두 별다른 말을 할 필요도 없이 적절한 위치를 찾을 확률이 높다. 서로 겹치는 부분이 없기 때문에 갈등이 발생할 요소도 적다.

이 두 유형은 각각 항상 직무 중심으로 일을 한다. 조직의 성공이 곧 나의 성공이라 여긴다. 이런 경우 서로 간에 감정을 나눌 수 있는 공통분모가 적은 편이다. 그러므로 서로 상대방의 능력을 지원해 주는 관계를 통해서 공동의 목표를 위해 일할 때가 가장 효과적이다. 이 두 유형의 재능은 너무도 다르기 때문에 누가 상사를 해도 관계가 잘 이루어진다. 서로를 방해하거나 관계할 일이 없다는 것은 그만큼 갈등 요소가 적고 각자 할 일만 하면 된다는 뜻이다. 2유형은 마음껏 인간관계를 지향하고 자신이 하고 싶은 만큼의 감정적 터치를 하면 된다. 5유형은 주요 관심사에 대해서 자신이 추구하는 바를 실현하면서 나아가면 된다. 이렇듯 서로 간에 충돌이 일어날 경우의 수가 적기 때문에 관계에서 적절한 선을 넘어가지 않는다면 조화와 평화를 누릴 수 있다.

하지만 이 적절한 선을 넘어갈 때 둘 사이의 갈등이 시작된다. 2유형 상사는 직원들이 자신에 대해 개인적으로 어떻게 느끼는지 알고 싶어 한다. 그렇기 때문에 2유형 상사는 곧잘 사적이고 업무와 상관이 있든 없든 간에 직원들을 모임의 자리로 불러내려고 한다. 이런 요청에 대해 5유형 직원은 자신의 사생활이 침해받았다고 느낄 수 있다. 중요한 업무와 관련된 것이라면 부분적으로 괜찮을 것이다. 하지만 주변에서 일어나는 친목 모임은 정말 싫어한다. 더욱이 그런 모임에서 업무와 관련된 일을 연결시키려고 한다면 그 자리가 한없이 부담스러울 것이다. 이런 모임이 부분적으로 업무에 도움이 된다고 하더라도 긴 시간 지내다 보면 업무 이야기 외에 서로의 사생활이 테이블 위에 나올 수밖에 없다. 이렇게 시간이 흘러가면 5유형 직원의 부담은 더욱 커진다. 더 나아가서 자신의 사생활에 대한 일종의 침해라는 생각을 하게 된다.

반면에 2유형 상사는 5유형 직원이 혼자서 불행한 것은 아닌지 염려한다. 특히 사생활에 대한 정보가 없기 때문에 더 걱정이 된다. 조직에서 보이는 것 외에 별다른 정보가 없어서 어떻게 다루어야 할지 힘이 든다. 자신이 상사로서 직원에게 도움이 되어야만 한다고 여기기 때문에 2유형 상사는 부지런하게 움직인다. 그런 도움의 손길이 5유형 직원에게는 오히려 부담이 된다. 직장에서 편안하게 업무에 열중하는 사적인 공간의 영역을 상사에게 침해받는다고 여기기 때문이다.

그러므로 2유형은 5유형의 감정적 생활에 대해 궁금함을 가지기보다는 앞에 놓인 프로젝트에 초점을 맞추는 것이 좋다. 5유형에게 특정 직무를 책임지게 해 주고, 또 가능하면 독립적인 사무공간을 주고 그냥 내버려 두는 것이 가장 좋다. 2유형 상사는 5유형 직원이 스스로 감독하고 결정을 내리는 일처리 능력을 만족스럽게 생각할 것이다. 2유형 상사의 주요 관심은 보통 조직 내에서 더 영향력이 있는 사람들에게 기울어져 있다. 왜냐하면 그 영향력 있는 사람과 교분을 쌓고 결정을 함께하면서 자신의 영역을 넓혀 나가기를 원하기 때문이다. 따라서 자신의 팀에 특별한 에너지를 쏟지 않으며 운영하는 데에는 5유형 직원이 최고이다. 조용히 말없이 자신의 분야에 집중하고 다른 사람들을 참견하지 않기 때문에 2유형 상사가 불만을 가질 이유가 전혀 없는 것이다.

5유형이 상사일 때에는 개인 사무실 내로 향하는 문이 닫혀 있을 것이다. 만일 직원들에 대한 배려로 살짝 열려 있다면 이것은 굉장히 자신을 개방하는 것이라고 할 수 있다. 공간이 닫혀 있어야 일에 몰두하고 관찰할 수 있기 때문에 쉽지 않은 결정을 한 것이다. 이렇게 배려를 한다고 할지라도 직원의 입장에서는 다가갈 수 없을 것만 같은 느낌이 사무실을 둘러싸고 있을 것이다. 5유형의 특징인 '차가움'과 '거리두기'를 통한 이미지가 다른 사람들에게는 다가서기 쉽지 않게 만드는 요인이 되기 때문이다. 5유형 상사가 거리를 두는 시도를 하는 것은 관찰을 위해서이다. 가깝게 접촉하는 빈도수가 늘어날수록 객관적인 관찰력은 떨어지기 때문이다. 하지만 이런 모습은 다른 사람들에게 차가운 이미지를 안겨 준다. 냉정하고 쌀쌀맞으며 상대하기가 어렵다.

이때 2유형 직원은 5유형 상사의 영향력과 충고를 받을 수 있는 기회로부터 단절되어 있다고 느낀다. 2유형 직원은 까다로운 절차보다는 친밀한 관계를 원한다. 눈치가 빨라서 어느 조직에서도 쉽게 관계를 하고 사람들을 사귀면서 적응한다. 그런데 5유형 상사의 '거리두기'는 다가가기 어려운 시험일 수 있다. 그래서 5유형이 현명할 때에는 2유형 직원을 특별 대리인으로 설정하기도 한다. 2유형 직원은 선천적으로 권력과 대중을 연결해 주는 역할을 잘 해낸다. 대리인인 2유형 직원이 가깝게 느껴지도록 대하면서 2유형의 다른 사람들과 잘 어울리는 능력을 활용하여 대중과 가깝게 거리를 좁히면서 일을 진행하면 좋다. 5유형 상사의 거리를 두는 단점은 거리를 좁히는 데 명수인 2유형 직원에 의해 보완될 수 있다. 하지만 어디까지나 적절한 상태를 유지하여야 한다. 전적으로 모두 맡기고 자신은 아무 노력도 하지 않는다면 또 다른 비선이 만들어지는 부작용을 만날 수 있다.

만일 5유형 상사에게 직원들이 접근하기 어려워지면 직원들의 불만이 쌓이기 쉽다. '상사의 도움이 필요할 때 막상 어디에서 찾으라는 거야?'와 같은 불만을 가지게 되는 것이다. 숨어 있는 상사에 대한 비판이 주를 이룬다. 비공식적인 회의를 갖는 이유는 갈등을 직접 다룰 수 있는 공간을 만들기 위해서이다. 5유형이 비난을 받을 때 얼굴을 대면하지 않고 자신의 골방으로 잠적하게 되면 평소에 좋은 관계를 유지했던 2유형 직원이 이런 대면을 피하는 상사를 대신해서 막아 줄 수도 있다. 동굴 속으로 잠적하더라도 2유형 직원과의 연결고리는 남겨 두는 것이 현명한 방법이다.

2유형 직원들과 바람직한 관계를 유지하기 위해 5유형 상사가 노력해야 할 점이 있다. 그것은 일과 직접적으로 연결되어 있지 않을 때에도 각 직원과 비공식적인 정기모임을 가지도록 노력하는 것이다. 그 이유는 직원들의 의견을 편안하게 이끌어 내기 위해서이다. 5유형은 개인적으로 상호작용이나 협동의 모범이 되어 주기가 어렵다. 그래서 비공식적인 접촉을 통해서 의견을 전달받는다면 자신의 부족한 부분을 현명하게 채울 수 있게 된다. 또 5유형 상사는 직원들이 서로에게 직접 말을 거는 전체 회의도 참여하여야 한다. 이런 역할을 2유형이 원활하게 해 줄 수 있다면 환상적인 조합의 모습을 가진다. 5유형은 관찰하고 분석한다. 2유형은 사람들과의 접촉점을 가지면서 5유형과의 관계를 도울 수 있다.

이 두 유형에게 좋은 또 하나의 교류 형태는 5유형 직원이 외향적인 2유형 상사를 위해 유용한 정보를 생산하는 경우이다. 그렇게 유용한 정보를 탐색할 수 있도록 2유형 상사가 5유형 직원의 독립된 공간을 허용해 주고 방해하지 않으면 그것으로 좋은 관계를 이룰 수 있게 된다. 그렇게 되면 2유형 상사는 5유형이 직접 사람들과 대해야 할 필요를 덜어 주는 등의 배려가 필요하다. 이런 배려는 5유형 직원에게 있어서는 가치를 따질 수 없이 고마운 배려이다.

♠ 2유형의 셀프리더십 코칭

- 다른 사람들에게 도움을 주는 것만큼 다른 사람들에게 도움을 요청해 본다면 관계 형성에 어떤 유익이 있을까요?
- 사적인 관심보다 공동의 목표를 세워 서로 적정선의 경계선 속에서 일한다면 어떤 시너지 효과가 있을까요?
- 서로의 재능을 인정하고 좋은 관계를 유지하기 위해 내가 해야 할 것은 무엇인가요?

♠ 5유형의 셀프리더십 코칭

- 자신에게 있는 정보를 다른 사람과 좀 더 공유한다면 서로에게 어떤 변화가 있을까요?
- 가끔 자신만을 위한 독립된 공간, 자신만을 위한 시간을 타인에게 선물해 주면 타인과 어떤 변화가 있을까요?
- 타인과의 관계 계발에 의도적으로 관심을 갖고 개인적 감정을 표현하기 위해 어떤 시도를 해 보는 것이 좋을까요?

♠ 2유형 상사가 5유형 부하에게

- 당신이 갖고 있는 관심사가 실현될 수 있도록 내가 도울 것이 있다면 무엇일까요?
- 팀원들과 더 좋은 관계를 위해 자신의 감정과 정보를 팀원들에게 공유해 본다면 어떻게 하면 좋을까요?

♠ 5유형 상사가 2유형 부하에게

- 팀 활성화를 위해 당신의 친화력 도움이 필요합니다. 언제 시간이 되시나요?
- 나의 전략적인 분석력과 당신의 친화력을 통해 업무성과를 두 배로 만들 수 있는 좋은 의견이 있다면 어떤 것이 있을까요?

2유형(사랑) VS 6유형(안전)

조직에서 두 유형 간의 문제는 권위자에 대한 서로 다른 의견 때문에 발생하는 경우가 많다. 2유형은 대놓고 권력에 이끌린다. 권력을 잡고도 싶고 권력자에게 가까이 있고 싶어 한다. 반면, 6유형은 권위자가 되는 것에 대해 모순적인 양가감정을 가지고 있다. 즉, 권위자가 되고 싶은 마음과 되기 싫은 마음이 함께 존재하는 것이다. 권위자가 되고 싶은 이유는 모든 사람이 그렇듯이 당연한 욕구이다. 어느 조직에게서나 승진은 매우 중요한 관심사이다. 6유형의 승진에 대한 욕구는 아래 직원들보다는 상당 부분 안전하다고 여기는 데 있다. 또 다른 마음은 권위자가 되고 싶지 않은 마음이다. 권위자가 되면 모든 것을 혼자 결정하고 책임져야 한다. 이 점에서 오히려 자신의 안전이 흔들릴 수 있다. 즉, '한 방에 훅 하고 날아가 버릴 수 있다'고 생각하는 것이다.

이 세상의 권력이란 것이 일장춘몽이었던 적이 얼마나 많은가? 화무십일홍(花無十日紅, '열흘 붉은 꽃이 없다'는 뜻으로, 세나 세력의 성함이 오래 가지 않는다는 말)이요 권불십년(權不十年, '권세는 10년을 넘지 못한다'는 뜻, 영화는 일시적 계속되지 않음)이다. 이런 두 가지 양가의 감정을 가지고 있는 6유형이기 때문에 권위자에 대한 이율배반성이 존재하게 된다. 에니어그램 이론에 따르면 6유형은 '안전'에 대한 집착을 가지고 있다. 이 집착은 자신의 생존을 좌우하는 중요한 코드이다. 권력을 통해서 안전해질 수도 있고 권력을 잡음으로써 안전을 잃어버릴 수도 있다는 본능적인 몸

부림을 하고 있는 것이다.

당연한 이야기지만 두 유형 모두 자신이 추구하는 목적을 위해 집중하여 일하면 리더의 자리에 오른다. 두 유형 모두 다른 사람들을 보좌하고 서로 발을 맞추는 데 충실하지만 자신이 추구하는 목적이 뚜렷하고 분명하면 리더로서의 위치에 앉게 된다. 다른 사람들을 잘 이끌어 가는 것이다. 2유형의 경우는 조직원의 잠재능력이 최대한 발휘되기를 원한다. 자신이 도와주고 격려하면서 나아가는 동안 그동안 감추어져 있는 사람들의 능력이 극대화되기를 기대한다. 또 그렇게 될 수 있도록 성심성의를 다할 마음의 준비가 되어 있다. 자신이 리더의 위치에서 일하면서 가능한 도움의 손길을 최대한 뻗기를 원하는 것이다. 반면, 6유형의 경우는 자신이 지휘하는 조직의 안전을 위해 리더로서 부름을 받았다고 생각한다. 따라서 힘든 일과 위험한 일을 조직의 안전과 연계하여 안전하게 조직이 운영되도록 최선을 다한다. 더 나아가 조직의 안전은 나의 안전이다. 바로 조직과 자신을 동일시하기 때문에 충성한다. 조직이 안전해지면 내가 안전해지는 것이고 나의 안전을 위해 조직이 안전해야 하는 것이다. 자신과 조직의 동일시 현상은 6유형에게는 흔히 나타날 수 있는 상황이다.

또한 6유형은 평등주의자가 되고 싶어 한다. 어느 한 직원을 특별히 배려하거나, 사람들이 더 생산적이 되도록 '조종'을 하는 것도 불공정하다고 생각한다. 그러나 6유형은 2유형에게 특별한 관심을 기울여서 가까워지려고 노력하지 않으면 중요한 기회를 놓치게 된다. 2유형은 자신이 상사에게 사적인 영향력을 끼친다고 느껴야만 편안한 기분을 갖기 때문이다. 이런 서로 다른 입장의 차이는 갈등을 유발시키는 요인으로 잠복되어 있다. 충성스러운 6유형 직원들은 일반적으로 위험이 닥치기 한참 전부터 위험을 감지할 수 있다. 이때 2유형 상사가 6유형 직원의 위험에 대한 조언을 듣는다면 좋은 판단을 하는 데 도움이 될 수 있다. 2유형 상사가 가지고 있는 자신의 정치적인 능력과 대인관계 능력을 무기삼아 행동을 취하면서 위험한 상황도 방지할 수 있는 것이다. 흔히 사적인 감정은 공적인 조직을 무너뜨리는 큰 적이 될 수 있다. 처음에는 좋지만 시간이 가면서 조직을 위협하는 암적 요소도 될 수 있다. 이런 부작용이 일어날 수 있는 상황을 사전에 탐지하고 조언해 줄 수 있는 6유형 직원이 있다면 얼마나 다행한 일이겠는가?

조직에서 갈등이 일어나는 것은 일상적인 일이다. 자기의 욕구와 타인의 욕구가 충돌하는 현장이 바로 조직 아닌가? 2유형은 이타적인 사랑을, 6유형은 헌신적인 충성을 강조하려 한다. 기본적으로 2유형은 자신의 욕구를 억누르고 다른 사람들을 도와주는 보조적인 협조를 통해 기여하고 싶어 한다. 하지만 리더의 자리에 서게 되면 조직을 장악하고 갈등을 일으키는 것을 감당해야 하기도 한다. 변화를 통해 성과를 이룩해야 하는 부담을 안게 되는 것이다. 또한 평소 자신이 하던 도와주는 일은 거의 줄어들게 된다. 명령이나 지휘, 변화, 갈등 같은 조직의 일들을 처리하고 통합하는 과정을 거쳐야 한다. 도와주는 참모로서의 기능은 점점 줄어들게 된다. 2유형이 바라는 것은 다른 사람들이 자신을 좋아하는 것이다. 그러나 리더의 자리에 앉게 되면 도울 수 있는 시간이 줄어들고 이를 통해 다른 사람들이 자신을 좋아해 줄 수 있는 기회가 줄어들어 낙심하게 된다.

6유형도 리더의 자리가 그리 편하지만은 않다. 6유형은 조직과 자신을 하나로 보는 경향이 있다. 안전에 대한 집착이 있는 6유형에게는 조직이 자신의 안전판 역할을 한다고 믿는다. 따라서 그 조직을 위해서 충성하는 것은 자신의 안전을 지키는 일이 된다. 이에 충성을 다한다. 그런데 리더로서 조직원들에게 무엇인가를 하게 하고 명령을 내리고 결정하는 일은 아무래도 지속하는 데 어려움이 있다. 주어진 업무 수행을 통해 본인이 직접 충성하고 헌신하여 조직을 지키고 싶은 욕구를 채울 수 없기 때문이다. 반면, 조직이 바라는 비교, 경쟁, 생산과 절대 성과를 내야 하는 일은 힘들어한다. 2유형과 6유형이 이런 측면에서는 서로 비슷한 공통점을 갖고 있다.

6유형 상사는 직원들의 충성심을 확인하고 싶어 한다. 자신을 신뢰하고 있는지 조직을 위해 일을 잘하고 있는지 파악하려고 한다. 그런데 2유형 직원이 경쟁 상대를 지지하면 불안해진다. 이 경우 경쟁 상대란 다른 회사라기보다는 오히려 같은 직장 내 다른 팀의 상사 혹은 같은 팀 내 조직원을 지칭한다. 자신보다 다른 상사를 더 따르는 것을 보면 자신에 대한 충성도가 약해졌다고 여긴다. 심지어 다른 상사를 위해 더 많은 의견을 내는 것도 이에 해당된다. 사회적으로 민감한 2유형 직원은 가까워질 만한 사람이라고 느끼는 사람이면 누구든 상관없이 잘 보이려고 노력한다.

2유형 직원의 이런 모습은 6유형 상사의 의심을 사기에 충분하다. 6유형 상사는 '도대체 이 직원의 충성은 어디를 향하고 있는 거지?', '중요한 정보를 맡길 수 있는가?' 다시 생각하게 될 것이다. 이는 2유형의 관계 중심적인 특성에 대한 이해가 부족한 상태에서 비롯된 오해이다.

2유형 직원은 6유형 상사가 안전을 체크하는 데 오랜 시간을 소비하는 게 마음에 들지 않는다. 2유형 직원이 보기에는 쓸모없는 시간을 낭비하는 것으로 보이기 때문이다. 또한 이렇게 저렇게 안전에 대해 의구심을 가지고 따지는 것을 보면서 혼란스러워한다. 자신을 믿지 못하고 있다는 섭섭함이 생긴다. 일단 점검하고 믿음이 설 때까지 시간이 걸리는 6유형에 비해 2유형은 순간적으로도 사람을 믿을 수 있다. 이런 차이는 서로 관계를 맺을 때 부딪치거나 오해할 수 있는 요인이 된다.

두 유형 모두 사무실 내에서 떠도는 부정적인 기류들이 다 자신을 대상으로 하고 있다고 믿는 공통적인 특징이 있다. 6유형 상사는 문제의 근원을 찾아내서 없애는 데 치중하고 2유형 직원은 오히려 가까이 다가가서 친구가 되려고 노력한다. 6유형은 보다 더 감성적이고 사적인 방법으로 2유형에게 접근하고 2유형은 6유형의 안전에 대한 의심을 적극 수용한다. 그리고 2유형이 자신의 정서적인 따뜻함으로 6유형과 안전의 문제를 해결할 수 있다면 좋은 관계를 맺을 수 있을 것이다.

♠ 2유형의 셀프리더십 코칭

- 다른 사람들을 잘 이끄는 리더가 되기 위해 스스로 세워야 할 목표관리 중 제일 집중해야 할 것은 무엇인가요?
- 자신 안에 감추어져 있는 잠재능력을 일깨울 도움을 다른 이들에게 요청한다면 누구에게 하면 좋을까요?
- 참모로서의 역할과 리더로서의 역할의 균형을 이루려면 어떻게 하면 좋을까요?

♠ 6유형의 셀프리더십 코칭

- 권위자가 되고 싶은 마음과 그렇지 않은 두 가지 공존하는 마음의 갈등으로 다른 사람이 조언을 들으러 왔다면 무엇이라 조언해 주겠습니까? 그 조언이 당신에게는 어떤 의미일까요?
- 헌신적인 충성이 자신에게 유익한 점은 무엇입니까?
- 당신이 기대했던 만큼 다른 사람들의 충성도가 약하다고 느낄 때 올라오는 불안감을 어떻게 처리하면 좋을까요?

♠ 2유형 상사가 6유형 부하에게

- 우리 팀이 안전하게 목표한 성과를 이루어 내려면 어떤 부분에서 보완해야 할 것 같습니까?
- 현재 진행하고 있는 프로젝트에서 문제가 무엇이라 생각되는지 당신이 느끼는 대로 말씀해 보시겠어요? 해결할 수 있는 방법은 무엇입니까?

♠ 6유형 상사가 2유형 부하에게

- 친구로서 조직원을 격려하고 도와주어서 그들의 잠재능력을 극대화시킬 수 있는 길이 있다면 어떤 것이 있을까요?
- 당신만이 갖고 있는 경쟁력을 통해 우리 팀을 활성화하기 위해 시도할 것이 있다면 무엇입니까?

2유형(사랑) VS 7유형(행복)

이 두 유형의 구성은 인기가 좋은 조합이다. 7유형이 아이디어를 내면 2유형은 이것을 실현해 낸다. 7유형은 창의성이 있고 일을 빨리 처리할 수 있다. 새로운 것에 대한 탐구심과 모험심도 많아서 잠시만 생각해도 많은 것을 상상해 낸다. 2유형도 이에 못지않게 속도가 빠른 편이다. 특히 사람들과 쉽게 친밀해질 수 있기 때문에 자신이 못하는 분야도 다른 사람의 도움을 받아서 처리할 수 있다. 조직에서 성과를 내고 목표를 이루려는 노력을 할 때 두 유형의 조합은 좋은 결과를 만들어 낼 수 있다.

두 유형이 환상적인 결과를 얻으려면 7유형이 상사로서 미래 지향적인 비전을 제시하면 좋다. 그럴 능력도 있다. 아이디어가 풍부한 7유형이 시동을 걸고 방향을 제시한다. 그렇다면 2유형이 노련한 관리능력을 발휘한다. 필요한 사람을 끌어모으고 도움받을 수 있는 인적 네트워크를 가동시킨다. 서로 역할을 충실하게 잘 감당한다면 좋은 결과를 만들 수 있다. 그러나 역설적으로 이 조합이 가지고 있는 위험 요소가 있다. 그것은 두 유형 모두 프로젝트를 성공적으로 마무리하지 못할 가능성을 갖고 있다.

7유형은 프로젝트의 초기 단계에서 가장 빛을 발하게 된다. '시작의 왕'이라고 부를 만큼 처음에는 시원하고 크게 빨리 시작하고 에너지도 많다. 하지만 대부분의 프로젝트는 하루 이틀에 끝낼 수 있는 것이 아니다. 시간이 지나갈수록 일을 진행시키는 힘이 떨어지기 시작한다. 그 이유는 진행 중에 오는 지루함이나 반복, 그리고 지지부진한 결과 때문이다. 원래 7유형이 집착하는 즐거움이란 고통을 피하는 데서 생겨난 것이다. 그러다 보니 7유형은 때때로 자신이 만든 비전을 가지고 자신에게 스스로 만족하여서 도취되기도 한다. 원래 상상을 잘하고 생각으로 전 세계를 정복할 수 있는 유형이 바로 7유형이다. 반면, 현장에서 흘리는 땀의 가치를 큰 관심 없이 대강 넘겨 버릴 수도 있다. 상상 속의 세계는 너무나 흥미롭고 재미있어서 매우 행복한 미래를 꿈꾸는지도 모른다. 하지만 현장을 잃어버리면 그것은 바로 '한여름 밤의 꿈' 같은 실현될 가능성이 없는 공상에 지나지 않을 것이다.

앞서 밝힌 지루함이 7유형에게는 곧 고통이기에 시간이 지나며 에너지가 떨어지는 것은 당연하다. '시작의 왕'이 '마무리'를 못하는 것도 당연하다. 반면, 2유형은 손에 잡히는 결과를 얻어 내는 강한 리더와 함께할 때 신이 난다. 이때가 2유형이 자신의 능력을 가장 최상으로 드러낼 때이다. 그런 상사와 함께할 때 자신이 돕는 일들이 빛이 나기 때문이다. 7유형 상사를 둔 2유형 직원은 상사가 제안한 이 모든 아이디어를 실현시키려고 시도한다. 상사의 요구가 많아도 그것들을 도와주고 채워주는 데 여념이 없다. 하지만 시간이 지나도 성과가 나타나지 않으면 지치게 된다. 2유형 직원이 건강할 때는 도와주고 상냥하고 인정이 많지만, 힘들어지면 상사의 영역이라 할지라도 침범하여 해를 끼치고 방해한다. 이런 상황이라면 7유형의 희망과 큰 계획은 다 물거품이 되고 만다. 계획이 자주 변동되고 결과가 나타나지 않는다면 2유형 직원은 자신의 노력을 비능률적으로 느낀다. 거기에 7유형 상사가 그냥 말만 하면서 책임을 직원에게 미루어 버리면 갈등은 심각해진다. 2유형 직원이 본인만 힘들게 노력하고 자신의 노력마저 인정받지 못한다고 생각하면 주변에 그 사실을 알리기 시작한다.

7유형은 대개 강한 리더가 되지는 못한다. 2유형 직원은 그 사실을 간파하고 그의 약점을 공격할지도 모른다. 즉, 결과를 책임지지 않으려고 한다든지, 자신의 주장을 끝까지 굽히지 않고 주장하거나, 상사의 지시에 따르지 않는 이유를 변명으로만 둘러댈 수도 있다. 2유형 직원의 입장에서 보자면 자신이 노력과 수고를 다했음에도 7유형 상사의 태도에 변화가 없다면 매우 실망할 것이다. 2유형 직원이 가장 괴로운 점은 자신이 무시당하고 있다는 것이다. 중요한 사람이 되지 못하고, 소중하게 취급받지 못하고, 자신의 의견도 무시당한다고 느끼면 최악이다. 그렇게 되면 다른 상사를 찾아가 자기 상사의 부조리한 면을 널리 퍼뜨릴 가능성이 매우 높다. 2유형 직원은 자신을 인정해 주지 않는 사람에게 시간을 낭비할 마음이 없는 것이다. 둘 사이에 어떤 사적인 관계가 존재하지 않는다면 2유형 직원은 조직 내에서 재빨리 또 다른 위치를 찾기 시작할 것이다. 또 자신이 상처받지 않으면서 퇴장할 수 있는 방법을 찾아 시스템을 조정할 수도 있다.

그러므로 7유형 상사는 업무를 진행하면서 이러한 사실을 인지하고 무분별한 아이디어 남발을 절제하도록 노력해야 한다. 또한 자신이 순간적으로 내뱉은 아이디어를 실현하고자 애쓰는 2유형 직원의 헌신을 드러나게 인정해 주어야 한다. 상사의 말 한마디를 놓치지 않고 실현해 주는 2유형 직원에게 감사해한다면 그는 날아갈 듯이 기뻐하며 더욱 업무에 매진할 것이다. 프로젝트 진행 도중 특별한 변화 없이 원래 계획대로 진행되는 상황에서도 자신이 2유형 직원을 소중히 여기고 감사해하고 있다는 메시지를 꾸준히 보내 주어야 한다. 2유형 직원이 진행하고 있는 과정을 확인만 잘해 주어도 프로젝트는 어느덧 마무리 단계에 들어가 있을 것이다.

2유형 상사는 7유형 직원이 지겨워하지 않을 임무를 배정하는 것이 좋다. 7유형은 뭔가 재미있고 흥미 있게 배우거나 도전받고 있는 상태에서는 성실하게 노력한다. 그렇지만 흥미가 떨어지고 지루함을 느끼게 되면 성실성이 점점 약해진다. 에너지도 쇠퇴된다. 2유형 상사는 이런 7유형을 바라보면서 결과가 어떻게 나올지를 염려한다. 또 업무를 제시간에 끝낼 수 있을까를 걱정한다. 아니면 자신의 권위가 위협받고 있다고 느낄 수도 있다. '직원이 일을 제대로 하지 않아서 지적을 했다가 인간관계에 상처를 받지 않을까?' 또는 '어떻게 하면 직원을 통제하면서도 나를 좋아할 수 있게 만들 수 있을까?'를 고민한다. 일이 마무리되지 못하는 것에서 시작한 것이 관계에서 오는 거리감을 걱정하는 것으로 귀결된다.

이런 경우 2유형 상사는 갈등의 원인을 제거하거나 7유형 직원이 업무에 몰두하게 하는 방법을 찾기보다는 직원들에게 친밀함으로 다가가려고 한다. 인간적으로 다가서면 결과가 좋아질 것이라고 기대하기 때문이다. 하지만 종종 이런 관계를 맺는 것이 문제를 악화시키는 경우도 있다. 그렇지만 2유형 상사들은 이 방법을 포기하기가 쉽지 않다. 왜냐하면 이 방법이야말로 자신이 가장 잘할 수 있는 분야이기 때문이다. 하지만 2유형 상사는 항상 공과 사의 경계가 분명하게 이루어지도록 노력해야 한다. 2유형 상사는 7유형 직원이 제대로 일을 처리하지 않았을 때는 어떻게 하겠다는 방침을 사전에 확실하게 해 두는 것이 좋다. 그것은 7유형 직원에게만이 아니라 다른 직원들에게도 좋은 방법이다. 그 방침 앞에서 7유형은 자신의 합리화를 버리고 현실에 눈을 크게 뜰 수 있기 때문이다.

모든 관계가 2유형의 생각대로 잘 풀려 나가면 얼마나 좋을까? 하지만 그것은 마음먹는다고 되는 일은 아니다. 특히 인간관계에서는 감정적인 일들이 조직의 업무에 영향을 끼치는 경우가 많다. 이런 부작용 때문에 자신의 의도대로 일이 풀리지 않으면 모든 것이 뒤죽박죽되는 것이다. 따라서 2유형에게는 인간관계에서 거리를 두고 관계를 공적인 일에만 한정시켜 볼 것을 제안해 본다.

♠ 2유형의 셀프리더십 코칭

- 당신의 노련한 관리능력을 통한 팀 활성화를 위해 집중해야 할 것은 무엇인가요?
- 손에 잡히는 결과를 얻어 내려면 누구에게 어떤 도움을 요청해야 할까요?
- 노력한 만큼 인정받기 위해 내가 할 수 있는 것은 무엇인가요?
- 무시당했다고 느껴질 때 타인을 비난하는 대신 좋은 방법으로 소통할 수 있는 길이 있다면 무엇일까요?

♠ 7유형의 셀프리더십 코칭

- 수많은 아이디어가 현실화되기 위해 필요한 것은 무엇인가요?
- 시작한 일을 마감하려면 어떻게 해야 할까요?
- 업무 중 시간이 지날수록 에너지가 떨어지고 과정의 지루함이나 반복, 지지부

진함이 느껴질 때 조정해야 할 것은 무엇인가요?

♠ 2유형 상사가 7유형 부하에게

- 너무나 멋진 당신의 창의적이고 놀라운 아이디어를 실현할 수 있게 하려면 어떤 도움이 필요한가요?
- 당신의 업무에 마감시간이라고 하는 환경을 만들기 위해 누구의 도움이 필요한가요?
- 이상과 현실의 밸런스 관점에서 지금 추진하는 업무를 점검한다면 현실적으로 실현 가능하다고 생각되는 것은 무엇인가요?

♠ 7유형 상사가 2유형 부하에게

- 너무나 많은 업무 스트레스를 받을 때 자신을 자유롭고 편안하게 만들 방법을 시도해 본다면 어떻게 할 수 있을까요?
- 공과 사의 경계를 분명히 한다면 어떤 부분에서 그 경계선이 필요하다고 생각하시나요?

2유형(사랑) VS 8유형(강함)

두 유형의 관계는 굳게 믿고 의지할 수 있는 신뢰라는 핵심단어로 설명할 수 있다. 두 유형은 서로의 의도를 신뢰할 때에는 한 몸처럼 행동할 수 있다. 8유형은 가장 대표적인 행동형이다. 신뢰가 구축되었을 때는 무모하다고 느낄 정도로 모든 것을 바로 행동에 옮기고 실행한다. 2유형 역시 에너지를 분출시킬 수 있는 일을 한다고 여길 때 엄청난 스피드를 낼 수 있다. 8유형이 자신을 확장시킬 수 있는 파트너로 신뢰받고 있다고 여기고 2유형이 이 조직에서 또는 8유형에게 분명히 소중한 존재라는 신뢰감이 생긴다면 시너지 효과가 발생한다. 즉, 엄청난 활동량뿐만 아니라, 엄청난 스피드로 매우 짧은 시간에도 전광석화(電光石火)처럼 일을 처리한다.

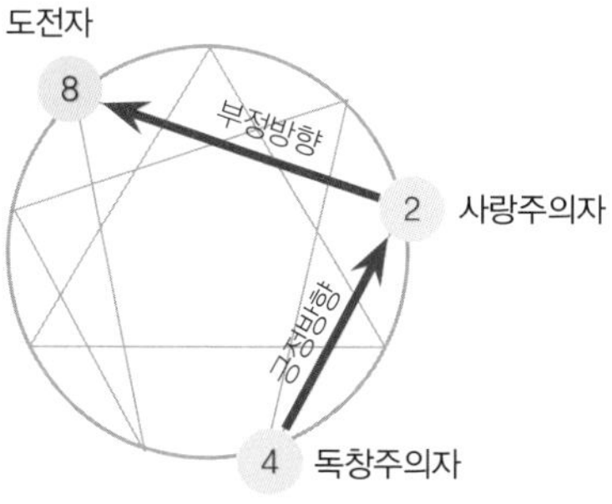

2유형의 화살방향

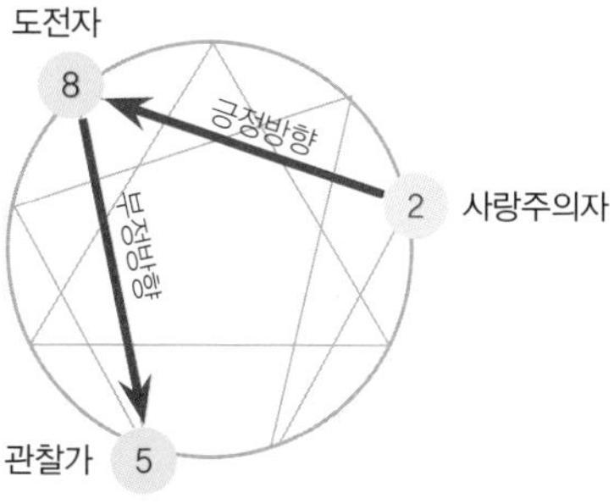

8유형의 화살방향

에니어그램 선상의 공동의 선은 대개 직장에서 8유형이 중요 인물을 맡고 2유형이 직원들과의 연락 역할을 맡아 주는 식으로 나타난다. 두 유형은 가정으로 말하자면 아버지와 어머니의 역할을 하기도 한다. 엄격한 규율과 통제로 8유형이 모든 것을 지휘하고 2유형이 뒤에서 부드럽게 안아 주는 형식이다. 또 다른 비유로 말하면 정의를 집행하는 경찰과 그를 보호하는 변호사의 역할이기도 하다. 이런 틀에 맞추어 일이 진행되는 것이 보통의 경우이다.

이 두 유형의 조합은 2유형이 충분한 관심을 받고 8유형도 통제를 조금 양보할 수 있을 정도로 안전하게 느껴질 때에는 좋은 관계로 유지된다. 상하의 질서가 있고 각 조직마다 나름의 질서가 있겠지만 어떤 조직이든 비슷한 모습을 가지게 된다. 8유형이 조직을 통제하고 일을 추진할 때 2유형에게 중요한 사람이라는 메시지를 줄 여유가 있다면 다행이다. 모든 사람에게 다가서기를 원하는 2유형은 너무 딱딱하거나 사무적일 경우 자신이 설 자리를 찾지 못할 수도 있기 때문이다.

8유형 상사와 2유형 직원의 리더십이 가장 잘 운영되는 상황이 있다. 그것은 중요한 내사를 하거나 긴밀한 상황에서 프로젝트를 진행하게 될 경우이다. 이런 때에는 8유형이 팀장을 맡고 2유형 직원이 팀장의 일을 수행하면 좋다. 2유형에게는 중요하고 비중 있는 일을 맡길 수 있고 8유형은 자신의 통제권을 양보하지 않으면서도 2유형 직원과 긴밀하고 밀착적인 관계가 될 수 있기 때문이다. 8유형은 자신은 통제를 당하기 싫어하면서도 다른 직원들은 완벽한 통제에 두고 싶어 하는 모순되는 감정을 갖고 있다. 원래 강함을 추구하는 욕망이 강하기 때문이다. 도덕적으로 문제가 있거나 불공정한 직원을 수색하고 발견하는 미션을 맡는다면 매우 적극성을 띈다.

2유형이 상사라면 8유형 직원의 지지를 직접 얻어 내야 한다. 강한 리더십을 강조하기 때문에 8유형 직원은 2유형 상사의 능력보다는 인기 있는 이미지에 초점을 맞출 확률이 높다. '이 사람의 리더십은 진정으로 정직한 것인가, 아니면 이 상사가 자기 이익만 챙기고 있는가?', 아니면 '일을 하는 것인가 자기 인기관리를 하는 것인가?'라고 묻는 것이다. 2유형 상사가 일에 대한 전문성이나 추진력 등이 없는 상태에서 지지해 달라고 요구하면 모른 척하거나 반발할 가능성도 있다. 따라서 일에 대한 확실한 목표설정과 8유형 직원이 일을 하는 과정에서의 권한 등 경계를 잘 정해주는 것이 2유형 상사가 8유형 직원에게 지지를 얻는 현명한 방법이다.

2유형은 본인이 생각할 때 '가치 있는' 사람들을 골라서 자신의 감정을 조금 더 드러내는 경향이 있다. 그러나 감성이 넘치기만 하고 적절히 통제하지 못하면 이러한 모습이 다른 사람들 눈에 두드러지게 보인다. 이것은 곧 '편애'로 오해를 사기에 충분하다. 이런 경우 2유형의 성향이 정의를 중시하는 8유형에게는 불공평한 것으로 보인다. 직장 내에 불공평함이 보이면 8유형 직원은 2유형 상사의 통제권을 인정하지 않으려 할 것이다. 자신을 더 강하게 하고 그 통제권에서 벗어나는 길을 택한다.

2유형 상사는 이렇게 문제가 커지면 당황하게 된다. 8유형 직원은 대개 눈에 보이게 반항하는 행동을 하고 강하게 자신을 주장하기 때문이다. 그렇게 되면 2유형 상사는 통제권을 잃어버릴 위기에 직면할 수도 있다. 8유형 직원은 처음부터 체면을 차리는 해결 방식은 염두에 두지 않는다. 자신의 체면치레 따위는 생각도 하지 않는다. 공식적으로 자신을 지킬 만한 이미지도 별로 신경 쓰지 않는다. 평소에 그런 이미지를 만들지도 않았기 때문에 지킬 것도 없다. 하지만 2유형 상사는 다르다. 자신의 이미지가 중요하다. 벌써 오랜 세월에 거쳐 만든 이미지가 적지 않다. 그런 것들이 8유형 직원의 공격 앞에서 한순간에 무너질 위기를 만난 것이다. 이미지 중심적인 2유형, 3유형, 4유형 모두는 8유형의 이런 공격적인 도전 앞에 짜증이 난다. 특히 대표적인 이미지 중심적인 2유형은 문제를 풀어 나가는 데 더욱더 어려움을 겪는다. 8유형의 공격이 실무적인 일 외에 또 다른 자신의 개인적 이미지도 포함되기 때문이다.

8유형 직원은 '왜 상사의 이익을 위해 내 모든 것을 내놓지?'라고 생각한다. '어쩌면 숨은 의도가 있을지도 몰라. 한번 테스트해 보자.'는 식이다. 이런 8유형의 방식은 모든 것이 단순하고 정직하고 정의롭기를 바라는 마음에서 나온다. 여러 겹의 이미지로 자신을 부드럽게 만드는 것을 회피하려 한다. 나약해 보이는 건 참을 수 없다. 반면에 때로는 어린아이처럼 단순해진다. 하지만 이런 강함에 대한 욕구와 단순성이 2유형의 이미지와 대결을 벌이게 되면 긴장감이 흐르는 조직 분위기로 돌변할 수 있다.

일반적으로 8유형 상사들은 2유형 직원의 열렬한 사랑을 받거나 아니면 증오의 대상이 된다. 호불호가 분명하기 때문이다. 자신이 그렇기 때문에 다른 사람들이 8유형을 보는 눈도 둘 중에 하나가 된다. 이것은 8유형의 흑백논리에서부터 비롯된다. 맞는 것 아니면 다 틀린 것이거나 틀린 것 빼고 다 맞는다는 방식이다. 이것은 편을 가르기에는 선명하고 확실한 방법이다. 하지만 세상에는 틀린 것도 아니고 맞는 것도 아닌 중간지대의 것들이 더 많다. 그리고 나를 반대하는 사람이 다 나를 미워하는 것도 아니며 나를 찬성하는 사람들이 다 나를 좋아하는 것도 아니다. 8유형이 이런 성향을 조금 더 완화시키고 중간지대를 회색지대가 아닌 자신의 지지자 영역으로 만들게 되면 많은 사람을 얻을 수 있다.

특히 권위자로부터 인정받기를 원하는 2유형의 성향 때문에 8유형은 쉽게 충성스러운 지지자를 얻게 된다. 이럴 때는 2유형 직원이 상사에게 정확한 정보를 수시로 전달해 주면 좋다. 그 이유는 정보가 완전하게 전달되지 않을 때 8유형은 자신에 대한 나쁜 목적으로 일을 꾸미는 배신의 음모 시나리오를 떠올리기 때문이다. 따라서 2유형 직원은 8유형 상사에게 너무 지나치다 싶을 정도로 보고를 자주 하는 것이 좋다. 8유형 상사가 중간지대의 사람들에게 좀 더 관대하고 2유형 직원이 정보에 대한 보고를 누락하지 않는다면 둘 간의 관계는 긴밀하게 유지될 수 있을 것이다.

실제로 8유형과 2유형 간 갈등 상황이 벌어진다면 8유형은 자신의 유용한 정보가 제공되는 경로가 차단되는 문제에 봉착하게 된다. 왜냐하면 2유형 직원은 8유형 상사가 아닌 다른 사람들에게로 숨을 것이기 때문이다. 특히 2유형 직원은 자신이 보호받을 수 있는 직접 선택한 조직 내의 다른 그룹에 몸을 숨길 것이다. 이것은 자신이 인정받는 관계가 있을 때를 말한다.

그렇다면 2유형과 8유형 간 갈등 상황을 사전에 방지할 수 있는 방법은 없을까? 그것은 상사와 직원 모두에게 경계를 설정하는 것이다. 뿐만 아니라 그 경계를 침범할 경우의 상벌 규정이나 어떤 결과를 초래한다는 것을 명확하게 정해 놓고 동의사항을 문서화하면 도움이 된다. 문서화하지 않으면 그 범위를 놓고 또 다른 격론을 벌일 수 있기 때문이다. 아무리 작은 조직이라도 이런 경계를 정하는 문서를 만들고 동의를 구하는 작업이 필요하다. 8유형의 공격력은 모든 사람이 다 인정할 정도로 정평이 나 있다. 정해진 규율을 지키는 것이 아니라 자신이 규율을 만들어 간다. 그런 것이 다른 사람들에게 위협적으로 다가올 수 있다. 그렇게 되면 조직 내의 화합은 무너지고 원하는 업무의 성과를 얻는 데 장애가 될 것이다.

♠ 2유형의 셀프리더십 코칭

- 주변과의 관계 속에서 서로가 소중한 존재로 인정받으려면 어떻게 하면 좋을까요?
- 다른 사람들의 지지를 얻기 위해 자신 안에 어떤 역량이 더욱 개발되어야 할까요?
- 업무와 사적인 관계의 경계선 설정에서 타인과 어떤 관계를 맺을 때 가장 역동적인 에너지가 올라오나요?

♠ 8유형의 셀프리더십 코칭

- 주변 사람들과의 관계 속에서 신뢰감을 얻으려면 어떤 것을 해야 할까요?
- 흑백논리를 버리고 주변 사람들이 한걸음 당신에게 다가오게 하려면 어떤 것을 내려놓아야 할까요?
- 주변을 완벽하게 통제하려고 하는 마음을 조금만 내려놓는다면 어떻게 하면 좋을까요?

♠ 2유형 상사가 8유형 부하에게

- 주변 팀원들과 신뢰감을 더욱 증진시키며 원하는 목표를 달성하기 위해 어떤 행동이 당신에게 필요할까요?
- 주변 사람들과의 관계 속에서 통제력을 잃어버리지 않으면서도 좋은 관계를 유지할 수 있는 방법은 무엇인가요?

♠ 8유형 상사가 2유형 부하에게

- 당신이 이 팀에서 중요한 사람이라고 인식되게 하려면 어떤 노력이 필요할까요?
- 업무와 관계 둘 다를 조화롭게 유지할 당신만의 방법이 있다면 무엇일까요?

2유형(사랑) VS 9유형(평화)

이 두 유형은 업무를 실행하는 데 있어서 상호보완적이다. 2유형은 다른 사람을 위해 행동을 개시한다. 다른 사람의 필요를 보면 그것을 충족시켜 주고 싶은 욕구가 생겨난다. 문제는 다른 사람에게 인정과 지지를 받지 못하면 욕구가 사라져서 하던 행동을 그만둔다는 것이다. 반면, 9유형은 행동으로 실행하는 데 어려움을 느낀다. 하던 일을 계속하는 것은 잘하지만 안 하던 일을 새롭게 하는 것은 시간이 걸린다. 하지만 시동이 걸려 한번 시작한 일은 웬만해서는 그만두는 일이 없다. 그런 의미에서 2유형은 9유형이 움직이도록 시동을 걸어 줄 수 있고 9유형은 2유형으로 인해 실행할 수 있게 된다. 2유형이 하다가 그만두어 프로젝트가 지지부진할 때 9유형은 본인의 업무를 꾸준히 충실히 수행한다. 2유형으로 인해 9유형의 시동이 걸리지만 결국 일을 마무리하는 것은 9유형이다. 이러한 두 유형의 조합은 직장뿐 아니라 가정 그리고 사업 파트너 등 다양한 인생의 장에서 흔하게 볼 수 있다. 특히 겉으로 드러나지 않고 속에 숨어 있는 잠재력을 깨워 주고 인간적으로 인정과 지지가 있으면 더욱 활성화된다.

9유형은 에니어그램 표를 보면 가운데 맨 위의 지점에 있다. 가장 아름다운 인간의 성품이 손상되지 않은 인간의 원형이라고 말한다. 아라비아 숫자를 따라가자면 그곳에는 1번이 있어야 한다. 하지만 9유형이 위치해 있다. 그 이유는 모든 유형을 아우르는 통합의 상징이기 때문에 그렇다. 9유형은 많은 노력 끝에 어떤 프로젝트가 성공했다고 하더라도 그것을 자랑하거나 드러내려고 하지 않는다. 많은 수고와 헌신을 그냥 그 성공 아래 묻어 두려고 한다. 2유형의 도와주는 마법과도 같은 능력이 9유형에게 영향을 미치면 그곳에서 바로 꽃을 피운다. 2유형은 9유형의 욕구를 알게 하고 채워 주고 소망을 이루어 준다.

두 유형이 이루려는 비전이 들어맞게 되면 9유형은 역동적으로 움직이고 작동되기 시작한다. 2유형은 9유형의 잠재능력을 구조화시키는 데 초점을 두고 9유형은 에너지와 배려를 그저 받아들이고 따라간다. 지치거나 쉬지 않는다. 멈추지 않을 뿐 아니라 의심하지 않으며 변질되지 않는다. 하염없이 그냥 계속 갈 수 있다. 이것이 9유형의 장점이다. 이런 관계는 어떤 돌발 상황이 발생되지 않는 한 계속된다.

두 유형의 리듬은 매우 다르다. 2유형은 간단하게 해결할 수 있는 문제에 많은 시간을 쏟는 것을 아까워한다. 또한 반복적인 일을 계속해야만 하는 상황을 잘 견디지 못한다. 2유형은 9유형보다 결정을 빠르게 할 수 있고 먼저 할 일과 나중에 할 일에 대해서 우선순위를 더 쉽게 선별할 수 있다. 하지만 9유형은 때로 그것을 힘들어한다. 2유형은 9유형에게 어느 정도 경험해 보면 저절로 스피드를 낼 것이라 기대하지만 9유형은 그렇게 하지 않을 확률이 더 높다. 그 이유는 9유형이 주변과의 갈등 요소를 다 조정하고 해결하는 데 시간을 많이 사용하기 때문이다. 이런 9유형의 특성을 무시하고 느린 속도를 답답해하면서 재촉한다면 문제가 발생할 수 있다. 그래서 2유형 직원의 경우 9유형이 선호하는 반복적인 대화와 회의에 짜증내는 경우가 생긴다.

두 유형의 공통점도 있다. 두 유형 다 직장 내 인간관계에서의 감정적인 기분을 중요시한다. 9유형은 타인의 감정적 고통을 흡수하고 모든 사람의 입장을 듣기를 원한다. 그리고 겉으로 드러나지 않고 숨은 상태로 존재하는 잠재적인 갈등을 해소하는 데 우선순위를 둔다. 흔히 9유형의 모습을 정중동(靜中動, 조용한 가운데 어떠한 움직임이 있음)이라고 한다. 아무런 미동이 없어도 움직이고 있다.

2유형은 잠재적으로 성공할 가능성이 있는 직원들을 찾아내고 조직 내 전략 지점에 배치하는 능력이 탁월하다. 눈치가 빠르고 적응력이 뛰어나기 때문에 누가 어디서 무엇을 해야 하는지 한눈에 다 들어온다. 9유형에게 있어서 2유형은 다른 유형보다 가까이 할 수 있는 첫 번째 대상이다. 일반적인 인간관계도 그렇지만 조직이라는 특수 상황에서 더욱 그러하다. 일반적으로 조직이란 배려보다는 경쟁과 비교 실적이 중요하기 때문에 변화가 많은 조직일수록 9유형이 고전할 가능성이 많다. 실제로 9유형은 가능하면 변화가 적고 꾸준하게 집중할 수 있는 조직에 많이 분포되어 있다. 무엇을 먼저 해야 하나 망설이고 있을 때 인간관계를 소중히 여기는 9유형에게 2유형이 관심과 배려를 가지고 다가온다. 업무에 대한 친절한 안내를 해 준다. 심지어 2유형이 상사일 경우 9유형 자신이 잘 해낼 수 있는 자리에 배치해 준다. 가끔 열심히 일하는 9유형에게 칭찬과 격려로 다가온다. 갈등 상황이 적은 업무환경에서 9유형은 더욱 일에 매진할 수 있다.

상사가 된 2유형의 특징 중 하나는 꼼꼼한 구조에 의지하기보다는 몇몇 핵심 인물에 의존한다는 것이다. 그들을 제대로 관리하면서 성과를 잘 내는 조직을 지향하는 것이다. 2유형은 9유형이 다른 사람의 입장을 고려하는 것을 좋게 평가한다. 또 같은 조직의 직원으로서 상사와 거의 경쟁을 하지 않는다는 사실도 중요시한다. 이런 특징을 가진 9유형은 인자한 권위자에게는 매우 충성스러울 수 있다. 갈등을 최소화하고 다그치지 않으며 인간적인 면이 있는 상사를 좋아한다. 그렇다고 좋아한다는 티는 결코 내지 않는다. 이런 9유형 직원에게 2유형 상사는 공식적으로 믿고 기대하며 인정해 주면 좋다. 또 9유형이 의무 이상으로 일을 해낼 만한 동기를 부여할 수 있다면 금상첨화(錦上添花)일 것이다. 이런 동기들은 두 유형의 성공적인 모습이 어떤 것인가를 시사해 준다.

2유형 상사들은 대개 자신이 좋아하는 사람들과 네트워킹하면서 일의 파워를 키운다. 하지만 9유형 직원들은 조직의 구조를 통해 권위자와 관계를 맺는다. 이런 경우 9유형이 볼 때 2유형의 방법은 불공정하다고 느낄 수 있다. 왜냐하면 조직의 공식적인 구조가 아니라 '끼리끼리'의 사람들에 의해서 조직을 움직이기 때문이다. 이것을 불공정함이라고 느낀다.

2유형 상사가 소수의 좋아하는 사람들 중에 9유형 직원을 포함시키지 않거나 차별하는 일이 발생하면 9유형 직원은 수동적 공격 형태를 띠게 된다. 수동적 공격이란 자신의 할 일을 하지 않든가 또는 업무지시를 최소한으로만 하는 척하는 것이다. 그냥 가만히 있는 것도 수동적 공격이 될 수 있다. 그리고 말을 하지 않아서 상사의 속을 터지게 할 수도 있다. 이럴 때는 9유형의 수동적 공격을 비난하기보다는 9유형 직원의 소외와 차별에 대해 사과하고 생산적인 일과를 제시하면 대부분 갈등이 해결된다. 그리 어렵지 않게 다시 원래의 궤도에 올려놓을 수 있다. 9유형은 대개 싸운 다음에는 안정을 되찾고 협동적이 된다. 원래 자신의 마음을 디테일하게 표현하지 않는다. 큰 틀에서 말하고 지켜보고 이해하려 한다는 특성이 있다는 것을 이해하면 더욱 화해하기 좋을 것이다.

9유형 상사는 확실한 행동 방향이 있을 때 실행력이 높아진다. 9유형의 리더십은 통합의 리더십이다. 모든 갈등요소를 풀고 동서남북을 다 보는 거시적인 관점에서 일에 접근한다. 따라서 가까운 일정보다는 긴 목표를 세우고 차근차근 걸어가는 것이 필요하다. 2유형 직원이 인정과 지지를 표현해 주면 더욱 효과적인 상사가 될 수 있다. 따뜻한 성원과 지지를 받으면 실행에 도움이 된다.

2유형 직원은 9유형 상사에게 필요한 도움을 줄 수 있다. 특히 조직의 핵심 정보를 알려 주면서 도와줄 수 있다. 인적 네트워크가 우수한 2유형 직원은 사무실 내 정보망이나 사람들을 통해서 정치적으로 가장 적절한 행동방침을 제안해 줄 수 있다. 조직이 변화의 갈림길에서 어디로 가야 할지 선택하는 것이 어렵다면 2유형 직원에게 물어보라. 아마도 결정을 내리는 데 큰 도움을 줄 것이다. 관계가 친밀한 경우라면 9유형 상사의 개인적인 자아발전의 방법도 안내해 주는 등 2유형이 중요한 결정을 내리는 데 9유형의 어려움을 덜어 주며 도와줄 수도 있다.

♠ 2유형의 셀프리더십 코칭

- 다른 사람의 욕구를 충족시켜 주고 싶은 마음과 자신의 욕구 충족 사이에 조화를 유지하려면 어떤 것을 중지하고 어떤 것을 해야 할까요?
- 빠른 결정, 우선순위 결정 능력을 자신을 위해 쓴다면 어떤 결정을 하겠습니까?
- 주변에 성공할 가능성이 있는 사람들을 찾아내는 상황 파악과 적응력을 극대화하여 원하는 목표를 성취하려면 어떻게 하면 좋을까요?

♠ 9유형의 셀프리더십 코칭

- 안 하던 것을 실행으로 옮기는 데 성공적인 환경구조를 만든다면 어떻게 하면 좋을까요?
- 지치지 않는 자신만의 역동적인 에너지를 일깨우기 위해 누구의 도움을 받아야 할까요?
- 주변과의 갈등요소를 배제하는 데 필요로 하는 시간을 효과적으로 줄이는 방법이 있다면 무엇일까요?

♠ 2유형 상사가 9유형 부하에게

- 당신만이 갖고 있는 꾸준함과 좋은 대인관계를 업무의 어떤 부분에 접목시키면 좋을까요?
- 당신이 보기에 우리 팀의 화합을 위해 갈등을 최소화하고 업무실적을 내려면 어떤 것이 가장 필요하다고 생각하시나요?

♠ 9유형 상사가 2유형 부하에게

- 이번 팀에서 진행하는 프로젝트를 잘 진행하기 위해 조직 내에서 그것을 잘 진행할 인적자원과 전략적 배치를 어떻게 하면 좋을까요?
- 정말 당신의 탁월한 핵심정보를 통해 우리 팀이 놀라운 성과를 낼 것 같습니다. 지금보다 세 배의 성과를 내기 위해서 어떤 부분에 주력하면 좋을까요?

3유형(성공) VS 3유형(성공)

3유형은 사업의 진행 단계 중 성장하고 전진하는 단계에서 매우 높이 평가받는 조합이다. 이들은 물건을 판매하고 홍보하는 것을 즐거워한다. 이런 분야의 일은 자신의 성과가 가시적으로 측정되고 그에 따라 인정받을 수 있기 때문이다. 실제로 대부분의 경우 개인적인 열정을 보여 회사의 입장에서는 가장 효과적인 홍보를 해준다. 이들은 급속도로 성장하는 기업을 특징짓는 빠른 속도와 회전율을 좋아한다. 그리고 3유형에게는 선망의 대상이다. 자신이 그렇게 되고 싶어 하며 그런 성행(性行)을 타고났기 때문이다. 따라서 새로운 시장을 개발하는 분야와 수익의 잠재성이 높은 분야에서는 큰 능력을 발휘한다.

그러나 3유형이 함께 일하며 상대보다 내가 뛰어나야 한다고 경쟁하게 되면 어려움이 생길 수 있다. 이들은 다른 조직이나 다른 부서와의 경쟁적인 환경에서 살아 움직이는 힘이 생긴다. 투지도 불타오르고 이기기 위해 열심히 뛰어다닌다. 하지만 같은 부서에서 직접적으로 대결해야 하는 상황에 놓이면 적대 관계를 형성할 수도 있다. 어느 한쪽이 이기면 나머지는 지는 제로섬(zero-sum) 게임을 하게 될 가능성이 매우 높다. 또한 이기기 위해 과격한 경쟁을 불러일으킬 수 있는 요소가 다분하다. 인간적인 면도 잊어버릴 수 있고 책략을 사용하는 것도 가능하다. 그래서 대면하는 경쟁에서 이기고도 결과적으로는 패하는 경우에 놓일 수 있다. 3유형이 이런 성향을 보이는 이유는 사람보다 일을 중요하게 생각하는 경우가 많기 때문이다. 다시 말해서 일을 사람으로 보고 사람을 일로 보면서 경쟁할 때 '비인간화'를 경험하는 것이다. 이들은 이기면서 행복을 찾고 그것이 자신이 행복하게 되는 길이라고 생각한다. 하지만 과격한 경쟁을 하다 보면 행복한 길에서 벗어나 방황하게 된다.

3유형은 다른 유형보다 직업적인 실패에 더 쉽게 그리고 더 깊게 상처를 받을 수 있다. 직업적인 실패가 자신의 인생에서의 실패와 동일시되기 때문이다. 조직에서 지위를 잃을 때 받는 고통은 견디기가 어렵다. 그래서 그런 상황이 오지 않도록 스스로를 지키기 위해서 노력하는 것이다. 그렇지만 바로 이런 노력들이 경쟁을 크고 격렬하게 하면서 자신을 일로 몰아가게 된다. 현재 하는 일만으로 만족하지 않는다. 일을 하면서도 새로운 환경의 변화를 예의 주시한다. 남들 눈에 보이지 않게 다른 기회를 찾는 것이다. 그러다가 더 성장 가능성이 큰 사업을 발견하면 갑자기 소속을 바꿔 버릴 수도 있다. 이를 위해 연락책이나 잠재적인 고객을 몰래 숨기고, 빼내고, 교환할 수도 있다. 겉으로는 나타나지 않겠지만, 이런 경쟁적인 경향은 자신의 이익만을 챙기고 어떤 수를 써서라도 이겨야 한다는 자세를 만들어 낸다. 이 자세는 자신의 개인적인 시장성을 높이고자 하는 의도와 혼동될 수 있다. 곧 일과 자신을 구별하지 못하고 뒤섞어서 생각하게 되는 것이다.

조직에서 이런 일들이 발생하지 않고 3유형의 효율적인 장점을 활용할 수 있는 방법은 없을까? 그것은 3유형에게 자신이 직접 결정할 수 있고 또한 감독할 수 있는 통제의 영역을 주는 것이다. 즉, 큰 그림에서 할 수 있는 일의 책임을 맡기고 권한을 위임한다. 그리고 서로 마음과 힘을 하나로 합할 수 있는 협동의 효율성에 대해 인정하게 하는 것이 좋다. 직접 참여해서 협동이 잘 이루어지는 팀을 보여 주는 것도 좋은 방법이다. 개인이 경쟁하는 것은 한계가 있을 수밖에 없다. 같이 그리고 직접 협동해서 팀의 승리를 이루고 개인의 성공이 아닌 팀의 승리를 직접 볼 수 있는 모델이 필요하다. 그리고 팀의 성공이 곧 자신의 성공이 될 수 있다는 사실을 깨달으면 개인의 성공에 대한 집착에서 빠져나올 수 있다. 에니어그램에서는 3유형이 성숙해지는 지점을 6유형이라고 말하고 있다. 조직에 충성하고 팀의 승리가 자신의 안전을 보호해 줄 수 있다는 6유형의 에너지를 받는 것이다. 3유형은 그룹의 승리나 팀의 노력에도 가치를 부여하는 것이 좋다. 그렇게 되면 3유형이 개인의 성공을

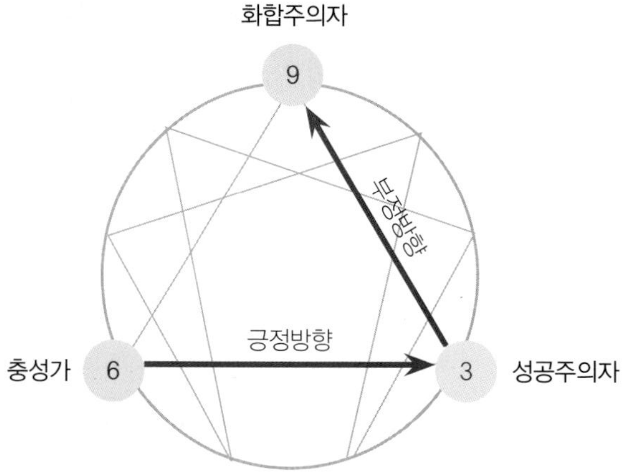

3유형의 화살방향

위해서 감추어 두었던 정보를 서로의 유익을 위해 교환할 수 있게 된다.

같은 3유형들은 목표가 서로 잘 맞을 때에는 무적의 파트너십을 형성하기도 한다. 이 유형의 조합은 앞으로 나아가는 것이 가능하다고 여기면 얼마든지 앞으로 나아갈 수 있다. 불가능한 것도 가능하게 만들고 발전을 보장하는 파트너십을 이룰 수 있다. 이들은 서로 비슷한 방식으로 사고하는데, 이것은 축복인 동시에 저주가 될 수 있다. 최상의 상태일 때, 이 파트너십은 구조 전체가 앞으로 나아갈 수 있도록 만들 수 있지만, 최악의 상태일 때는 충동적으로 나타난다. 이들은 결과를 충분히 고려하지 않고 일단 단기적인 이익만을 생각하면서 변화를 꾀할 수 있다. 일단 성공하고 나서 다른 것을 하자는 것이다. 그러다 보면 단기적으로는 성공하고 장기적으로는 실패하며 작은 것을 탐하다가 큰 것을 잃을 수도 있다.

또 사업을 하다 보면 긴축과 인원 삭감이 꼭 필요한 때도 있는데, 이런 단계들은 3유형에게 실패와 손해로 해석된다. 3유형은 사업의 성과를 내기 시작하는 단계와 결과를 볼 수 있는 단계에서 눈부신 활약을 할 수 있다. 반면에 논란이 많고 반대가 심한 결정을 내릴 필요가 있는 사업 전환 기간과 꼼꼼한 장기계획이 필요한 사업에는 가급적 참여하지 않으려고 한다. 그 이유 역시 자신의 성공적 이미지를 중시하려는 것과 관련이 깊다. 실패가 예상되는 사업에는 참가할 이유를 느끼지 못하는 것이다.

3유형은 항상 자신이 직업적으로 승진할 수 있는 틈을 찾는다. 따라서 3유형이 올바르게 성장하도록 하려면 그 틈 자체를 원천 봉쇄하는 것도 한 방법이 된다. 미성숙한 3유형은 주변 사람들이나 구조 자체를 조종해서 이익을 얻을 틈을 찾으려고 하기 때문이다. 그래서 3유형과 개인적으로 일을 할 때의 가장 기본이 되는 지침 중 첫 번째는 성과에 대해 공식적으로 인정해 주는 것이다. 열정을 가지고 성과를 내는 사람과 그렇지 않은 사람이 동등한 대우를 받는 것은 역차별이 된다. 따라서 아이디어를 내고 일을 더하고 조직의 성과를 크게 가져온 사람들에게 그 성과를 인정해 주는 시스템이 필요하다. 그렇게 되면 일하는 동기부여가 될 것이다.

3유형은 성공에 대해 집착하기 때문에 실패는 머릿속에서 지워 버리는 경향이 있다. 실패란 절대로 해서는 안 되는 것이다. 그래서 실패의 가능성이 다가오면 잠재적인 실패의 징조를 없애기 위해 재빨리 상황을 재구성한다. 즉, 변화 관리에 능숙하다. 좋게 말하면 더 나은 환경을 먼저 준비하는 것이다. 꼭 들이닥쳐야 움직이는 것이 아니라, 사전에 대비하는 일을 계획할 수 있다는 뜻이다. 하지만 나쁘게 말하자면 현재 하고 있는 일이 실패할 것 같으니까 변신을 꾀하는 것이 될 수도 있다. 실패를 당하기 전에 변신함으로써 그가 상상하는 미래 모습에서 실패 자체를 삭제하는 것이다. 문제는 그 과정에서 자신의 정책적 실수나 계산적 착오 등도 모두 삭제시킨다는 것이다. 이런 현상은 실패에 대한 책임을 지지 않으려는 경향에서 나타난다.

우리 팀이 실패한 원인은 나 때문이 아니고 다른 사람 팀장, 동료, 직원들 때문이다. 그래서 3유형은 자기성찰이 매우 필요하다. 현대 자본주의를 살아가는 사람들이라면 이 부분이 모두 필요하다. 열심히 인생의 길을 달렸지만 그 길이 과연 맞는 길이었느냐는 잊기 쉽다. 그렇게 달린 끝에 도달한 장소가 자신이 원한 성공의 장소가 아니라면 어떻게 될까? 이런 성찰은 모두에게 필요하지만, 특히 3유형에게 더욱 필요하다. 자기성찰 능력이란 일과 자신을 분리해서 자신을 객관적인 눈으로 바라보는 능력이다. 일과 자신이 하나로 붙어서 자신을 보지 못한다면 일에서는 성공하고 인생에서는 실패한 삶을 살게 될 확률이 높다.

♠ 3유형의 셀프리더십 코칭

- 당신의 성공 이미지는 무엇입니까? 그것에 추가하고 싶은 내적 이미지는 무엇인가요?
- 당신의 실패 사례를 한 가지만 말씀해 주시겠어요? 그것에서 얻는 배움은 무엇입니까?
- 당신이 더욱 성공하기 위해서는 당신의 실패 경험은 어떤 의미가 있습니까?
- 일과 자신을 분리하는 객관성을 가질 때 당신에게는 어떤 성찰이 있을까요?

♠ 상대방과의 관계리더십 코칭

- 우리가 서로 협동하고 협업을 이루려면 무엇이 달라져야 할까요?
- 소탐대실(小貪大失)하지 않기 위해 가져야 할 태도는 무엇입니까?
- 팀의 승리가 당신의 승리라는 것을 느끼려면 당신에게는 무엇이 필요한가요?
- 충동적으로 전진하지 않으면서도 최고의 파트너십을 발휘하기 위해서는 무엇이 필요하다고 여기세요?

3유형(성공) VS 4유형(특별)

두 유형의 조합은 앞의 유형들과 마찬가지로 서로 인정해 주고 지지해 주는 관계로 만나거나, 아니면 반대로 직장에서 어려운 관계로 만날 수 있다. '서로 다르다'는 차이를 인정하는 것이 쉽지 않기 때문이다. 하지만 감정적인 문제를 잘 관리하고 직무에 초점을 맞추기만 한다면 성공적인 조합이 될 수 있다. 감정적인 면이 직무라는 일에 영향을 끼치는 것을 절제할 수 있다면 두 유형이 가진 장점이 잘 드러나므로 매우 많은 성과를 이룰 수도 있다. 일단 앞으로 전진하는 3유형의 태도는 지속적인 생산을 보장한다. 자신과 조직의 성공을 위해 효율적인 방법을 채워 나간다. 4유형은 같은 성공이라도 좀 더 고상하고 기품이 있으며 아름다운 이미지를 더해 준다. 그래서 더 많은 부가가치를 만들어 낼 수 있다. 3유형이 제공하는 식재료로 4유형이 맛있게 요리를 해낸다. 다른 회사에서 100만 원짜리 제품을 만들어 낸다면 3유형과 4유형의 파트너십은 거기에 의미와 이미지 그리고 특별함을 더하여 1,000만 원짜리로 완성한다.

3유형은 이룩한 실적에 대해 인정과 지지를 받고, 4유형은 자신의 특별한 업무능력을 인정받을 때 대단히 파워풀해진다. 물론 4유형의 독특함은 조직 내에서 논란을 불러일으킬 수 있다. 상황에 따라 다르겠지만 시계를 거꾸로 볼 수도 있는 4유형의 눈은 상상 이상의 부가가치를 만들어 낸다. 4유형이 제안한 10가지가 모두 말이 안 되더라도 그중에 단 한 번이 성공하면 아홉 번의 이상한 것도 정상적인 것으로 인정받을 수 있다(호출기가 유행이던 1994년에 빌 게이츠는 '정보화 사회의 미래상' 강연에서 10년 뒤의 휴대전화는 영상통화는 물론 음성인식이 가능할 것이라고 예언했다. 그 자리에 참석한 사람들은 모두 영화에서나 가능한 일이라고 했다. 그렇다고 빌 게이츠가 3유형은 아니다. 그것을 만든 스티브 잡스가 4유형이다. 참고: 김태홍 저, 『이제는 실행하라』). 이런 관점을 유의 깊게 파악한다면 두 유형 간에는 날개를 달고 창공을 날 수 있는 동력이 마련되는 셈이다.

그러나 이 파트너십은 둘이 경쟁하기 시작하면서 무너진다. 둘 다 인정받기를 원하기 때문에 서로 패배를 인정하기보다는 스스로를 파멸시킬 때까지 경쟁할 것이다. 한번 탄력받은 3유형은 자신의 방법을 고집할 것이다. 본인이 더 빨리 갈 수 있는데 양보한다는 것은 3유형에게 있어서 끔찍한 경험이 될 것이다. 4유형도 마찬가지로 자신이 만들어 낸 창조적인 방법을 썩히거나 무시당한다는 것은 곧 자신의 죽음을 의미한다. 한 발자국도 물러설 수 없는 건드리기만 해도 폭발할 것만 같은 일촉즉발(一觸卽發)의 위기상황이 만들어진다.

이런 경우는 바로 3유형 상사들이 '잘 보이기 위해' 일할 때이다. 이때 4유형 직원은 중요하고 의미 있기 때문에 하는 것과 다른 사람들에게 잘 보이기 위해서 하는 것을 잘 구분해 낸다. 자신의 특별한 행위가 고작 잘 보이기 위한 것에 매몰되는 것을 그저 바라만 볼 수 있을까? 전 직원 축하파티에 상사가 사진만 찍고 행사가 끝나버리는 것을 참고 바라볼 수 없을 것이다. 3유형 상사는 보이기 위한 행사, 즉 전시적 일들을 아무렇지도 않게 할 수 있다. 하지만 4유형은 그런 일들에 엄청난 스트레스를 호소한다. 일할 의욕을 잃어버리는 것이다.

4유형에게 일보다 중요한 것은 자신의 감정이다. 4유형은 3유형처럼 일을 위해서 일사분란하게 준비하는 것이 힘들다. 감정적 발동이 걸려야 하는데 아무렇지도 않게 시작하려고만 한다면 따라가기가 쉽지 않다. 워밍업이 필요하다. 그것도 감정적 해소가 필요한 것이다. 하지만 3유형 상사들은 자신의 직원들이 늘 일할 태세가 되어 있다고 생각한다. 이렇게 하기도 곤란하고 저렇게 하기도 곤란한 사안을 가진 회의가 너무 촉박하게 요구되면 감정적인 해소를 할 여유가 없어진다. 3유형 상사가 늘 염두에 두어야 할 대목이다.

4유형은 안전한 관계에 안주하거나 직장에서 지루하게 하루하루 보내기를 힘들어한다. 그것도 몇 년씩이나 반복된다면 차라리 즐거움이 많은 보상이나 승진을 포기하는 게 낫다. 이렇게 강하게 자기 자신의 개성을 표출시키는 4유형을 바라보는 3유형의 시선은 다소 복잡하다. 승진하고 성공하기 위해서라면 지겨운 고역도 기꺼이 감수하는 3유형과 눈에 띄게 서로 비교되고 대조된다. 한편으로 성공에 대해 자유로워 보이는 4유형을 보며 그럴 수 없는 자신과 비교하면서 부러워할 수도 있으며 무모한 행동을 하는 4유형을 안타깝게 바라볼 수도 있다. 그래서 때로 3유형은 4유형에게 존경을 보내기도 한다. 자신과는 달리 성과 자체에 매달리지 않고 성과에 다소 초연한 4유형이 달리 보이는 것이다. 창조적 생산성을 좋아하며 진실하고 의미 있는 성과를 고집하는 사람들에게 매료될 수도 있다. 자신처럼 일에 자신을 맞춰 나가기보다는 일이 자신을 반영해야 한다는 주장이 너무도 대담해 보이는 것이다.

이러한 교감은 때로는 서로에게 시너지를 내는 원천이 될 수 있다. 서로 성숙해진다면 놀라운 성과를 이끌어 낼 수 있고 산업계를 깜짝 놀라게 할 이정표를 만들 수도 있다. 그만큼 시너지를 생산할 수 있는 가능성이 매우 큰 조합이다. 3유형 상사는 효율성이나 생산 개발을 발전시킬 수 있는 직원을 좋아하고 격려한다. 실용 가능한 제안을 하는 직원도 물론 격려와 지지의 대상이다. 하지만 그 외에는 관심의 영역이 아니다. 3유형은 아마도 잠깐 4유형을 부러워하다가 이내 자신의 생산성을 높이기 위한 방법을 위해 달려 나갈 것이다.

4유형의 상사는 3유형 직원의 공공연한 경쟁의식에 당황하기도 한다. 이 유형의 관계는 성숙한 3유형이 자신의 업무에 충실하면 부드럽게 굴러가지만, 3유형 직원이 사람들에게 잘 보이기 위해 움직이기 시작하면 경고음이 켜진다. 높은 자리에 앉은 4유형 상사는 3유형 직원이 눈치가 없다고 생각한다. 똑똑하기는 해도 요령이 없는 것이다. 마치 하이패션 모델이 유행을 따르는 대학생을 깔보는 듯한 느낌이다. 뱁새가 황새의 뜻을 모른다고 표현하는 것도 적당하다. 너무 유치하고 또 지나치게 나대니까 저속해 보인다고 생각하는 것이다. 하지만 비교하고 경쟁하며 열정을 가진 3유형 직원을 막아 보려고 노력하는 4유형 상사는 기억해야 할 것이 있다. 3유형 직원은 이러한 평가에 대해 교묘하게 회피하려고 할 것이라는 사실이다. 3유형은 성과를 이루고는 4유형 상사를 피해서 더 높은 고위층 권력자에게 직접 다가가려고 할 것이다. 따라서 평소에 심리적 · 사회적 거리를 좁히는 데 최선을 다해야 한다. 3유형에게 적절한 일을 주고 경쟁을 시키되 가시적인 성과에 대해서는 긍정적이고 감정적 피드백을 제공하는 것이 필요하다.

성과가 높은 3유형 직원과 4유형 상사의 조합은 대개 제3자의 도움을 받는 것이 좋다. 3유형 직원은 권위자인 4유형 상사와 사회적인 경계를 지키는 것이 중요하다는 것을 배워야 한다. 두 유형의 관계를 조정하는 사람은 그 역할을 통해 이들이 다시 직무에 관심을 집중시키도록 해야 한다. 4유형 상사가 감정적으로 직무를 처리하는 것이 자신의 행복에 어떻게 직결되는지를 생각하게 하면 도움이 된다. 즉, 조직에서의 직무는 감정적인 것만 가지고는 안 되는 일이 많다는 사실을 기억하게 하는 것이다. 따라서 감정적인 대처보다는 동기를 부여하는 방법이 더 타당하다.

3유형 직원에게는 조직의 명령과 위계질서에 따르는 것이 자신이 이루고자 하는 꿈을 도와준다고 믿게 하라. 3유형은 성공에 집착한 모습을 보이면 무자비한 출세주의자라는 이미지를 갖게 된다. 따라서 그런 이미지를 말끔히 떨쳐 버리고 4유형 상사를 인격적으로 존경하고 인정할 수 있어야 한다. 상사가 위계질서의 지지를 받고 있을 때에는 3유형이 조직 내에서 자신의 낮은 지위를 더 잘 수용하게 된다. 4유형 상사의 감정적 언행이 아닌 조직의 시스템에 의해 움직인다는 사실이 그에게는 더 중요하다. 3유형 직원은 성공적인 본을 보이는 4유형 상사에게 감명을 받으며 명확한 명령체계가 있으면 협동에 더 적극적이 된다. 팀에 녹아드는 3유형 직원을 만들기 위해서도 4유형 상사는 성공적인 모델이 되도록 노력하는 모습을 보여야 한다.

♠ 3유형의 셀프리더십 코칭

- 행동부터 먼저 하고 뒤에 생각하다가 놓치는 것이 있다면 무엇입니까?
- 사람들은 인정을 얻기 위해 경쟁하는 모습보다 어떤 태도를 가진 사람을 더 신뢰하고 멋진 사람으로 볼까요?
- 당신이 어떤 일에서 열정을 보이는 과정이 남들에게는 어떻게 보일지 생각해

본다면 어떤 것을 좀 더 해야 할까요? 어떤 것을 좀 덜해야 할까요?

♠ 4유형의 셀프리더십 코칭

- 당신의 성공적인 그림은 남들과 어떻게 다른가요? 당신은 그것에 대해 얼마나 만족하시나요?
- 때로 당신이 취하는 감정 소모적 행동들이 타인들로 하여금 당신을 어떤 사람으로 바라보게 할까요?
- 당신의 10년 후 모습은 어떤 특별함이 있습니까?

♠ 3유형 상사가 4유형 부하에게

- 당신의 남과 다른 특별한 아이디어들이 빛나는 결과를 얻기 위해 좀 더 노력해야 할 것은 무엇입니까?
- 업무에서 발생할 수 있는 부정감정의 해소를 위해 어떤 노력을 하시겠습니까?

♠ 4유형 상사가 3유형 부하에게

- 우리가 서로 다름을 인정하는 면에서 본다면 당신의 장점은 무엇이고 나의 장점은 무엇입니까?
- 당신의 업무에 대한 남다른 열정이 빛을 발하기 위해서 내가 해 주어야 할 것은 무엇입니까? 그리고 당신이 노력해야 할 것은 무엇이라 생각합니까?

3유형(성공) VS 5유형(관찰)

두 유형의 조직 내 만남은 흔한 사업 파트너십 중 하나이다. 보통 5유형이 정보를 분석하고 모으는 자리를 차지하고 3유형이 활동적인 문제들을 다루는 형태를 취한다. 대개 5유형이 기본적인 개념과 이론을 만들어 내면 활동적인 3유형이 그것을 확장해서 다른 조직이나 사람들에게 전하는 역할을 한다. 3유형이 사람들과 연락을 하고 적대적인 상황을 처리한다. 사람과의 대면을 썩 좋아하지 않는 5유형은 그로 인한 갈등이 불편하기만 하다. 예상하지 못했던 만남이나 자신이 방해를 받는 일이 발생할 경우 3유형의 도움이 좋은 역할을 할 수 있다.

3유형이 5유형에게 원하는 것은 분명하다. 그것은 다른 사람들에게 보이는 자신의 이미지를 좋게 해 달라는 것이다. 다른 사람과의 관계에서 자신이 돋보일 수 있는 정보와 내용을 5유형이 제공할 수 있기 때문이다. 3유형은 보다 성공적인 이미지를 갖기 원한다. 허름하고 촌스럽게 보이는 것을 용납하기 어렵다. 그렇기 때문에 눈에 띄고 중심 무대에 서고 싶은 것이다. 따라서 조용히 앉아서 생각을 하거나 꼼꼼하게 장시간 앉아서 일하는 것에 어려움을 겪을 수밖에 없다. 반면, 5유형은 혼자 있기를 원한다. 5유형 직원은 현장을 생각하고 사색하고 결론을 내려서 최고로 좋은 최적의 정보를 만들어 낸다. 바로 3유형이 어려워하는 일을 잘할 수 있는 것이다. 하지만 역시 자신이 결론을 내린 그 부분을 다른 사람들에게 전달한다든지 광고하는 면에서는 약점을 보일 수밖에 없다. 3유형 직원에게는 현장 해결 능력과 시장성을 맡길 수 있다. 바로 이런 점들이 두 유형의 조합을 이루게 해 준다.

두 유형은 문제해결이 좀 서툴다. 둘 다 감정을 억제하고 갈등을 피하려 하기 때문에 부정적인 사실을 직면하기가 쉽지 않다. 3유형은 자신의 성공적인 이미지를 조직에서 드러내고 싶어 하기 때문에 부정적인 피드백을 받기 힘들어한다. 잘나가는 자신의 모습에 어두운 그림자가 드리우면 그것은 3유형에게는 너무 큰 두려움이다. 그래서 잘나가는 자신을 더욱 도드라지게 하고 과장되게 하도록 유도하는 부작용도 감수한다. 5유형은 근심거리가 되는 문제를 그냥 아예 무시해 버리기도 한다. 생각해 보고 답이 안 나오면 오랜 시간 동안 묻어 둔다. 다른 사람과 고민을 나눈다든지 공감한다든지 하는 감정 주고받기가 잘 안 된다. 가능하면 감정을 제거하기 때문이다. 다른 사람들의 입장에서 보면 속이 터지는 일일 수도 있다. 하지만 5유형은 정말 오랜 시간 그렇게 동굴 속에 들어가서 자신을 잠잠히 만들면서 틀어박힐 수 있다.

두 유형 모두 감정에 대한 반응 속도가 느리다. 3유형은 일에 전념하기 위해서 감정을 억제한다. 일을 하는 데 감정이 방해가 되는 것을 원치 않는다. 감정을 주고받는 동안 경쟁에서 밀릴 것을 염려하기도 한다. 따라서 감정은 일단 후퇴하고 효율적인 일처리에 매달린다. 감정에 생각과 마음을 빼앗기면 그만큼 일의 속도가 줄어들고 속도가 줄어들면 효율성이 떨어진다. 감정을 제거하는 가장 큰 이유가 된다. 반면, 5유형은 자신의 감정을 풀어내는 데 시간이 오래 걸린다. 일단 관찰하고 생각하면서 정확한 정보를 기다리는 데 시간이 걸리는 것이다. 어떤 일이든 일단 '거리두기'를 한다. 그것은 관찰을 위한 일종의 작전이다. 그러면서 감정을 최대한 멀리하고 사실 여부를 관찰한다. 감정이 설 자리가 없다. 그래서 감정처리의 미숙함이 생기는 것이다. 어느 때는 감정이 치고 올라와도 스스로 억제하는 경우도 있다. 다들 감격에 즐거워하는 일이 생겼다고 해도 그 감격의 이유와 향후 전망까지를 생각하느라 다른 사람들처럼 감동에 동화하지 않기도 한다. 이런 현상이 신기하지만 자기 자신도 모르는 사이에 자신이 그렇게 하고 있다는 사실을 알고 깜짝 놀란다.

3유형 상사들은 내향적이고 몸을 숨기고 만나지 않으려는 회피적인 5유형 직원으로부터 더 많은 의견을 요구할 수도 있다. '왜 이 직원은 앞으로 나서지 않지? 열정적인 불꽃이 안 보여. 근무 시간만 끝나면 왜 사라지는 거지?' 묻게 되는 것이다.

3유형 상사들은 개인적인 인정을 필요로 한다. 때문에 혼자서 일하기를 좋아하고 목소리를 내서 지지를 표현하지 않는 5유형 직원에게 불만을 느낄 수 있다. 그 이유는 자신의 능력이 평가절하되고 있다고 느끼기 때문이다. 5유형 직원의 입장에서 보면 실제로 부분적인 헌신만 있을 수도 있다. 전적인 헌신으로 3유형을 따라 하기에는 에너지가 상대적으로 약하다. 이것을 3유형 상사는 인정해야만 한다.

그런데 일반적인 3유형의 상사의 일하는 방식은 5유형 직원의 에너지를 소모해서 지치게 만들 수 있다. 하면 할수록 상사가 더 많은 것을 요구하는 것이다. 휴식시간도 없고 속도도 혹독할 정도로 빠르게 느껴진다. 열심히 일하고자 하는 5유형 직원은 3유형 상사로부터 인정받을 수 있는 거리까지 다가가기 힘들 수 있다. 하지만 나름 큰 노력을 하는 것임에도 3유형 상사가 흡족해하는 만큼 나가기 힘들 것이다. 5유형이 아니더라도 계속해서 요구하는 3유형의 일처리 방법을 따라하는 것은 어떤 유형도 쉽지 않은 일이다. 게다가 5유형 직원은 자신도 최선을 다하고 있음을 알아주었으면 하는 마음을 알리기 어려워한다. 그것 역시 감정을 열어야 하는 일이기 때문이다.

3유형 상사도 자신이 열심히 일하고 있음을 직원들이 알아주기를 원하는 욕구가 강하다. 따라서 5유형 직원들이 그 욕구를 몰라주면 3유형 상사라도 인정받지 못한다고 느끼게 된다. 반면, 5유형 직원들은 3유형 상사에게 인정을 강요받는 느낌을 갖게 된다. 5유형은 다른 사람의 이익을 위해 이용되는 것을 매우 싫어하며 이럴 경우 자신의 에너지를 아끼기 위해 물러날 것이다. 그러므로 5유형 직원이 무엇을 해야 하는지 어느 정도 해야 하는지 정확하게 알 수 있도록 3유형 상사가 사전에 안내를 충분히 해 주면 큰 도움이 된다. 5유형 직원은 자기가 정확히 어느 정도의 짐을 어디까지 짊어져야 하는지 알기만 한다면 얼마든지 기꺼이 짐을 질 수 있다.

5유형은 가끔은 외향적인 태도를 보일 때도 있다. 이런 모습을 보이는 경우는 그들이 전문적인 역할을 할 때이다. 즉, 개인적인 사생활이 아니라 미리 정해 놓은 범위 내에서 작동할 수 있는 시스템을 말한다. 이들은 미리 정해진 규정의 영역 내에서 보호받고 있을 때에는 자신감을 가지고 남을 감독하는 리더의 자리에 설 수 있다. 모두 자신이 아닌 직무에 초점이 맞춰지면 시간과 에너지를 남에게 나눠 주는 데에도 관대해진다. 원래 에너지 절약형이라서 다른 사람에게 에너지를 나누기가 어렵다. 하지만 사적 영역도 아니고 미리 예정도 되고 시스템도 갖추어져 있다면 이야기는 다르다. 자신의 정보망에 떠오른 직무를 잘할 수 있을 뿐 아니라 에너지를 사용하는 데도 문제가 없게 된다.

5유형 상사는 3유형 직원과의 관계를 매우 구체적으로 설정해 놓아야 한다. 말을 돌리거나 살짝 눈치를 주는 것은 통하지 않는다. 역할과 기대치를 정확하게 정하면 더 많은 인정을 받기 위해 경쟁해야 하는 3유형 직원의 지나친 욕심을 절제시켜 줄 수 있다. 명확한 목표가 있으면 3유형 직원은 5유형 상사의 의도를 훌륭하게 실현시켜 줄 수 있다. 이것 역시 운영의 묘를 살리는 것이다. 도와주거나 경쟁할 필요가 없는 독자적인 일을 목표에 맞게 계획을 가지고 실천한다면 결과가 우수하게 나올 수 있다. 이렇게 해서 5유형은 분석가로, 3유형은 현장의 성과를 만들어 내는 사람으로 두면 이 파트너십은 최상의 결과를 끌어낸다.

두 유형의 관계에 어려운 문제가 닥치면 단계별로 구분하여 해결하는 것이 도움이 된다. 단계별로 각각의 회의 날짜를 정하라. 언뜻 보기에 기계적인 방안 같아 보이지만 어려움에 직면했을 때는 효과를 볼 수 있다. 특히 3유형과 5유형처럼 감정적으로 대응하기보다는 조직적으로 맞서기를 좋아하는 사람들에게 효과적이다. 5유형은 한 발 뒤로 물러서서 각 단계의 협상을 준비하기를 좋아한다. 정보를 탐색할 수 있는 시간을 마련할 수 있기 때문이다. 3유형은 활동에 열중하면서 부정적인 감정이 생기는 것을 막을 수 있다. 조용히 앉아서 생각하고 연구하면서 방어하는 5유형과 일을 하고 현장을 뛰면서 문제를 해결하려고 하는 3유형 모두에게 적절한 해결 방법이다.

♠ 3유형의 셀프리더십 코칭

- 오늘의 여러 가지 일 중 당신이 생각하는 하찮은 일을 하나 떠올려 보십시오. 그 안에서의 의미와 즐거움을 찾아본다면 그것은 무엇입니까?
- 당신에게서 과업, 성취, 성공이란 단어를 뺀다면 자신은 무엇입니까?

- 인정, 생산성, 타인 이미지 등이 없이도 내 삶의 주인공이 되려면 어떻게 해야 할까요?

♠ 5유형의 셀프리더십 코칭

- 사람들과의 친밀한 교류가 당신의 삶에 가져다줄 선물은 무엇이겠습니까?
- 소중한 사람에게 당신의 마음을 표현하는 것은 서로에게 어떤 유익이 있겠습니까?
- 당신이 삶에서 집착하는 것은 무엇입니까? 당신을 잘 아는 사람이 자신에게 진심 어린 조언을 한다면 무엇이라 하겠습니까?

♠ 3유형 상사가 5유형 부하에게

- 업무적으로 가지고 있는 정보를 빠르게 공유하고 순환하는 것이 우리 팀에 미치는 영향은 무엇일까요?
- 관계나 업무에서 거리두기를 멈춘다면 결과는 어떻게 달라질까요?

♠ 5유형 상사가 3유형 부하에게

- 당신이 밀어붙이는 열정적 일처리의 긍정적인 면과 부정적인 면은 무엇일까요?
- 목표를 명확히 하고 당신의 역할과 책임을 분명히 하는 것은 당신에게 얼마나 중요한 일입니까?

3유형(성공) VS 6유형(안전)

이 두 유형의 가장 흔한 조합은 6유형이 창조적인 아이디어를 창출해 내고 3유형이 열정적으로 마케팅과 광고를 하는 것이다. 6유형은 보통 평범하고 늘 해 오던 것을 특별히 가려서 선호하는 경향이 있다. 하지만 여러 명이 서로 다른 주장을 내면서 다투는 논란의 여지가 있으면 이야기는 다르다. 특히 실현되면 대박이지만 현실적으로 실행되기 어려운 아이디어의 경우에는 6유형의 고유한 능력이 발동된다. 6유형은 논란이 된 아이디어를 다룰 수 있는 이론을 다듬고 정리하며, 실행할 수 있을 때까지 에너지가 떨어지지 않고 집중할 수 있다. 보통 6유형은 역경에 부딪히면 창조적인 능력을 더 발휘한다. 기본적으로 안전을 추구하지만 마지막 순간에 몰리게 되면 쳐서 깨뜨리고 뚫고 나가는 힘을 얻게 된다. 더 이상 안전할 수 없을 때는 공격적인 성향을 나타내기도 한다. 현재 상황이 안전하지 않으므로 안전해지기 위해 파격적인 방법을 찾는 것이다. 그래서 의외로 새로운 창조와 신선한 아이디어를 발휘하게 된다.

3유형의 능력은 형성된 개념을 많은 사람이 이해하도록 설명하여 알리는 일을 할 때 빛을 발한다. 이들은 시장을 파악하고 현재의 대중적 관심사에 맞게 재료를 선별하고 포장하는 일에 능수능란하다. 어떤 것이 필요하고 어떻게 해야 상품을 돋보이게 할지도 잘 안다. 있는 재료를 신선하게 만들고 기존 상품을 새로운 상품처럼 포장하는 것도 잘한다. 6유형이 이런 재료를 제공하고 3유형이 퍼 나르는 식이라면 서로 어울리고 잘 맞는다고 할 수 있다. 동료로 이루어진 파트너십에서는 보통 6유형이 아이디어를 창출하고 문제를 해결하는 역할을 맡는다. 그리고 3유형이 제대로 된 생산물을 만들어 내고 홍보하고 선전하는 과정을 맡는다.

3유형 상사는 6유형 직원의 의견을 존중해야 한다. 3유형은 좋은 아이디어가 있으면 다른 사람의 기여에 대해서 제대로 신경 써 주거나 알아주지 않는 경향이 있다. 그 이유는 그것으로 자신의 성공을 향한 발판으로 삼을 수 있기 때문이다. 다른 직원들의 아이디어를 그들의 공으로 돌리지 않고 자신이 취하게 되면 조직의 공동체성은 삐걱거리기 시작할 것이다. 팀워크는 손상을 입고 직원들은 각자 하고 싶은 마음이 생기는 방향대로 불평불만을 만들어 낸다.

6유형이 프로젝트를 진행할 때 자기 분야에 대해 인정받고 싶어 하는 것은 당연하다. 그런데 자신의 프로젝트에 대한 능력을 인정받지 못한다면 그 상사는 신뢰할 수 없는 상사일 것이다. 특히 상사가 자유로이 행동하지 못하도록 억누르기까지 한다면 따르기 힘든 권위자로 바라보게 될 것이다. 좋은 뜻을 가지고 있더라도 상사 자신의 이익만을 챙기기 위한 행동으로밖에 보이지 않는다. 직원들의 이해와는 상관없이 억압적이고 자신만 아는 상사로 여겨질 것이다. 예측 가능하고 합리적인 피드백이 없다면 이런 오해는 당연하다.

그러므로 6유형 직원의 노력과 수고를 인정해 주는 것이 매우 중요하다. 6유형은 자신의 지적인 기여에 대해 소유욕을 매우 강하게 보이는 경우가 많다. 그리고 이런 기여가 다른 어느 공적인 인정보다도 높이 평가되기를 원한다. 6유형 직원은 자신이 인정을 제대로 받을 확신이 있으며 프로젝트의 미래에 자신의 자리도 있다고 안심할 수만 있으면 3유형 상사도 얼마든지 인기를 얻어도 된다. 실은 자신의 안전보장을 위해 앞에 나서 주는 3유형 상사를 필요로 한다. 이것만 보장된다면 당연히 많은 신뢰를 보내고 조직의 일과 상사에게 충성을 다한다.

3유형 상사가 이런 분위기를 느끼지 못하고 6유형 직원의 수고를 인정해 주지 않는 행동을 되풀이한다면 6유형 직원은 어떤 반응을 보일까? 일단 6유형 직원은 약자의 자세를 취하면서 3유형 상사와의 갈등에 대비해 직장 내 같은 의견을 가진 직원들을 모을 것이다. 보통 이럴 경우 6유형은 혼자서 움직이지 않는 경우가 대부분

3유형의 화살방향　　**6유형의 화살방향**

이다. 특히 불만을 토로하는 자리거나 그런 불만을 행동으로 옮길 때 그렇다. 그 이유는 6유형의 집착인 안전이 자리 잡고 있어서 자기 혼자만 불만이 있는 것이 아니라 많은 직원도 그렇게 생각하고 있다는 것이 더욱 안전하게 여겨지기 때문이다. 효과성도 말할 나위가 없다. 6유형 직원이 행동에 옮길 즈음이라면 이미 조직 내에서 상사의 불합리한 의사결정이나 태도가 널리 퍼져 있을 가능성이 매우 높다. 6유형 직원이 이런 행동을 하고 이 정도의 상황이 벌어지면 3유형 상사는 그런 소집을 인정해 주고 그 모임에서 나온 이야기들에 대해서 경청하는 자세를 갖는 것이 필요하다. 3유형 상사는 특히 부정적인 피드백을 무시하는 경향이 있다. 그렇게 되면 직원들의 불만과 오해를 더욱 부채질하게 된다.

이 두 유형이 공유하고 있는 에니어그램 선이 제공하는 통찰력을 바탕으로 문제를 해결하는 것이 좋다. 3유형 상사는 자신이 그동안 잘하고 인기가 좋았다고 믿고 있었다. 하지만 이런 상황에 이르러서는 그 인기 있는 지도자로서 자신이 정말 잘하고 있었는지를 의심해 본다. 6유형 직원이 하는 의심이라는 도구로 3유형 상사 자신을 성찰하는 것이다. 정말 그동안 내가 괜찮았는지, 이대로 하면 어떤 결과가 나타날 것인지, 내 좋은 의도가 다른 직원들에게도 좋았는지를 성찰하면서 자신의 태도에 대해 질문을 던져 본다.

6유형 상사는 야망으로 가득 찬 3유형 직원이 너무 조심스럽고 규칙에 얽매어 있는 것처럼 보일 수 있다. 6유형 상사는 소심하게 행동하고 지시와 명령에 대해 자신없어 하는 상사가 되는 것이 두려울 수 있다. 그렇게 되면 상사로서의 통제력을 잃을지도 모른다는 두려움이 생긴다. 그래서 6유형 상사는 직원들의 부정적 의도를 꼬치꼬치 지적하게 된다. 하지만 이런 부정적인 지적은 경쟁과 창의성의 긍정적인 면들을 무시하는 결과를 낳는다. 직원의 능력을 상승시키기 위해서는 긍정적인 면들을 강화해야 하고 애정을 가지고 돌보는 일이 필요하다. 이것이 6유형이 가져야 하는 중요한 리더십의 내용이다. 조직의 규율도 중요하고 전통도 중요하지만 부드러운 자유가 더해진 유연성도 이에 못지않게 중요하다. 3유형은 특히 자신이 무시될 수 있다는 사실에 매우 민감하다. 때문에 프로젝트를 통해 앞으로 나아갈 기회가 없다고 판단되면 재빨리 다른 기회를 찾아 나설 것이다.

3유형은 조직에서 사업의 회전속도가 빠른 확장의 시기에 특히 능력을 발휘한다. 바쁠 때 더 일을 잘할 수 있는 유형이다. 동시에 여러 가지 일을 하는 능력도 탁월하다. 팽이가 빨리 돌 때 더 잘 서 있는 것과 같이 팽팽 돌아가는 업무 상황에서는 그 능력을 더 잘 발휘할 수 있다. 3유형은 이런 상황이 오면 드디어 일다운 일을 한다는 생각을 가질 수도 있다. 반면, 6유형은 일단 안전 유무를 확인하는 데 공을 들인다. 그리고 안전이 확보된 상태에서 일을 진행하려고 하기 때문에 3유형과는 출발점이 다르다. 6유형의 의심은 안전을 확보하는 가장 중요한 체크리스트이다. 이것을 건너뛰는 것은 움직이지 못하도록 하는 것과 다름없다. 그런데 한참 팽이처럼 일을 하고 있던 3유형 직원이 이런 6유형 상사를 만나면 어떻게 될까? 6유형 상사는 위험을 회피하고 3유형 직원은 위험에 도전하는 모습을 나타내게 된다. 당연히 서로 간에 불편하고 긴장하는 장면이 나타날 것이다.

이들이 에니어그램 표에서 공유하는 선을 바탕으로 6유형은 3유형의 방식을 사용하도록 노력해야 한다. 6유형 상사는 규율 준수보다 과감한 도전도 해 보고 전통 고수보다는 새로운 개발에 박차를 가해 볼 필요가 있다. 규제를 통해 직원들의 충성심을 통제하기보다 3유형이 존경하는 이미지와 효율성의 본이 되어야 한다. 3유형 직원의 도전이 부담되겠지만 그들을 통해서 더 안전한 쪽으로 진행될 수 있다는 믿음을 가져야 한다.

♠ 3유형의 셀프리더십 코칭

- 당신의 능력은 어디에서 빛을 발합니까? 그것을 10배로 더 크게 한다면 그 결과는 어떻게 되나요?
- 당신이 평소에 간과하는 부분은 무엇입니까? 그 부분의 항아리를 채워 간다면 당신의 성공 이미지는 어떤 모습일까요?
- 무언가를 막 시작할 때 자신에게 무슨 말을 해 주고 싶으십니까?

♠ 6유형의 셀프리더십 코칭

- 자신의 성실, 신뢰, 책임감이 긍정적으로 펼쳐질 때 당신의 리더십은 어떤 모습이 될까요?
- 용기와 도전이란 단어가 당신과 친해질 때 삶은 어떻게 달라져 있을까요?
- 자신이 공격적으로 변할 때 성찰해야 할 부분은 무엇입니까?

♠ 3유형 상사가 6유형 부하에게

- 지금 하는 일에 확신과 용기가 생길 때 평소 잘 안 하던 무언가를 한다면 그것은 무엇인가요? 확신과 용기의 그 상태를 어떻게 만들겠습니까?
- 어떨 때 자꾸 의심하게 됩니까? 그러한 행동이 타인에게 어떻게 보일지 생각해 본다면, 자신은 어떻게 바꾸시겠습니까?

♠ 6유형 상사가 3유형 부하에게

- 능력 있는 멀티플레이어인 당신이 놓칠 수 있는 것은 무엇입니까?
- 잘나가는 우리 팀의 팀워크에 손상이 되는 것들을 생각해 본다면 그것은 무엇일까요? 그리고 당신이 실수할 수 있는 상황이 있다면 어떤 것일까요?

3유형(성공) VS 7유형(행복)

두 유형의 조합은 종종 프로젝트의 초기에 꽃을 피웠다가 완성을 하지 못한 채 허우적거리는 모습을 보이곤 한다. 처음에는 3유형의 동기가 성공이고 7유형의 동기가 행복이라서 그 욕구를 열렬히 좇아간다. 하지만 그 욕구를 이루는 과정에서 서로 먼저 지치기 쉽다. 그 이유는 서로 간에 열정을 끝까지 유지하는 것이 어렵기 때문이다. 3유형은 새로운 일에 대한 열정이 많이 있고 7유형은 새로운 일에 대한 호기심이 왕성하다. 그래서 3유형과 7유형은 매우 비슷해 보인다. 둘 다 직장에서 앞으로 나아가는 자세를 보이며 두 유형 모두 작업의 폭을 넓혀 가면서 호기심을 가지고 일에 대한 열정을 나타낸다.

누구나 밝은 미래를 꿈꾸며 고통 없이 살아가길 원한다. 그리고 몸과 시간을 움직이는 현실의 고통은 될 수 있는 대로 피하고 싶다. 7유형에게는 더욱 그러하다. 7유형의 미래는 그들에게는 자유이고 희망인 것이다. 따라서 다양한 선택안을 흥미롭게 재구성하는 능력이 있고, 똑같은 것을 가지고도 새로운 것을 만들어 내는 능력이 많다. 즉, 창의성이 풍성한 유형이라고 할 수 있다.

또한 7유형은 어떤 일을 하든지 맛있는 음식을 눈앞에 둔 미식가처럼 일에 접근한다. 이들은 경쟁상황에서도 고통을 느끼지 않으려 하고 흥미 있고 재미있는 일을 발견하려고 한다. 그것이 없으면 일도 경쟁도 의미가 없을 수 있다. 그래서 매사에 톡톡 튄다. 매력적인 이미지를 언제나 제시할 수 있다. 워낙 긍정성이 뛰어나서 실망이라고는 조금도 찾을 수 없을 때가 많다.

3유형은 현재의 재산을 투자하여 미래의 성공을 추구한다. 각자 여러 개의 프로젝트를 유지하거나 같은 프로젝트 안에서 다양한 부분을 동시에 움직인다. 다음의 사건, 또 다음의 프로젝트 등 한꺼번에 많은 요소를 다룰 수 있다. 이런 것들을 다 하려면 뜨거운 열정이 있어야 하고 동기부여가 명확하여야 한다. 에너지가 넘치는 3유형은 많은 일을 해내고 성과를 이루어 내며 낚아채는 힘이 있다. 3유형은 팀보다 개인적인 승리에 초점을 두고 있으며 그 성공을 위해서라면 숨 막히게 지겨운 일도 감수할 용의가 있다. 초점의 대상으로 직무 그 자체도 중요하지만, 높은 직함과 재정적인 이익도 필수적이다. 종합적인 성공이라면 더할 나위가 없다.

두 유형은 이렇듯 일에 대한 강한 열정이라는 공통점이 있다. 하지만 그 열정의 동기는 각각 다르다. 7유형은 3유형처럼 보이고 행동하지만 이들이 일하는 동기는 성공이기라기보다는 모험이다. 7유형은 새롭고 신나는 일을 좋아한다. 그래서 그들에게는 자유가 필요하다. 자유가 주어지지 않는다면 신나지 않은 모험을 하는 것과 같으니 원치 않는다. 만일 자유가 억압당하는 조직이라면 리더의 자리를 맡겨 주어도 만족해하지 않는다. 시간이 더 지나면 아마 그 자리에서 스스로 물러날지도 모른다. 7유형이 자신이 좋아하고 설레게 하는 것에 초점을 둔다면 3유형은 대중이 좋아하는 것에 초점을 둔다. 3유형이 성공에 집착하는 이유는 성공 이미지 때문이다. 자유가 억압되고 고통이 뜻하지 않게 들이닥친다 해도 성공 이미지로 자신을 휘감을 수 있다면 참아 낼 마음이 기꺼이 있다. 그만한 가치가 있다고 생각하기 때문이다.

그래서 3유형 상사는 7유형 직원의 열정을 보고 기꺼이 고통도 참아 줄 것이라고 짐작하기 쉽다. 하지만 7유형 직원은 고통이라면 딱 질색이다. 참아 낼 의향도 용기도 없다. 오히려 피하고만 싶어 한다. 이렇듯 비슷해 보이는 면이 많지만 그 동기는 하늘과 바다처럼 만날 수 없게 멀다.

3유형 상사는 목표 성취와 그에 따른 결과를 원하며, 효율성을 위해서라면 각 단계별 지침을 지키지 않을 수도 있다. 꼭 해야만 하는지 물어보고 건너뛰어도 된다고 판단하면 절차를 생략한다. 그러나 7유형 직원의 동기는 그저 지루하지 않기 위해

지름길로 가는 것일 뿐이다. 비슷한 절차를 반복하는 것이 답답하고 재미없기 때문이다. 하지만 그냥 뛰어넘었다고 해서 뛰어넘은 과정을 무시하는 것은 아니다. 7유형은 보통 일의 절차에 관심이 있다. 다만, 그 절차가 억압적이고 규정만을 따지는 딱딱한 분위기를 싫어할 뿐이다. 오히려 이야기를 나누고 실험하고 도전하는 것에 대해서는 얼마든지 시간을 투자할 마음이 있다.

두 유형 모두 생산성이 높고, 빠른 길로 가기를 좋아한다. 가능하다면 과거의 방법보다 새로운 방법으로 품질 관리를 해서 생산성을 높인다. 그런 면에서 7유형 직원은 3유형의 상사가 좋아할 수 있는 직원이다. 그런데 두 유형에게서 흔하게 나타나는 딜레마가 있다. 즉, 3유형 상사는 모든 사람이 약속을 지키고 헌신하며 전진하고 있다고 믿는다. 그런데 7유형 직원이 프로젝트의 지루한 시기에 일로부터 떨어져 나가 있다는 것을 나중에 알게 되는 것이다. 이런 상황을 3유형 상사가 미리 예측하기란 쉽지 않다. 일이 시작되었으니 당연히 직원들이 헌신해 줄 것이라 여기고 밀어붙이는 경우가 많기 때문이다. 3유형 상사는 7유형 직원의 이탈에 무척 당황해한다. 상명하복의 위계구조 앞에서 말도 안 되게 자기 멋대로 한다고 생각하며, 버릇없고 예의 없다고 질책할 수도 있다.

하지만 7유형 직원은 그것이 예의 없는 행동이라고 생각하지 못한다. 알았다면 그렇게 행동했을 리가 전혀 없다. 다만, 새로운 방향으로 시도해 본 것뿐이다. 그리고 그것이 프로젝트에 도움이 될 것이라고 판단했다. 그 이유는 프로젝트 진행 중후반 부분이 너무 지루하고 재미없었기 때문이다. 따라서 3유형 상사는 7유형 직원의 프로젝트 마지막 단계를 직접 감독하면 효과적이다. 지루하게 여길 때쯤 적절하게 관여하는 것이다. 그러면 자연스럽게 7유형 직원의 이탈을 방지하고 3유형 상사가 원하는 성과를 얻을 수 있게 된다. 더 좋은 방법은 '명령 체계'를 확실히 해 두는 것이다. 7유형 직원은 대체로 대중의 주의를 집중시킬 수 있는 리더에 대한 불만을 겉으로 쉽게 드러내지 않기 때문이다.

7유형 상사는 늘 영감을 받으면서 일한다. 그래서 주로 프로젝트의 초기 단계에는 인기가 있다. 성공적인 7유형 상사는 일단 프로젝트가 자리 잡히고 나면 성과를 직원들에게 나누어 주고 자신은 네트워킹과 홍보 임무를 좋아한다. 3유형 직원은 이런 상사의 계획을 실행하기에 매우 적절한 유형이다. 3유형은 목표에 도달했을 때 만족하기 때문에 7유형의 계획이 합리적이고 구체적이기만 하다면 3유형 직원은 이 지시들을 다 이해하고 실행해 줄 것이다.

두 유형의 파트너십에서 가장 흔하게 발생하는 오해는 바로 목표의 불확실성과 관련되어 있다. 7유형들은 계획의 수행 과정에서 많은 허점을 남겨 놓게 된다. 그 허점이란 계획을 즉흥적으로 바꾸는 것이다. 직원들이 '이랬다저랬다' 한다는 느낌을 받게 되면 힘들어지기 시작한다. 이것이 7유형의 특징인 계획의 불확실성이다. 계획이 바뀌고 새로운 지시사항이 내려지면서 직원들이 제대로 따라가지 못할 수도 있다. 일의 효율성도 그렇지만 심리적인 압박도 받게 된다.

7유형 상사에게 짜증 난 3유형 직원이 7유형 상사의 변경된 정책을 더 논리 정연하게 정렬하기 위해 상사의 영역인 관리 역할을 일부분 맡으려고 한다. 이럴 때는 7유형 상사가 약간 자리에서 물러나는 여유를 보여 주는 것도 좋다. 긴장이 높아지면 결과적으로 3유형 직원이 자신의 자리를 만들려고 할 것이기 때문이다. 따라서 3유형 직원에게 구체적인 지위와 역할을 주면서 업무동기를 부여하면 효율적이다. 또 계속해서 파트너십을 이어 가는 것이 서로의 관계를 위한 적절한 타협의 길이 될 것이다. 7유형 상사의 양보와 타협은 궁극적으로 3유형 직원의 도움을 이끌어 내고 좋은 결말을 만드는 요소가 될 것이다.

♠ 3유형의 셀프리더십 코칭

- 당신이 추구하는 성공 이미지는 어떤 모습인가요?
- 나의 실패를 인정함으로써 얻게 되는 배움은 무엇일까요?
- 당신의 내면이 진실해지고 충만해지기 위해 무엇이 필요한가요?

♠ 7유형의 셀프리더십 코칭

- 당신의 호기심이 실용적인 결과를 맺기 위해서 해야 할 것은 무엇입니까?

- 당신의 마음이 좀 더 고요해지고 중심을 이룬다면 무엇을 이루고 싶습니까?
- 당신의 상상력과 넘치는 에너지를 10배로 한다면 10년 후 모습은 어떤 모습일까요?

♠ 3유형 상사가 7유형 부하에게

- 생산과 품질 서로 다른 두 마리 토끼를 다 잡기 위해 어떤 새로운 방법이 있을까요?
- 프로젝트의 마지막 단계를 잘 마무리하기 위해 우리가 서로 점검해야 할 것은 무엇인가요?

♠ 7유형 상사가 3유형 부하에게

- 당신은 어떠한 상황에서 결과가 좋아지나요? 그럴 때 대인관계는 어떠한가요?
- 성급히 마무리하려는 것을 멈추고 그것의 과정을 살핀다면 무엇이 달라질까요?

3유형(성공) VS 8유형(강함)

3유형과 8유형 모두 두드러지게 미국적인 리더십 유형을 보인다. 두 유형 모두 공격적이고 추진력과 돌파력, 그리고 일에 대한 자기 지배력이 우수하다. 다른 사람들이 자신의 영역을 침범하는 것을 매우 싫어한다. 이러한 자신의 영역을 방어하는 성향은 싫어하는 정도가 아니라 분노를 표현하거나 역공격을 하는 경우까지 이어지기도 한다.

두 유형 모두 과정보다 결과(업적)를 더 중요시한다. 그리고 그 결과를 얻기 위해 맹렬하게 도전하고 열정을 가지고 몰입한다. 이럴 때는 주변에 있는 다른 것들이 잘 보이지 않는다. 그만큼 집중력이 높고 목표 지향적이라고 할 수 있다. 두 유형 모두 업무에 방해를 받으면 스트레스를 받고 싫어한다. 분노를 일으키기도 한다. 이들이 같은 편에 속하면 무적의 팀이 되며 반대의 편에 속할 때에는 피할 수 없는 권력 다툼이 일어난다.

8유형의 스타일은 직설적이고 대결 주의적이다. 의도를 숨기지 않고 돌직구를 날린다. 커브나 체인지업은 별로이다. 오로지 있는 그대로의 힘으로 던지는 돌직구로 승부를 보려고 한다. 그만큼 단순하다는 뜻이기도 하다. 돌아가거나 함정을 파고 기다리지 않는다. 있는 그대로 힘을 가지고 밀고 나간다. 단순 명료하고 상대가 어떻게 나오든지 자신의 방법을 바꾸려고 하지 않는다.

반면, 3유형은 카멜레온과 같다. 이들은 남들이 자기를 좋아하게 만들기 위해 입장을 바꾸고 이리저리 피하고 누비고 돌아다닌다. 그만큼 융통성이 있다. 목표가 정해져 있고 원하는 결과가 뚜렷한 것은 8유형과 같으나 그것을 이루는 방법에 있어서는 좀 다르다. 돌직구만으로 승부가 나지 않을 때는 커브나 체인지업 그리고 너클볼 등을 현란하게 구사하는 것이다. 목표를 이룰 수 있다면 다양한 방법 중 최고의 것을 그때그때 골라서 사용한다.

8유형은 강하게 기본 틀을 잡은 다음 목표를 세우면 곧바로 거기에 에너지를 쏟아붓는 유형이다. 조금은 투박하기도 하지만 요령을 부리지 않는다. 따라서 흔들림이 적고 예측 가능하며 단순하다. 그러나 파워가 워낙 강하기 때문에 '안 되는 것'도 '되는 것'으로 만들 수 있다. 최상의 능력을 이끌어 내는 리더십이 있다. 이것저것 돌아보거나 후회하거나 더 나은 방법을 찾으려는 것보다는 애초에 하려고 한 곳에 모든 화력을 집중한다.

3유형은 그보다는 조금 더 기교를 부린다. 일단 행동을 시작하고, 진행하면서 적절한 전략을 세우고 전진한다. 오히려 이러한 과정에서 배움이 일어나서 다음 단계 계획이 변경되기도 한다. 목표를 달성하기 위해서 모든 가능한 방법을 동원한다. 처음 할 때는 그렇게 했지만 지금은 이 방법이 더 나은 방법이라면 얼마든지 바꿀 수 있다. 목표는 동일하지만 그 목표에 가기까지의 방법은 다르다. 3유형은 늘 효율성이 높은 방법을 찾아낸다.

3유형이 보았을 때 8유형은 약한 사람들을 이리저리 괴롭히는 사람으로 보인다. 지배하고 통솔하려는 힘이 강하기 때문에 자기 마음대로 휘두르는 것으로 판단한다. 어떤 때는 눈이 휘둥그레질 정도로 거침없는 말을 하기도 하고 파격적인 행동도 서슴없이 하는 것이 놀랍다. 옆에 있다 보면 별로 잘못한 일도 아닌데 야단맞는 듯한 감정이 생기기도 한다.

그에 반해 8유형은 3유형을 거짓말쟁이로 바라본다. 자신의 앞에서 한 말과 나중에 한 행동이 다르다고 느끼기 때문이다. 분명 화가 난 것 같은데도 자신에게 말하지 않고 마음에 품고 있다가 나중에 말한다. 그때 말하지 왜 그랬냐고 물어보면 엉뚱한 소리를 한다. 자신과 같이 나눈 이야기나 회의 내용에 대해 잘 지키지 않고 변명을 늘어놓는다. 솔직하지 못하다고 생각한다.

가장 흔한 형태의 조합은 8유형이 상사를 맡고 3유형이 현장에서 최고의 생산을 이끌어 내는 조합이다. 3유형은 노력에 대한 보상으로 손에 잡히는 것을 원한다. 나중에 주겠다는 불확실한 약속이나 피상적인 보장에 대해서는 동기부여가 일어나지 않는다. 현명한 8유형 상사는 3유형 직원의 성향을 이해한다. 그래서 보상에 대한 욕구를 누르면서 지배하려고 하기보다는 이해하고 존중해 주는 것이 좋다. 8유형 상사는 자신의 권위에 대해 도전하는 사람을 경계한다. 자신의 영역을 넘어서 침범해 들어오는 것에 응징한다. 그런데 3유형 직원이 바로 그런 사람들이다. 일은 열심히 하는데 공을 상사가 다 가져간다면 일할 맛이 나지 않는다. 더 나아가서 일 자체에 대해서 브레이크를 밟든지, 3유형답지 않게 적극적으로 협조하지 않을 것이다. 따라서 8유형 상사가 3유형 직원과 원활한 관계를 유지하기 위해서는 미리미리 경계를 세우고 보상에 대한 약속을 지키는 것이 좋다. 예를 들면, 연봉과 지위에 대한 지침이나 업무와 관련된 근무조건을 잘 이행할 때의 성과급 등을 정해 놓는 것이다. 3유형 직원은 이렇게 경계가 분명한 시스템 내에서 본인이 챙길 보상 성취 가능성을 보고 활력을 얻는다. 이들은 더 높은 지위에 오를 수 있는 사회적이고 조직적인 계단을 원한다. 그들의 활동과 역할이 자신의 사회적 사다리를 오르는 데 얼마나 도움이 되는지를 알게 해 준다면 더 말할 나위가 없이 적극성을 띤다.

3유형 상사가 8유형 직원과 근무하며 가장 신경 써야 할 사항은 직원에 대한 공정함이다. 8유형 직원은 상황에 따라 변화무쌍한 3유형 상사를 보며 '저렇게 왔다 갔다 하는 카멜레온을 어떻게 믿을 수 있지? 저 상사가 직원에 대한 의리를 지킬까?'라는 의문을 가지게 된다. 그리고 그 의심이 사실로 판명되면 8유형 직원은 3유형 상사의 권위에 도전할 수 있다. '자신의 편의에 따라 나를 배신하지는 않을까? 상사가 정직한 사람인가? 한번 알아보자!'는 식이다.

불만을 해소하는 방법도 가장 적극적이며 솔직하고 과감하다. 3유형 상사가 보았을 때 그것은 직장 내 불안을 조장한다. 그렇게 되면 3유형 상사에게는 진압해야 할 반란군이 생기는 것이다. 여기서의 문제는 3유형 상사가 '정직한가?'이다. 그러므로 3유형 상사는 반란군이 정비를 갖추기 전에 자신이 왜 그런 결정을 내렸으며 그에 따른 결과는 어떻게 될 것이라고 설명해 주면 도움이 된다. 특히 8유형 직원의 안정된 자리와 관련해서 믿을 수 있도록 이해시킬 수 있으면 최상의 시나리오가 된다. 8유형 직원은 자신이 믿을 수 있다고 느끼기 전까지는 완전히 헌신하지 않는다. 3유형 상사가 8유형 직원에게 업무와 관련하여 미래에도 본인의 자리가 있을 거라고 믿음을 주는 것이 도움이 된다. 8유형은 장기적인 사업 계획에서 자신의 위치를 정확하게 알아야만 안심할 수 있기 때문이다.

8유형 직원이 3유형 상사에게 신망을 얻기 위해서는 그의 뛰어난 업적을 인정한 후에 본인이 원하는 바를 말하는 것이 좋다. 3유형 상사에게 문제점을 지적하고 정면으로 비판한다면 대화는 그것으로 끝이다. 자신에 대해서 존경심이 없는 직원에게 유독 까다로울 수 있는 상사가 바로 3유형 상사이다. 하지만 존경심을 표시하면 관대해진다. 최대한 존경심을 가지고 말한다면 많은 면에서 믿음과 신뢰를 쌓을 수 있을 것이다.

반면, 8유형 상사에게는 차분하고 분명한 논리를 가지고 말하는 것이 중요하다. 감정적인 접근은 문제 상황을 잘못 전달하는 실수를 범하게 된다. 그렇다고 8유형 상사를 견고하고 힘만 강하고 부드러움이라고는 눈곱만큼도 없다고 생각하면 안 된다. 의외로 부드러움을 감추고 있다. 따라서 명확한 태도를 가지고 침착하게 설득하는 것이 좋다.

♠ 3유형의 셀프리더십 코칭

- 당신의 성공이 다른 사람들에게는 어떤 도움을 줄 수 있을까요?
- 무언가 일이 잘못되었을 때 성숙된 모습으로 처리한다면 어떤 모습인가요?
- 당신은 자신의 존재를 어떻게 표현하시겠습니까?

♠ 8유형의 셀프리더십 코칭

- 타인의 말에 귀를 기울이면 어떤 긍정적 효과가 있을까요?
- 의사결정하기 전에 다른 사람의 의견을 참고하고 수용하는 태도를 보인다면

그들과의 관계는 어떻게 달라질까요?

- 욱하고 올라오는 분노의 감정을 긍정적으로 전환시키려면 어떻게 해야 할까요?

♠ 3유형 상사가 8유형 부하에게

- 우리가 서로에게 효율적으로 높은 성과를 이루려면 무엇이 필요한가요?
- 당신의 위치적 안정감이 충족된다면 당신의 기량은 어디까지 미칠 수 있겠습니까?

♠ 8유형 상사가 3유형 부하에게

- 당신이 추진하는 일에 누군가 이의를 제기한다면 어떻게 협의하시겠습니까?
- 원활한 관계를 유지하고 업무적 성취를 이루기 위해 서로가 지켜야 할 것은 무엇입니까?

3유형(성공) VS 9유형(평화)

3유형의 높은 에너지 양은 다른 직원들로 하여금 직장생활의 모범이 된다. 성공을 향해 달려 나가는 3유형의 욕망은 목표관리, 효율을 무기로 결국 원하는 것을 성취하는 동력으로 작용한다. 그에 반해 9유형은 커리어를 통해 '자신을 찾은' 사람들을 부러워한다. 9유형은 3유형의 직장 생활에서의 긍정적인 면을 기준으로 삼고 자신의 속도가 뒤처지지 않게 데드라인을 설정하면 큰 도움을 얻을 수 있다. 특히 이러한 노력이 조직에서 3유형과 9유형 간의 갈등을 없애는 데 중요한 도움을 줄 수 있다.

9유형들은 대개 자신의 안정화된 지점의 특성들을 좋아한다. 이들은 때로는 3유형처럼 보이고 행동할 수 있지만 몇 가지 핵심적인 차이를 가지고 있다. 9유형은 문제의 모든 면을 살필 수 있다. 즉, 사물이나 현상을 전체적으로 분석하는 능력이나, 전체가 힘을 합쳐서 할 수 있도록 만드는 거시적인 관점에 강하다. 갈등을 피하려는 그들의 전략은 관계에서의 평화를 원하는 욕구에서부터 시작한다. 동서남북을 다 조명하는 넓은 관점을 가지고 있다. 5유형이 작고 미세한 면에 강하다면 9유형은 넓고 멀리 있는 것에 더 강점이 있다. 9유형은 다른 사람들이 멀리 있어서 잘 살피지 못하는 것도 알아내어 결국 평화의 범주에 넣는다.

하지만 빠른 속도로 일을 전개시켜 나가기를 원하는 3유형의 입장에서 보면, 모든 의견을 다 고려하고 모두가 만족한 결론을 내리려는 9유형의 일처리 방식이 마음에 들지 않는다. 속도를 늦추고 효율을 떨어뜨리기 때문이다. 이 방식은 시간이 많이 걸리고 비효율적이기 때문에 문제의 핵심을 찾아서 원인을 도려내는 것이 바람직하다고 생각한다. 도려내다 보면 누군가는 상처를 입을 수밖에 없다. 일을 빨리 진행하려면 어쩔 수 없다고 생각한다. 인간적인 면을 강조하다가는 업무적 효율을 떨어뜨리기에 다 잘할 수는 없다고 생각한다. 이렇게 되면 사무실 내 직원들의 사기와 같은 주제는 대화의 대상에서 제외된다. 9유형의 장점이 3유형에게는 약점으로 지적될 수 있는 이유이다.

3유형은 회의 중에도 다른 일이 있다며 중간에 자리를 뜨는 경향이 있다. 그 다른 일이란 성과를 내기 위한 프로젝트일 가능성이 있다. 상대적으로 더 중요한 일을 위해서 덜 중요한 일을 포기할 수 있다. 그런 결정을 할 때 인간적인 고민은 예외로 한다. 그런 고민 다 떠안고 있다가는 일을 효율적으로 할 수 없다. 3유형이 가슴형임에도 불구하고 감정을 제거하는 이유가 여기 있다. 인간적인 연민이나 관계보다는 효율적인 일처리와 성공이 더 우선시되기 때문이다.

3유형 상사의 주된 방침은 '계속하라'이다. 또한 대개 자신의 영향력이 미치는 범위를 넓히려고 노력한다. 한번 결정이 내려지면 다음 단계로 재빨리 넘어가려는 강한 충동이 밀려온다. 직무 관련이 아닌 사안들은 3유형 상사의 관심을 받기가 어렵다. 직무에만 집중하고 다른 모든 것을 무시하는 상황도 마다하지 않는다. 이렇게 몰아붙이는 상황이 계속되면 3유형 상사들은 직원을 두 부류로 나눈다. 직무에 도움을 주는 부류와 도움을 주지 못하는 부류가 그것이다. 즉, 직원을 일하는 기계나 또는 일을 위한 수단으로 전락시킨다. 가치가 없다고 판단되는 사람들은 무시하고, 가치 있는 사람들을 몰아붙이는 것이 논리적으로 당연하다고 느낀다.

이렇듯 미성숙한 3유형 상사는 기업에 대한 기여도를 바탕으로 사람을 대한다. 그러다 보면 9유형이 제일 먼저 위협을 받을 수도 있다. 기여도가 눈에 보이는 실적 위주로 진행될 가능성이 높기 때문이다. 실제로 3유형 상사가 일을 몰아붙일 때 생기는 직원들의 불협화음은 9유형 직원 귀에는 크게 들린다. 그래서 직원과 자신을 통합시키고 모든 상황을 고려하면서 자신의 불만을 간접적으로 표출할 것이다. 어쩔 수 없이 당장은 상사에게 동의하긴 했지만 3유형 상사가 아예 눈치채지 못하는 직원들의 불만을 뼈저리게 느낀다. 하지만 9유형 직원은 평화를 유지시키는 데 전념하기 때문에 맨 마지막까지도 자신의 불편한 입장을 내놓지 않을 수 있다. 상사와의 직접적인 대결이나 접촉은 피하면서도 간접적인 방식으로 표현하게 될 것이다. 9유형 직원이 이렇게 공격하기 시작하면 프로젝트는 제자리걸음만 걷게 될 수 있다. 9유형이 공격을 시작했다면 이미 대부분의 직원도 불만을 가지고 있을 것이기 때문이다.

9유형 상사의 우유부단함은 목표지향적인 직원, 특히 3유형 직원에게 달갑지 않다. 3유형 직원은 오랜 기간에 걸친 연구와 발견에 대해서는 그리 호의적이지 않다. 결정을 내리기 위해서 자료 수집을 하는 것이 아니라 자료 수집 그 자체가 목표가 되는 것으로 보이기 때문이다. 자료를 모으는 것도 힘이 드는 작업이지만 자료가 너무 많으면 3유형의 사고 구조는 과부하가 걸린다. 모순적인 사고가 중요한 결정을 방해할 수도 있다는 생각이 들어 혼란스럽고 짜증스럽다. 3유형 직원은 명료한 단기 계획을 중심으로 생각하는 반면, 9유형 상사는 끊임없이 변하는 조건에 따라 목표가 어떻게 변하는지 계속 응시하고 있다. 3유형 직원은 단기 목표에 대한 실행 방안을 당장 실천하고 싶다. 반면, 9유형 상사는 아직 자료 정리 중이고, 최종 목표가 확정되지 않았다. 그런데 단기 계획을 세우고 실행하자고 주장하는 3유형 직원의 발상은 위험하다고 여긴다.

9유형 상사와 3유형 직원의 차이는 명확하다. 9유형 상사는 방대한 자료를 모으기 원하고 거시적 관점에서 일을 해 나아가기를 원한다. 어느 한 곳도 불평이 없기를 바라면서 또 어느 한 곳도 다치지 않기를 바란다. 다 좋을 수 있는 방법을 찾는다. 그리고 다 찾고도 다시 한번 부족한 것은 없는지를 생각하고 찾는다. 이렇게 시간이 흘러가게 되면 자료는 점점 많아지고 결정은 점점 늦어진다. 반면, 3유형 직원은 단기 계획을 중심으로 추진해 나아가며 방대한 자료보다는 당장 필요한 자료를 선택하기를 원한다. 자료도 좋고 어느 한 곳도 다치지 않고 평화스럽게 해결되었으면 좋겠지만 문제는 시간이 늦어진다는 것이다. 이렇게 해서는 상대를 이기면서 실적을 낼 수 없다고 느낀다. 따라서 조급해진다. 더 나아가서 상사를 무능하다고 비난하게 된다. 9유형 상사는 3유형 직원의 이런 반응에 대해서 성급하게 행동하지 않는다. 그렇다고 그것에 동의하는 것은 아니다. 일과 사람은 구별되어야 하며 차별이나 상처를 주는 것은 피해야 한다고 믿는 것이다.

이 파트너십의 핵심 이견들을 연결시켜 주는 데에는 제3자의 의견이 매우 큰 도움이 된다. 9유형은 직접적인 대면보다는 편안한 대상에게 자신의 생각을 더 쉽게 털어놓을 수 있다. 여간해서 9유형이 자신의 마음을 털어놓는 것은 쉽지 않다. 결론을 내리기 어렵기 때문에 자신의 마음을 자신도 모를 수도 있다. 그렇기 때문에 신뢰할 만한 멘토나 코치가 있으면 더욱 도움이 된다. 3유형은 결과를 보장할 수 있는 내용을 가지고 실행계획을 짜는 것을 좋아한다. 믿을 만한 제3자가 두 유형의 문제해결 전략의 각각 좋은 점을 설명할 수 있으면 좋다. 9유형은 우선순위를 매기고, 얼굴을 마주 보고 대면하고, 주장이 강한 리더십의 중요성을 받아들이도록 노력해야 한다. 3유형은 기다리고, 남의 통찰력을 존중하고, 성과와 사람들의 욕구 간 관계를 파악할 수 있도록 노력해야 한다.

♠ 3유형의 셀프리더십 코칭

- 열심히 나아가던 길을 잠시 멈추어 뒤를 돌아본다면 무엇이 보일 것 같습니까?
- 목표로 나아갈 때 경계해야 할 부분이 있다면 무엇입니까?
- 내가 유능하지 않아도 된다고 받아들일 때 제일 먼저 떠오르는 것은 무엇입니까? 그것 중 내가 팀워크를 위해 내려놓아야 할 것이 있다면 무엇입니까?

♠ 9유형의 셀프리더십 코칭

- 미루는 습관 때문에 업무에서 어떤 일들이 생기나요? 그것이 당신에게 미치는 영향이 있다면 무엇인가요?
- 지금 이것을 어떻게 하실지 구체적으로 말씀해 주시겠어요?
- 갈등을 직면하지 않을 때 생길 수 있는 문제는 무엇입니까? 진정한 평화는 무엇인가요?

♠ 3유형 상사가 9유형 부하에게

- 당신의 우유부단함이 자신에게 가져다주는 책임은 무엇인가요?
- 빨리 끝낼 수 있는 일을 미루고 있는 당신에게 조언을 한다면 뭐라 하시겠어요?
- 오늘 끝낼 일과 이번 주와 이번 달에 끝낼 일을 마무리해 보세요. 그럼 어떤 변화가 생길 것 같은가요?

♠ 9유형 상사가 3유형 부하에게

- 그들이 잘할 수 있도록 조금 더 기다려 주면 최종 결과는 어떻게 달라질까요?
- 모든 면에서 신뢰할 만한 사람으로 보이려면 무엇을 달리해야 할까요?
- 업무의 효율성과 지속성을 결합한다면 어떤 결과가 있을까요?

4유형(특별) VS 4유형(특별)

대부분 전문 직종의 직장 환경에서는 감정을 제외시키는 것을 당연시하기 때문에 결과적으로 직장에서 4유형을 찾아내기가 쉽지 않다. 에니어그램 팀 구성 훈련에서 4유형이 자신을 밝히면 주위 사람들이 "당신이? 당신이 일명 낭만주의자라고? 전혀 상상도 못했는걸!" 하며 놀라워하는 경우가 많다.

일반적으로 4유형은 자신이 목적한 바를 이룬 결과에 자신만의 특별함과 독특한 색깔을 부여한다. 또한 자신의 가치를 인정받을 수 있는 눈에 보이는 증거를 필요로 한다. 사람들이 인정해 주는 성공은 이들의 낮아지기 쉬운 자존감을 위로하여 마음을 편안하게 해 준다. 그중에서 가슴형(2, 3, 4유형)은 "저 사람들도 하는데 나도 할 수 있어! 나라고 못할 이유가 없지!"라는 감정이나 마음에 자극을 받으면 주저 없이 실행하기도 한다. 비극적인 인물 하면 흔히 4유형을 떠올리는 고정관념과는 다르게 의외로 눈에 띄는 성공적인 성취자들이 될 수 있다. 실제로 이들의 성공하고자 하는 욕구는 종종 생산성 높고 바쁜 스케줄이 우울증을 없앤다는 생각에서 시작된다. 4유형이 독특함에 집중하면서 3유형의 날개를 사용할 경우 그 가능성은 높아진다.

자신의 날개 중 3유형, 즉 경쟁적이고 성공지향적인 성향을 사용하는 4유형 사람들은 이 특성이 높이 평가되는 자본주의 시장에서 유리하다. 비교와 경쟁을 밥 먹듯 해야 하는 자본주의 세상은 성공한 사람에게만 그 노력을 치하해 준다. 그렇다면 이런 세상에서 성공하는 데는 자신의 독특함이 무기가 될 수 있다. 자본주의 시장도 유리하게 돌아가고 있다. 4차 산업이 도래한 이 시대에 4유형의 독특함을 기반으로 하는 산업이 각광받고 있다. 과거의 산업 환경과는 비교도 되지 않는 환경이 된 것이다. 똑같은 것을 한꺼번에 많이 찍어 내던 시대가 아니라 개인의 개성을 담아낼 수 있는 맞춤형 상품 시대가 열렸다. 사람이 하는 것을 인공지능이 대체하는 상황에서 기계가 할 수 없는 독특함의 영역에서는 4유형이 제일 유리하다.

그런데 대부분의 4유형은 성공해야 한다는 욕구와, 직무에 대한 치명적인 무관심 사이에서 왔다 갔다 한다. 직업상 책임을 지고 감당해야 하는 일이 너무 특별하지 못하고 평범하다고 생각할 수 있다. 직무는 서로 돌아가면서도 할 수 있는 일이 많다. 자신만이 꼭 할 수 있는 특별함이 없어 보인다. 그러니 대개 처음에는 새로운 도전을 받고 황홀한 행복과 흥분에 부풀어 오른다. 그러다가 막상 직무가 시작되면 다시 지겨운 일상사로 돌아가면서 실망이 닥쳐오는 식이다. 어느 날 갑자기 자신이 세운 계획이 결실로 맺혀지지 않는 것처럼 느껴지고 하루하루의 일과도 너무 평범하기만 하다. 굳이 노력할 가치가 없는 것처럼 느껴지는 것이다. 그러다 보니 열심히 해서 거의 마지막에 왔는데도 결과를 내지 못하는 경우가 있다.

4유형이 5유형 날개를 더 선호하며 가슴형의 수치심을 특징으로 가지고 있다면 공개적인 노출에 대해 수줍음을 많이 느끼고 그러한 자리를 피하려고 할 것이다. 공개적인 창피를 당할 위험이 있기 때문에 사람들의 눈에 띄고 싶어 하지 않는 것이

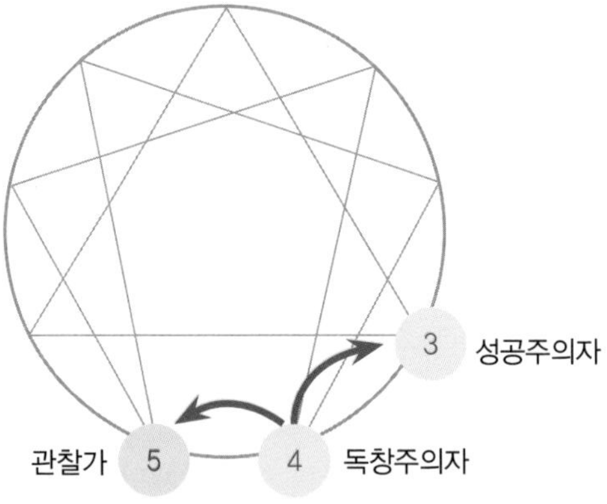

4유형의 날개유형

다. 때로 4유형은 성공을 마음껏 누리지 못한다. 세월이 지난 후 성공이 지루하게 느껴지거나 평범해질지도 모른다는 두려움을 품고 있기 때문이다. 여기에다가 더 이상 창조적인 생각이 나지 않고 멈추게 되면 상황은 더욱더 나빠진다.

그래서 4유형이 효과적이고 열정을 불사를 수 있으려면 위험을 무릅쓰는 일종의 대담한 도전이 필요하다. 이런 상황이 4유형의 열정을 활활 불타게 만든다. 상사는 어떻게 해야 4유형 부하직원이 특별한 대우를 받는다고 생각할 수 있을지를 고민해야 한다. 상사의 이러한 특별한 대우는 4유형의 수치심을 제거하고 스스로 자신의 품위를 지키려는 자존감을 세우는 역할을 한다. 이들에게는 '제일 잘했다'는 칭찬보다는 다른 사람과는 '다른 칭찬'이, 비싼 선물보다는 다른 사람과는 '다른 선물'이 더욱 효과적이다.

하지만 모든 상사가 그렇게 해 줄 수는 없는 일이다. 4유형 직원은 자신에게 특별한 대우가 보장된다는 것이 어떤 의미인지를 곰곰이 생각해 보아야 할 것이다. 동일한 직장 내에서 내게만 특별한 우대 정책을 쓰는 조직은 없다. 따라서 과도하게 특별한 것을 기대하려는 생각을 스스로 다스릴 필요가 있다. 시간이 지나면 가장 특별한 것도 가장 평범한 것이 될 수 있다. 실로 '평범은 위대하다.', '해 아래 새것은 없다.' 자신의 특별함을 추구하려는 집착은 평범을 버리려는 집착이다. 평범을 버리려 하지 말고 겸허히 받아들이며 분별하고 판단하여 알게 되면 더욱 큰 특별하고 비범함을 펼칠 수 있게 된다.

4유형은 경쟁이 없을 때 생산력이 높다. 자유스러운 분위기를 좋아한다. 보통의 경우에도 경직된 분위기나 규율이 엄한 조직에서 창조성이 발휘되기는 쉽지 않다. 4유형의 경우는 더욱 그러하다. 많은 부분이 자유스럽고 너그럽게 받아들이는 분위기가 되어야 4유형은 생산성을 높일 수 있다. 틀에 갇히게 되고 스스로 처분할 수 있는 권한이 막히면 더욱 융통성이 없어지고 고집을 부린다. 하지만 자유로운 분위기와 특별한 재량권이 부여되면 일하는 동기가 분명해진다. 이러한 동기는 결국 생산성 향상이라는 결과로 이어진다.

4유형 상사는 자신만의 색깔을 개발하려고 한다. 이들은 대중을 따라가기보다는 바꿔 보기를 좋아한다. 그러나 '감정적인 충동'이 지나치면 '진정한 창조적 통찰'을 구분하지 못할 때도 있다. 4유형은 자신의 충동적인 감정으로 사물을 꿰뚫어 보는 능력이 진지한 이성적 연구로 빛을 발할 수 있다는 사실을 잊어버리기도 한다. 자신의 특별한 재능이 아무렇지도 않은(평범한) 것들의 도움을 받아야 한다는 상황이 불편하다. 그러나 아이디어가 산처럼 많아도 수레가 없으면 실어 나를 수 없는 노릇이다. 자신만이 우월하고 자신만이 최고는 아니다. 평범의 도움 없이 실행되는 것은 아무것도 없다. 이 진리가 4유형을 자유롭게 할 것이다.

4유형 직원들은 상사의 눈 밖에 나면 매우 힘들어한다. 그래서 주의를 끌기 위해 사무실 내 혼란을 조장할 수도 있다. 이런 상황에서 4유형 상사가 어느 직원의 편을 드는 것은 바람직하지 않다. 4유형 상사는 그룹별로 대치되어 있는 직장 분위기를 건강하게 하기 위해 중재에 나서야 한다. 예컨대, 특별해지려고 하는 4유형 직원 동기의 순수성을 이해해 주면 효과적이다.

♠ 4유형의 셀프리더십 코칭

- 자신만의 가치를 증명할 수 있는 일을 위해 선택과 집중해야 할 것은 무엇인가요?
- 자신만의 독특함을 나만의 경쟁력으로 만들기 위해 어떤 행동이 필요할까요?
- 자신의 열정을 활활 불타오르게 할 나만의 마법은 무엇인가요?

♠ 상대방과의 관계리더십 코칭

- 주변 사람들과의 관계 속에서 신뢰를 얻기 위해 지금 있는 많은 일 중 가장 우선적으로 마감해야 할 일은 무엇인가요?
- 지금 하고 있는 것처럼 3년을 계속한다면 당신은 어떤 모습이 될까요? 3년 뒤 대인관계 속에서 자신만의 색을 빛내는 더 멋진 모습이 되기 위해 지금 조정해야 할 것이 있다면 무엇인가요?
- 자신만의 역량을 극대화하기 위한 환경을 만든다면 어떤 것을 시도해 보겠습니까?

4유형(특별) VS 5유형(관찰)

5유형은 인간관계가 친밀한 환경보다는 오히려 사무적이며 공식적인 환경에서 훨씬 더 표현을 잘하는 경우가 많다. 이들은 관심을 사로잡는 대의나 사업 모험에 휘말리기도 한다. 개인적으로보다는 직무에 초점을 둘 때 더 감정적이 될 수 있다. 그러므로 5유형에게 접근하기가 훨씬 더 쉬워져서 감정적인 4유형도 자신감을 얻게 된다. 이렇게 되면 두 유형 다 얼마든지 서로를 향해 앞으로 나아갈 수 있다. 4유형은 5유형이 거리를 두면 자신을 싫어한다고 생각하고 혼자서 복잡한 감정에서 허우적거릴 수 때문이다. 하지만 5유형은 생각하기 위해 거리를 두는 것뿐이지 4유형을 싫어하는 것은 아니다.

5유형은 정해진 주제와 시간이 잘 짜여진 미팅, 예정된 전화통화의 틀 안에서 움직이기 시작한다. 5유형은 업무의 방해 요소를 제거하거나 부정적인 요소를 걸어내는 역할을 한다. 5유형이 한번 집중하기 시작하면 일에만 몰두하기 때문에 이들을 대할 때 사생활은 꼭 고려해야 할 중요한 요소가 된다. 상사나 직원이나 모두 자신의 개인적인 영역을 분명하게 지키기를 원한다. 즉, 공적인 일과 사적인 일의 구분이 확실하게 지켜지기를 원한다.

4유형은 감독 관리의 내부 사정에 대한 지침을 받을 수 있다면 좋다. 그렇다면 지침 내에서 얼마든지 4유형 본인의 취향과 알맞도록 기꺼이 사무실을 개인적이고 스타일리시한 방식으로 운영해 나갈 수 있다. 5유형 상사는 대부분 4유형 직원이 공적인 것에서도 자신의 취향대로 외형의 모습과 분위기를 형성하도록 내버려 둔다. 이런 것들까지 방해하거나 자신의 의향대로 하려고 하지 않는다. 그것은 4유형의 취향이고 개인적인 영역이라고 생각하고 내버려 둔다.

4유형은 자신에게 관심이 부족하다고 느끼면 과잉반응을 보인다. 관심은 곧 자신이 필요한 존재라고 인정받는 첫 번째 관문이다. 관심의 햇살이 비치지 않으면 자신은 필요한 존재가 아니며 그 이유는 자신이 특별하지 않기 때문이라고 생각하는 것이다. 특히 5유형이 자신을 어떤 목적을 이루기 위한 도구로 생각하거나 직접적으로 이야기하지 않고 메모라는 도구로 소통하기 시작하면 부정적 인식이 더해진다. 5유형은 직면하는 방법보다는 문자나 메일 또는 녹음된 음성 파일을 더 선호한다. 이런 간접적 방식의 커뮤니케이션을 좋아하는 이유는 직접적인 방법보다는 간접적인 방식이 더 자신만의 생각하는 공간을 넓혀 주기 때문이다. 직접 방식일 경우 생각할 시간이 상대적으로 부족하다.

4유형 직원은 무시당하고 있다고 느끼면 '이랬다저랬다' 하면서 성질을 부린다. 또는 조심성을 잃어버리고 부주의하게 행동하는 전략으로 관심을 끌어 보려고 한다. 하지만 이렇게 된다면 원하지 않는 상황을 만날 수 있다. 그렇게 되면 심각한 상황이 벌어질 수 있다. 그 정도가 되면 직접 대면 방식이 아니고서는 해결할 수 없는 상황이기 때문이다. 이런 경우에는 두 유형 중 한 유형이 관심을 보임으로써 대결을 피할 수 있다. 4유형은 개인적인 인정을 원한다. 무미건조하고 일만 하고 여유도 없고 딱딱하고 건조한, 인간미 없는 조직에서의 일은 힘에 부친다. 감정적인 접촉과 개인의 의견이나 생각이 존중되기를 바란다. 5유형은 사람이나 사물에 대한 감정적인 부담감이 없는 분위기를 원한다. 이런저런 개인적 감정들이 얽혀서 비효율적인 간섭을 받는 것은 업무 효율을 떨어뜨린다고 믿는다. 그러므로 4유형 직원은 감정적인 면을 자제하고 5유형 상사는 논리 중심적인 입장에서 조금씩 양보해야 한다. 5유형인 상사가 대화를 도모하고 4유형 직원이 직무관계의 구조 내에서 대화를 시도한다면 큰 도움이 된다. 서로 반대의 입장에서 일을 하고 의견을 나누려고 한다면 잘 어울려서 모순되거나 어긋남이 없게 될 것이다.

4유형 상사는 5유형 직원의 지원을 제대로 받는다. 5유형 직원은 전문지식을 필요로 하는 제한된 영역 안에서 자신의 능력을 가장 잘 발휘한다. 5유형은 사물이나 현상을 주의하여 자세히 살펴보는 관찰로 축적된 객관적인 자료를 모으는 능력이 탁월하다. 이것은 4유형 상사가 부족하기 쉬운 객관적인 판단력을 보완해 주고 일을 결정하기 쉽게 도와줄 수 있다. 4유형은 꼼꼼하게 기록된 5유형 직원이 가져다 주는 안정적인 자료가 꼭 필요하다.

두 유형의 관계에 어려움이 발생하면 5유형 직원은 갈등의 한가운데로 뛰어들기 어려워한다. 오히려 현실과 내용을 무시한 지성이나 지식적인 형식주의의 벽 뒤로 숨을 확률이 높다. 5유형이 괴로워하면 아무것도 안 하는 것만으로도 부서 전체를 통제할 수 있다. 올바른 용어로 올바른 질문을 정확하게 던지지 않는 한 대답을 얻을 수도 없다. 여러 가지 의견을 제시해도 좀처럼 수긍하거나 움직이려고 하지 않는다.

5유형 직원에게 정보를 얻어 내기 위해 요구하고 명령하면 그 부담은 오로지 상사에게만 떨어진다. 5유형 직원이 무엇이든 내놓지 않을 때에는 한동안 의사소통이 없으며 보고도 한 장짜리만 제출한다. 5유형 직원은 전형적으로 직장 내에서 정도에 어긋나지 않는 직원 자세를 취하면서 숨어 버리기 때문에, 분개한 4유형 상사가 문제를 정확하게 지적하는 것도 불가능하다.

갈등이 증폭되어 막다른 골목에 몰린 5유형은 다른 사람이 받게 될 굴욕은 깨닫지 못하고 자기가 생각하는 바를 가감 없이 단도직입적으로 말한다. 수치심을 느낀 4유형이 5유형의 지적인 전문성을 깎아내리는 방식으로 대응하면 한 치의 양보도 불가능한 상황이 발생한다. 갈등의 파고가 최고점을 찍게 되는 것이다.

4유형은 자신의 결점이 드러나면 심한 수치심을 느낀다. 5유형도 자신이 생각하고 관찰한 결과물에 문제가 제기되면 그만큼 상처를 받는다. 서로 힘들어진 이 상황에서는 두 유형 다 이전의 속상한 마음을 잊어버리고 후회 없이 다시 시작해야 한다는 사실이 중요하다. 그래서 두 유형이 갈등을 최소화하고 새롭게 출발할 수 있다는 사실을 주변에서 알려 주면 중재가 가능하다. 그러니 이 또한 그리 쉽지만은 않다. 5유형은 타협하기 쉽지 않다. 자신이 정보를 탐색하고 연구한 결과를 다시 뒤집어엎어야 하기 때문이다. 반면, 4유형은 자신의 감정이 있는 그대로 직설적인 타격을 받았을 때 수치심이 올라온다. 몹시 슬퍼하면서 비탄에 빠진 4유형이 그 마음을 가라앉히는 데는 어려움이 따른다.

그러니 다음과 같은 점을 고려하여 중재하는 것이 좋다. 5유형에게는 지적인 면을 인정해 주는 것이 필요하다. 만약 5유형이 틀리지 않았다는 확실한 객관적인 증거가 있다면 더욱 그러하다. 법정에서 시시비비를 가릴 때 증인이나 증거 등 판사의 판단을 충족시키는 것들이 있다면 재판은 끝난 것이나 마찬가지이다. 5유형에게도 그런 증거가 확실하게 발견된다면 그들의 증거를 인정하지 않으면 안 된다. 4유형은 그가 당한 수치심의 현실을 잘 풀어야 한다. 4유형이 받고 싶은 것은 그들의 행위나 증거가 문제가 아니다. 증거를 밝히는 과정에서 생긴 감정의 혼선, 오해, 상처 등이다. 그렇기에 그런 부분에서 4유형이 했던 특별한 공로에 대해 언급하고 인정해 주어야 한다. 이렇게 서로의 욕구를 이해하고 채워 주면서 조화를 이루어 나가는 것이 효과적이다.

♠ 4유형의 셀프리더십 코칭

- 자신만의 독특한 취향으로 주변을 가장 스타일리시하게 바꾼다면 어떻게 하는 것이 좋을까요?
- 무미건조하다고 느껴지는 것을 나만의 창조적인 방식으로 새롭게 디자인한다면 어떻게 만들 수 있을까요?
- 무시당하고 있다고 느껴서 변덕스러움이나 부주의 전략으로 타인의 관심을 끌려고 하는 내적인 충동이 느껴질 때, 잠시 그 상황을 벗어나 다른 방식으로 대응한다면 어떤 유익이 있을까요?

♠ 5유형의 셀프리더십 코칭

- 공적인 환경 속에서 감정적인 자신의 모습을 발견할 때 어떻게 하면 내적인 평정심을 이끌어 내어 객관적이고 명료한 판단을 할 수 있을까요?
- 사적인 공간이 침해받는다고 느낄 때 개인적 공간을 유지할 수 있는 나만의 방

법이 있다면 무엇입니까?

- 타인과 불편한 일이 있을 때 적극적으로 대화를 시도하고, 논리적 중심에서 조금의 양보를 한다면 어떤 효과가 있을까요?

♠ 4유형 상사가 5유형 부하에게

- 자신만의 사적인 영역과 공적인 영역을 구분한다면 어떤 기준점을 둘 수 있습니까?
- 부담 없이 조직적인 효율성을 극대화하려면 어떤 방법이 좋을까요?
- 홀로 조용히 생각하는 시간을 늘린다면 어떤 효과가 있을까요?

♠ 5유형 상사가 4유형 부하에게

- 타인의 인정을 받기 위해 당신이 오늘 업무에서 가장 중요하게 그리고 우선적으로 처리할 것은 무엇인가요?
- 자신이 무시당했다고 느끼는 상황 속에서 감정적인 반응을 보이지 않고 객관적으로 그 문제를 해결하기 위해 할 수 있는 최선의 방법은 무엇일까요?
- 특별한 당신의 아이디어가 빛을 낼 수 있으려면 어떤 평범한 노력을 해야 한다고 생각하십니까?

4유형(특별) VS 6유형(안전)

두 유형 다 일의 진행이 예사롭지 않다고 불길한 예상을 하는 특성이 있다. 그런데 모순되는 것 같지만 불길한 예상이 오히려 이들의 열정에 불을 지피는 역설적인 행동을 취하게 된다. 앞서거나 이기려고 다투는 경쟁적이고 무모한 일부 4유형과 공포대항적인(공포스러운 상황을 일부러 찾는, 사실 공포대항 유형은 공포에 대항함으로써 공포를 이겨 보려는 노력의 일환이다) 6유형은 위험 상황에 완전히 마음을 빼앗겨 버린다. 위험한 일로 위험한 일을 이겨 보려는 마음이다. 바로 이런 사람들이 위험한 도전을 할 때 창조적으로 생동감을 느낀다. 두 유형은 조직을 무너뜨릴 수도 있는 종류의 성격 다툼으로 분란을 일으킬 수도 있다. 하지만 반대로 두 유형의 파트너십은 상호 신뢰를 통해 마음과 몸을 한데 뭉칠 수도 있다.

6유형은 공포에 대항하든 순응하든 대개 조심스럽게 행동하는 유형이다. 6유형은 상하 간에 마땅히 있어야 하는 위계질서에 대해 충성스러운 경향이 있다. 이들은 겉으로 드러나는 공개적 경쟁으로부터 자신을 구해 줄 수 있는 곳을 찾아 나선다. 그러기 위해 안전한 자기만의 전문성으로 무장한 장소를 찾아 자리 잡는다. 즉, 자신이 보호받을 수 있기를 바란다. 조직 내에서 어느 부서의 어떤 사람이 강한지를 찾는다. 그리고 자신의 안전을 맡아서 보장해 줄 수 있는 곳과 사람을 찾아서 자신의 안전을 맡긴 후 그 조직이 안전하도록 충성을 다한다. 그러니까 자신의 안전이 보장되는 것을 위해서 충성하는 것이다. 또한 원래 성실하고 근면하며 맡겨진 일에 대한 책임감이 강하다.

4유형 상사는 많은 사람에게 정당하게 자신의 이미지가 인정받기를 바란다. 재능과 능력 있음에 대한 칭찬 가지고는 충분하지 않다. 나는 다르다는 개인적인 선언이 인정받아야 직성이 풀리는 것이다. 특히 감성적인 접촉은 공적인 이미지를 확고하게 해 줄 수 있다. 6유형 직원은 아무리 특이한 권위자라 해도 믿을 만하다고 여기면 대개 기꺼이 지원해 준다. 6유형은 상사가 자신의 행동에 책임을 질 수 있는 한 복종을 잘하지만, 권위자가 한번 제멋대로 굴며 규칙을 어기기 시작하면 일단 경계의 눈빛을 보내기 시작한다.

6유형 직원과 함께 일하는 4유형 상사는 처음부터 끝까지 한결같은 이미지를 겉으로 나타내는지를 항상 신경 써야 한다. 그리고 직원들과 상의하지 않고 혼자서 판단하거나 결정하는 것으로 비칠 만한 모습도 피해야 한다. 의심의 눈초리를 가지고 바라보는 6유형 직원이 상사의 행동 하나하나를 다 분석하고 해석하며 의미를 찾아내려고 하기 때문이다. 6유형 직원은 상사가 믿을 만한가를 미리 살펴보려는 의심의 행동을 멈추도록 노력해야 한다. 4유형 상사는 단순히 알려 주고, 설명하고, 의견을 요구하는 등 평범하면서도 위협적이지 않는 관계를 유지할 수 있어야 한다. 6유형 직원은 이럴 때 비로소 조심스러운 의심의 마음을 거두기 시작한다. 상사가 안전에 대해서 알 수 있도록 정보를 알려 주고 확인시켜 주면 더 큰 효과가 있을 것이다. 6유형 입장에서 보면 이것은 상사로서 당연히 직원들에게 해 주어야 하는 일이다. 하지만 4유형 상사에게는 이러한 당연한 일이 어쩌면 힘든 일이 될 수도 있다.

6유형 직원은 일반 직원 위에 올라서는 상사를 믿지 않는다. 상사로서 믿음과 신뢰를 줄 수 없기 때문이다. 그러므로 4유형 상사가 직원들과 동떨어지지 않고 함께 늘 지내게 되면 도움이 된다. 눈에 띄고 물어보고 싶을 때 물어볼 수 있는 자리에 있는 것이 안심되기 때문이다. 곁에 있고 직원들을 지켜 주는 상사라는 생각을 가질 수 있도록 해 주는 세심함이 필요하다.

4유형 상사는 어려운 상황에 처한 사람들을 기꺼이 격려하기를 원한다. 그렇기 때문에 두려움이 많은 6유형 직원이 성공하는 데 영감을 줄 수 있는 인간 중심적인 환경을 만들어 낼 수 있다. 특히 괴로워하고 있는 6유형 직원에게 이런 인간 중심의 경영 환경 속에서 인재를 양성하고 육성시키는 업무를 맡기면 좋다. 미래를 대비하고 두려움을 미리 피해 준비하는 업무 자체가 자신이 원하는 바이기 때문이다. 그러면 두려움에서 벗어나 편안해하며 신뢰감을 갖고 자신의 일과 업무에 집중할 수 있게 된다.

6유형 상사는 자신에 대한 회의와 의심이 일어나지 않도록 스스로 참아 내야 한다. 이들은 실제 상황과 무관하게 종종 자신이 직원들의 불만족 원인이 되었다고 생각하거나, 때로는 개인적으로 공격을 받고 있다고 느끼기도 한다. 6유형 상사는 작은 불화를 너무 부풀려서 생각하는 경향이 있다. 6유형 상사는 의심을 품는다. 의심의 진짜 원인이 무엇인지 알려고 한다. 따라서 그 의심을 확실하게 정의해야 한다. 근거 없는 근심거리를 가지고 분위기를 해치게 되면 직무 만족도는 걷잡을 수 없을 만큼 급작스럽게 떨어지게 된다. 이럴 때 4유형 직원이 느끼는 감정적 정보는 많은 도움이 된다. 4유형 직원에게 제공받은 감정적 정보를 통해 자신이 크게 느꼈던 것은 실제로는 작은 것이라는 사실과, 자신이 실제로는 작은 것을 큰 것처럼 포장했다는 것을 깨닫게 된다. 그것은 4유형 직원의 감성 덕분인데 과다한 걱정이 주는 공포와 두려움을 감정적으로 잘 설명할 수 있기 때문이다. 이런 4유형 직원의 정보는 작은 것을 크게 만들었던 6유형 상사에게는 현실적인 잘못을 깨닫게 하는 데 많은 공헌을 할 수 있다.

4유형은 조직 내에서 갈등이 일어나면 오히려 편안하게 여기기도 한다. 또는 일상이 뒤집어졌을 때 나타나는 자신의 독특한 감정을 발견할 수도 있다. 늘 무미건조하고 특별할 것도 없는 일상에서 부정적이기는 하지만 긴장감 넘치는 일은 새로운 경험을 하게 해 준다. 자신이 느끼는 뜨거운 감정적 울림을 경험하는 것이다. 일상과 같지 않은 변화는 독특한 감정을 유발시키는 시한폭탄과도 같다. 뻔한 일만 일어나는 환경 속에 긍정적이든 부정적이든 변화는 새로운 감정을 유도하거나 변화하게 되는 계기를 마련해 준다. 이런 상태에서 새로운 아이디어나 방법이 나올 수 있다고 믿는다. 긍정적인 방법이 안 되면 부정적이거나 다른 방법으로 하면 되는 것이다.

4유형이 일상의 지루함을 견디다 못해 폭발하고 6유형이 애써 이것을 통제하려고 할 때 이들 간에는 좋은 뜻이 그릇되게 해석되는 오해가 쌓이고 두 사람 사이가 점점 벌어진다. 4유형은 위기 중에 대답을 찾아내려고 한다. 기존의 방법이 더 이상 통하지 않게 된 이상 새로운 대안이 필요하다. 뭔가 다른 환경이 조성된 것이다. 감성의 뜨거움을 느끼고 도전할 수 있다. 하지만 6유형은 필사적으로 내용의 구성요소를 자세히 나누어 보는 분석적인 해결 방안을 찾으려고 애쓴다. 이 과정에서 위기에 대한 불안감은 자기 자신을 자유로이 행동하지 못하도록 억압한다. 그래서 6유형은 찾기 시작한다. '이 위기는 해결방법이 있을 것이다.', '해 아래 새것은 없지 않을까?', '과거에 하던 것이 지금 왜 안 되나?', '무엇이 잘못되었을까?'를 가지고 씨름한다.

이런 상황이 계속되면 갈등의 긍정적인 결과에 초점을 두어야 한다. 조직의 발전을 위해서도 갈등은 필요하다는 긍정적인 의식을 가질 필요가 있다. 위기에서 새로운 것을 찾으려는 4유형의 새로운 도전을 인정하고 위기에 대한 6유형의 두려움도 함께 나누는 것이 무엇보다 필요하다. 4유형과 6유형의 관계에서는 각 유형의 위기에 대한 인식의 차이를 깨닫게 하는 방식으로 중재를 해 나가면 많은 도움을 얻을 수 있다. 즉, 4유형의 변덕스러움을 새로운 것을 찾으려는 노력으로 보면 쉽게 문제를 해결할 수 있다. 또 6유형의 안전을 지향하는 방식을 위기에 대비하려는 준비성 있는 모습으로 이해하면 좋을 것이다. 이런 바탕 위에서 서로를 인정하고 공감하려는 노력이 필요하다.

♠ 4유형의 셀프리더십 코칭

- 때로 경쟁적이고 무모한 충동이 느껴질 때 감정에 휩싸이지 않고 평정심을 유지할 수 있는 방법은 무엇인가요?
- 자신의 긍정적인 공적 이미지 정당화를 위해 필요한 나만의 감성 터치를 스스로 채워 준다면 어떻게 하시겠습니까?
- 어려운 상황에 처한 사람들을 격려하기 위해 가장 좋은 방법은 무엇일까요?

♠ 6유형의 셀프리더십 코칭

- 때로 위험한 도전에 창조적 생동감을 느낄 때 감정에 휩싸이지 않고 평정심을 유지할 수 있는 방법은 무엇인가요?
- 자신만이 갖고 있는 성실성, 근면성, 책임감을 지금보다 두 배로 향상시킬 수 있는 나만의 전략을 세운다면 어떻게 할 것인가요?
- 자신 안에 일어나는 회의와 불신을 신뢰로 억누르기 위해 어느 것을 변화시켜야 할까요?

♠ 4유형 상사가 6유형 부하에게

- 만약 업무 중 어려운 부분에 나의 도움이 필요하다면 어떤 방법으로 당신을 도울 수 있을까요?
- 당신이 두려워하거나 걱정하고 있는 일이 1년 뒤에는 어떤 일로 보일까요? 미래의 지혜로운 눈길로 지금의 일을 판단해 본다면 어떤 선택을 하게 될까요?

♠ 6유형 상사가 4유형 부하에게

- 지금 처해 있는 힘든 상황 속에서 긍정적 요소를 찾아본다면 어떤 것이 있을까요? 그 일이 현재는 힘든 일이지만 나의 어떤 강점을 개발시켜 주는 것일까요?
- 현재 지루하게 느껴지는 일을 자신만의 신선하고 독특한 아이디어를 통해 새로운 환경으로 만든다면 어떻게 할 수 있을까요?

4유형(특별) VS 7유형(행복)

업무를 처리할 때 7유형은 기회의 잔이 반은 채워져 있다고 보지만 4유형은 이미 반은 날아갔다고 생각한다. 그러나 이 조합은 서로 갈등하지 않고 제법 빠른 시간에, 종종 효과적으로 일을 잘 해낸다. 7유형은 4유형의 독특함과 특별함에 자극받고 4유형은 7유형의 밝고 긍정적인 면에 신선한 자극을 받는다. 또한 이들이 함께하면 할 수 있는 것과 할 수 없는 것을, 그리고 가능한 것과 불가능한 것을 통합하는 시각이 존재할 수 있다. 이 유형의 통합적 시각이란, 4유형의 평범한 것을 밀어내려는 능력과 7유형의 긍정적인 면을 보려는 상반된 내용의 결합을 말한다. 즉, 긍정적인 면과 평범하지 않은 부정적인 면을 동시에 볼 수 있는 것이 합쳐져서 시너지 효과를 내는 것이다. 이런 통합적 시각은 서로의 장점을 최대치로 높여 주고 업무에서 빠른 성과를 얻을 수 있도록 도와준다.

막다른 골목으로 몰리기를 거부하는 7유형과 형태와 겉모양에 대해 강조하는 4유형은 새로운 계획과 호기심의 폭발을 일으킨다. 7유형은 창의성이, 4유형은 창조성이 뛰어나기 때문이다. 이미 존재하는 것을 새로운 시각으로 바라보는 창의성은 7유형이 매우 뛰어나다. 전혀 새로운 것은 아니지만 지루한 기존의 업무에 대해서 생기를 불어넣어 변화를 주어서 마치 새로운 것처럼 보이게 해 주는 능력이 있다. 아무것도 없는 무에서 시작하지는 않지만 있는 것을 가지고 최대의 효과를 내어서 새롭게 만들어 내는 능력이다. 반면, 4유형에게 이미 있는 것 자체는 그다지 특별하지 않다. 그래서 그들은 전혀 새로운 것에 대한 탐구와 연구를 잘하고 싶어 한다. 기존 시장에서 현실적으로 존재하지 않는 것을 찾아낸다. 아무도 생각해 내지 못했던 방법을 동원하는 능력이 탁월하다. 이것을 창조성이라고 말한다. 7유형의 창의성과 4유형의 창조성, 이 두 유형의 조합이 어떤 시너지를 낼 수 있을지 기대가 되는 부분이다. 이런 두 유형의 통합적 시각이 강점으로 나타날 수 있다.

4유형의 상사는 미래를 바라보고 계획하기를 잘하는 7유형 직원이 결과까지도 이루어 낸다면 만족스러울 것이다. 하지만 7유형 직원은 그렇게 끈기가 강하지 않다. 시작을 잘하는 반면에 계속하는 것은 힘들어한다. 그러므로 일이 진행되는 가운데 생기는 지루함과 고통을 덜어 주면 7유형 직원은 매우 만족해할 것이다. 하지만 이렇게 봐 주는 방법은 다른 직원들의 불평을 불러일으킬 수 있다. 그러므로 내부 규정에서 허락되는 범위 내에서 덜어 주어야 한다. 자칫 불평등한 업무 지시는 조직의 형평성을 무너뜨리게 된다. 워낙 자유로운 사고를 가진 4유형과 7유형의 친밀함이 다른 직원들 입장에서는 4유형 상사로부터 멀어지게 되었다는 느낌을 줄 수 있다는 점을 주의하여야 한다.

4유형 상사는 목표가 실현되기 시작할 때 대개 관심을 잃기 시작하며 매우 성급하게 우선순위를 바꾸기도 한다. 이런 변화는 끊임없이 변하는 7유형에게는 새로운 재미를 느끼게 함으로써 현재 진행 중인 업무를 소홀히 하게 하는 요인이 된다. 이런 변덕은 주변의 다른 직원들에게는 받아들이기 힘든 모습이다. 그런데 4유형 상사는 이렇게 혼란스러운 와중에도 차분해 보이며 결국 마지막 순간에 프로젝트를 완수해 내는 경우도 많다. 식은땀이 흐르게 하고 주변을 혼란스럽게 하지만 결국은 마감을 해내는 것이다. 하지만 이런 '업무적 밀당'은 본인에게는 스릴이 있을지 모르겠지만 안정된 근무환경을 원하는 다른 직원들은 수용하기 어렵다.

한편, 7유형 직원은 4유형 상사의 이런 변덕이 자신에게는 부적합했다고 하며 자신의 업무에 대한 소홀함을 정당화하려고 한다. 하지만 이런 상황은 4유형 상사와 7유형 직원의 특성이 함께 만들어 낸 결과물일 때가 많다. 7유형 성향이 강한 직원들은 자신의 정당화 과정을 확실하게 밀어붙여서 결국에는 상사가 기준을 재확인해야 하는 상황을 만든다. 다재다능하고 임기응변에 강한 7유형이기 때문에 자신을 정당화하는 변명을 쉽게 만들어 낸다. 다음에는 이런 기준으로 시작하니 경계를 분명히 하자는 약속이 새로 생겨난다. 하지만 다음에 비슷한 일이 생기면 역시 또 비슷하게 새로운 기준을 만들자는 이야기가 나올 수 있다.

두 유형 다 처음에는 상대의 특이한 가능성에 서로에게 매료된다. 하지만 문제는 좋게 시작하다가 일을 진행하는 과정에서 느끼게 되는 지루함과 권태감이다. 이 지루함과 권태감은 두 유형 모두가 빠지기 쉬운 함정이다. 그래서 일의 완성과 마무리가 잘되지 않는 경우가 있다. 7유형은 고통이 수반되기 시작하면 일을 점점 더 멀리하려고 하고 4유형은 더 이상 특별하지 않으면 동력이 떨어진다. 특히 주변의 평가가 호의적이지 않으면 더 심해진다. 두 유형 다 프로젝트의 마지막 단계에 가서 초점을 놓치게 되는 치명적 한계를 지니고 있다.

7유형은 홍보와 선전에는 매우 뛰어나지만 하루하루의 관리에 관해서는 달라지는 변동성이 심하다. 계획하는 단계를 좋아하고 그 후의 실행과 마무리는 다른 사람들에게 책임을 전가하고 맡기기 좋아한다. 그러므로 7유형 상사는 프로젝트를 가동하고 4유형에게 실제 완성을 맡긴다. 좋은 아이디어가 반드시 실현될 수 있다는 7유형의 믿음과 이 계획을 실질적으로 실현하려면 무엇이 부족한지 예민하게 파고드는 4유형의 능력은 서로에게 좋은 자극이 된다.

4유형 직원을 적극적으로 지원하게 만드는 비결은 바로 내부 사람들과 친분을 쌓게 해 주는 것이다. 4유형 직원은 자신이 특별하다고 느끼고 친분을 쌓기를 원하지만 7유형 상사들은 대개 직원들과의 관계는 의례적이고 당연하다고 여긴다. 그래서 별다른 생각을 안 하고 인간관계에 대해 대수롭지 않게 여길 때가 있다. 그렇게 되면 4유형 직원은 자신이 무시받았다는 감정을 느끼게 된다. 그러므로 7유형 상사는 4유형 직원이 무시당했다고 느끼지 않도록 관계를 맺는 것이 매우 중요하다. 또한 개인적 성향 때문에 직장 일에 소홀해도 된다고 스스로 정당화하지 못하도록 지침을 세우는 것이 좋다. 직원이 규정 내에서는 마음대로 왔다 갔다 할 수 있는 자유를 보장하면서도 상사가 안 되는 금지사항에 대해서 명확한 규율을 세우고 명령하는 것이 바람직하다. 4유형의 경우 권위 있는 상사의 개인적이고 내부적인 임무를 받으면 즐거워한다. 자신이 특별한 활동을 한다고 느끼기 때문이다. 따라서 4유형에게 이런 임무를 부여하고 상사는 휴식을 취해도 좋다. 하지만 이런 일들을 맡기는 것이 업무의 연장인지, 개인적 영역인지를 분명하게 해 둘 필요가 있다.

4유형과 7유형 둘 다 규칙을 자기에게 맞게 재해석하려는 경향이 있다. 폭넓은 시야와 여러 각도에서 사물을 생각할 수 있는 유연한 사고로 그 자리에서 일어나는 감흥이나 기분에 따라서 즉흥적으로 행동한다. 이럴 때 두 유형은(특히 4유형은) 절대적인 전문성으로 기준을 세우는 것이 좋다. 전문적인 내용을 바탕으로 기준을 세우면 서로가 헐거워질 수 있는 상태를 빠짝 죌 수 있게 된다. 특별한 감정적 사고나 즉흥적 아이디어로 빠져나갈 수 없게 된다. 비로소 안정감 있게 업무를 진행시킬 수 있다. 규칙이 자신에게는 적용되지 않는다고 생각하는 4유형 상사와 그런 제한을 회피하는 7유형 직원이 서로 의논하여 합의하게 될 때에는 사전에 규율과 데드라인을 특별하고도 분명하게 제시하면 큰 도움이 된다.

♠ 4유형의 셀프리더십 코칭

- 새로운 것의 탐구와 연구에 집중하느라 놓친 것이 있다면 무엇인가요?
- 아무도 생각지 못한 방식으로 새롭게 자신의 꿈에 도전해 본다면 어떤 대안이 있을까요?
- 독특함과 자유로움에 이끌리다 일어나는 다른 유형 직원들의 불만을 어떻게 하면 지혜롭게 해결할 수 있을까요?

♠ 7유형의 셀프리더십 코칭

- 새로운 계획과 호기심에 지나치게 끌리는 자신 안에 있는 욕구를 낮추려면 어떻게 해야 할까요?
- 내 안에 잠자는 창의력의 거인을 깨워 기존 업무에 힘을 부여하려면 어떻게 하면 좋을까요?
- 장기적인 계획에 능한 나의 강점을 살려 실직적인 결과로 실현시키기 위해 필

요한 것은 무엇인가요?

♠ 4유형 상사가 7유형 부하에게

- 새로운 기회라는 관점에서 볼 때 지금 업무 가운데 당신은 몇 %의 기회를 발견할 수 있나요? 그 기회를 두 배로 확장하려면 어떤 방법이 필요할까요?
- 당신의 호기심을 창의력으로 전환시켜 재미있게 자신의 업무능력을 두 배로 향상시키려면 어떤 부분에 집중해야 할까요?

♠ 7유형 상사가 4유형 부하에게

- 업무를 멋지게 마감할 당신만의 방법을 찾는다면 무엇이 있을까요?
- 업무목표를 반드시 실현하기 위해 보완해야 할 2% 부족한 부분이 있다면 그것은 무엇이고 어떻게 보완하시겠습니까?

4유형(특별) VS 8유형(강함)

두 유형 다 규칙은 자신에게 적용되지 않는다고 생각할 확률이 높다. 그래서 두 유형 모두 다소 비윤리적인 성향도 가지고 있다. 4유형은 자신이 특별하기 때문에 법이 적용될 수 없으며 8유형은 자신이 법보다 강하기 때문에 적용되지 않는다고 생각한다.

두 유형의 조합은 두 사람 다 자신의 직무에 집중할 때에는 대단한 팀이 된다. 그러나 8유형은 개인적인 욕망에 자신의 에너지를 낭비하는 경향이 있고 4유형은 감정적인 문제에 휘말려 집중력을 잃게 될 수 있다. 이들에게는 '경쟁'이 매우 중요한 핵심 사안이다. '경쟁'이 건설적으로 작용하여 말이나 행동이 격해짐으로써 격렬한 불신을 만들어 낼 수도 있다.

4유형 상사는 상상하고 영감을 발휘하여 창조적인 사업을 구상할 수 있지만 사물이나 현상에 대한 일반적인 지식을 현실화시키는 평범한 일에는 그다지 관심이 없다. 그것은 자신처럼 특별한 사람이 하는 일이 아니다. 자신과는 다른 평범한 사람들이 하는 것이라고 생각한다. 그에 반해 8유형은 어느 프로젝트에 넣어도 제 몫을 감당해 낸다. 그리고 특히 리더십에 관한 한 매우 경쟁적이며 예민하다. 이런 성향은 기업이 성공하기 위해 필수적인 덕목인 의지와 인내로 드러나기도 한다. 그래서 현명한 4유형은 8유형 직원을 교육시킨 다음 스스로 할 수 있도록 권리나 권력을 위임한다. 8유형은 이렇게 위임받은 권한을 가지고 주도적으로 일을 할 수 있게 되면 헌신적인 일꾼이 된다. 하지만 자신의 작업 기반이 위협받으면 지나치게 대응하게 되며 자신의 영역을 견고하게 지키려고 한다. 그것이 자신이 약해지지 않고 강해질 수 있는 길이라고 믿기 때문이다. 그래서 한번 프로젝트를 가동시키기 시작하면 8유형과 상의 없이 절대 중간에 규칙을 바꾸거나 8유형 직원의 주도권을 빼앗아 상사의 임의적인 방침대로 진행하면 안 된다. 굳게 믿고 끝까지 신뢰하고 밀어주는 모습을 보여 주는 것이 성공적인 조합이 되기 위한 기본 방침이다.

8유형은 기본적으로 실력이 있는 경쟁 상대를 존중한다. 무조건적인 복종보다는 자신의 의견을 존중해 주고 능력 있고 강한 상대를 인정한다. 그래서 강한 상대로 인정하지 않을 경우 갈등이 일어날 확률이 높다. 강한 상사라고 인정하지 않고 원칙적으로 반대할 때는 상사의 관점을 확실히 이해하지 못할 때 또는 상사가 자신에게 충분히 설명해 주지 않고 정책 변화를 시도할 때이다. 8유형 직원은 상사를 서로 얼굴을 마주보고 대하는 대면의 장으로 끌어들이기 위해서라면 프로젝트를 지연시키는 것도 정당하다고 느낀다. 하지만 4유형 상사는 이런 직원의 행동에 굴욕당했다는 창피한 느낌을 갖는다.

4유형 상사는 자신이 비난받고 있다고 느낄 때 직원들의 의견을 들을 수 있어야 한다. 8유형의 공격성은 감정적 기반을 가지고 있는 4유형 상사에게 어려움을 줄 수 있다. 그렇지만 4유형 상사는 이것이 참을 수 없는 고통이라면 흥분을 가라앉히고 차분히 자신을 들여다보는 것이 좋다. 자신에게 고통이라는 가짜 감정을 일으킨 진짜 감정은 무엇인지, 객관적으로 이 고통이 어디에서부터 시작되었는지를 발견해 낼 수 있어야 한다. 즉, 감정과 사실을 분리해 내야 한다. 8유형 직원의 행동에 대한 감정을 분리하고 그의 업무 추진 방식을 이해한다면 그동안 오해했던 그의 행동을 이해할 수 있을 것이다. 흔히 8유형의 행동에 대해 4유형은 수치심을 느낄 수 있다. 조직 내 마땅히 있어야 하는 위계질서에 대한 인정을 받지 못했다고 생각하기 때문이다. 4유형 상사가 이런 감정에서 벗어나 왜 이런 비난이 시작되었는지에 대한 사실 파악에 충실하게 되면 자신의 감정적인 반응에 대해 예리한 관찰력으로 사물을 꿰뚫어 볼 수 있는 통찰의 눈을 갖게 된다. 그러면 8유형의 자극에 적절하게 반응할 수 있다. 즉, 감정 빼고 사실만으로도 얼마든지 8유형과 관련된 문제를 다룰 수 있게 되는 것이다. 4유형 상사가 자신의 흔들리는 감정을 볼 수 있다는 것은 그만큼 성숙하다는 뜻이다.

4유형은 자신의 특별한 기여에 대해 인정받기를 원한다. 그래서 자기만의 특별한 창의성을 만족시키는 파트너십에는 헌신적이다. 그렇다고 늘 특별하고 유별난 시적인 낭만주의자가 되는 것은 아니다. 과학자가 되기도 하고 문학가, 의사, 요리사, 그리고 자아표현을 하고픈 도서관 사서가 되기도 한다. 4유형은 각자 자신의 영역 내에서 다른 것을 모방함이 없이 새로운 것을 처음 만들어 내는 독창적인 업적을 남기기를 원한다. 특히 이전에는 보지도 듣지도 못한 형태의 성공을 성취하고 싶어 한다. 자신이 있는 장소에서 자신의 일이 평범해지면 자신의 자리가 없어지고 쓸모없는 사람이 될 것이라는 생각이 들게 된다. 이런 것을 피하여 자신이 소멸되지 않기 위하여 자신의 특별함을 추구한다. 만일 권력이 있는 8유형이 그 비전을 지지할 수만 있다면 4유형도 열정적인 팀워크를 이루며 헌신할 것이다.

8유형 상사는 규칙을 만들어 놓은 다음 종종 그 규칙을 스스로 어기는 경우가 많다. 마음에 안 들 경우 그 절차와 규율을 따라가는 것을 마음에 탐탁지 않게 여기기 때문이다. 그렇게 해도 직원들은 자신을 잘 따라와 줄 것이라고 생각한다. 더 정확하게 말하자면 '안 따라오면 어쩔 것인가?'라고 생각한다. 또한 정해진 길을 걷는 것은 약자가 하는 일이라고 여긴다. 길은 자신이 만들어 내는 것이기 때문에 작은 것까지 규율에 매일 필요가 없다. 하지만 아이러니하게도 다른 상사나 직원들이 그렇게 변덕을 부렸다면 제일 먼저 일어나서 반론을 제기할 것이다. 그런데 4유형 직원이 8유형 상사와 특별한 관계를 가지고 있다고 느끼는 한 이런 면은 오히려 매력으로 느껴진다. 4유형이 생각할 때 규칙은 중요하지 않지만 감정적인 관계는 중요한 것이기 때문이다. 오히려 규칙에 얽매이지 않는 8유형이 남들과 다른 특별함으로 다가오고 매력으로 느껴진다.

두 유형 사이에 갈등이 생기게 되면 두 유형 모두에게서 복수의 냄새가 심하게 난다. 만약 8유형 상사의 눈 밖에 난 4유형 직원은 8유형에게 결코 뒤지지 않는 복수를 갈망하게 된다. 8유형의 복수도 유별난 대가가 있다지만 4유형도 이에 못지않다. 서로 복수에는 일가견이 있기 때문에 해결 불가능한 결과가 초래될 수 있다. 견디지 못한 8유형 상사가 4유형 직원을 해고하려고 할 수도 있다. 그러므로 8유형 상사는 자신이 남에게 끼치는 영향력의 내용을 미리 생각하고 감독하면 도움이 될 것이다. 별 의미 없게 던진 한마디가 문제의 파장을 일으킬 수도 있다. 8유형에게는 좋은 리더십으로 받아들여지는 것이 4유형처럼 감정적인 낭만주의자에게는 굴욕적으로 느껴질 수 있기 때문이다.

8유형 상사가 자신의 힘과 지위를 타인을 배려하고 돕는 쪽으로 사용한다면 분위기를 다르게 만들 수 있다. 즉, 8유형의 약자를 보호하고자 하는 정의로움에 감성적인 면을 더하면 매우 효과가 높다. 부드러운 카리스마로 4유형 직원에게 가까이 다가갈 수 있게 된다. 4유형 상사 역시 자신의 예민한 감수성을 정도에 넘지 않도록 알맞게 조절하고 절제하면 좋은 결과를 얻을 수 있다. 또한 사실과 객관성에 입각한 리더십을 발전시켜 나가는 것이 효과적이다. 상대를 알고 대처한다면 어떤 일이든지 사전에 많은 부분에서 도움을 받을 수 있다.

이 두 유형의 협동은 마음에 거짓이나 꾸밈이 없이 바르고 곧은 완전한 정직함에 상호 의존할 수 있다. 두 유형 모두 리더의 지위를 원하고 자신의 영역에 대한 소유욕도 강하다. 서로에게 굴복하지 않을 사람들이지만, 상대방의 의도를 확실하게 알고 있으면 서로 굳게 믿고 의지할 수 있는 신뢰가 쌓인다. 4유형과 8유형의 가장 환상적인 조합의 내용은 무엇일까? 그것은 창조적이며 모험적인 프로젝트를 개시하는 4유형 상사와 이 프로젝트를 완성까지 밀고 가는 8유형 직원의 콤비네이션(combination)이다. 두 유형 다 의미 있고 다소 논란이 될 만한 아이디어에게 끌리며, 서로를 믿을 수만 있으면 별다른 갈등 없이 각자의 영역에서 자신의 참된 값어치를 발휘할 수 있다.

♠ 4유형의 셀프리더십 코칭

- 감정적인 문제에 휘말려 집중력을 잃을 때 그 문제에서 잠시 벗어나 상대의 입장에서 본다면 어떤 관점이 이해가 되나요?
- 타인의 감정적 욕구에 민감하게 반응하고 자신의 헌신적인 성향을 긍정적으로

활용한다면 어떻게 나만의 경쟁력으로 발전시킬 수 있을까요?
- 자신만의 특별한 기여와 창조력을 인정하는 파트너와 같이 일한다면 어떠한 역동이 일어날까요?

♠ 8유형의 셀프리더십 코칭

- 내 안에 있는 성공의지와 인내의 힘을 지금보다 세 배로 강화시킨다면 나의 목표는 어떻게 달라질까요?
- 상대의 말과 행동보다 내면의 의도를 이해함으로써 상호 간에 신뢰가 형성되려면 어떻게 해야 할까요?
- 흔들리지 않는 비전을 갖고 강력하게 목표를 향해 전진하려면 지금 어떤 결단이 필요한가요?

♠ 4유형 상사가 8유형 부하에게

- 당신이 사장이라면 어떤 일에 제일 먼저 도전해 보겠습니까?
- 재정, 시간에 아무런 제한이 없다면 자신만의 장점을 이용해서 성공하고 싶은 것은 무엇인가요?

♠ 8유형 상사가 4유형 부하에게

- 자신만의 특별한 방법으로 팀의 성공에 기여할 수 있는 방법이 있다면 무엇일까요?
- 다른 사람들에게 바라는 인정과 관심을 자신 스스로에게 선물로 준다면 어떤 방법이 있을까요?

4유형(특별) VS 9유형(평화)

다른 유형이 보기에 4유형 상사의 고정관념은 쓸데없어 보이는 외형적인 것에 온정성을 기울이고 열중해서 본연의 일을 지연시키는 것으로 보일 수 있다. 실제로도 4유형은 예민한 사람들로, 유행을 따라가는 작업에는 관심이 별로 없다. 경쟁적인 분야에서는 4유형도 3유형만큼이나 야망을 가지고 있을 때도 많다. 에니어그램을 이론적으로 도입하여 설명하자면 4유형이 3유형 날개를 잘 활용하고 9유형이 화살표의 성숙방향인 3유형으로 향하면 높은 성과를 낼 수 있다. 4유형과 9유형이 3유형 지점에서 만나 높은 효율성과 생산성을 보이며 성과들을 끌어내면서 모두가 주목하는 파트너십을 이룰 수 있다.

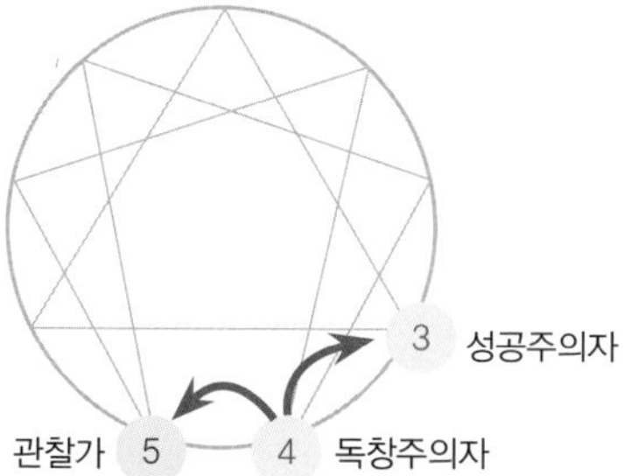

4유형의 날개유형

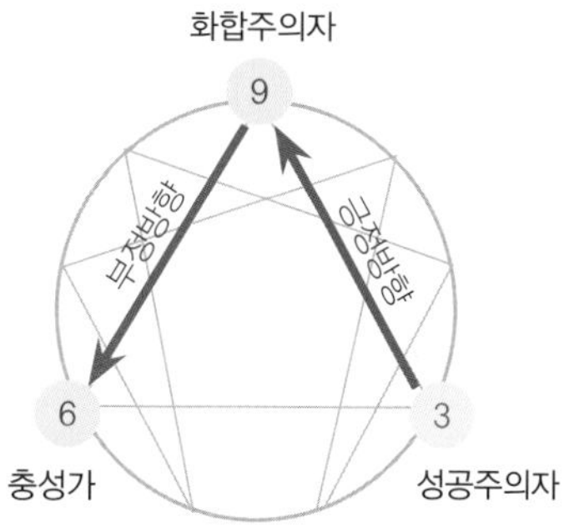

9유형의 화살방향

4유형 상사가 역동적인 속도를 설정하고 9유형 직원이 속도를 맞출 수 있도록 배려하며 기다려 준다면 두 조합은 환상적이다. 또한 9유형 직원의 내면에서 3유형적인 면을 개발할 수 있도록 격려해 줄 수도 있다. 관계가 좋으면 9유형은 작업과 일을 만족해하며 활기찬 환경의 속도 속에서 깊이 파고들거나 빠지는 몰입할 수 있게 된다. 9유형은 잠자고 있는 휴화산과도 같다. 어떤 동기가 그에게 부여되면 대단한 에너지를 분출시킬 만한 잠재력이 있다.

4유형 상사는 이 점을 고려하여 9유형에게 조심스럽게 다가가야 한다. 왜 조심스럽게 다가가야 하는가? 9유형은 일반적으로 과묵하고 자신의 내면을 잘 보여 주지 않으며 '좋은 것이 좋은 것이다.'라고 부드럽고 평화롭게 지낸다. 따라서 사람들은 9유형을 대할 때 무심결에 그들의 자존심을 상하게 하는 언행을 하기도 한다. 그래도 특별히 반항하거나 예민한 반응을 보이지 않기 때문이다. 아무렇지도 않게 행동하기 때문에 괜찮을 것이라고 생각한다. 사과할 일도 정식으로 사과하지 않고 넘어간다. 그러나 '괜찮다고 괜찮은 것이 아니다'. 9유형은 자신도 모르는 사이에 무시당했던 감정을 쌓아 둔다. 그 감정은 본능형의 '분노'이다. 그리고 세월이 지나서 적당한 순간이 오면 굉장한 굉음을 내며 폭발한다. 터졌다면 때는 이미 늦은 경우가 많다. 그러므로 터지기 전에 9유형의 분노를 알아차려야 한다.

또한 안정적이고 이미 알려진 해결방안을 선호하는 9유형 때문에 4유형이 지루함과 소외감을 느낀다면 위기 상황이 닥칠 수 있다. 평소에 하던 대로 자동운전 중인 9유형과 이에 대해 실망한 4유형이 부딪치게 되면 문제가 일어날 것이 분명하다. 4유형은 9유형이 정신을 바짝 차리고 다시 일에 적응하기 전에 사업 자체에 대해서 회의를 가지고 엉망으로 만들어 버릴지도 모른다.

그래서 4유형 상사는 9유형 직원에게 예의와 매너를 지키는 것이 좋다. 그렇다고 9유형이 늘 그런 것은 아니다. 9유형에 대한 무관심이 과할 때 그렇게 된다는 것이다. 까다로운 사람을 대할 때처럼 최선을 다해 대해 주는 것이 필요하다. 그렇게 되면 9유형은 자신만의 안정된 에너지로 성실히 임무를 수행해 낸다. 9유형은 환경과 조화를 잘 이루려고 하기 때문에 눈에 잘 띄지 않는다. 하지만 4유형 상사는 이렇게 드러나지 않는 9유형 직원을 찾아내야 한다. 환경과 어울리려는 통합된 9유형은 안정적이고 활발해 보인다. 그러나 자신의 노력을 알아주지 않는 상사를 대할 때 속으로는 '내가 여기에 소속되어 있다는 느낌이 안 들어. 모두 내 노력을 무시한다.'고 생각할 수도 있다. 상사들은 9유형이 불만을 표출하지 않았기 때문에 안전하다고 생각하지만 9유형은 언제부터인가 자신이 무시당하고 있다고 생각할 수 있다. 이렇게 되면 9유형은 누군가가 신경을 써 줄 때까지 작업 속도를 늦추거나 사무실 내 다른 부서들까지 자신의 생각에 동조하도록 끌어들인다. 자기중심적인 4유형 상사라면 9유형이 사직서를 내기 전까지는 전혀 눈치채지 못할 수도 있다. 그들의 자존심을 세워 주고 때로는 겉으로 드러내지 않고도 고집이 센 완고함에 칭찬을 해 주며 관심을 가져 주는 것이 필요하다.

9유형 상사는 '예'와 '아니요'를 동시에 말하고 있는 것 같은 인상을 준다. 어떤 결정사항이 필요할 때 의견을 물어보면 오히려 부하직원의 생각은 어떠하냐고 물어보는 식이다. 예라고 하는 건지 아니라고 하는 건지 알 수 없어서 수수께끼를 푸는 것과 같은 답답함을 줄 수 있다. 이런 모순된 행동은 4유형 직원이 자신의 특별한 지위를 위협당하고 있다는 느낌까지 들게 한다. 어떤 결정을 내리지 않는 것은 때로는 직원들에게 불안감을 갖게 한다. 또 거부당한 것 같은 느낌이 들게 함으로써 공적인 굴욕이나 창피한 느낌 등의 두려움을 유발시킨다.

4유형 직원으로 하여금 소외되어 있지 않도록 느끼게 하기 위해서 일종의 '특별한 초대'와 같은 상황을 연출하면 바람직한 파트너십 형성에 큰 도움이 된다. 회의 때 옆에서 참관하거나 중요한 인물 옆에 앉히는 것처럼 사소한 것으로도 충분하다. 4유형은 리더와 가깝거나, 가까워지려고 하는 모든 상황을 예의주시한다. 그래서 어떤 사람이 무엇을 말했고 어떻게 반응하였으며 어떤 결과가 일어났는지도 알아내는 데 민감하다. '누가 리더와 가까이 있지? 누가 특히 관심을 받고 있지? 상사가 뭐라고 말했나?' 등을 궁금해하는 것이다. 그러므로 4유형 직원에게 중요한 인물임을 느낄 수 있는 상황을 날마다 일상화시킬 필요가 있다. 중요한 사람이 되었다는 느낌은 9유형 상사의 우유부단함으로 인해 갖게 된 거부와도 같은 감정을 상쇄시키고도 남을 것이다.

반면에 공적인 장소에서 자신이 평범한 모습으로 소외된다든지 당연히 받아야 할 관심이 자신의 팀도 아닌 다른 팀의 직원에게 간다면 큰 소외감과 질투심을 유발할 것이다. 더 나아가 수치심으로 자신의 팀에서 멀찍이 떨어지게 하거나 동료들과 매우 경쟁적으로 싸우도록 만들 수 있다. 이런 상황에서는 두 유형 모두 양측의 지위와 권리 그리고 혜택이 명확하게 명시된 지침을 함께 정리해 보는 것만으로도 큰 도움을 받을 수 있다. 그 지침을 가지고 서로 협력하고 경계를 세워야 한다. 재미있는 것은 일반적으로 두 유형 모두 이런 경계를 세우는 것에 태도가 미온적이거나 필요 없다고 생각한다는 점이다. 그러나 이런 경계를 세우는 것이 두 유형의 직원 모두 놓칠 수 있는 부분으로부터 지탱해 주고 붙잡아 줄 수 있다. 분쟁이 생기거나 조정이 필요할 때도 중요한 기준이 되어 줄 것이다. 그러나 그 지침과 더불어 9유형 상사가 4유형 직원에게 특별한 혜택을 조금만 더 얹어 준다면 4유형 직원은 매우 기뻐할 것이다.

4유형과 9유형의 조합은 흔히 볼 수 있는 조합으로, 보통 4유형은 대중과 접촉하는 최전선에 배치되어 있고 9유형은 제품이나 서비스의 역학 구조를 감독한다. 조직에서 목표를 정하고 그 목표를 향해서 갈 때 유형의 관계가 조화를 이룰 수 있다. 조직에는 목표라는 것이 항상 있고 잘 따라야 하는 지침이 있을 것이다. 그러나 인간 내면의 그런 것을 지향하는 마음 상태는 각 유형마다 다를 수밖에 없다. 4유형은 감정적이기 때문에 그때그때 다를 때가 많고 9유형은 목표나 체계 자체에 대해서 부담스럽게 생각하는 경우가 많다. 특별함을 따라서 자유롭게 살고 싶고 물이 흘러가는 것처럼 자연스럽게 살고 싶은 그들이다. 하지만 조직에서는 이런 상황을 마냥 누릴 수 없다. 업무의 효율성을 높여야만 하고 서로의 파트너십과 조화를 이루어야 한다.

4유형은 예측 가능한 장기 모험보다는 자극적이고 창조적인 순간들을 즐긴다. 반면, 9유형은 꾸준히 지킬 수 있는 일관성 있는 지침을 선호한다. 다른 듯하지만 이 다름이 조화를 이룰 때 각각의 합(+)보다 더 큰 곱(×)의 결과를 창출할 수 있다. 즉, 4유형은 변화하는 시장의 환경과 변화를 분석하여 새로운 모험적인 것을 다양하게 구상하고, 구상된 여러 안 중 최종 선정된 안의 실행은 일관성 있는 9유형에게 넘기는 것이다. 즉, 4유형의 겉으로 드러나지 않고 숨어 있는 아이디어를 현실화시키는 데 9유형이 도움을 주고, 동시에 이 아이디어를 만드는 데 들어간 9유형의 의견도 동등하게 인정받는 시스템을 구현하는 것이다. 두 유형이 동등하게 만들어 낸 아이디어는 상품화될 수 있고 그 공로를 공유하면 성공적인 모습을 나타내게 된다.

4유형은 이상적인 아이디어와 특별하고 세부적인 제품 구상을 하고 9유형은 전체적으로 분석, 파악하는 거시적 안목을 가지고 있다. 따라서 4유형의 아이디어와 9유형의 은근과 끈기로 업무를 실행하면서 목표에 접근한다면 이런 상태의 9유형과 4유형의 만남은 멋진 조합이 될 것이다.

♠ 4유형의 셀프리더십 코칭

- 목표를 명확히 할 때 이상적이고 감성적인 성향에 어떤 유익이 있을까요?
- 나만의 예민한 감성이 좋은 점도 있지만 때로는 사람들을 힘들게 하는 부분이 있다면 어떤 해결방안을 찾을 수 있을까요?
- 나만의 개인적인 색채를 활용해서 삶에 활력을 불어넣는다면 어떻게 하는 것이 가장 좋은 방안일까요?

♠ 9유형의 셀프리더십 코칭

- 자신 안에 있는 끈기라는 장점으로 목표에 접근한다면 어떤 결과가 예상되시나요?
- 자신의 내면의 세계를 보여 주는 것과 보여 주지 않는 것 중 어느 것이 더 자신의 삶을 풍요롭게 할까요?
- 주변과의 조화를 위해 자신 안에 쌓인 무시당한 감정을 어떻게 하면 해소할 수 있을까요?

♠ 4유형 상사가 9유형 부하에게

- 당신 안에 잠자는 거인을 깨우기 위해 당신을 어떤 환경 속에 자신을 노출시키는 것이 좋을까요?
- 당신만의 지구력을 통해 개발하고 싶은 멋진 미래의 나는 어떤 모습인가요?

♠ 9유형 상사가 4유형 부하에게

- 불규칙적인 나만의 감정을 조화롭게 바꾸려면 어떻게 해 볼 수 있을까요?
- 고정관념을 깨고 새로운 관점에서 이상적인 나의 목표를 현실성 있게 전환시키려면 누구의 도움을 받는 것이 좋을까요?

5유형(관찰) VS 5유형(관찰)

두 유형의 관계에서는 일하는 위치가 어디냐에 따라 성공에 영향을 미친다. 5유형은 변화를 요구하는 최전선에서는 꽃을 다 피우지 못한다. 이들은 정보지향적인 환경, 연구, 그리고 깊이 있는 분석 분야에서 꽃을 피울 수 있다. 상사나 직원 두 유형 다 정보를 소화할 시간을 필요로 하며 둘 다 사적인 공간의 영역, 시간을 엄수하는 꼼꼼함, 정확한 지시 등을 강조한다. 따라서 이들의 현장은 단순하다. 일이나 감정 등이 얽혀 있는 현장은 능력을 발휘하는 데 가장 어려운 환경이다. 예를 들면, 연구하고 개발하고 정보를 얻고 수집하는 위치에 서게 하는 것이 가장 좋다.

일부 5유형 상사는 프로젝트 중에서 일부를 직원에게 맡기고 나서 본인의 사무실에만 틀어박혀 있기도 한다. 그리고 프로젝트를 진행하기 위한 공개적인 정보를 제공해 주지 않기도 한다. 정보 수집에는 열심을 다하지만 나누어 주는 데는 지나치게 인색할 수 있다. 흔히 5유형을 관찰자라고 한다. 그 이유는 정보를 얻기 위해 관찰하는 데 최선을 다하기 때문이다. 그래서 무엇을 위해 관찰을 했든지 본인이 애써서 얻은 그 결과를 대가 없이 나누어 주는 것은 힘들어한다. 정보를 얻을 때는 시간을 많이 사용하기 때문에 시간을 나누기도 쉽지 않다. 다른 사람들 입장에서는 얼핏 보기에 사생활을 많이 챙기는 것으로 여겨진다. 그런데 그 사생활을 챙기는 모습은 결국 정보를 얻어 내는 길이고 또한 그것을 들키지 않게 보호하는 모습이라고도 할 수 있다.

그런데 5유형 상사의 경우 자신의 정보 공개에는 인색한 반면, 직원들이 수집한 정보를 얻어 내는 데 관심이 많다. 가능한 많은 정보를 원하기 때문에 직원들에게 다양하고 많은 정보를 요구한다. 그렇지만 막상 자신이 직원들에게 그 정보를 공유하는 것은 아까워한다. 그 이유는 5유형의 집착에서 찾을 수 있다. 5유형의 집착은 앎(지식)이다. 정보를 얻으려 노력하고 정성을 쏟는 것도 다 이 집착 때문이다. 수고하고 애써서 어렵게 얻은 이 정보를 나누어 주면 자신은 또 이런 과정을 되풀이해야 하기 때문에 나누기가 힘든 것이다. 집착이 앎(지식)이라면 꺼려하면서 선뜻 나서지 못하는 회피는 '공허'이다. 5유형의 생각에는 지식이 꽉 차 있지 않고 비어 있는 공허의 상태는 견디기 어려운 문제이다. 아무것도 없이 비어 있다면 미래에 다가올 어려움을 이길 방법이 없다고 믿는다. 그래서 지식으로 채워야 하고 채웠으면 나누지 않고 그대로 두어야 비어 있지 않게 된다. 정보와 지식 그리고 탐구의 결과로 얻어진 것을 주지 못하는 것이다.

반면, 5유형 직원도 마찬가지이다. 5유형 상사가 정보를 다 가지고 나누지 않는다면 직원들은 정보의 통로가 막힌 상태에서 일을 해야 한다. 당연히 업무를 진행하는 데 한계가 있을 수밖에 없다. 그 결과로 조직이 어두워지고 일의 속도도 떨어지게 된다. 나중에는 5유형 상사에게 많은 비난이 쏟아질 것이다. 따라서 5유형 상사는 자신이 수집한 정보와 직원들이 얻어 낸 정보를 각 기관과 조직에 두루 전달해야만 한다. 5유형 직원 역시 정보를 나누어야 한다. 5유형 직원이 독립된 업무를 하는 경우에는 큰 문제가 없을 수도 있다. 하지만 조직이 원활히 움직이려면 도움을 주고 통합해야 한다. 이런 상황에서 혼자만의 정보를 가지고 일한다면 조직에 막대한 손해를 끼치게 될 것이다. 상사와 직원이 같이 연구하고 함께 정보를 공유하고 발전시켜 나갈 때 조직은 많은 발전을 이룰 수 있을 것이다.

5유형 둘이 같이 일할 때에는 문제가 생기는 것을 피하려고 서로 노력한다. 회의는 항상 질서정연하고 참석자들도 자신에게 주어진 역할의 형식적인 틀 안에서만 참여할 확률이 높다. 이들은 당장 행동을 해야 한다는 긴급한 신호들을 무시하기도 한다. 5유형 상사는 흔히 오랜 준비 기간을 거치며 기다리고 두고 보자는 자세를 취한다. 5유형은 불확실한 상황일 때는 자신의 노동력이나 기술을 투자하기 싫어한다. 불충분한 정보를 가지고 행동하는 것에 대한 두려움이 있어서 그때그때 때에 따라서 즉흥적으로 정책을 바꾸는 것을 싫어한다. 그래서 5유형 상사는 감정적인 위험을 무릅쓰기보다 차라리 형식이나 격식만을 갖춘 의례적이고 공식적인 협상 자세를 취한다. 얼굴을 직접 마주 보고 상호작용하는 대신 편지를 쓰고, 회의는 중간자들에게 맡겨 버린다. 간접적인 의사소통을 편하게 생각하기 때문에 발생하는 현상이다.

5유형의 체계는 사내 의사소통에 느리고 약하다. 5유형인 관찰자들이 스스로 자진해서 정보를 내놓지 않기 때문이다. 그러므로 정보를 모으고 합쳐서 취합하고 유용한 정보를 바로 알릴 수 있는 공개적인 시스템을 도입하는 것도 좋다. 그래야만 5유형 상사와 직원이 가지고 있는 한계를 뛰어넘어 한 단계 더 나아갈 수 있기 때문이다.

또 하나 언급할 것은 5유형끼리 업무를 진행할 때의 의사소통 방식이다. 간접적인 의사소통은 여러 가지 문제점을 만들어 낸다. 오해의 소지도 많다. 글과 문자로 하는 의사소통 방식은 다양한 감정적 부분을 읽지 못한다. 반론을 제기하고 토론을 하는 것도 면대면 접촉방식이 아니다 보니 합의를 도출해 내는 것이 쉽지 않다. 또한 능력 있는 직원들이 정보에 대한 서로의 필요를 존중해 주지 않는 것은 중대한 문제이다. 다른 것은 몰라도 정보를 사유화시키지 않고 조직을 위해 사용하도록 개방하는 분위기를 만드는 것이 매우 중요하다.

5유형이 발전하려면 설득시키길 좋아하는 공격적이고 외향적인 사람들과 교류하면 좋다. 자기 자신의 내부로 지향하는 경향이 강한 5유형은 혼자 내버려 두면 일을 마무리하고 종결짓는 것을 힘들어한다. 따라서 그런 역할을 대신 맡아 줄 수 있는 그룹과 함께하며 도움을 받는 것이 중요하다. 컴퓨터의 중앙정보처리만 중요한 것이 아니라 일을 밀어붙이는 포크레인이나 불도저 같은 역할도 필요하기 때문이다. 이런 역할 없이 정보를 수집하는 것에만 매달리면 최종적인 결론은 며칠 후에 가능하다는 생각이 들고, 그것은 일을 확정짓는 것을 다음날로 미루게 되는 결과를 가져온다. 그래서 프로젝트를 끝내기가 힘들다. '다음에', '조금만 더' 하는 식이다. 5유형은 초기에 프로젝트를 끝내는 시기를 결정하고 진행하는 것이 바람직하다.

이들의 관심은 늘 장기 계획(추적 목표), 부분에서 전체로의 논리(객관적 논리성),

그리고 예측 가능한 결과에 있다. 5유형의 성격을 지닌 기업은 비용의 효율성과 제품의 우수성 영역에서는 경쟁력이 있다. 5유형은 영리한 거래, 즉 질적 우수성과 검소함을 조화시키는 기업 경영방식을 좋아하기 때문에 '경제적인 우수성'이 하나의 표어가 될 수 있다. 같은 5유형의 조합은 상사나 부하직원 간에 개인 시간을 통제할 수 있다는 점을 장점으로 꼽는다. 외출서명을 하지 않고도 잠깐 휴식을 취하며 카페에 갔다 올 수 있는 등 사소한 부분에서의 자율성은 이들에게 매우 중요한 혜택이다. 5유형은 시간, 에너지, 돈을 아끼려고 노력하며 자유 시간을 연봉만큼이나 중요시한다. 같이 있는 시간은 에너지를 고갈시킬 염려가 있다. 혼자 있는 시간은 이들에게는 에너지를 보충하는 시간인 것이다.

♠ 5유형의 셀프리더십 코칭

- 당신의 의사소통 방식이 타인에게는 어떻게 비칠까요?
- 다른 사람들과 소통하기 위해 자신이 먼저 해야 할 일은 무엇인가요?
- 좀 더 자신을 개방한다면 타인에게서 얻을 수 있는 유익은 무엇일까요?
- 당신의 침묵이 다른 사람에게는 어떻게 비칠까요?

♠ 상대방과의 관계리더십 코칭

- 조직에 필요한 정보를 당신만이 그대로 가지고 있을 때 우리 조직은 어떻게 될까요?
- 내가 가진 정보를 먼저 공유할 때 우리 팀과 내가 얻게 되는 유익은 무엇입니까?
- 빠른 업무 종결을 위해 어떤 환경을 디자인하면 좋을까요?
- 상대방의 독립성을 존중한다면 관계는 어떤 방향으로 전개될까요?

5유형(관찰) VS 6유형(안전)

5유형 상사는 6유형 직원이 개인적인 접촉을 필요로 한다는 사실을 인식하지 못할 수도 있다. 5유형은 의사소통을 할 때 다소 기계적인 경향이 있다. 감정을 빼고 딱딱한 지시나 명령을 내리기 때문에 사람 간에 대화한다는 다정스러움이나 따뜻한 감정을 느끼지 못할 때가 많다. 5유형 상사가 말로는 중요하다고 하는데 감정적으로 내용 면에서 중요하다는 느낌이 안 생기면 6유형 직원은 중요하지 않다고 생각할 수도 있다. 또는 6유형 특성상 무엇이 중요한 것인지 확인하기 위해 끙끙 앓을 수도 있다.

이 두 유형은 지속적으로 사람들의 관심을 받는 위치에 놓이지 않을 확률이 높다. 5유형은 다른 사람들의 관심을 받는 것에 불편함을 느낄 수 있고, 6유형 역시 다른 사람들의 시선이 반갑지 않다. 특히 공포대항형인 6유형조차도 다른 사람의 관심을 일시적으로 받는 것은 몰라도 지속적으로 받는다면 부담스럽기는 마찬가지이다. 이런 성향은 두 유형 모두 머리형이기 때문에 더 그렇다. 미래를 대비하려는 6유형과 미래를 위해 지식을 쌓아 두려는 5유형은 대인 접촉에 있어서 부담스러운 점이 있다. 그 이유는 미래의 두려움을 이기기 위해서 혼자 해야 할 일이 많기 때문이다. 5유형은 관찰을, 6유형은 위험스러운 상황을 관찰하고 준비해야 한다. 다른 사람과의 접촉은 이런 준비를 훼방한다고 믿기 때문에 혼자 있는 개인적인 시간이 필요하다.

이러한 특징과 더불어 5유형은 일반적으로 정서적이고 감정적인 교류보다는 사무적으로 다른 사람과 관계를 맺는다. 주로 사실에 근거한 보고를 통해 교류한다. 5유형 상사는 직원들이 굳이 전체 그림을 볼 필요가 없다고 생각하는 경향이 있다. 그래서 전체적인 설명은 생략하고 실제 지시할 작업 위주로 6유형 직원과 상대한다. 이런 명령, 지시 형태의 교류 방법은 6유형에게 불안을 조장한다. 즉, 전체적인 그림을 볼 수 없으니 다른 동료들과의 경쟁에서 불리하다고 생각한다. 그 불리하다는 6유형의 생각은 자신이 안전하지 못할 것이라는 불안감에 방아쇠를 당기게 한다. 대부분 일 잘하는 직원이 되고 싶은 게 당연한 욕구인데 5유형 상사로 인해서 불안감을 안고 근무하게 되니 불만이 있을 수밖에 없다.

5유형 상사가 비공개 회의를 한다면 6유형 직원은 역시 불안해한다. 6유형은 전반적인 정보를 나눠 주는 회의와 공개적인 포럼을 특히 좋아한다. 그것은 상사들에게 자신이 불안하게 생각되는 부분에 대해서 공개적으로 의문을 제기할 수 있는 기회이기 때문이다. 그래서 비공개 회의들은 6유형을 신경 쓰이게 만든다. '왜 나를 안 불렀지? 왜 분리시키는 거지? 도대체 어떻게 되어 가는 거지?' 하고 생각하는 것이다. 그래서 6유형 직원은 혼자 조용히 있는 것을 모범으로 삼는 5유형 상사를 대할 때 무척 불안해한다. 게다가 자신의 정보가 조사당하고 있으며 검열로 제한당하고 있다고 느끼기 시작하면 안전을 얻고자 하는 6유형은 불안을 넘어서 거칠게 돌변할 수 있다. 불만을 제기하는 6유형 직원은 쌓이고 쌓인 불만을 토로하는데 정작 갈등 상황을 다룰 준비가 되어 있지 않은 5유형 상사는 후퇴하거나, 공격하는 6유형 직원을 끌어내려고 할 것이다. 5유형이 면대면의 커뮤니케이션이 좋은 전략이라는 사실을 깨닫기 위해서는 상당한 자각이 필요하다. 이렇게 커뮤니케이션이 이루어진다면 상당 부분 6유형 직원의 불안과 의심을 풀어 주는 효과가 있다.

6유형 상사는 미래에 나타날지도 모르는 직원의 반항을 두려워한다. 위험요소를 늘 생각하는 특성 때문에 잔소리나 새로운 아이디어의 추가 또는 두 번 세 번 반복되는 안전지침을 만들어 낸다. 직원의 입장에서는 한 번 말하면 되는데 '어제 말한 것을 왜 또 말하지? 그렇다면 자신이 직접 하면 되는 것 아니야?'라고 생각한다. 또는 '나를 못 믿겠다는 것인데 그럼 자신이 직접 하든가? 나는 안 하면 되지 뭐?'와 같다. 만일 이런 일이 자주 반복된다면 불만은 쌓이게 되고 스트레스를 받게 될 것이다. 이쯤 되면 5유형 직원은 말없이 회의에 참석하지 않거나 지시에 대해 아무 말 없이 거부하는 방법으로 불합리한 상황을 빠져나가려 할 것이다. 말이 아닌 행동으로 보여 주는 것이다. 6유형 상사의 눈에는 5유형 직원이 적대감을 숨기고 있는 것으로 보인다. 적절한 표현을 하지 않는 것을 눈치채지 못할 리가 없다. 불만을 그런 식으로 표출시키는 직원임을 짐작하는 것이다.

6유형 상사는 그저 직원의 입장을 들어 보기 위해서거나 또는 다른 아이디어를 제안한 것일 수도 있는데 분명하지 않은 제안이나 즉흥적인 아이디어는 5유형 직원의 의욕을 떨어뜨리는 역효과를 낳는다. 5유형 직원은 이 프로젝트를 완수하기 위해서 정확히 얼마만큼의 에너지가 얼마나 오래 필요한지 명확하게 알고 싶어 한다. 따라서 6유형이 안전을 이유로 다소 즉흥적이고 다양한 지침을 자꾸 제안하면 5유형은 명확한 방침이 없는 상황에서 일하기보다는 차라리 '잘 모르겠다'는 자세를 취해 버린다. 6유형 상사가 구체적으로 업무를 지시하지 못하면 5유형 직원의 눈에는 관리능력 부족으로 비친다. 5유형 직원은 업무 지시나 관리 부분은 자신의 영역이라 생각하지 않기 때문에 다른 사람의 일까지 해 줄 필요가 없다고 생각한다. 그러므로 6유형 상사는 이런저런 아이디어나 또는 위험스러운 만일의 경우에 대한 생각을 멈추고 처음 계획을 꾸준히 진행시키는 것이 좋다. 5유형 직원은 완전히 짜여진 지시를 받으면 자신이 존중받고 있다고 느낀다.

5유형 상사가 6유형 직원에게 갖는 또 하나의 오해가 있다. 새로운 문제 상황에 대비한 6유형 직원의 너무 예민한 안전지침 수립 요구가 5유형 상사에게는 프로젝트 진행의 방해로 느껴지는 것이다. 반면, 6유형 상사에게는 아무런 보고서도 없이 한 주를 보내는 5유형 직원의 모습이 불복종으로 보인다. 그러나 5유형 직원의 입장에서는 그저 혼자 시간을 보내고 싶은 욕구일 수도 있다. 주간 계획과 같은 간단한 형식이 이런 차이를 좁히기에 가장 효과적이다. 6유형 상사들은 정보를 필요로 하지만 5유형 직원들은 시간과 에너지를 쏟기 전에 생각할 시간이 필요하다.

두 유형 모두 머리형으로 생각이 많은 유형이기 때문에 무미건조한 파트너십의 가능성도 가지고 있다. 위험을 무릅쓰고 싶지 않은 성향 때문에 신선한 실험의 흐름도 제한받는 것이다. 두 유형 다 에니어그램에서는 대표적으로 두려움을 많이 느끼는 유형에 속한다. 이 두려움은 대개 자신에게 방해가 되는 것에 대한 과장된 관심으로 모양이나 형태가 달라져서 사실과 다르게 해석하거나 왜곡되어 표현되기도 한다. 잠재적인 경쟁 상대의 힘을 과대평가하고 문제를 해결하는 과정에 많은 시간을 투자하는 식이다. 이들은 실제적인 증거 수집에 몰두하지만 자료 수집 과정에 과도하게 파묻힐 수도 있다. 5유형은 모든 요소를 다 분석하기 전에는 일을 쉽게 종결짓지 못한다. 그래서 프로젝트를 마치는 데 어려움을 겪는다. 5유형은 어떤 행동을 취하기 전에 100% 준비하느라 뜸을 들이는데, 이는 6유형이 일을 다 마쳐서 성공을 눈앞에 두고도 일을 미루는 경향과 비슷하다. 공통으로 나타나는 이 망설임이 바로 5유형과 6유형 파트너십에서 가장 눈에 띄는 허술한 점이다.

프로젝트를 시작할 때 두 유형이 만나게 되면 시작부터 난항을 겪을 수 있다. 다른 유형과의 조합에서는 다른 한 유형이 시작을 하면서 자연스럽게 일이 진행될 수 있는 데 반해서 두 유형의 조합은 처음부터 서로 시작을 미루느라 진행이 잘되지 않는다. 그러므로 이런 경우에는 다른 유형의 사람에게 처음 시작을 맡기면 이 문제를 해결할 수 있다. 즉, 다른 유형이 초안을 만든 후 두 유형에게 첫 수정을 맡길 때 5유형과 6유형의 파트너십은 훨씬 더 성공적이다. 이들 유형에게는 아무것도 없는 상태에서의 일 추진은 매우 어렵다는 증거이기도 하다.

좀 더 적극적으로 이들의 파트너십을 효과적으로 활용하는 방법이 있다. 그것은 이들의 능력이 빛을 발하는 분야에 투입하는 것이다. 5유형과 6유형 모두 전략, 가르치기, 계획, 또는 그 외에 서로 다른 일이나 사물을 구별하여 가르치는 분별력 있는 분석을 필요로 하는 모든 분야에서 능력을 발할 수 있다.

♠ 5유형의 셀프리더십 코칭

- 계속 관찰자의 모습으로 살아간다면 생각되는 10년 후의 모습은 어떤 모습인가요?
- 당신의 자녀에게는 어떤 모습을 원하시나요? 이유는 무엇인가요?

- 당신의 삶의 방식을 조금만 수정한다면 무엇을 수정하시겠습니까?

♠ 6유형의 셀프리더십 코칭

- 두려움을 접고 불확실한 부분에 과감히 도전한다면 당신의 인생은 어떻게 펼쳐질까요?
- 긍정과 도전이 내게 주는 유익을 얻고 싶다면 어떤 삶의 태도를 가져야 할까요?
- 자신에게 믿음을 주기 위해 매일 하고 싶은 Self Talk는 무엇입니까?

♠ 5유형 상사가 6유형 부하에게

- 부정보다는 긍정적으로 바라볼 때 대인관계의 폭은 얼마나 달라질까요?
- 건조해질 수 있는 우리의 관계를 좋게 하기 위해 서로 노력해야 할 것은 무엇입니까?

♠ 6유형 상사가 5유형 부하에게

- 프로젝트 시작 전 정보 공유와 함께 전체 그림을 조망하는 것이 결과에 어떤 영향을 미칠까요?
- 주간 업무계획을 사전에 소통한다면 서로에게 어떤 유익이 있을까요?

5유형(관찰) VS 7유형(행복)

두 유형 모두 에니어그램의 흔히 머리형인 지성의 센터를 가지고 있는 유형이다. 이들에게는 아이디어가 행동을 대신할 수 있다. 머리형은 사물의 이치나 지식 따위를 해명하기 위해서 논리적으로 정연하게 일반화하는 체계인 이론에 매료된다. 이렇게 되면 마음을 빼앗기고 흥미를 느낀 나머지 원래 가려고 했던 길에서 곁길로 빠져 전혀 엉뚱한 방향으로 나가기도 한다. 7유형이 특히 쉽게 넘어간다. 한 가지에서 출발했지만 여러 가지를 뻗어 나간다. 하나의 나무를 생각하면 된다. 뿌리는 하나이지만 가지는 많은데 7유형의 사고는 줄기에서 멈추지 않고 여러 가지로 뻗어 나가는 것이다. 7유형은 매우 긍정적이다. 하나의 좋은 아이디어나 개념에 대해 하나를 생각했으면 연상적으로 여러 아이디어의 가지로 갈라지게 된다. 원래의 뿌리에서 뻗어 나왔기 때문에 다 실현 가능성 있어 보이는 것이다. 7유형은 매우 긍정적이다.

이에 반해 5유형의 사고는 조금 더 논리적인 경향이 있다. 하나의 아이디어가 다른 곳으로 가지 않고 그곳에서 더 연장된다. 그래서 단기적인 연구보다는 장기 연구의 뿌리가 된다. 그래서 이들은 하나의 아이디어만으로도 다른 사람들과 어울려 사귀지 아니하거나 도움을 받지 못해 외톨이가 되더라도 비교적 몇 년씩 혼자서 일을 할 수도 있다. 7유형의 관심이 여러 가지로 넓게 흩어져 분포되는 반면, 5유형은 가짓수가 적고 깊이 있게 내려가는 경향을 가진다. 5유형과 7유형의 조합은 전략과 연구를 특별히 가려서 선호하는 장점이 있다. 하지만 이런 장점이 있음에도 불구하고 실제로 행하지 않거나 5유형이 다 이룬 완성에도 만족하지 못하고 계속 연구만 한다면 좋은 아이디어들이 실현되지 않을 수도 있다.

5유형 상사는 대개 가지런하고 질서정연하다. 이들은 충분한 자료와 근거를 요구하며 특별히 지정한 영역의 연구에 자신의 노력을 집중할 수 있어야 안전함을 느낀다. 너무 범위가 넓거나 또는 영역의 구분이 모호할 경우 에너지를 집중하지 못한다. 하지만 반대의 경우에는 활발하게 움직이는 7유형을 제한하여서 그의 활동성을 멈추게 할 수 있다. 융통성을 제한하면 7유형 직원의 만족도는 떨어지게 된다. 때로 7유형 직원은 어떤 힘이나 조건에 굽히지 않고 거역하면서 버티는 강한 저항을 좋아한다. 강한 충돌이 그저 그런 지루한 일에서 벗어나는 계기를 만들 수 있기 때문이다.

두 유형의 관계가 좋지 않은 경우, 5유형 상사는 7유형 직원이 건의하는 다양한 아이디어 제공도 습관적으로 깔보고 가치를 알아주지 않고 무시하며 차라리 이전에 효과를 봤던 같은 일을 되풀이하게 된다. 그러나 관계가 좋을 경우 7유형은 5유형 상사의 꼼꼼하게 연구된 정보들을 다 통합시킬 수 있는 기발한 방법을 창출해 내기도 한다. 5유형 상사에 의해 수집되고 관찰된 결과는 7유형 직원의 활발한 활동으로 인하여 꽃을 피우는 시나리오가 가장 좋은 관계의 본보기로 삼을 수 있는 표본이 될 수 있다. 그러므로 5유형 상사가 7유형 직원의 성과를 거두기 위해서 움직이는 활동성을 막는 것은 바람직하지 않다.

7유형은 합리화라는 방법을 동원하여 문제를 무마시키려고 한다. 원래 타고난 달변가인 데다가 미래지향적인 안목이 높아서 이러한 방법이 시시때때로 통한다. 하지만 몇 번 속고 나면 '양치기 소년'처럼 신뢰를 잃어버릴 수 있다. 이에 비해 5유형은 항상 똑같은 레퍼토리(repertory)로 앵무새 전법을 택할 가능성이 많다. 그래서 타협이 가장 어렵기도 하다. 후퇴하려고 하지 않는다. 두 유형 모두 문제에 직접 대면하기보다는 문제를 간과하려는 경향이 강하다. 문제가 될 만한 요소는 별다른 감정 없이 논리적으로 처리했지만 문제로 받아들이지 못할 사안들은 처리하지 않은 채 방치해서 긴장이 쌓이게 만든다.

머리형인 두 유형은 갈등이 표면화되기 전에 해결방안과 탈출방법을 찾아내는 것이 바람직하다. 시간이 지나서 더 이상 미루기 힘든 상황이 닥쳐오면 많이 당황스러울 수 있다. 그때는 그동안 숨겨 두었던 감정이 실제로 표면에 떠오르기 때문이다(평소에 5유형은 감정을 절제하고 7유형은 슬픈 감정이 없는 것처럼 숨겨 둔다). 사실 두 유형 모두 실제 감정에 직면하기를 두려워한다. 어쩌면 자신에게 이런 감정이 있었다는 것을 애써 피하고 있었을지도 모른다. 이런 상황이 되면 갈등의 복합적인 문제를 작고 쉽게 다룰 수 있는 조각으로 나누면서 제3자가 중재에 나서야 한다. 개별적인 여러 가지를 한데 묶는 일괄 해결방식이 아닌 항목을 나누어서 하나하나 정리해 나가는 방식이어야 한다.

5유형 직원의 경우 7유형 상사와 서로 다른 정보를 가지고 있을 때, 또는 만족스러운 정보를 받지 못하거나 찾지 못했을 때 그냥 뒤로 물러나 버린다. 해명을 요구하거나 설명을 부탁하기보다는 물러서서 기다리는 편을 택한다. 문제 상황에 5유형이 직접적으로 마주치지 않아도 되는 상황을 만든다. 모든 인간관계에서 적절하게 거리를 두려는 5유형의 모습이 나타나는 것이다. 5유형 직원은 다른 부서와 맞추려는 노력 없이 자신이 예상한 대로 진행하려는 경향이 있다. 이들은 특히 빠르게 변하는 환경에 있을 때 자신에게 달라고 부탁받기 전까지는 자기 스스로 정보를 내놓지 않기도 한다. 이렇게 되면 업무를 마무리하는 데 많은 시간이 걸린다. 자칫 잘못하면 서로의 탓을 하는 장면을 보게 된다. 그것은 서로에게 최악의 상황이 될 것이다.

게다가 미성숙한 7유형 상사는 시작은 잘했지만 마지막 순간에 마무리를 받아들이지 않고 물리치며 거부하기 때문에 혼란스럽고 산만해 보인다. 시작은 활발하게 했지만 늘 마무리하는 것이 쉽지 않은 과제가 된다. 한없이 솟구치는 열정의 근원은 호기심이다. 하지만 호기심의 끝이 항상 좋은 것은 아니다. 오히려 호기심을 따라가다 보면 호기심을 해결하지 못해서 고통이 따라오는 경우가 허다하다. 그렇기 때문에 마무리를 짓지 못하고 자신이 뿌린 씨를 거두지 못하는 것이다.

이를 방지하기 위해 7유형 상사에게는 네트워킹이나 공동의 결과를 필요로 하지 않는, 명확하게 분류된 프로젝트를 맡기면 비교적 좋은 결과를 얻을 수 있다. 경계가 불분명한 공동의 임무가 아닌 자신의 책임감이 명확하게 구분되면 마무리에 큰 도움이 될 것이다. 처음부터 호기심만 믿고 덤벼들 사항이 아닌 것들을 명확하게 종류에 따라서 나누도록 분류해 내야 한다. 그렇게 되면 직무에 헌신하는 5유형 직원은 7유형 상사가 문제해결의 방향을 찾을 수 있도록 어느 정도 혼란을 안정화시킬 수 있다. 호기심을 충족해 줄 수 있는 아이디어 중에 자신의 감정을 빼고 확실한 사실 위주의 정보를 제공함으로써 7유형 상사에게 도움을 줄 수 있다.

두 유형의 조합에서 가장 많이 발견되는 구성은 5유형이 사무실에 있고 7유형이 현장에 있는 것이다. 밖에 나가서 사람들을 만나고 접촉하는 일은 5유형에게는 죽음과도 같을 수 있다. 사람들을 직접 접촉하는 것은 자신의 에너지가 없어진다고 믿기 때문에 그 시간과 행동들을 최대한 아끼려고 노력한다.

반면, 7유형은 현장을 선호한다. 답답한 사무실 환경보다 훨씬 자유롭기 때문이다. 꽉 짜여진 환경이나 다른 사람들의 눈치를 보는 환경은 자유스러움을 추구하는 그들에게는 또 다른 감옥이나 다를 바 없다. 그렇기에 5유형이 사무실에서 관찰하고 통계를 내고 행동지침과 목표관리를 하며, 7유형은 현장에서 사람을 만나고 실적을 내는 방식으로 파트너십을 이룬다면 시너지 효과는 매우 크다.

♠ 5유형의 셀프리더십 코칭

- 당신이 조직에 기여할 만한 부분을 세 가지만 말씀해 주시겠어요?
- 혼자서 사색하는 것을 줄이고 사람들과 함께한다면 삶의 시너지는 얼마나 달라질까요?
- 조직 구성원 중의 일원이라는 것을 어떻게 하면 좀 더 보여 줄 수 있을까요?

♠ 7유형의 셀프리더십 코칭

- 다른 사람들이 좀 더 신뢰할 만한 모습이 되려면 어떤 노력이 필요할까요?
- 다른 사람들이 당신을 좀 더 진중하게 보게 되면 어떤 부분이 달라질까요?
- 당신의 참신한 아이디어가 빛을 내기 위해 보완되어야 할 것은 무엇입니까?

♠ 5유형 상사가 7유형 부하에게

- 자료의 근거를 밝혀 주는 것이 대인관계나 업무에 어떤 도움이 될까요?
- 책임 있는 행동을 보여 줌으로써 당신에 대한 타인의 생각은 어떻게 달라질까요?

♠ 7유형 상사가 5유형 부하에게

- 인간관계에서 거리를 두려는 것을 멈춘다면 사람들은 당신에게 어떤 기분 좋은 말을 해 줄 것 같으세요?
- 빠르게 변화하는 환경에 적응하려면 어떤 자발적 태도를 가져야 할까요?

5유형(관찰) VS 8유형(강함)

5유형은 상대를 유혹하려 하거나 감정으로 맞서지 않기 때문에 사람들은 종종 기업 거래에서 이들을 굳게 믿고 의지한다. 이들은 사람들에게 크게 영향이나 부담을 주지 않으며 직무에 집중하되 타인과 관계 맺는 것은 즐거워하지 않는다. 대부분의 사람은 개인적인 관심에 대해 얼마든지 대화 나누길 좋아하며 이러한 분위기는 상대가 자신의 의견에 동의한다는 인상을 갖게 된다. 5유형과 대화를 해 보면 주로 상대방은 말을 하고 5유형은 고개를 끄덕여 준다. 이때 상대방은 5유형이 자신을 이해하고 있다고 느끼게 된다. 이때 5유형이 듣는 것에 집중하는 것은 상대를 관찰하고 알고 싶은 5유형의 심리일 뿐이다. 하지만 다른 사람들은 그렇게 생각하지 않는다. 5유형이 자신의 이야기를 잘 들어 준 것은 자신의 이야기에 동의했다고 믿는다. 하지만 글자 그대로 5유형은 상대의 이야기를 듣기만 한 것이다. 동의했다고는 말하지 않았다. 듣는 것과 동의하는 것은 전혀 다르다. 그런데 그것을 똑같다고 한다면 그것은 5유형을 잘못 이해한 것이다.

5유형은 흔히 e-메일이나 팩스 또는 각종 SNS로 업무를 진행한다. 필자가 경험한 5유형의 이야기는 실로 놀라움 그 자체이다. 그는 다른 직원들이 다 퇴근을 한 후 밤에 홀로 사무실에 가서, 각 직원의 컴퓨터에 지시사항을 입력하고, 사무실 청소직원들을 피했다가 오전 9시 이전에 사라진다고 했다. 그가 신뢰하는 8유형 직원이 아침에 메시지들을 받으며 일을 시작하는데 상사와는 늘 이렇게 e-메일로 연락을 주고받는다. 어떤 때에는 몇 개월씩이나 개인적인 접촉을 하지 않았다고 한다. MS의 빌게이츠나 삼성의 이건희 회장도 몇 달씩 회사에 얼굴을 보이지 않기로 유명하다. 그러다가 느닷없이 나타나서 새로운 경영철학이나 깜짝 놀랄 만한 제품을 소개하기도 한다. 그들도 5유형의 대표적인 인물이다.

5유형 상사는 보통 객관적이고 어느 면에도 치우치지 않으며 제삼자의 입장에서 공정한 중립성을 보인다. 이런 중립성은 직원들에게 매우 매력적으로 느껴질 수 있다. 5유형은 모든 사항을 잘 관리하고 있다는 느낌의 안정적이고 능력 있는 리더십을 내뿜게 되며, 부정적인 압력에 대해서 조용하게 알맞은 조치를 취한다. 그것은 그 압력이 주는 부정적 감정을 자신에게서 분리해 내는 능력이 탁월하기 때문이다. 이렇게 되면 끈기 있는 협상가가 될 수도 있다. 감정적 상처를 잘 받지 않기 때문에 협상할 때 심각한 감정적 흐름의 고비를 잘 넘길 수 있는 것이다. 그리고 원하는 결과를 얻어 낼 때까지 감정적으로 지치지 않고 상대의 감정표현을 들어 줄 수 있게 된다. 또 5유형은 얽혀 있거나 복잡한 것을 풀어서 개별적인 요소로 나누어 결정을 내리기 때문에 8유형의 감정적인 폭발에 그다지 당황하지 않는다. 그래서 8유형 직원에게 생각하는 대로 말할 수 있는 자유를 주기도 한다. 좋은 상호작용의 형태로는 8유형이 폭발하며 발언하고, 5유형이 감정과 발언(아이디어)을 분리하여 물러서고, 둘 다 나쁜 마음을 가지지 않고 문제를 일으킬 만한 것들을 잊어버리기로 하는 경우가 있다. 8유형은 뒤끝이 없는 편이고 5유형은 그 감정을 쌓아 두지 않고 잊는다.

이 두 유형에게 나타나는 가장 흔한 갈등으로는 5유형 상사의 부재 시 8유형 직원이 상사가 가지고 행사하던 권력의 빈자리를 채우는 것이다. 돌아온 5유형 상사는 목소리가 커진 8유형 직원이 불복종한다고 생각하게 되고 나머지 직원들은 권력 다툼에 낀 느낌을 받는다. 5유형 상사는 최소한의 존재감만 보이는 것으로 유명한데, 이때 생기는 상사가 가지고 있던 권력의 빈자리가 8유형에게는 못내 못마땅하다. 8유형 직원은 상사가 가진 권력의 자리는 한시도 비워 둘 수 없고 비어 있는 동안 그것을 '잠시' 차지하고 있는 것이라고 생각한다. 하지만 5유형 상사 눈에는 그런 8유형 직원의 태도를 자신을 공격한다고 보여 못마땅하게 생각한다.

하지만 5유형 상사가 공개적인 자리로 나오면 상황은 달라진다. 8유형 직원은 권력 자체에 대한 욕심이 있다기보다 권력의 부재 상황이 불편한 것이다. 자신의 자리를 지킬 능력이 있는 5유형 상사는 남들에게도 확신 있게 전달하며, 이런 상사에게 8유형 직원은 권력을 양보할 수 있다. 따라서 혼란을 피하는 길은 명백하다. 5유형 상사는 뒤로 숨어 있지 말고 공개적인 자리에서 자신이 있다는 존재감을 보여 주어야 한다. 자신의 존재감을 최소한으로 유지하려는 것은 8유형 직원에게 권력이 넘어가도 된다는 잘못된 오해를 만들기 때문이다. 반면에 8유형 직원은 자신의 강한 파워를 조절할 수 있어야 한다. 넘치는 힘을 조절하지 못할 때 넘지 말아야 할 선을 넘게 될 수 있다. 평생 힘을 사용하려는 유혹을 받고 사는 8유형이다. 이런 힘의 사용에 대한 조절이 잘 이루어지도록 다스려야 한다.

8유형 상사는 자신감이 있으며 거침이 없다. 따라서 이들의 행동 방침을 바꾸기는 어렵다. 내가 지정한 길이 유일한 길이니 나를 따르라는 자세는 직원들을 양극단으로 나눌 수 있다. '따르는 자와 따르지 않는 자', 이것은 8유형이 가진 흑백논리일 수 있다. 8유형의 선택이 그러하다면 다른 직원들의 선택은 그 결과로 나타난다. 그래서 대부분의 직원은 8유형 상사에 대해 사랑 혹은 증오를 선택한다. 하지만 현명한 5유형 직원은 8유형 상사에게 정보를 제공하고는 물러선다. 5유형과 8유형은 자연스럽게 동맹관계를 형성한다. 하지만 이들의 전략은 차이가 있고 그 전략의 차이가 치명적인 결과를 낳기도 한다.

5유형 직원은 일반적으로 천천히 결론을 내린다. 그리고 너무 조급하게 내린 분석으로 예상되는 위험을 받아들이지 않고 물리친다. 그러나 8유형 상사들은 적극적인 행동을 원하며 5유형의 조심스러운 입장과 행동들에 대해서 공개적으로 비난한다. 이런 상황이 전개되면 갈등은 고조된다. 이때 5유형 직원은 쓸모가 있는 자리를 재빨리 찾아야 한다. 그래서 5유형의 고유한 재산인 정보의 창고에서 필요한 정보를 찾아 8유형 상사에게 보고해야 한다. 이 보고는 아무리 사소한 회의라도 8유형 상사에게 직접적으로 전달하는 것이 좋다.

8유형 상사의 마음을 얻는 방법은 부하직원이 옆에 있다는 느낌을 줌으로써 상사에게 안정감을 주는 것이다. 이것은 상사의 존재감에 대한 신뢰감을 준다. 함께 있어 주고 함께 나누는 모든 것이 8유형 상사의 힘에 대한 존중이 되기 때문이다. 하지만 이러한 인간관계는 5유형의 사생활 개방에 관한 입장과 대치된다. 즉, 많은 부분에서 5유형 직원은 8유형의 상사에게 자신의 사생활을 내어 주어야 한다. 8유형 상사에게 신뢰를 받는 또 다른 방법 중 하나는 5유형이 가진 정보의 업데이트를 주기적으로 제공하는 것이다. 이를 통해 8유형 상사가 필요로 하는 헌신에 대한 확신을 준다.

이들이 갈등을 일으킬 때 중재는 전달의 형식에 초점을 맞춰야 한다. 8유형은 남에게 참견하는 경향이 있는 반면, 5유형은 이렇게 침입해 들어오는 데 매우 민감하다. 8유형은 접촉을 원하지만 5유형은 이러한 방법을 선호하지 않는다. 8유형은 통제하는 힘을 얻기 위해 앞으로 다가선다. 5유형은 비언어적인 커뮤니케이션 등 간접적인 방법을 사용해서 소통하며 뒤로 한 발 물러선다. 그러고는 각자 상대방이 지배하고 있다고 주장한다.

상사와 부하의 역할을 어느 유형이든지 상관없이 각자 상대방의 타고난 선천적인 재능에 의존할 수 있다. 8유형 상사가 행동을 지시하면 5유형 직원은 결정을 하지 못하고 머뭇거리는 평소의 갈등으로부터 벗어날 수 있다. 늘 실행이 어려운 5유형에게는 8유형 상사의 당기는 힘이 자신의 단점을 극복할 수 있게 해 준다. 반면, 5유형 직원과 같이 일하는 8유형 상사는 행동하기 전에 생각하는 법을 배울 수 있다. 생각도 나기 전에 본능적으로 밀어붙이던 상사가 5유형 직원으로부터 행동하기 전에 한 번 더 생각하는 식으로 바뀔 수 있다면 이 역시 8유형 상사가 5유형 직원에게 단점 극복을 배우는 것이 된다.

♠ 5유형의 셀프리더십 코칭

- 경청한 것과 동의한 것을 구분해 표현한다면 일이나 관계가 어떻게 달라질까요?
- 경청한 것과 동의한 것을 동일시하는 다른 사람들에게 나는 어떻게 해야 할까요?
- 당신이 구상한 프로젝트가 결과를 얻기 위해서는 무엇에 더 중점을 두어야 할까요?

♠ 8유형의 셀프리더십 코칭

- 당장 실행하고 싶은 일 중에 20%를 빼고 실행한다면 결과는 어떻게 달라질까요? 그 이유는 무엇입니까?
- 타인에게 교정적 피드백을 해야 하는 상황에서 당신이 언어의 지혜를 발휘한다면 그 결과는 어떻게 달라질까요?
- 당신이 좀 더 원하는 결과를 얻기 위해 취해야 하는 마음의 휴식은 어떤 것이 있습니까?

♠ 5유형 상사가 8유형 부하에게

- 파워와 에너지를 구분하여 당신의 언어로 정리해 보시겠어요?
- 당신의 넘치는 파워를 조절하면서도 일을 이끌어 갈 수 있는 당신의 탁월한 에너지를 어떻게 보여 주시겠어요?

♠ 8유형 상사가 5유형 부하에게

- 당신의 직접적인 보고나 표현이 업무 또는 대인관계를 얼마나 달라지게 할까요?
- 다른 사람들에게 침범당한다는 느낌을 받지 않으려면 자신은 어떻게 행동해야 할까요?
- 타인에게 간섭당하지 않고 스스로 참여하려는 마음을 가진다면 다른 사람과의 관계는 어떻게 달라질까요?

두 유형 모두 자신을 드러내 놓고 다른 사람들이 알아주기를 바라는 스타일이 아니다. 또한 자신의 사회적 신분이나 조직에서의 위치 또는 지위를 얻기 위해 경쟁하는 것을 싫어한다. 잔잔한 호수와 같은 9유형은 갈등이 없는 평화를 원하고 5유형은 홀로 조용히 있으면서 자신이 원하는 것을 관찰하고 싶어 한다. 그러나 두 유형 모두 특별한 종류의 욕구가 있다. 5유형은 자신의 지식을 확인받고 싶어 한다. 자신이 주의를 기울여 자세히 관찰하여 모아 놓은 정보가 적절하게 사용되기를 원한다. 9유형은 남들에게 요구하지 않아도 개인적인 존중을 받을 때 보람과 기쁨을 얻는다. 자신이 먼저 요구하지는 않아도 상대방에게서 자신의 수고와 노력에 대한 이해를 받기 원한다. 이 두 유형이 직장에서 불쾌한 분위기를 만들 확률은 거의 없다. 하지만 겉으로 드러나는 아주 평안하고 조용하고 좋은 상태에서는 적극적으로 일이나 업무를 시작하지 않는다는 단점이 있다. 그 이유는 두 유형 모두 상대방이 자신을 이끌어 주기를 기다리기 때문이다. 주도적으로 나서기보다는 상대가 하는 것을 살피거나 따라 하면서 시작하려고 한다. 두 유형 다 튼튼한 구조 위에서만 목표를 향하여 밀고 나가는 추진력이 생긴다. 두 유형의 관계 조합에서는 대개 9유형이 앞에 나서서 사람들과 접촉하고 5유형이 뒤에서 임무를 고르게 손질하고 정리하여 다듬는 역할을 맡는다.

5유형 상사는 보통 멀리 떨어져서 원격으로 자신이 원하는 목적에 따라 일을 통제한다. 회의는 대개 직원들과의 관계 지향적이 아닌 내용 중심적으로 진행된다. 종종 전체 맥락에서 분리해 낸 하나의 부분에만 초점을 둘 때도 있다. 현미경처럼 자세하고 치밀하게 회의 내용을 추적해 나가다 보니 그렇다. 그리고 시간관계상 안건을 모두 다루지도 못하고 회의를 마치며 다음 회의에서는 결정된 사항만 통보한다. 이럴 경우 직원들로 하여금 자신이 의견을 제시하지도 못한 채 회의했던 내용의 결정이 개인적인 사석에서 결정되었다는 오해를 불러일으킨다. 그러면 무시당하는 것에 민감한 9유형은 자신의 의견을 묻지도 않고 지시를 내린 것에 불만을 가진다. 하지만 겉으로 불평하지는 않는다. 원래 9유형은 겉으로 무엇인가 드러내는 것을 싫어하기 때문이다.

그렇게 되었을 때 최악의 시나리오는 무엇일까? 5유형 상사는 짧은 전체 회의에서 간략한 지시를 내리고 피드백을 줄 기회도 부여하지 않는다. 기분이 상한 9유형 직원이 불만을 가진다. 불만을 가진 9유형이 결정된 사항이 실행되는 과정에 필요한 사람이라면 그 지시사항은 실현되지 못할 가능성이 높아진다. 왜냐하면 9유형은 이런 불만에 대해 한마디도 하지 않으면서도 프로젝트가 시작되고 진행되는 것을 방해할 수 있기 때문이다. 9유형이 불만을 가질 때 나오는 현상 중 하나가 '수동적 공격'이다. 즉, 9유형 직원은 '아니요'라고 말하지 않고 '아니요'를 실행한다. 바로 '수동적 공격'인 것이다. 드러내는 것은 부담이 되고 큰 갈등을 일으킬 수 있기 때문에 뒤에서 움직이지 않고 가만히 꿈쩍하지 않는 것으로 공격을 대신한다. 최악의 상황이다.

이런 상황을 해결하는 방법으로 동료 간의 협력 관계를 위한 토론의 장을 여는 것이 좋다. 9유형 직원은 자신이 누구, 그리고 무엇을 위해 일하는지 알아야 마음이 편하다. 모든 것이 통해야 마음의 평화를 얻고 갈등을 피할 수 있기 때문이다. 5유형 상사가 '어깨를 맞대고, 눈을 맞추고'와 같은 인간적인 관계의 중요성을 깨달을 수 있다면 도움이 많이 될 것이다. 9유형과 같이 일할 때에는 이런 자세가 정말 효과적이다. 함께 있으면서 통하고 있다는 방식은 9유형 직원에게는 특효약이 된다.

9유형은 다른 사람과 어울려서 사귀지 않거나 도움을 전혀 받지 못하는 외톨이 상태에서는 자신의 능력을 발휘할 수 없다. 5유형 상사가 이 점을 조금만 고려한다면 자신의 직원과 의사소통할 수 있는 간단한 방법을 찾아낼 수 있다. 5유형은 항상 정보에 관심이 많다. 그래서 정보가 자신의 손으로 들어오는 과정에도 관심이 많다. 이렇게 정보가 입수되는 과정을 조사하다 보면 때로는 9유형이 종종 조직 내 그룹 관계의 방향을 제시하는 지표가 된다는 사실을 발견할 수 있다. 9유형은 다른 사람들의 의도를 분별하고 판단할 수 있는 인식능력이 뛰어나다. 그렇기 때문에 9유형의 도움을 받는다면 조직과 그룹의 비전 및 직장 내에서 변동하는 정치적 관계를 명확하게 파악할 수 있다.

좁고 깊게 들어가는 스타일인 5유형과 넓고 동서남북 어디에서나 통하기를 바라는 9유형의 조합은 서로의 부족한 면을 채워 줄 수 있는 상호보완성이 매우 높다. 5유형 상사의 정보 내용과 사고의 정확성은 9유형 직원에게 매력적으로 보일 확률이 높다. 5유형 상사의 분별 있는 판별력은 주위를 돌아보고 관계를 찾아서 좋게 통일시키려다가 길을 잃은 9유형 직원의 문제점을 명확하게 짚어 낼 수 있다. 따라서 9유형 직원은 5유형의 날카로운 지성과 정보를 통해 자신을 반성하고 열정을 가지고 일할 수 있는 좋은 동기부여를 받을 수 있다. 5유형 상사가 직원들과 상호작용할 수 있는 방법을 적용한다면, 9유형은 대부분 이들을 잘 따르게 된다.

9유형 상사는 모든 요소가 잘 짜여진 평화로운 구조를 만들려는 경향이 있기 때문에 5유형 직원과 조합이 잘 맞는다. 9유형은 새로운 결정을 필요로 하지 않는 안정적인 범위 내에서는 널리 알리는 것이나 소식을 전하는 것 등의 홍보나 네트워킹을 즐긴다. 5유형 역시도 이런 구조를 좋아한다. 기대치를 예상할 수 있을 때 집중을 가장 잘하기 때문이다. 이들은 주어진 시간 내에 열정적으로 생산할 수 있으며, 그러다 보면 9유형에게서 보기 힘든 경쟁적인 의식도 조금은 볼 수 있게 된다. 5유형과의 관련을 맺는 끈끈한 유대관계를 통해 9유형의 장점을 확대할 수 있고 단점을 보완할 수 있다.

두 유형은 모두 갈등을 피하고 감추려고만 한다. 이런 갈등을 피하는 공통분모는 열려 있는 개방적인 의사소통이 가장 필요한 순간에 오히려 대화의 단절을 초래한다. 불만을 느끼는 5유형이 업무의 생산성을 낮추고 건설적인 정보를 제공하지 않는다. 9유형은 어떤 회의에서도 분명하게 자신의 의견을 제시하지 않는 수동적 공격 자세를 취한다. 이들의 대결 방식은 각자가 마음을 닫고 구석에 앉아서 서로 나가지 않고 버티는 것이다. 더 많고 넓은 참여를 강요하기 위해 9유형 상사는 규칙을 따지기 시작하겠지만, 그 아래 숨겨진 분노는 입을 열지 않는 5유형 직원에게 향해 있다. 이 상황에서는 둘 다 일을 안 하거나 정보를 내주지 않음으로써 서로를 일정한 방침이나 목적에 따라 행위를 제한하고 통제하려고 한다. 언어로 소통하고 편하게 말하는 분위기는 어느 유형의 조합에서도 쉽지 않다. 때문에 협상의 장을 제공하면서 개입하는 것이 좋다. 그런 까닭에 5유형과 9유형의 협상은 이런 절차를 밟는 것이 중요하다. 어렵고 복잡한 주제일 경우는 만남이나 회의 일정을 오래전에 미리 정해 놓는 것이 좋다. 9유형은 독립적인 의견을 발견하는 데 시간이 걸린다. 자신이 명백하고 확실하게 원하는 것을 발견할 수 있는 시간을 여유 있게 주는 것이 좋다. 5유형은 자신의 감정을 다룰 수 있는 미리 정해진 양식이 있을 때 회의에 더 적극적이다. 그리고 협상을 더 잘한다. 구체적인 지침을 마련할 수 있도록 9유형과 마찬가지로 역시 시간이 필요하다. 갑자기 내일 혹은 며칠이라고 시간을 정하기보다는 충분한 시간이 어느 정도인지 묻고 약속을 잡으면 더 좋다.

여기에 또 하나의 제안을 하자면, 두 유형 모두 각자가 타고난 선천적인 의사소통 방식을 조정해 보기 바란다. 5유형은 구체적인 업무범위 내에서 잘 통제된 만남을 좋아한다. 반면, 9유형은 모든 사람의 입장을 듣고자 한다. 5유형은 간단 명료한 대화를 좋아하지만 9유형은 대화를 무한정 늘릴 수 있다.

♠ 5유형의 셀프리더십 코칭

- 사람들과 좀 더 가까이에서 커뮤니케이션한다면 당신의 삶은 어떻게 달라질까요?
- 당신의 탁월한 정보력과 관찰력을 좀 더 빛나게 하기 위해 해야 하는 행동은 무엇입니까?
- 평소 가까운 사람에게 당신의 표정과 태도에 대해 조언을 구한다면 뭐라고 말할 것 같으세요?

♠ 9유형의 셀프리더십 코칭

- 당신이 대화를 마무리 짓는 기술을 잘 발휘한다면 무엇이 좋아질까요?
- 당신이 하고자 한 일을 이틀만 더 빨리 끝낸다면 무엇이 좋아질까요? 그러기 위해서 당신에게 해 주고 싶은 긍정적인 말은 무엇입니까?
- 당신이 바라고 원하는 것을 최대한 많이 적어 보십시오(50개 이상).

♠ 5유형 상사가 9유형 부하에게

- 당신이 질문에 좀 더 간결하게 응답한다면 대화의 질은 어떻게 달라질까요?
- 업무갈등을 빠르게 해결하기 위해 우리가 서로 노력해야 할 것은 무엇일까요?

♠ 9유형 상사가 5유형 부하에게

- 당신이 좀 더 정보와 실행과정을 오픈한다면 우리 일은 얼마나 좋아질까요?
- 직장 내 결속을 좋게 하기 위해 당신이 해야 할 것이 있다면 무엇일까요?

6유형(안전) VS 6유형(안전)

6유형은 직장에서 서로 매우 달라 보일 수 있다. 6유형은 자신을 보호해 줄 수 있는 힘이 있고 강한 사람을 찾는다. 어떤 상사가 자신의 안전을 책임져 줄 수 있을까를 생각한다. 특히 얼굴을 대면하는 상황에서 자신을 대신하여 누가 나서 주면 매우 고마워한다. 자신을 위해 나서 주는 것은 그만큼 자신이 안전해질 수 있다고 믿기 때문이다. 물론 자신보다 더 높은 상사, 전문가 또는 힘이 있는 사람일 경우 그러하다. 공포대항 6유형도 공포순응 6유형만큼이나 두려움을 갖고 있다. 공포를 대항한다는 말 자체가 공포를 두려워한다는 말이며, 공포에 대항하는 방법을 찾아서 행동한다는 의미이다. 따라서 공포대항 6유형은 직장 내에서 권위를 가진 사람들이 무엇인가 안전을 위태롭게 하면 거기에 대해 의문을 제기하면서 행동한다. 이런 스타일은 곧잘 사무실 내에서 다른 사람들을 부추겨 어떤 일이나 행동을 하게 하는 선동자로 비치기 쉽다. 6유형의 행동하는 영역이 매우 넓기는 하지만, 모든 6유형이 가지는 공통점으로는 바로 권위에 대한 집착이다. 6유형은 권위의 위계 질서를 의심하지만 그 걱정을 매우 다른 방식으로 표출시킨다.

6유형이 권위를 다루는 다양한 전략의 예를 살펴보자. 공포순응인 6유형은 자기보호 유형인 사람으로서 두려움을 줄이기 위해 애정에 초점을 둘 것이다. 이들에게는 권위를 가진 사람들의 허락을 받고 인정을 받는 것이 무엇보다도 중요하며, 이들은 안심을 얻기 위해 다른 사람들에게 도움의 손을 뻗기 때문에 다른 사람들을 도와주는 2유형으로 보이는 경우가 많다. 공포대항 6유형은 같은 권위의 문제를 공포순응형과는 정반대의 전략으로 다룬다. 공포대항형은 8유형이나 1유형과 유사한 방식인 공격적으로 두려움과 싸운다. 게다가 공포대항형의 공격적인 자세는 직장에서 권위를 가진 사람들에게 집중될 것이다. 때문에 공포대항형 6유형은 '선동자'라는 달갑지 않은 꼬리표를 달기도 한다. 마치 8유형의 모습과 비슷한 형태를 띤다.

6유형 상사는 6유형 직원의 충성심을 굳게 믿고 의지하는 신뢰를 기초로 둔다. 따라서 이전에 이미 충성을 보였던 직원들에게 매우 너그럽고 관대하다. 이미 검증이 되었기 때문에 훨씬 안전하다고 믿기 때문이다. 6유형은 이렇게 신뢰관계가 유지되기만 하면 상대방이 작은 자극에도 민감한 반응을 보이는 신경과민도 넘어갈 수 있다. 또 자기 자신의 이익만을 꾀하는 이기적인 행동도 상당 부분 많이 참아 줄 수 있다. 같은 6유형이 믿고 의지하는 신뢰관계의 긍정적인 장점은 일이 순조롭게 진행되지 않는 어려운 역경 속에서도 끝까지 견딜 수 있도록 서로 도와주는 헌신의 자세를 잃지 않는다는 데 있다. 고통과 어려움 앞에서 신뢰를 바탕으로 오히려 더욱 굳세게 서로 도와주고 협동할 수 있는 힘이 생긴다.

그러나 부정적인 단점도 있다. 6유형 직원은 상사가 자신을 따돌리거나 멀리하는 등 소외시킬까 봐 두려워한다. 이런 소외당하는 두려움 때문에 상사와 맞서지 못하고, 서로 형편이나 조건 등의 내용이 편하고 좋은 사람들을 모아 작전을 펼치려 한다. 같은 마음을 묶어서 자리를 지키는 전략으로 나가는 것이다. 이런 현상은 조직의 더 좋은 개혁을 이루어 내지 못하는 '부서 이기주의'나 '끼리끼리의 동맹'에 머무를 수 있다.

6유형은 감독직을 그다지 편안해하지 않는다. 6유형 감독의 주요 방향은 본인이 고위직으로부터 믿을 수 있는 지지를 받고 있는지, 그리고 직원들이 충성심을 잘 발휘하고 있는지를 확인하는 것이다. 부하직원에게 가장 흔히 적용할 수 있는 시험 형태로는 애매한 문제를 준 다음 누가 남을 위해서 일하고 헌신하며 누가 자신만의 이익을 위해 이기적으로 일하는지 지켜보는 것이다.

상사로서 6유형은 너무 느슨하거나 너무 엄격한 경향이 있다. 너무 느슨한 6유형은 권위직을 불편해하고 감독하기를 원하지 않는다. 옆에서 그냥 지켜보고 있다고 하는 편이 맞을지 모른다. 나섰다가 안전에 문제가 생길 것이 불편하다. 차라리 가만히 있으면 중간이나 간다는 식이다. 반대로 엄격한 집행을 선택한 6유형은 대개 도전받을까 봐 두려워서 사람이나 조직을 너무 통제하는 경향을 갖게 된다. 이런 문제점을 해결할 수 있는 방법은 하는 일인 직무에 초점을 두는 것이다. 직무가 사람들이 서로를 대하는 방식을 정하기 때문이다.

6유형 상사는 너무 두려워하고 있는 것처럼 보이는 것을 숨기고 회피했을 가능성이 있다. 자신이 두려워하고 있기 때문에 그것을 다른 사람들, 특히 부하직원이 알기 원하지 않는다. 오히려 난 두려움이 없다고 말하고 싶을 것이다. 하지만 공개적으로 해결방법을 모색하며 내면의 불확실한 두려움을 털어 내면 두려움을 말하지 못했던 6유형 상사에게는 해방감을 줄 수 있다. 안전에 대한 과도한 집착은 두려움의 다른 표현이다. 공개적으로 그 문제를 말하고 해결방안에 대해 토론하며 그 결과에 대한 내용을 점검하면 많은 경우에 편안한 마음을 얻을 수 있다.

상세한 안내 없이 보내는 애매모호한 메시지는 상사와 직원 둘 다 두렵게 한다. 6유형 직원에게 "평가해야죠."와 같은 말을 너무 간단히 언급하면 갑자기 마음속에 품고 있던 의심이 일어난다. 6유형에게는 어떤 평가를 다루는 회의라도 회의 시에 있을지 모를 반권위적인 감정에 대한 두려움을 유발시킨다. 그 결과가 자신의 안전을 해칠지 모른다는 의심이 들기 때문이다. 그렇게 느끼게 되면 가만히 있을 수 없는 노릇이다. 긴장이 높아지고 서로 감정이 격해질 수 있다. 이런 때 6유형 상사는 서로 간에 반박 주장보다는 평가의 목적이 직원들의 안전을 해치는 것이 아님을 먼저 안내하는 것이 좋다. 그렇지 않으면 6유형 직원은 안전이 보장되었다는 안도감이 생길 때까지 반박 주장만을 내세울 것이다. 상사는 결국 일을 진행하지 못하는 사태에 놓이게 된다.

의사소통을 부드럽게 바꾸는 것만으로도 애매한 정보가 일으키는 거대한 의심에 대한 투사를 감소시킬 수 있다. 6유형은 적절히 자신의 마음이나 정보를 드러내는 상사에게 편안한 마음을 가진다. 상사가 '이건 프로젝트에 대한 내 의견이다.'라고 언급하면 의사결정에 큰 도움이 된다. 또는 '프로젝트는 지속될 것이고, 우리는 지금 단계에서 평가를 해야 한다.'와 같이 일정한 한도를 정하거나 그 한도를 넘지 않는 '제한적인 조건'을 달아 주면 좋다. 막연한 여러 가지 말보다는 미리 헤아려 짐작할 수 있는 예측 가능한 상황을 조성해야 한다. 그리고 할 일이 어디서부터 어디까지인지 구체적으로 안내하는 것이 바람직하다.

또한 '부드러운 의사소통'에도 반응한다. 상사는 직원의 예상에서 벗어나는 것에 대한 설명을 미리 해 줘야 한다. 6유형 직원은 제대로 알려 주기 전까지는 최악의 상황을 예상한다. 그리고 상황에서 위험한 것이 무엇인지를 추적한다. 권위자가 약속한 것과 실제 상황에서 나타나는 차이를 모두 예상하고 발견하며 알아차릴 것이다. 이 상황에서는 상사의 의도, 특히 직원의 미래에 영향을 끼칠 만한 것들을 분명하게 하는 데 초점을 맞추어야 한다. 6유형과 같이 일할 때는 미리 통보하는 것이 중요하다. 그렇게 되면 자신을 지키기 위해 저항하는 것을 미리 방어할 수 있다. 안전을 염두에 두는 것이 가장 최선의 길이다.

♠ 6유형의 셀프리더십 코칭

- 자신이 갖고 있는 걱정과 두려움의 긍정적인 의도를 긍정적인 방법으로 풀어낼 길을 찾는다면 어떤 길을 찾아볼 수 있을까요?
- 내가 집착하고 있는 문제해결점을 외부에서 찾지 않고 내면에서 찾는다면 어떤 시도를 해 볼 수 있을까요?
- 두려움을 극복하기 위해 그동안 내가 시도해 온 방법을 긍정적인 방법으로 전환시킨다면 어떤 방법이 있을까요?

♠ 상대방과의 관계리더십 코칭

- 힘들 때 당신을 돕는 길이 있다면 주변 사람들에게 어떤 도움을 주는 것이 가장 편안한 길일까요?
- 갈등이 생길 때마다 편안하게 고민거리를 같이 공유할 사람을 만든다면 어떻게 하면 좋을까요?
- 업무에서의 애매모호한 메시지는 업무와 대인관계에 어떤 영향을 미칠까요?

6유형(안전) VS 7유형(행복)

6유형 상사는 자신의 '안전 최우선주의'에 불만을 내비치는 것을 불편해한다. 직원의 불만 표출이 자신의 안전을 깰지도 모른다는 불안감 때문이다. 6유형 상사는 자신이 생각하기에 모든 직원이 의도적인 불복종을 한다고 생각할 수 있다. 이런 경우 대개 7유형 직원은 불만을 겉으로 표출하지 않는 경우가 많다. 그런데 오히려 6유형 상사는 조직 내에서 '위험 대비'에 대해서 숨기고 선뜻 나서지 않는 회피적인 7유형 직원들을 감독하면서 불만을 가질 수 있다. 하지만 이에 대한 7유형 직원의 생각은 다르다. 아마도 7유형 직원은 아무것도 모르고 있을 수도 있다. 나중에 알았다고 하더라도 그것은 6유형 상사의 지나친 과잉반응에 지나지 않는다고 생각하고 넘어간다. 구름이 뭉게뭉게 피어나는 것 같은 유연한 조직생활을 선호하는 7유형의 입장에서 보면 6유형 상사의 꽉 죄이는 행동은 답답하게 느껴진다.

이렇게 업무 스타일이 자유스러운 7유형은 가끔 자신의 업무범위 밖에서도 좋은 실적을 올리는 경우가 있다. 업무범위 밖의 주변 일들도 자신의 관심이 미치는 범위에 들어오면 아이디어가 생기기 때문이다. 하지만 조직의 규율과 업무범위를 고수하려는 6유형 상사의 입장에서는 이런 실적도 쓸데없는 일만 했다고 인식하고 자신의 논리에 따라서 판단할 수도 있다. 이런 6유형 상사의 반응이 7유형에게는 업무활동을 제한하는 듯한 모습으로 여겨진다.

6유형은 가끔 조직 내에서 잘못된 것을 완전히 인정하면 새로워질 수 있다고 생각한다. 이런 것이 지켜지지 않았을 때 불편함을 느끼고 잘못을 인정한 후 새출발하려고 한다. 이런 태도는 자신뿐 아니라 직원들에게도 기대하는 바이다. 이것이 새로운 출발을 가능하게 하고 조직을 단단하게 만든다고 믿는다. 그에 반해서 7유형은 법을 그대로 따르기보다는 법의 정신을 따른다는 생각이 강하다. 남에게는 잘못된 것으로 비칠 수도 있지만 잘못된 행동을 통해 더 나은 성장을 위한 배움의 기회로 생각하는 것이다. 그리고 형식적인 규범이나 전통보다는 그 규범이 만들어진 이유나 그 정신을 따르고 싶어 한다. 따라서 전통과 그 정신의 실현이라는 차이가 발생한다. 6유형과 7유형의 차이가 나는 부분이다.

7유형 직원은 어떤 명령체계에 대해 일어날 수 있는 여러 가지의 다양한 경우의 수를 파악하는 데 뛰어나다. 그래서 6유형 상사와 같은 보수적이고 규율에 강한 상사를 만나면 유독 힘들어할 수 있다. 둘 중 하나이다. 하나는 자유를 억압당하고 규율에 맞게 성실을 강요받으며 살아가는 것이다. 결국 얼굴에 총명함과 웃음기가 있는 빛이 줄어들거나 사라질 위험성이 있다. 또 다른 하나는 미꾸라지처럼 빠져나가는 것이다. '심각한 것 자체가 무엇에 사용하는 물건인고?'라면서 그때그때 상황에 맞게 적절하게 컨트롤하면서 순발력 있게 살아가는 방법이다. 두 방법 다 7유형에게는 건강하지 못한 환경이다.

6유형 상사는 7유형 직원이 스스로의 원칙에 따라 자신을 통제하면서, 절제도 할 수 있는 자율성을 어느 정도 허락해 주는 것이 필요하다. 즉, 상사의 결정 사항과 그 필요성에 대해서 명백하고 확실한 지침과 상벌규정을 정해 주는 것이다. 뿐만 아니라 자율성과 융통성을 주어서 업무의 범위를 가능하면 넓혀 주는 것이 좋다. 7유형 직원은 6유형 상사가 걱정하는 부분에 대해 분별하고 판단하는 인식을 분명히 하는 것이 좋다. 상사의 걱정은 어디에서부터 오는지를 알아 두면 대처하기 쉬워진다.

7유형 상사는 장기 계획을 지루하게 생각한다. 그것보다는 재빠르게 이동하는 단기 목표들이 훨씬 매력적으로 느껴진다. 그러다가 언젠가는 통보도 없이 행동의 방향을 바꿀 수도 있다. 일관성을 가지고 한 방향을 꾸준하게 가려는 6유형 직원에게 '이랬다저랬다' 하는 일관성이 부족한 7유형 상사는 매우 거슬린다. 나름대로 순서와 절차를 염두하고 있는 6유형 직원이 직장에 출근했는데 밤 사이에 절차가 바뀌었다는 것을 알게 되면 하늘이 무너지는 것 같아 너무나 힘들다. 그것은 사소한 일들도 곧 위협적인 것으로 확대 재생산된다. '목표가 변경되었는데 나와 상의도 안 했어. 나를 버리는 건가? 이렇게 갑자기 목표를 바꾸면 어떻게 다시 일을 하지? 지금까지 했던 일은 다 뭐야, 버려야 돼? 얼마나 힘들게 한 건데, 다음부터는 슬슬 눈치 봐 가면서 해야 되나?'라고 생각하게 된다.

6유형 직원은 사실 적절한 까닭이나 내용을 풀어서 밝히는 해명만 있다면 꽤 융통성이 있다. 자신의 자리에 대한 안전을 보장받기만 하면 6유형 직원은 매우 성실하다. 이 두 유형을 중재할 때에는 서로 상대방의 관점을 보게 하는 것이 최선의 비결이다. 6유형은 행동을 더 쉽게 시작할 수 있는 법을 배우도록 한다. 위험요소 추적과 같은 끝없는 탐구보다는 실현 가능성이 있는 것들을 보게 한다. 7유형은 두려움을 느끼지 않으면서 한번에 한 가지의 일만 하는 법을 배울 수 있다. 너무 많은 아이디어는 일의 집중력을 떨어뜨린다. '한 우물을 파는' 전략의 소중함을 깨우치면 좋다.

두 유형이 함께 일하다 보면 꾸준하고 일관성 있게 업무를 추진해 나가기 어려운 경우가 발생한다. 6유형은 모든 일에 의심을 품기 때문에 그렇고, 7유형은 너무 많은 아이디어 때문에 주의가 흐트러질 수 있다. 아이디어가 제시되었다가 잊힌다. 계획은 세웠다가 바뀌었다가 심지어는 아예 취소된다. 둘 다 끝없는 대화를 하고 의심과 회의에 빠지기 쉽지만 둘 다 자신의 행동이 상황을 미루고 있는 것이라고 자각하지 못한다. 7유형은 자신이 생각하는 다양한 대안이 모두 하나의 목표를 이루기 위한 여러 방법 중 하나라고 생각한다. 하지만 그런 것들이 확실한 대안이 되려면 더욱 구체적이면서도 세밀한 방법론이 필요하다. 6유형은 자신이 느끼는 의심과 회의가 문제해결을 위해서는 필수적인 것이라고 생각한다. 하지만 이 역시 끝없는 의심에 불과할 때가 많다. 이런 변명은 두 유형의 조합에서 일을 미루는 상황을 더 심각하게 만든다.

이들이 일관성 있게 일을 추진해 나가기 어려운 이유가 또 있다. 그것은 두 유형 모두 현재에서 벗어나 미래에만 빠져 살아가려는 특징 때문이다. 6유형은 최악의 결과가 발생하지 않도록 하는 데 초점을 둔다. 그 이유는 안전 때문이고 그 안전이라는 것은 아직 나타나지 않은 미래의 것이다. 아직 일어나지도 않은 일을 의심함으로써 앞으로 나아가는 것이 방해를 받는다. 7유형은 미래의 계획 세우기를 즐긴다. 현재의 일을 추진하는 것은 어려움이 따른다. 그 이유는 미래를 계획하고 긍정적인 것을 전망하는 데는 아무런 고통이 들지 않기 때문이다. 이런 이유로 인해 두 유형은 '현재'라는 풀어야 할 숙제를 미루게 될 가능성이 많다.

이렇게 일을 추진하는 특성이 서로 다른 두 유형도 서로에게 귀를 기울인다면 바람직한 균형을 찾을 수 있다. 7유형은 여러 가지를 잘하지만 특별나게 잘하는 강점 영역을 찾기가 쉽지 않다. 다 잘하지만 그렇게 깊이 있게 잘하지는 않기 때문에 '프로페셔널'하기보다는 아마추어가 될 가능성이 있다. 6유형에게 있어서는 일의 반대되는 어두운 면을 바라보느라 미래의 희망찬 모습을 보기가 쉽지 않다. 찾아보고 기다리고 안전여부 진단에 많은 시간을 보내게 된다. 이렇게 서로 다른 측면의 두 유형이지만 장점을 결합하면 새로운 창의적 시너지를 낼 수 있다. 즉, 7유형의 아마추어적인 면과 6유형의 회의적인 면을 극복할 수 있도록 서로를 지원해 줄 수 있다. 그러나 다른 면에서 보면 이런 습관은 두 유형이 공동의 목표를 향해 나아가는 법을 배울 수 있는 기회를 제공하기도 한다. 예를 들어, 7유형이 다양한 아이디어를 제공하면 그에 대한 여러 가지 방해물과 어려운 점에 대해서 6유형이 걸러 내는 것이다. 이런 과정을 잘 견뎌 내면 구체적이고 실질적인 실행 목표들을 만날 수 있다. 또한 7유형은 어려운 상황에서도 집중력을 잃지 않으려고 노력하게 되고 6유형은 감히 희망을 가져 보는 것도 가능해진다.

♠ 6유형의 셀프리더십 코칭

- 최악의 결과가 발생하지 않도록 하는 데 기울이는 에너지로 그 일의 긍정적인 면을 찾아 집중해 본다면 어떤 변화가 일어날까요?
- '만약에' 생길 수 있는 것에 사용하는 에너지를 현재에 필요한 일에도 적절하게 배치한다면 어떤 방식으로 하면 좋을까요?
- 자신만의 능력이 가장 잘 활용될 수 있는 환경을 만든다면 어떤 환경을 그려 볼

수 있나요?

♠ 7유형의 셀프리더십 코칭

- 너무나 과도한 미래 계획을 세우느라 현실 가운데 자주 놓치는 중요한 일은 무엇인가요?
- 자신의 아이디어에서 나온 비전을 유지할 수 있는 가장 좋은 길은 무엇인가요?
- 지금까지 벌여 놓은 일 중에 선택과 집중을 한다면 어떤 것을 선택하고 집중해 보시겠습니까?

♠ 6유형 상사가 7유형 부하에게

- 당신의 멋진 아이디어를 구체적으로 실행에 옮기기 위해 줄여야 할 것과 그만 두어야 할 것이 있다면 무엇인가요?
- 당신의 계획을 성취하기 위해 제가 도울 것이 있다면 어떤 방법이 있겠습니까?

♠ 7유형 상사가 6유형 부하에게

- 지금 미루고 있는 일의 실현 가능성을 높인다면 어떻게 하면 좋을까요?
- 지금 일이 잘되어서 행복한 미래를 상상해 본다면 어떤 모습이 그려지나요? 그 에너지로 지금 일에 도전해 본다면 어떤 것에 먼저 도전하고 싶으신가요?

6유형(안전) VS 8유형(강함)

8유형은 압력을 받으면 앞으로 전진하고, 환경과 상황에 에너지를 쏟아부으며, 최대한 빨리 상황을 통제하려고 한다. 반면, 6유형은 물러서서 결과를 생각해 보려는 경향이 있다. 8유형은 반대를 최소화하고 안 되는 것도 밀어붙인다. 그 어떤 중요한 것도 자기의 길을 막고 있지 못하며, 어떤 상황이든지 행동을 취하지 않는 것은 오히려 너무 나약하게 느껴지기 때문이다. 그러나 6유형은 이와 반대로 행동한다. 부정적인 상상력이 생기면서 반대 세력의 힘은 더 커져 보이고 그에 따라 부정적인 결과도 더 확대되어 보이기만 한다. 그렇기 때문에 8유형이 하는 무모한 행동이 전혀 도움이 안 되고 그것이 바로 문제의 원인으로 보인다. 8유형이 밀어붙이는 것은 간단하게 정리할 수 있다. 이것저것 따지다가는 아무것도 못하고 기회를 놓치게 된다는 것이다. 따지는 것보다 더 중요한 것은 실행이다. 따라서 일단 실행하고 그 결과 여부를 지켜본 후 전진할지 후퇴할지를 결정하면 된다. 문제점이 있으면 수정하고 보완해서 다시 전진하려고 하는 것이다. 이렇게 하지 않으면 생각만 하다가 기회를 다 놓쳐 버리고 결과물을 새롭게 만들어 내는 데 실패할 수밖에 없다고 믿는다.

6유형이 몹시 마음을 쓰며 애를 태우는 이유도 8유형의 경우처럼 간단하다. 중요한 일이니만큼 여러 가지 경우의 수를 생각하지 않으면 나중에 그 결과를 미리 헤아려 짐작하기 힘들다. 나중에 고쳐서 한다면 시간과 비용이 더 들어서 어리석은 일이 될 것이 틀림없다고 믿는다. 그리고 환경은 변하고 사람도 변한다. 그 예측을 다 할 수는 없지만 가능한 한 점검과 계획을 해 보아야 한다. 그렇지 않고 무조건 일을 진행해 나가는 것은 신중하지 못하고 꾀가 없는 무모하기 짝이 없는 일이다. 나중에 그 책임은 누가 질 것인가?

6유형 상사는 처음부터 주도적인 위치에서 이끌어 나갈 수 있는 리더가 되어야 한다. 그렇지 않으면 주도권을 빼앗기고 상사의 체면을 망칠 수 있다고 생각한다. 6유형은 8유형이 힘들고 어려운 역경에 부딪힐 때 발휘하는 의지력과 끈기를 존경한다. 그러나 8유형이 규칙을 자기에 맞게 확대 해석하고 우선순위도 바꾸려고 하면 위협으로 느끼기 시작한다. 특히 8유형이 구조를 개선한다는 미명하에 다투는 것을 즐기는 듯하고, 자신을 정당화하기 시작하면 더욱 그렇다. 따라서 브레이크를 걸고 안전 점검을 시도한다. 8유형 직원의 입장에서 보면 일 잘하는 직원의 용기를 북돋아 주지는 못할망정 사기를 꺾는 일이라고 느낄 수 있다.

6유형 상사는 직원이 자신을 좋아해 줬으면 한다. 하지만 한편으로는 위협당한다고 느끼면 8유형 직원의 기를 꺾거나 그로 인한 손해나 손실을 입히려고 한다. 심지어 해고하려고 하기도 한다. 아니면 반대로 필요 이상으로 과잉 보상하려고 할 수도 있다. 갈등이 깊어지고 오래 간다면 직원을 해고하는 것이 항상 신경 쓰는 것보다 훨씬 쉬울 수 있다. 하지만 그런 것은 모든 조직에서 무척 어려운 일에 해당될 것이다. 6유형 상사는 권위에 대한 자신의 '모순적인 감정(직원에게는 권위적이거나 또는 상사에게는 권위에 대항하는)'을 8유형에게 투사한다. 이쯤 되면 8유형 직원에게 6유형 상사는 자신의 권위를 위해서는 못할 것이 없는 사람처럼 보이게 된다.

6유형은 고위 간부 또는 고객들에게 불평이 제기되거나, 소송으로 이어지거나, 사실이 왜곡될지도 모른다고 늘 걱정한다. 항상 안 되는 상황을 염두에 두기 때문이다. 이들은 말다툼을 싫어하기 때문에 차라리 굴복하거나 겉으로 드러나지 않은 상태로 숨어 있으면서 잠재적인 원인을 없애고 싶어 한다. 8유형 직원과 갈등이 일어나면 가만히 내버려 두면서 눈치를 보든가, 규칙을 잘 지키면 아무런 문제가 없다는 메시지를 보낸다. 두 경우 모두 흔들리는 자신의 마음을 정비하는 수단으로 삼는 것이다. 하지만 이런 것은 8유형 직원의 마음을 진정시키기 어렵다. 잘못하면 오히려 문제를 악화시킬 수도 있다. 따라서 6유형 상사는 8유형 직원과의 관계에서 서로 얼굴을 보고 마주해야 한다. 피하거나 숨는 것은 문제를 더 나쁜 방향으로 악화시킬 수 있다. 제3자를 통하는 방법도 좋은 방법은 아니다. 어쩔 수 없는 경우가 있겠지만 직접 만나는 것 이상으로 좋은 방법은 없다. 이런 대면은 8유형 직원을 안심시키는 중요한 이유가 된다. 대면해서 명령하고 이유를 설명하는 강제적인 방법을 오히려 8유형 직원은 선호한다. 그 이유는 그런 방법이 유능한 리더의 모습이라고 믿기 때문이다. 양쪽의 모습을 가지고 마음이 초조하고 불안하여 어쩔 줄 모르고 안절부절못하는 상사의 모습을 8유형 직원은 원하지 않는다. 아마도 지나치게 분석하고 안전을 계속 물어보며 안 되는 경우를 들추어내면 8유형 직원은 더욱더 답답해할 것이다.

안정된 8유형 상사는 자신이 상사이기 때문에 우세한 지위에 있으며 권력을 쥐고 있다고 생각한다. 이들은 '자기' 사람들에게 조직에서의 권력과 보호를 주기 때문에 6유형의 의심을 많이 완화시킨다. 대부분의 8유형 상사는 6유형 직원을 보호하는 일에 익숙하고 솜씨가 있다. 자신의 힘을 가장 효과적으로 사용할 수 있고 6유형 직원들의 보호자이면서 자신의 의리와 힘을 과시할 수 있기 때문이다.

그러나 8유형 상사는 조직 내에서 독재자가 될 수도 있다. 자신의 의지와 뜻대로 조직을 이끌어 가는 힘이 강하기 때문이다. 상사가 독재자라면 여기서도 6유형의 양면적인 입장이 나온다. 안정적인 입장을 선호하는 6유형 직원은 8유형 상사의 힘이 강하고 일방적이라는 것을 알게 되면 도망치느냐 싸우느냐를 놓고 고민에 빠진다. 6유형 직원은 나쁜 소식을 만들거나 그것 외에도 상사의 눈에 띄지 않는 방법들을 고민할 수도 있다. 피하는 방법을 택하는 것이 훨씬 더 쉬운데 굳이 공격받을 수 있는 자리에 자발적으로 나설 필요가 없다고 생각하는 것이다. 6유형이 숨고 8유형이 이를 추격하게 되면 어렵고 힘든 위기 상황이 발생할 수 있다. 6유형은 8유형이 너무 통제적이라고 생각하고 8유형은 6유형을 더 이상 자신의 마음대로 제어할 수 없게 되어 한계를 넘었다고 생각한다.

8유형 상사는 자신의 강한 페르소나(persona, 외적 인격 또는 가면을 쓴 인격)가 사람들에게 어떤 영향을 끼치는지 깨달아야 한다. 8유형은 따뜻함과 부드러움은 가급적 피하고 힘 있고 강한 모습에 집착한다. 그렇게 되면 자신의 모습은 다른 사람들에게 너무 딱딱하고 무서운 모습으로 보일 수 있다. 그러므로 8유형 상사는 부드러움을 회복하고 직원들과 대면하여 편안한 분위기를 만드는 것이 많은 도움이 된다. 특히 6유형 직원과는 이런 모습을 보이는 것이 필요하다. 온 세상이 다 안전하지 못한 일들로 가득 차 있다고 믿는 6유형 직원에게 조직과 상사가 안전한 근거가 되어 주어야 하는 것이다. 6유형의 부하는 저돌적으로 덤벼드는 것 같은 느낌을 8유형의 상사로부터 받는다. 하지만 그 이유를 친절히 설명해 주어 동기부여가 확실히 된다면 6유형의 의심은 확신으로 바뀌게 된다.

6유형 직원은 때에 따라서 매우 찬찬하고 세밀하다. 위기 상황에서는 더욱 그러하다. 그런데 8유형 상사는 그것을 연약함의 표시라고 생각해서 다그칠 수 있다. 그렇게 약해 빠져서 무슨 일을 할 수 있겠냐면서 공격한다. 8유형 상사의 그런 행동은 6유형 직원을 더욱 움츠러들게 할 수 있다. 따라서 8유형 상사는 인내심이 필요하다. 조금 더 참고 지배하고 공격하는 것을 멈추면 좋은 관계를 맺을 수 있다.

가장 바람직한 조직 내에서의 관계는 6유형이 전략을 도모하고 8유형이 실행하는 것이다. 믿지 못하는 의심과 회의를 통과한 6유형의 계획은 튼튼함 그 자체이다. 그런 계획에 8유형의 강하고 단단한 실행력이 합쳐지면 환상적인 결과를 만들어 낼 수 있다. 반대의 경우로 8유형이 실행력이 건강하고 우수하다면 6유형은 충성을 다하게 될 것이다. 그의 의심은 사라지고 안전하다는 확신이 생김으로써 성실함과 끈기 있는 자세로 임무를 완수할 것이기 때문이다.

♠ 6유형의 셀프리더십 코칭

- 지금 하고 있는 일을 통해 정말 자신이 원하는 것은 무엇인가요?
- 내가 비현실적인 걱정과 두려움으로 행동으로 옮기지 못해 놓친 기회들이 있다면 무엇인가요?
- 두려움으로 미루고 있는 것들을 행동에 옮긴다면 어떤 결과가 예상되시나요?

♠ 8유형의 셀프리더십 코칭

- 압력을 받을 때 앞으로 전진하고 최대한 빨리 상황을 통제하려는 나의 경향성이 놓치는 것이 있다면 무엇일까요?
- 결과 중심적으로 업무를 추진하다 깨어진 관계를 회복시키려면 어떻게 하면 좋을까요?
- 나의 큰 목소리, 화난 표정, 거친 태도로 나의 이미지를 떠올리는 사람들이 있다면 관계 개선을 위해 내가 무엇을 해야 할까요?

♠ 6유형 상사가 8유형 부하에게

- 안정적으로 지금 하고 있는 일을 성취하려면 어떤 부분에 집중해야 할까요?
- 지금 당신에게 있는 기회를 200% 활용하기 위해서 어떤 부분에 도전해야 할까요?
- 실행하기 전에 플랜 B를 만든다면 어떤 장단점이 있을까요?

♠ 8유형 상사가 6유형 부하에게

- 역경이 당신에게 키워 주는 성공근육은 무엇인가요? 그것을 배가시키기 위해 누구의 도움을 받으면 좋을까요?
- 다른 사람에게 불평처럼 들리는 당신의 의견을 긍정적으로 바꾼다면 어떻게 표현해 볼 수 있을까요?
- 당신이 반드시 지켜 내야 할 가족을 위해 당신이 무너지지 않고 다시 도전해 볼 것은 무엇인가요?

6유형(안전) VS 9유형(평화)

6유형 상사가 다른 사람과 어울려 사귀지 아니하거나 도움을 받지 못해 외톨이가 되는 고립을 선택하는 것은 위험하다. 오랜 시간 만들어진 집착에서 오는 의심을 잡기 위한 최대의 치료제는 바로 직원들과의 지속적인 만남과 사귐이다. 6유형은 생산물, 프로젝트, 나아가서는 위계질서 전체에 대한 믿음을 잃는 시기를 만나기도 하지만, 그래도 믿을 만한 피드백만 주어진다면 감독을 잘할 수 있다. 지속적인 피드백은 이들이 느끼는 걱정을 긴장되지 않도록 느슨하게 완화시켜 준다. 특히 상사가 마음을 다시 정리하고 생각할 수 있는 시간을 일정한 간격을 두고 주기적으로 가질 수 있다면 매우 효과적이다. 자신의 걱정 사항을 보고하고, 시간표에 뒤처지지 않고 성실하게 일할 수 있는 직원들만 있다면 6유형 상사의 리더십이 제대로 발휘될 수 있다. 오히려 꼼꼼하게 일을 처리하게 되고 직원들과 화목하게 어울릴 수 있게 되어서 효과적이다. 이런 과정을 무시하고 혼자 책상에 앉아서 생각으로만 결정하면 반대되는 다른 직원들의 여론과, 스스로의 의심으로 인해 더욱 자기 의견을 고집스럽게 주장하게 된다. 그러므로 자신이 지시하고 명령한 사항에 대해서 피드백받을 수 있는 상황을 만드는 것이 6유형 상사에게는 중요한 과제가 된다.

9유형 직원은 자신이 그 요구 사항을 감당하지 못할 정도가 되면 '형식적인 절차'만을 지키게 된다. 6유형 상사는 불복종에 유별나게 민감하기 때문에, 9유형의 이런 '형식적 절차'만을 따라 일하는 것에 대해 마음이 흡족하지 않다. 또한 수동적이고 형식적이어서 열정이 없는 것 같은 모습을 다른 뜻이 있어서 일부러 직무를 대충 하고 있다고 의심하기도 한다. '내 책임이 아니었다' 또는 '시간이 없었다'와 같은 해명은 변명으로 느껴지게 되어 6유형 상사를 더욱 화나게 만든다. 6유형은 의심이 생기고 쌓이면 이를 뒷받침하는 자료를 모으고 수집한다. 자신의 정보가 맞았다는 것을 효과적으로 입증하기 위해 정보의 안테나를 뽑고 감시체계를 작동시킨다.

9유형은 다른 사람이 자신을 받아 준다고 느끼면 활발하게 생산적이 될 수 있다. 이런 상태가 아니면 아무런 말을 하지 않고 일을 지연시키기 때문에 일의 마무리 단계에 가서야 문제를 발견하곤 한다. 흔히 9유형을 자신의 품위를 스스로 지키려는 자존감이 떨어진 유형이라고 생각하는 경향이 있다. 하지만 이것은 잘못 알고 있는 오해이다. 스스로 자존감을 세우기보다는 다른 사람들이 자신의 자존감을 세워 주는 것을 원하기 때문에 기다리는 것이다. 스스로 내세우는 것은 9유형이 회피하는 갈등을 불러일으킬 수 있기 때문에 그냥 가만히 있는 것이다. 그렇기 때문에 자존심에 상처를 입으면 심리적으로 큰 상처와 타격을 받을 수 있다. 이렇게 9유형을 이해한다면 자존심을 세워 주는 쪽으로 업무의 방향을 도와주어야 한다. 다른 사람, 특히 상사가 자존감을 세워 준다면 그것은 어마어마한 힘을 얻고 큰 동기부여가 된다.

6유형 상사는 모든 것을 좋게 바라보는 긍정적인 사고 구조가 필요하다. 모든 것이 잘되는 최고 절정에 있을 때의 모습은 긍정적이었을 가능성이 매우 높다. 왜냐하면 6유형의 의심을 걷어 내 주는 바람 같은 것이 바로 긍정이기 때문이다. 6유형에게 있어서 긍정은 용기이다. 6유형의 잔에 긍정이 채워지면 의심은 갈 바를 모르고 내쫓기게 된다. 용기를 가지고 긍정성을 택하는 훈련도 필요하다. 반면에 6유형 상사에게 긍정 바이러스를 퍼뜨려 주는 직원들이 있어도 효과를 볼 수 있다.

보너스나 휴가, 보상 등 역할 수행에 대한 인정과 같은 일반적인 격려 도구는 6유형과 9유형에 맞게 구체적으로 짜여야 한다. 두 유형 다 같은 사무실의 동료들과 경쟁해야 하는 승/패 상황을 싫어한다. 9유형이 노력에 대한 손에 잡히는 보상을 원하는 것은 사실이다. 하지만 경쟁적인 환경에서는 오히려 자신의 능력을 제대로 발휘하지 못한다. 9유형에게는 요구하지 않았던 자존감에 대한 인정을 알아서 해 주면 특히 효과적이다. 자신을 내세우지 않고, 했었던 수고에 대해 자존심을 세워 주는 것이라고 느끼게 된다. 6유형에게는 장기적인 혜택에 초점을 둔 보상이 효과적이다. 이들이 가지는 두려움의 대부분은 미래의 사건과 관련되어 있기 때문에 직업적 안정의 보장은 6유형에게는 가장 적절한 선물이 될 수 있다.

9유형 상사는 갈등을 최대한 피하려고 하는데 이런 전략은 6유형 직원에게 두려움을 안겨 준다. 9유형 상사가 직원의 분위기를 평화로운 길로 안내하기 위한 방법이 오히려 6유형 직원에게는 불편한 결과를 가져온다. 6유형은 이미 내가 믿을 수 있는 상사인가 아닌가를 따지기 때문이다. 그렇기 때문에 9유형 상사의 무엇인가 손에 잡히지 않는 애매한 충성 요구는 상사로서 믿을 수 없는 신뢰의 위반으로 해석된다. 그러면 의심이 등장한다. 9유형 상사는 직원들의 차이점을 서로 잘 어울려서 조화시키려고 노력한다. 그래서 대개 모든 입장의 의견을 들어 주고 일의 실행을 분배해 준다.

그러나 이런 방법은 6유형이 싸우거나 도망가는 것 중에서 고민하려는 경향을 부추긴다. 싸우려는 6유형은 9유형의 행동에 일관성이 없다고 생각하게 되고 '누구 편인지' 알고 싶어 한다. 자신의 미래가 위험하다고 느끼면서 도망가는 6유형은 '여기에 붙어 있을 이유가 없다'고 생각한다. 이런 상황이 발생하면 이때야말로 9유형 상사의 리더십이 빛을 발할 수 있는 때이다. 9유형이 만들고 형성해 내는 조직은 중립적이고, 조직적이며, 안전하다. 이런 9유형의 조직은 6유형의 미래에 대한 불안을 감소시키고 완화해 줄 수 있는 작업 환경이 된다. 9유형은 일단 목표에 전념하기로 결심하면 예측 가능하고 비경쟁적인 방식으로 일을 실행하고, 확실함이 느껴지는 분위기를 만든다. 이런 방식은 6유형이 지향하는 안전과 밀접한 관계를 가짐으로써 두 유형 간에 갈등이 봉합될 수 있다.

에니어그램의 화살이론에서 보자면 직장에서 이 두 유형은 자본주의 기업의 이상을 보여 주는 3유형 지점에서 만난다. 9유형은 평안을 느낄 때 자연스럽게 성공주의적인 방식을 취하게 되고, 종종 3유형적인 성공의 모습에 매력을 느낀다. 좀 더 효율적이 되고 경쟁하는 것에 대해서 부담을 덜 느낀다. 보통은 경쟁, 성과, 비교하는 것 따위를 회피하지만 3유형의 지점은 조직을 위해서나 9유형 본인을 위해서 바람직한 방향이라고 볼 수 있다. 6유형은 자신의 목적을 이루는 성취에 대해

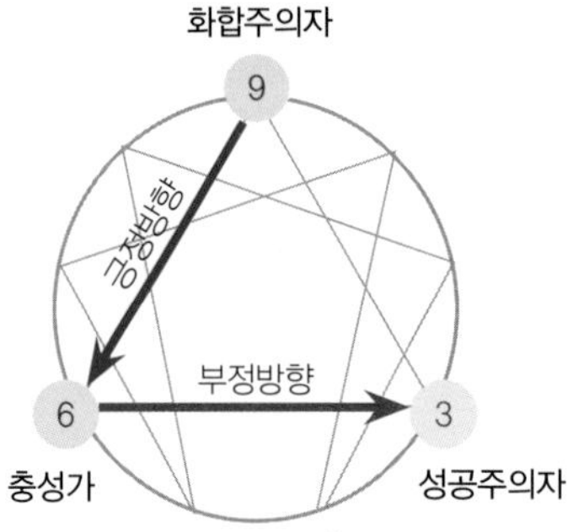

6유형의 화살방향

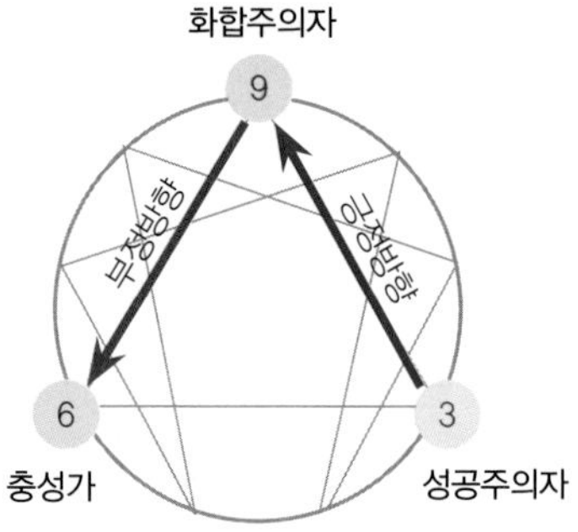

9유형의 화살방향

의심을 갖기는 한다. 그러나 유능한 사람들이 다 그렇듯 전문적인 환경이 요구하는 기준에 자신을 맞춘다. 조직에 충성을 다하면서 효율성에 대한 의심을 확신으로 바꾸며 안정적으로 자신을 조직에 맞추려고 한다. 그러면 훨씬 더 유연해지고 융통성과 허용이 늘어난다.

두 유형 모두에게 드러나는 문제점은 능력 이상으로 약속을 너무 많이 잡는다는 것이다. 9유형은 거절을 잘 못해서 원하지 않는 스케줄 관리에 구멍이 생길 수 있다. 또한 거래처가 있는 경우에는 그 거래처와의 관계 때문에 본사의 이익을 대변하지 못하는 경우가 생기기도 한다. 이런 현상도 약속을 너무 많이 잡는 원인이 된다. 6유형은 지속적인 생산을 따라가는 데 어려움을 느낄 수 있다. 확인 점검을 하는 데 시간이 많이 소비되기 때문이다. 똑같은 이유 때문에 다른 스케줄이 밀리고, 구멍도 생기고, 뒤처지기도 한다. 이런 것은 구체적이고 실제적인 목표관리 방법을 익히고 주변의 간단한 도움을 받는다면 해결할 수 있다.

오래된 6유형과 9유형의 조합은 주위에서 쉽게 찾을 수 있다. 가장 흔한 형태로는 6유형이 아이디어를 만들고 더 합리적인 9유형이 이를 생산이나 서비스로 완성시켜 주는 것이 있다.

♠ 6유형의 셀프리더십 코칭

- 지나친 확인과 점검으로 인해 많은 시간을 소비하는 나의 단점을 보완할 나만의 목표관리 방법을 세운다면 어떻게 하면 좋을까요?
- 다른 사람들의 도움을 받아 같이 원하는 목표를 추진한다면 어떤 사람이 떠오르나요?
- 지속적인 의심을 해결하기 위해 직원들과 교류를 가질 좋은 방법은 어떤 것이 있을까요?

♠ 9유형의 셀프리더십 코칭

- 타인에게서 받는 인정보다 스스로에게 하는 인정을 생활화한다면 삶에 무엇이 달라지겠습니까?
- 능력 이상으로 많은 약속을 해서 어려움을 겪었던 경험이 있다면 그것을 통해 배운 교훈으로 앞으로 어떤 선택을 하시겠습니까?
- 수동적 회피를 상대가 오해하지 않도록 타인과의 좋은 의사소통 방식을 선택한다면 어떤 것이 지혜로울까요?

♠ 6유형 상사가 9유형 부하에게

- 과도한 스케줄을 선택과 집중이라는 관점에서 절반으로 줄인다면 어떤 긍정적인 일이 일어날 것 같은가요?
- 타인의 요구를 거절한다면 어떤 일이 일어날까 봐 거절하지 못하시나요? 타인의 NO가 나에게 YES가 된다면 어떤 것부터 시도해 보시겠습니까?

♠ 9유형 상사가 6유형 부하에게

- 주변 사람들과 고립되지 않고 친밀한 관계가 되기 위해 어떤 것을 포기하지 말아야 할까요? 또 어떤 것을 포기해야 할까요?
- 주변 사람들과 지속적인 신뢰감 있는 관계 유지를 위해 내 안에 어떤 신뢰가 먼저 필요할까요?

7유형(행복) VS 7유형(행복)

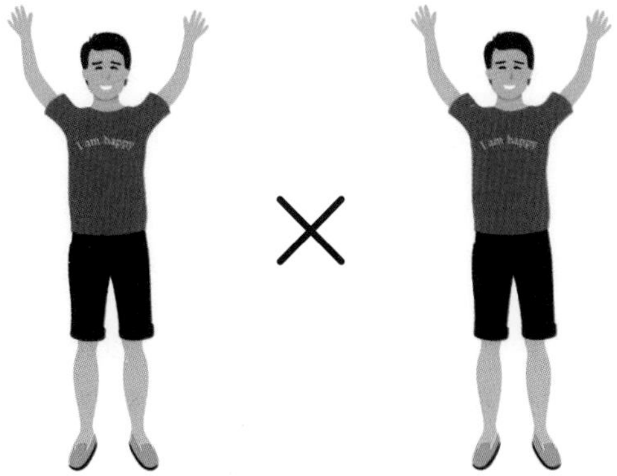

7유형은 한두 번 보고 그대로 해내는 눈썰미가 매우 뛰어나서 무엇이든지 빨리 배운다. 학교나 기업의 연수 교육에서 다루지 않은 실질적인 내용도 현장에서 누구보다 빨리 배운다. 즉흥적인 상황과 그때그때 대처하는 능력이 뛰어나고 현장 학습 능력이 다른 사람들보다 두드러지게 탁월하기 때문이다. 어떤 일이든지 어려워하지 않고 적응할 수 있다. 또한 이들은 새로운 상황에서 일을 시작하고, 일이 어느 정도 진행되어 발전하면 다른 사람에게 그 일을 위임하는 것을 즐긴다. 이렇게 하는 것이 7유형의 능력을 200% 사용하는 매우 효과적인 방법 중 하나이다. 일을 시작하고 만들어 내는 일을 하고 그다음부터는 다른 사람들에게 하게 하는 것이다. 이들에게 계획하고 실행하고 완수까지 책임지도록 임무를 부여하면 힘들어하고 큰 어려움을 만날 수 있다. 이런 스타일은 7유형의 속마음과 관련이 있다. 시작하는 것은 새로운 일이라서 즐거운 것이고 일을 진행하면서 생기는 어려움은 고통이므로 피하려는 것이다. 다른 사람들에게 위임하려는 가장 큰 이유이다.

좋은 아이디어들을 보는 순간 그 아이디어는 7유형에게는 이미 큰 나무로 자라 있다. 어떻게 해서든 큰 나무로 자라는 것을 생각해 낼 것이다. 그리고 그 나무에는 열매들이 잔뜩 달릴 것이다. 이런 상상은 7유형에게는 어려운 일이 아니다. 이런 상상과 생각이 꼬리에 꼬리를 물고 이어져서 아직 일어나지 않은 일이지만 머릿속으로는 이미 끝났다. "저 결과들 좀 봐! 가능성들을 생각해 봐!"라고 말하면서 이미 다 되었다고 들떠 있다. 이런 유혹적인 '연상된 아이디어'들은 기존의 콘셉트만큼이나 아름답고 매력적으로 보이게 된다. 듣는 사람들은 아마도 굉장하다고 생각할 것이다. 같은 7유형은 새로운 접근 방법을 시도해 보기로 뜻을 같이하면 즉각 몸을 움직여서 실행할 수 있다. 함께 협동할 경우 이들은 과거와는 전혀 다른 혁신적인 결과물을 만들어 낼 수도 있다.

같은 유형이 관계를 맺는 경우는 에니어그램의 날개 지점 특징과, 성숙방향 및 미성숙방향의 특징들이 반면교사가 될 수 있다. 예를 들어, 하던 방법 말고 다른 방법을 끊임없이 바꿔 가면서도 전문적으로 성취를 계속 이룰 수 있는 같은 7유형을 찾기란 거의 불가능할 것이다. 7유형은 경쟁할 때, 특별히 자신의 권리를 잃게 되는 위협을 받으면 목표 지향적이 된다. 그러면서 8유형처럼 공격적이 될 수 있다. 8유형의 날개를 사용하는 것이다. 반면, 이것저것 중에서 고를 수 있는 선택권이 사라지면 겁먹은 6유형처럼 의심하고 후퇴할 수도 있다. 6유형 날개를 사용하는 것이다. 에니어그램 화살표의 성숙지점인 5유형의 안정지점으로 기울어진 7유형은 조용해진다. 하던 일을 계속해서 해 나가면서 다른 일을 겸해서 하지 않게 된다. 홀로 고독 속으로 피하여 은둔하면서 다른 7유형이 혼자서 경영할 수 있는 기회를 내어주기도 한다.

7유형은 둘 다 상대방보다 자신이 더 대접받을 자격이 충분하다고 여길 수 있다. 7유형 직원은 자신이 더 좋은 혜택을 받을 자격이 있다고 생각하고 7유형 상사는 더

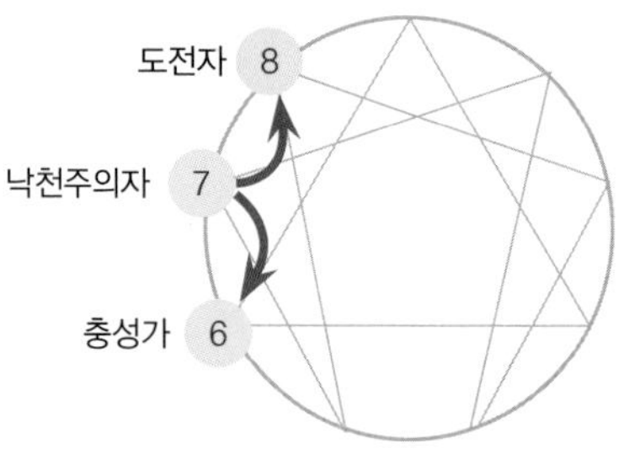

7유형의 날개유형

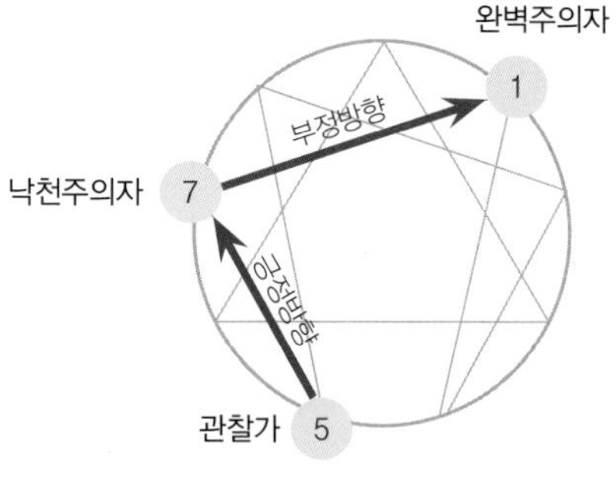

7유형의 화살방향

많은 휴가를 즐길 자격이 있다고 느낀다. '더 원해.'는 쉽게 '더 받을 자격이 있어.' 또는 '나는 지금 받는 것보다 더 받을 자격이 있고, 그 비용에 대해서도 걱정하지 않을 자격이 있어.'까지 발전한다. 7유형은 보상이 미루어지는 것을 싫어한다. 또 풍부한 보상이 예상되는 분위기는 7유형으로 하여금 '지금 당장' 자신의 몫을 챙겨도 괜찮다는 생각을 정당화하게 만든다.

7유형 상사는 무엇인가 신선한 아이디어로 창의성을 발휘한 후 위임하기를 좋아한다. 현명한 상사일 경우에는 자신이 만들어 낸 아이디어나 창의적인 일의 계획을 완수할 수 있는 꼼꼼한 사람을 찾는다. 하지만 성숙하지 못한 7유형 상사의 경우 먼저 해야 하는 우선순위가 높은 것들까지도 나중에 해도 된다며 일을 미루게 된다. 일단 자신이 찾아낸 아이디어에 관심을 너무 쏟으면 그것이 얼마나 대단한 것인가를 두고 환상에 젖는다. 따라서 그 환상에 도취되어 아이디어를 실행하는 것 자체에 대해서는 무관심해질 수 있다. 일의 마감을 7유형 직원에게 맡기면, 혼란은 더욱 심해져서 악화될 수 있다. 마감하는 것은 7유형에게는 매우 힘든 일이다. 특히 7유형 상사가 일을 맡겨 놓고 일의 완수를 7유형 직원에게 완전히 맡긴 다음 사라지면 그야말로 최악의 경우라고 할 수 있다. 상사는 일을 시작만 하고 직원에게 맡기며, 직원은 맡겨진 일을 실행하지 않는다면 조직은 마비될 것이다.

7유형 직원은 조직의 권위가 치우침이 없이 고르게 되기를 희망한다. 이들은 개인적인 매력과 공동의 관심사를 발견하면서 동료를 즐겁게 해 주고 상사들과 친구가 된다. 7유형은 해가 밝게 빛나는 아침과 같은 분위기를 한껏 드러내고 발산한다. 어제는 어제의 태양이 떴던 것이고 오늘은 오늘의 태양이 뜬다. 7유형 중 한 명이 집중력을 잃지 않거나 일의 매력을 잃지 않는다면 다른 7유형도 열정을 변함없이 지탱할 확률이 높다. 일이 재미있는 한 문제는 없지만, 7유형 상사가 재미없고 자신만 좋은 길을 택하고 목표에서부터 샛길로 빠져 버리면 7유형 직원들도 곧 상사의 그 샛길을 따라갈 것이다.

가장 흔히 볼 수 있는 같은 7유형 간의 갈등은 사실보다 지나치게 부풀려서 나타나는 과장된 기대치와 관련이 있다. 주로 의사소통을 할 때 문제가 생겨서 실제로 얻을 수 있는 것보다 훨씬 더 많은 것을 얻을 수 있다고 예상한다는 뜻이다. 부족한 것이나 현실적인 어려움보다 좋은 것과 가능성이 있는 것에 초점을 두기 때문이다. 10가지 과업 중 관심 있는 두 가지의 성공 사례가 관심 없는 여덟 가지 문제 상황을 보지 못하게 한다. 긍정은 좋지만 과다한 긍정성은 문제를 일으킨 원인이 된다.

이런 상황에서는 생각과 실제 현실을 구분하는 것에 중재의 초점을 둬야 한다. 7유형은 상사의 직접적인 지시를 그저 단순 제안으로만 받아들이기도 한다. 반면에 자신이 말을 하면서 생각을 정리한 사항을 마치 조직의 권위자인 사장이 명령한 것처럼 기정사실 혹은 결정사안으로 받아들이기도 한다. 현실보다 훨씬 더 먼저 나간 것이다. 7유형 직원은 분명 사장이 그렇게 결정할 것이라고 생각하고 그것을 단지 조금 먼저 말한 것뿐이라고 생각할 수 있다. 따라서 자신의 의도를 뚜렷하게 밝히고 상대의 생각과 마음속의 의중을 충분히 묻고 확인해야 한다. 확실하게 듣고 말하고 피드백을 분명하게 듣는 것이 중요하다.

고통을 직면하기 싫어하는 같은 7유형은 서로에게 부정적인 피드백을 전달하는데 어려움이 있을 수도 있다. 그러므로 상대가 내린 결정이 잘못되었다는 것을 드러내기보다는 더 좋은 의사소통을 하자는 식으로 협상을 제시하면 좋다. 대부분의 7유형은 자신의 긍정적인 자아상에 의문이 제기되었을 때 인정하지 않으려고 한다. 그래서 많은 변명거리를 만들어서 비판을 피하려고 할 것이다. 실수를 새로운 시작이 이어져 있는 맥락 속에 두는 것은 현명한 판단이다. 그렇게 될 경우 상사, 부하가 같이 지금 무엇이 필요한지 확실하게 이해할 수 있으며 과거에 집착하지 않고 앞으로 나아갈 수 있게 될 것이다.

만약 7유형이 팀이 되어 프로젝트를 진행한다면 단기적이고 속도가 빠른 프로젝트를 선택하는 것이 좋다. 그 이유는 장기 계획 중에 떨어져 나가는 이탈의 위험을 무릅쓰는 것보다 안전하기 때문이다. 이들에게 시작은 언제나 큰 어려움이 아니다. 하지만 그 후의 진행과정과 마감은 쉽지 않다. 또는 프로젝트의 과업 중에 지속적인 감독이 필요 없는 과업을 이들에게 맡기면 매우 효과적이다. 만약 과업이 여러 개라면 여러 개의 독립적인 직무를 일렬로 배치하는 것이 효과적이다.

♠ 7유형의 셀프리더십 코칭

- 흥미 있어 시작했던 일을 끝까지 해낸다면 당신의 미래는 어떻게 펼쳐질지 한 번 상상해 보시겠어요?
- 자신의 지나친 낙천주의가 가지고 오는 삶의 빈자리는 어떤 것입니까?
- 당신의 삶에 진정으로 도움되는 사람을 떠올려 보시겠어요? 어떤 특성이 있습니까?
- 절제와 고통을 감내하는 당신을 상상해 보십시오. 무엇이 만족되십니까?

♠ 상대방과의 관계리더십 코칭

- 우리가 집중력을 잃지 않고 열정적으로 이 프로젝트를 마칠 수 있는 방법은 무엇일까요?
- 일의 마무리를 잘하기 위해 꼭 취해야 하는 지원 환경은 무엇인가요?
- 업무 중에 발생하는 부정적인 피드백을 진심으로 직면한다면 결과는 어떻게 달라질까요?
- 부정적 피드백을 상대방에게 효과적으로 전달하기 위해 무엇을 바꾸어야 할까요?

7유형(행복) VS 8유형(강함)

두 유형 다 스스로 의욕을 불러일으키는 동기부여를 잘하는 유형들이다. 만약 프로젝트를 실행하려는 과정에서 충돌이 있었다면 그 후에 재빨리 행동을 시작할 것이다. 그리고 일을 시작하게 되면 그다음에는 일이 미루어지고 지연되는 경우가 거의 없다. 두 유형 다 자신의 생각하는 바가 정확하고 틀림없으니 후회하거나 멈칫하지 않고 재빠르게 나아가는 것이 당연하다고 생각한다. 그만큼 어떻게 할 것인지를 결정하는 판단력과 몸으로 움직이는 실행력이 우수한 편이다. 두 유형 모두 다른 사람들이 원하는 것보다는 자신이 원하는 것을 더 확실하게 인식하고 있다. 다른 사람들이 원하는 것을 알았다면 업무를 추진하는 과정에서 깨달을 확률이 높다. 그전에는 자신이 가지고 있는 자존감이 높아서 다른 곳을 쳐다볼 생각조차 하지 않는다.

7유형은 목표와 관련되지 않은 다른 방법들을 조사하거나 찾아내면 가던 길에서 떨어져 나오거나 아예 이탈해 버린다. 분명 목표가 있는데도 다른 곳을 기웃거린다. 그만큼 호기심과 관심 분야가 다양하고 넓다. 이들은 동시에 여러 개의 프로젝트를 진행하기 좋아하는 공상가들이다. 7유형의 마음속에서는 자신이 진행하는 프로젝트가 다 연결되어 있다. 하지만 상상보다는 글자 그대로 믿는 8유형에게는 그렇게 보일 리가 없다. 8유형은 연결보다는 하나에 집중하여 힘을 사용하려는 경향이 강하다.

8유형의 프로젝트가 목표에서 벗어날 때에는 '성공 아니면 실패'를 추구하는 올-인 방법을 택한다. 8유형은 흑백논리를 가지고 있다. 내 것이 아니면 다 남의 것이고 내 편이 아니면 다 남의 편이다. 어느 편인지 잘 알 수 없는 중립지대는 힘으로 지배하는 성향의 입맛에 맞지 않는다. 하지만 세상에는 ○, ×만 있는 것이 아니라 △의 지점도 존재한다. ○와 ×만 있는 8유형의 이런 방식에서는 전속력으로 달리거나 완전 정지되거나 둘 중의 하나이다. 에너지와 힘이 떨어지면 보통 일하는 것이 죽을 만큼 지겨워지지만, 최종적인 한계에 가까워 오면 8유형은 갑자기 힘을 내고 활기를 띠게 되면서 두 배나 빨리 달리고 쉬는 시간도 없이 일하게 된다. 이 두 유형은 서로 압력을 받을 때 더 대조적으로 나타난다. 8유형은 목표를 향해 미친 듯이 달려가는 반면, 7유형은 여전히 관심이 여러 가지로 분산되어 있는 것이다.

7유형 상사는 8유형 직원에게 자신의 능력을 증명해 보여야 한다. 7유형 상사의 여러 가지에 다 관심이 있는 '전 방향적인 리더십'은 8유형 직원에게는 무분별해 보이고 상사의 이익에 따라 악용될 수 있는 허점들로 가득 차 보인다. 8유형 직원은 확실하고 명료한 규율과 공정한 감독을 원한다. 안정적인 기준이 없는 한 사람들의 입장을 예측할 수 있는 방법이 조직에서는 없기 때문이다. 8유형 직원은 변화의 가능성에 유난히 민감하며 7유형의 감독 접근방식을 부정적인 의도로 오해할 확률이 높다. 8유형이 흑백논리에 빠지면 이들에게 7유형 상사는 공정하거나 불공정하게만 보이게 되고 그러므로 상사는 정직하거나 거짓말쟁이가 되는 것이다. 둘 중 한 가지의 경우로 상사를 판단하게 된다.

상대가 되는 대상에게 서로 좋은 혜택을 주고받는 윈/윈의 패러다임을 갖추고 논리적인 게임전략이 주어졌다고 하자. 그렇다면 8유형 직원은 상사에게 실질적인 하루하루의 지원을 기꺼이 제공할 수 있다. 그래서 7유형 상사가 사람 간의 정보망인 인적 네트워킹을 하고 프로젝트의 영역을 넓힐 수 있게 해 준다. 7유형 상사는 자신의 아이디어를 찾아내는 능력과 8유형의 직원의 도움을 통해 새롭고 혁신적인 기술이나 과거에는 없었던 기발한 것들을 생산해 낼 수 있다. 7유형의 낙관주의와 창의적인 정신은 사업과 조직에 생명력을 불어넣어 주며 8유형 직원의 힘 있고 추진력 있는 존재감은 탄탄하고 안정적인 지원을 보장해 준다.

8유형 상사는 규칙을 선택적으로 시행한다. 규칙은 있으나 경우에 따라서는 꼭 그대로 하지 않아도 된다고 생각한다. 이런 모습은 7유형 직원에게는 규칙도 마음에 드는 것으로 선택하여 따라도 된다는 인상을 주기도 한다. 실제로 두 유형 모두 상황에 맞게 규칙을 조금 확대 또는 축소해서 해석하는 것 정도는 부정직하다고 생각하지 않는다. 규칙은 뒤죽박죽이 되어서 어지럽고 질서가 없어 혼란을 느낄 때 의지할 수 있는 일종의 제한된 안내 지침과도 같은 것이라고 보는 것이다. 8유형 상사는 간혹 본인이 의미를 부여하지 않은 것은 중요한 정보가 아니라고 부인하기도 한다. 이들은 자기가 듣고 싶지 않은 것을 말 그대로 잊어버리기도 한다.

8유형 상사에 7유형 직원까지 가세하면 고통스러운 가능성을 부인하는 성향이 더 강화된다. 듣고 싶은 것만 듣고 듣기 싫은 것은 잊어버리는 두 유형의 비슷한 점이 점점 늘어나 증폭되면 어려운 일이 발생했을 때 문제가 심각해진다. 자기 탓으로 잘못을 돌리는 것이 아니라 직원들의 부주의를 문제 삼는다. 이를 방지하기 위해 7유형은 문서를 항상 조직적으로 꼼꼼하게 기록하는 것이 필요하다. 이는 7유형이 성숙했을 때의 모습이다. 허술한 빈틈을 보이지 않고 중요한 것들에 우선순위를 두고서 업무를 처리하는 것이다. 이런 습관이 몸에 배어 있는 7유형 직원은 매우 성숙한 직원이 될 수 있다.

반면, 8유형 상사도 최선을 다해 듣는 것이 좋은 의사소통 도구임을 알고 배워야 한다. 즉, 경청이다. 8유형도 자신이 하고 싶은 말만 하고 다른 사람들의 말을 중요하게 생각하지 않는 경향이 있다. 그렇게 되면 다른 사람의 말을 기억하기 어렵다. 경청은 말을 잘 듣고 그 의미까지 파악할 수 있는 힘이다. 그래서 다른 사람들의 말을 잘 듣는 능력을 기르는 것이 8유형이 성숙해지는 지름길이다.

8유형 상사와 7유형 직원 간에 발생할 수 있는 모습을 잠시 떠올려 보자. 7유형 직원의 특성상 실수가 간혹 일어나고 마무리를 잘 못하는 경우가 있다. 이에 대한 부주의를 8유형 상사가 지적하기 시작한다. 이에 대해 7유형 직원은 어느 정도는 받아들이면서도 괴롭힘을 받고 있다고 느낀다. 7유형 직원은 임기응변적 변명을 하기 시작한다. 처음에는 8유형 상사가 변명을 듣고 7유형 직원의 상황을 이해한다. 하지만 여전히 7유형 직원은 변한 것이 아니고 상황을 말로만 얼렁뚱땅 얼버무린 것이다. 아직 변화는 시작하지 않았다. 앞에서의 말과 뒤에서의 말이 다른 경우가 생겨나게 되는 것이다. 8유형 상사들은 이런 불일치들을 발견하게 되면 크게 격노한다. 상하 간에 주도권을 잃어버릴지도 모른다는 두려움에 위협을 느낀 8유형은 '이건 빙산의 일각일 뿐이다. 이것 말고도 도대체 무슨 짓을 하고 있었을까?'라고 의문을 품게 된다.

조직 내에서 두 유형의 조합 중 가장 흔히 나타나는 갈등 상황으로는 '그저 피해 상황을 파악하고 말했을 뿐'인 8유형과 '그저 그 일을 도와주려고 거들어 주기만 한' 7유형이 맞서게 되는 경우이다. 7유형은 설득에 실패했을 때 또는 자신의 정직함이 공개적으로 문제가 되어 의문이 제기되었을 때는 물러나지 않고 싸운다. 두 유형 모두 자기 자신을 보호하고 주장하는 유형들이자 자신의 입장에 너무 파묻힌 나머지 다른 사람들이나 사건들에 대한 관점을 인식하지 못하는 유형의 대결인 것이다. 이 대결에서는 무의식적이었던 주제들이 수면 위로 떠오르게 된다. 주도권을 잃는 것에 대한 8유형의 위협은 지배받아 자유가 박탈될 것이라는 7유형의 두려움과 동등하게 맞서게 된다. 이런 상황에서는 제3자가 두 유형이 두려움의 감정에 묻히지 않고 실제 현실로 일어난 사항을 잘 파악하게 함으로써 서로 과대하게 부풀어진 과정 등을 정리해 주면 도움이 된다. 사실 여부가 판단의 중요한 관건이 되고 객관적인 판단을 할 수 있는 자료들이 제시되면 두 유형은 비로소 긴장관계를 풀고 물러날 수 있다.

7유형과 8유형 조합의 성공과 실패 조건이 있다. 그것은 굳게 믿고 의지할 수 있는 신뢰관계가 동요됨이 없이 얼마나 견고하냐에 달려 있다. 7유형이 도중에 관계와 규율에서 벗어나지 않고 '하나의 행동을 하나의 길'로만 달려가는 모습을 보여 주고, 8유형이 7유형의 '약속을 불신하지 않고 믿어 주는' 정도의 신뢰관계가 생긴다면 강력한 조합이 될 수 있다. 7유형이 정보를 자주 업데이트시켜 주면 8유형이 주도권을 잡고 있다고 느끼게 하는 데 매우 효과적이다. 7유형 직원이 자주 진행 상황을 보고하고 자신의 행동을 자세하게 설명하도록 훈련하면 8유형 상사와의 관계는 좋게 바뀌고 개선된다. 반드시 좋은 소식만 보고할 필요는 없다. 8유형은 나쁜 소식도 느긋하게 다룰 수 있지만 아예 소식이 없으면 매우 화가 나기 때문이다.

♠ 7유형의 셀프리더십 코칭

- 당신의 호기심과 끝없는 관심은 어디에서 빛나는 결과를 내고 싶습니까?
- 여러 가지 관심이 한꺼번에 몰려올 때 목표의 경로를 이탈하지 않게 할 수 있는 당신의 기준은 무엇입니까?
- 감당할 수 있는 이상으로 일을 벌이지 않기 위해 집중해야 할 것은 무엇입니까?

♠ 8유형의 셀프리더십 코칭

- 현재의 계획 중에서 숙고해야 할 것은 무엇입니까?
- 품위 있는 리더가 되기 위해 어떤 노력이 필요한가요?
- 당신의 담대한 행동력의 결과가 어느 부분에 영향력을 미치기 원하세요?

♠ 7유형 상사가 8유형 부하에게

- 상대방의 아이디어를 좀 더 경청한다면 자신에게 어떤 도움이 될까요?
- 대화할 때 좀 더 설명하고 이해를 구한다면 사람들은 당신을 어떻게 바라볼까요?

♠ 8유형 상사가 7유형 부하에게

- 업무능력이 좀 더 성숙하려면 무엇을 개선하는 것이 필요하겠습니까?
- 내가 잘못한 일이 있을 때 주로 어떻게 행동하시나요? 무엇을 좀 다르게 하면 대인관계에 도움이 될까요?

7유형(행복) VS 9유형(평화)

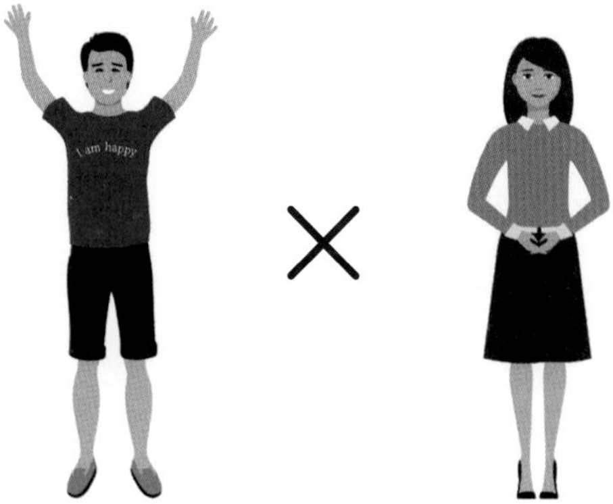

대부분의 9유형은 일을 활기차게 하지만, 일의 마지막 순간인 데드라인의 압력을 받을 때나, 결정을 최소화시켜 주는 시스템 안에서 일할 때는 생산성이 높아진다. 9유형은 스케줄이 있으면 계속 움직이게 되며, 한번 움직이기 시작하면 매우 효율적일 수 있다. 그렇지만 계획이 급격하게 바뀌면 혼란을 느낄 수 있고, 진행 도중 새로운 결정을 내려야 하는 상황에 놓이면 완전히 정지할 수도 있다. 그만큼 일하는 도중의 변화는 그들에게는 매우 힘든 과제이다. 9유형은 아침에 일어나 자신이 해야 할 일을 정확하게 알 수 있을 때 일을 가장 잘한다. 반면, 7유형은 끊임없이 스케줄을 이리저리 바꾸고 개조한다. 7유형은 유난히 융통성이 많은 반면, 9유형은 어제 하던 습관에 따라 일을 한다. 이렇게 다른 방식의 일 습관은 오히려 서로의 부족한 점을 보완할 수 있게 해 준다.

두 유형은 각 유형별 특징에 따른 문제로 인해서 일의 마감을 미루게 되는 경우가 발생한다. 일하는 도중에 변화가 생기면 9유형은 느려지거나 멈추는 반면에 7유형은 하던 일에 대한 관심을 내려놓고 다른 일에 관심을 갖거나, 하던 일의 변경으로 인한 업무의 증가로 마감을 제대로 못할 수 있다. 재미있는 것은 이렇게 업무의 데드라인을 지키지 못할 때면 어쩔 수 없이 두 유형은 머리를 맞대고 방법을 찾는다는 것이다. 동의한다면 확실히 속도를 낼 수 있다. 막바지에 몰려도 목표는 확실하고 분명하니 9유형은 깔끔하게 동참한다. 마지막 순간까지 일을 미루었으니 마지막 순간에 일을 처리하는 '벼락치기'가 가능해진다. 7유형도 원래 빠른 그의 순발력과 적응력으로 뜻한 바를 완전히 이루고 다 해낸다.

두 유형 모두 시간이 한없이 많다는 비현실적인 환상을 가지고 있다. 시간은 한정되어 있어서 지금 지나가면 다시 오지 않는다는 평범한 진리를 지나쳐 버린다. 9유형이 하는 일에 깊이 있는 열정을 가지게 되면 그 일 외에는 우선순위에서 미뤄두고 그 일에만 집중하기 때문에 쉽게 일을 잘 처리해 낼 수 있다. 하지만 9유형은 시간을 효율적으로 사용하는 면에서는 어려움을 겪는다. 한번 빠진 일에 너무 심각히 몰두해서 중간에 할 수 있는 일도 안 된다고 하기 때문에 효율적인 측면에서는 아쉬움이 남는다. 한 가지를 다 해야만 다른 일을 할 수 있는 것은 그들이 가진 하던 일을 계속하는 관성 때문일 것이다. 반면, 7유형은 동시에 여러 개의 프로젝트를 진행하고 놓치는 것이 없도록 밤늦게까지 일하면서 시간을 활용한다. 9유형은 시간 대비 효율성을 높이고, 7유형은 한 가지에 집중할 수 있는 집중력을 높이면 좋을 것이다.

시간관리와 프로젝트의 분배는 서로 밀접한 관계를 가지고 있다. 7유형은 좋은 프로젝트가 발생시키는 아이디어 사항을 다 탐구하고 싶어서 이리저리 다양한 관점을 가지느라 산만할 수 있다. 즐거움을 추구하는 7유형의 다양성은 아무래도 집중력을 떨어뜨리고 한 가지에 집중하지 못하도록 분주하게 만든다고 할 수 있다. 또 9유형은 중요한 문제에 집중하기보다는 여러 가지 다른 편에서의 문제를 생각한다. 자신의 일뿐 아니라, 다른 사람이나 프로젝트와의 관계를 생각하고 혹시라도 고립된 문제들은 없는지를 살펴보느라 그 사이를 정처 없이 떠돌 수 있다. 두 유형의 조합은 데드라인이 중심을 잡아 주기 전에는 프로젝트 안에서 조금씩 일을 하게 되는 것이다. 하는 일은 많고, 끝내는 일은 어렵고, 안 하는 것도 아닌 상황이 전개된다. 다만, 데드라인이 임박해 오면 둘은 협력하며 끝낼 수 있도록 급하게 벼락치기를 감행할 것이다.

7유형은 순간적으로 판단하며 말하거나 행동하는 능력인 순발력이 뛰어나다. 또한 일정한 조건이나 환경 등에 대응하는 적응력이 9유형에게는 노력하지 않고도 좋은 결과를 얻으려고 슬쩍 끼어드는 것처럼 보일 수 있다. 그래서 다른 사람들이 주목하지 않는 9유형은 7유형에게 추월당하고 있다고 여기고 상대적으로 하는 일만큼 인정받지 못한다고 여긴다. '재주는 곰이 넘고 돈은 왕 서방이 버는' 상황과 구조를 싫어한다. 많은 사람 앞에서 대놓고 말하지는 않으나 자기의 공로를 누군가가 잽싸게 가로채 가면 자존심에 심각한 타격을 받는다. 그 빼앗긴 것이 돈이나 승급과 관련되어 있는 것도 중요하지만 더욱 중요한 것은 자신이 '무시당했다고' 하는 자존감에 대한 상처이다. 이렇게 인정받지 못한 9유형은 우선 말수가 줄어든다. 별 일 아닌 일에도 고집을 부린다. '지금 내가 이런 대접을 받겠다고 한 일이 아닌데? 뭐 칭찬받으려고 한 것도 아니고 말이지……. 이건 내 문제가 아니야!'라고 생각하기 시작한다. 고집스러운 9유형은 시간을 일하는 데 쓴다고 하지만 직무에는 앞으로 나아가는 진전이 없다. 이런 전략은 9유형이 가지고 있는 대표적인 공격인 '수동적 공격'의 시작 단계 모습이다. 한번 고집을 부리기 시작하면 천하가 말려도 돌이킬 수 없을 수 있다.

7유형 상사는 자신에게 못마땅한 직원을 어중간한 약속과 매력으로 끌어모으려고 노력한다. 그렇지만 이런 전략은 구체적인 것을 원하는 9유형에게는 최악의 방법이 된다. 7유형 상사는 희망을 심어 주려고 하기보다는 이들의 불평을 들어 줘야 한다. 7유형은 대서사시와도 같은 장황한 발표에 대해서는 참을성이 없다. 그런데 9유형은 하고 싶은 말이 있으면 자리에서 내려오지 않고 말을 오래 하는 경향이 있다. 그러니 긴 대서사시의 낭독을 다 들어 주어야 9유형의 마음이 풀리는 것이다. 가장 잘하지 못하는 것을 해야 해결의 실마리를 찾을 수 있다.

9유형은 업무에 관해서는 귀중한 물건을 간수해 두는 창고와 같은 정보의 보고(寶庫)이다. 그래서 7유형 상사는 9유형의 장점을 이용하면 크게 덕을 볼 수 있다. 바로 7유형이 놓칠 만한 정보를 9유형 직원이 보유하고 있기 때문이다. 9유형은 자신이 인정받고 있다고 느낄 때는 놀라울 정도로 외향적이 된다. 마치 다른 사람처럼 보일 수도 있다. 활동적인 9유형은 조직 구조의 속도를 떨어뜨리는 병목 지점과 절차상의 결함을 눈치챘을 확률이 높다. 더구나 이들은 7유형이 싫어하는 조직적인 세부사항을 다루기에 적격이다. 또한 믿을 만한 체계를 작동시킬 때의 확실함을 매우 좋아한다. 은밀함과 꾸준함 그리고 지치지 않는 성실함을 무기로 9유형은 싫증이나 권태

없이 업무를 잘 처리해 낸다. 이런 기능은 7유형의 단점을 막아 주고 장점을 극대화하는 데 너무나도 충분한 것이다. 따라서 7유형 상사는 9유형 직원들이 가질 수 있는 자존감의 상처를 씻어 주고 동기부여에 노력해야 한다.

7유형 상사는 직원의 옆에 거의 붙어 있지 않는 것으로 유명하다. 다른 우선순위가 손짓을 하면서 부르는데 굳이 세부사항이나 다루고 앉아 있을 필요가 없다고 느끼는 것이다. 머리 회전이 빠른 7유형 상사는 좋은 아이디어를 비전으로 크고 넓게 확대 전환시킨다. 그 결과, 급하게 만들어진 비전이 눈앞에 놓인 현실적이고 실질적인 문제를 소홀하게 만든다. 그러나 불행하게도 9유형은 미래가 어떻게 될 것을 알 수 있는 예측 가능한 임무를 좋아한다. 갑작스러운 통보를 받고 방향을 바꾸는 것은 매우 어려운 일이다. 9유형은 지금 가는 방향에 대한 확신이 서지 않을 때 속도를 줄인다. 특히 이용당하고 있다고 느낄 때에는 속도가 더욱 느려진다.

9유형 상사는 직장 내 화목하고 평화로운 것을 중요하게 생각한다. 대부분 미리 정해진 일정한 절차를 편안해한다. 반대로 익숙한 것에서 벗어날 때 어려움을 느끼게 된다. 늘 일상적으로 하던 판에 박은 절차가 새로운 아이디어를 만들 수 있는 창조성을 억누른다는 7유형의 믿음과는 반대되는 경향이다. 자신의 능력에 자신감을 느끼는 7유형은 자신에게 유리한 작업을 계속 창조해 낸다. 이들은 자신에게 매력적으로 보이는 선택에 대해 상사도 동의할 것이라고 당연하게 생각한다. 하지만 이것은 7유형 직원의 착각이다. 결코 9유형 상사는 그런 것들에 대해서 매력을 느끼지 못한다. 참을성이 많고 허용의 폭이 넓은 9유형 상사는 처음에는 지켜봐 줄 것이지만 오랜 시간 그렇게 해 줄 9유형 상사는 없다.

9유형의 상사는 분명하고 명확하게 7유형 직원을 감독해야만 한다. 얼굴을 붉히는 대면 상황이 불가피하게 되더라도 마찬가지이다. 그러나 7유형이 고통을 피하고 9유형은 갈등을 외면하기 때문에 문제가 될 수도 있다. 둘은 그냥 넘어가려고 '서로 좋은 것이 좋은 것이다'라고 한통속이 되어 결탁할 것이다. 그 결과, 7유형은 그때그때 피하려는 '고통 회피의 순환'을 다시 만들어 내고 9유형은 '수동적 공격성'으로 자신을 에워쌀 것이다. 이런 일을 사전에 방지하는 가장 손쉬운 방법은 정기적인 보고와 확인이다. 이렇게 하지 않을 경우 7유형 직원은 문제가 생겼다는 사실을 눈치채지 못하고(또는 문제 발생을 인정하지 못하고) 일을 계속 진행시키며, 9유형 상사는 그때그때 제대로 말을 못하고 지나가면서 불만 사항은 계속 쌓이기 때문이다.

♠ 7유형의 셀프리더십 코칭

- 당신의 융통성을 일관되게 전환하기 위해 노력해야 할 것은 무엇인가요?
- 당신의 역량이 더 높아지고 진정으로 인정받기 위해서는 무엇이 달라져야 할까요?
- 지금보다 조금 더 경청한다면 당신의 삶이 어떻게 달라질까요?

♠ 9유형의 셀프리더십 코칭

- 당신이 인정받고 있다고 느껴질 때 대인관계에서 어떤 모습이 됩니까?
- 당신은 어떤 상태에서 가장 효율적입니까? 무엇이 그 효율을 떨어지게 만듭니까?
- 당신은 무시당했다고 느껴질 때 어떻게 행동합니까? 그것을 어떻게 극복하시겠습니까?

♠ 7유형 상사가 9유형 부하에게

- 당신이 하려는 제안을 좀 더 정리해서 이야기한다면 회의는 어떻게 달라지겠습니까?
- 업무 진행 도중 불가피한 변화가 생길 때 어떻게 효율적으로 대처하시겠습니까?
- 업무를 예상보다 조금만 더 일찍 마감한다면 어떤 유익한 점이 있을까요?

♠ 9유형 상사가 7유형 부하에게

- 정기적인 보고나 업무 확인이 당신에게 어떤 유익을 가져다줄까요?
- 팀 내 업무 소통과 원활한 관계형성을 위해 당신이 해야 할 일은 무엇인가요?
- 하던 업무의 마감을 지금보다 세밀하게 다룬다면 어떤 점에서 유익할까요? 그리고 일을 지연시키는 개인적인 사정이 있다면 그것은 어떤 것일까요?

8유형(강함) VS 8유형(강함)

8유형은 '승자로 보이는 것'보다는 진짜로 '승자가 되는 것' 자체에 초점을 둔다. 만들어진 것을 가지기보다는 만들어서 자신의 것이 되게 하는 것이 더 중요하다. 이런 자세와 태도는 리더십을 갖게 하고 그로 인해 직장 내에서 존경의 대상이 된다. 또한 동시에 두려움의 대상이 된다. 이들은 다른 사람의 지배와 통제를 받는 것을 싫어하기 때문에 일반적으로 권위적인 자리까지 나아간다. 실제로 설립자로서 성공한 경우가 많다. 특히 산업사회 시절에 무에서 유를 창조한 예가 많다. 어려운 환경을 이기고 뜻을 세워 노력하여 목적을 달성한 입지전적인 인물들에게서 많이 볼 수 있는 유형이다. 이러한 8유형의 에너지는 특히 사업의 성장단계에서 매우 중요한 힘을 발휘한다. 성장단계에서는 개인이든 조직이든 그렇게 될 수밖에 없는 '필연적 대결'이라는 갈등 상황에 놓이게 된다. 이때 사람들은 대결을 자연스럽게 다룰 수 있는 사람을 찾게 된다. 또한 어려운 일을 만나고 어려움과 비판을 집중적으로 받아서 상처가 생길 때에도 전진할 수 있는 사람을 따르게 된다.

이런 8유형이 함께 만나는 조합에는 거의 의견이나 이해의 대립으로 서로 따지고 싸우는 권력 다툼이 따른다. 두 사람이 같은 편이고 서로의 도움을 필요로 하지 않는 한, 이들은 각자 자신의 영역에서 강하고 견고한 권력을 대표하게 된다. 이런 특징 때문에 같은 8유형은 서로에게 친절과 호의를 베풀어 주는 것이 같이 살 수 있고 협동을 보장해 줄 수 있는 유일한 방법이다. 8유형은 받은 만큼 돌려주길 좋아한다.

공정한 의견을 내어놓으면 정직한 대답을 받을 확률이 높지만, 불공정한 의견을 제시하면 숨김이나 거리낌 없이 공공연하고 강력한 저항을 불러일으킬 수 있다. 이들은 자신의 힘이 정의롭게 사용되기를 원한다. 평생의 이슈가 '정의'일 정도로 정의는 행동을 결정짓는 가장 중요한 살아 있는 이유이다. 정의를 중요한 쟁점으로 생각하기 때문에 복수 역시 같은 맥락에서 이해할 수 있다. 정의롭지 않은 것은 복수의 대상이 된다. 특히 자신이 정의롭지 않은 일에 아픔을 겪었다면 반드시 복수를 해야 정의가 회복된다고 믿기 때문이다. 이런 이유 때문에 8유형에게 복수의 핵심은 자신이 불리하다는 느낌을 받지 않도록 상황을 원래의 상태로 되돌려 놓는 것이다. 즉, 정의가 회복되는 것이다. 그래서 8유형에게는 '정의를 위한 복수'라는 공식이 성립된다.

8유형의 복수는 대개 교양 있고 명성 있는 기업에서는 은밀하게 이루어진다. 하지만 그렇지 않은 경우도 있다. 같이 사업을 진행하다가 배신당한 젊은 8유형 기업가가 자신을 배신한 전 동업자의 이름을 큰 대리석 비석에 새기고 계속 기억하기도 한다. 8유형이 복수에 집착하는 이유는 복수를 하지 않으면 자신이 계속 사람들의 비웃음거리가 될 것이라고 생각하기 때문이다. 또 복수를 통해서 자신에게 정의롭게 행동하지 못한 사람들에게 얼마나 어리석은 행동을 했는지 피드백으로 돌려준다. 이렇게 함으로써 자신이 강하다는 사실이 만천하에 알려지게 된다. 그렇게 되면 다시는 자신을 배신하는 사람들이 나타나지 않을 것이라고 생각한다. 진정한 정의와 힘이 꼭 복수에서만 나오는 것은 아니지만 표면상으로 복수는 8유형의 힘과 정의인 것이다.

하지만 모든 8유형이 이렇게 극단적인 복수의 형태로만 자신의 힘을 증명하려고 하는 것은 아니다. 8유형은 상대에게 '교육적인' 편지를 쓰기도 한다. 또는 중요한 정보를 제공하지 않고 숨기는 방법을 이용하기도 한다. 이런 두 가지 방법 모두 상대에게 자신의 권위를 드러내고자 하는 의도가 다분히 포함되어 있다. 같은 8유형 관계에서 이런 사태를 방지하는 비결은 서로 간의 영역적 경계를 명확하게 만들어 두는 것이다. 그렇게 되면 같이 일하는 협동의 장점을 분명하게 인식하게 되어서 두 사람이 서로를 지지할 수밖에 없게 된다. 이러한 상황에 대해 8유형은 자신의 힘이 존중을 받고 상대의 힘도 존중하는 평화협정을 맺고 있다고 여긴다. 쉽지 않은 협정이지만 매우 공정하고 정의로운 협정인 것이다. 분명한 권한의 경계와 협동의 장점이 문서화되어 객관적 증거가 있으면 도움이 되는 것은 확실하다.

8유형 상사는 8유형 직원이 조직 내에서 권력 기반을 만들려고 하는 야망을 존중해 준다. 이들은 자신이 도전했듯이 직원도 도전할 것을 예상하고 있다. 때문에 8유형 상사는 다양한 혜택을 이용해 직원이 회사의 목적을 함께 공유하게 만든다. 회사의 성공이 직원의 성공이라는 생각이 들게 한다. 또한 경쟁 상대와 싸우면서 그 싸움에서 이길 수 있는 힘이 생기도록 도와주고 이길 수 있게 부추겨 준다. 경쟁이 싸움으로 번져 나가도 마음에 두고 생각하거나 신경 쓰지 않는다. 이런 경쟁 상대와의 도전 분위기는 조직 내 권력의 부재가 생겨 직원이 그 자리를 채우려는 상황을 사전에 방지하는 효과도 있다. 이것은 상사가 직원의 행동을 통제하는 잘 알려진 전략 중 하나이다. 이런 전략은 보호해 주어서 내 편이 되게 하거나 상대편에 대해서 적대적이 되게 하려는 8유형의 성향과도 잘 들어맞는다. 먼저는 상대방이 자신과 싸우게 한다. 그 후 어려운 싸움의 현장이 생겨난다. 그러면 자신의 리더십을 발휘하고 조직원을 하나로 묶어 직원을 손아귀에 넣고 통제한다. 이렇게 되는 것이 자신이 조직을 장악할 수 있는 방법이 된다. 다른 편과 싸움을 함으로써 우리 편의 조직을 강화하고 자신의 리더십과 통제의 권한을 쥐고자 하는 것이다.

8유형은 리더의 자리보다 직원의 자리에서 더 불편해진다. 어디서든지 리더의 자리에 앉기를 원하고 다른 사람을 따라가는 것보다는 자신의 뜻대로 실행할 때 힘이 난다. 하지만 자신의 신분이 직원일 경우 상사가 불공평하면 굉장히 불편하다. 상사가 정의롭다면 승진할 가능성이 있다는 뜻이며, 상사가 불공평하면 현재의 자리에서 벗어나기 힘들다는 뜻이다. 왜 그럴까? 8유형은 무슨 일을 해도 자신감이 있다. '되는 것은 되고 안 되는 것도 되고'이다. 그런데 문제는 상사가 공정하고 정의롭냐는 것이다. 이런 것이 뒷받침되어 있지 않으면 아무리 열심히 일해도 소용없는 것을 많이 보아 왔기 때문이다. 정의롭지 못한 상사 밑에서 죽을 때까지 일해도 승진 등 자신이 바라는 목표가 이루어지지 않을 것 같다. 그러면 자신이 더 강해지는 수밖에 없다고 느낀다. 즉, 힘을 길러야 하는 것이다. 그래서 밑에서 있는 것이 아니라 위로 올라가야 하고 강해져야 하고 힘을 주장해야 한다.

8유형은 사실뿐만 아니라 곧잘 개인 감정에까지 문제를 확대시키고 확산시킬 수 있다. 갈등 상황에서는 그 두 가지를 떨어뜨려 놓고 판단하기 어렵기 때문이다. 본능형의 대표 주자인 8유형은 세분화된 사실보다 모든 것을 한 가지로 정해 놓고 타격을 가한다. 8유형에게 포착된 문제가 시간이 지나면 저절로 사라질 거라고 생각해서는 안 된다. 적극적으로 해결에 뛰어들고 사전에 미리 대비하는 것이 좋다. 보통 문제가 시작되는 시발점은 8유형에게 정보를 주지 않는 것에서 시작한다. 그러면 자신이 통제할 수 있는 통제권이 상실되고 주도적으로 할 일이 줄어들었다고 판단한다. 이 상황 자체가 8유형에게는 긴급한 문제 상황이다.

상사들은 8유형 직원이 저지를지도 모르는 사고에 대비하여야 한다. 모든 상사의 직무가 다 그렇지만 어떤 사고든지 사전에 미리 나타나는 전조증상(前兆症狀)이 있게 마련이다. 건강에도 이상 신호가 오듯이 리더는 직원들의 이상 신호를 찾아내거나 밝히기 위해 탐색하고 살펴야 한다. 8유형만 그런 것은 아니다. 모든 유형의 직원이 다 그렇다. 그런데 특별히 8유형 직원을 언급하는 이유는 8유형의 직원이 종종 불만을 품은 사람들의 모임에서 대변인 역할을 하기 때문이다. 8유형은 불만의 현장에서 직접 당하거나 접함으로써 기꺼이 문제를 다룰 의향이 있다. 또 8유형이 그 사무실 전체에 보호막을 덮어 주기 때문에 불만을 가진 사람들이 자연스럽게

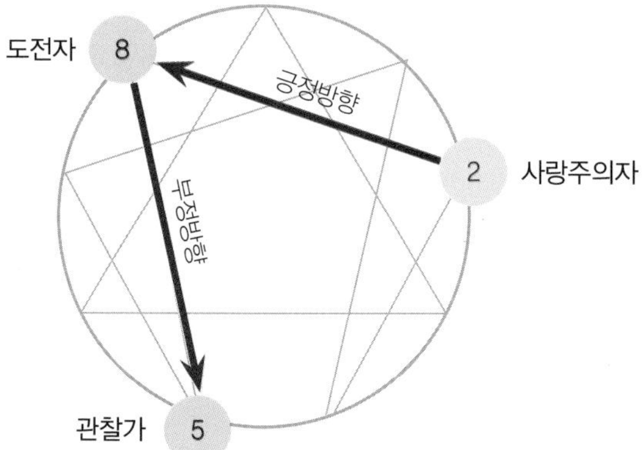

8유형의 화살방향

8유형 주변으로 몰려들게 된다. 의심하고 믿지 못하는 8유형은 한번 불합리하다고 여기기 시작하면 상사에게 정의의 심판관이 되고 싶어 한다. 이들에게는 문제 자체와 그 관점을 가지고 있는 사람을 구분하여 생각하기가 쉽지 않다. 서로 만나는 대면 자리에서는 문제 자체를 잊어버리고 어떻게 해서든지 상대방을 이기는 것에만 초점을 둘 수 있다. 특히 배신감을 느끼면 도저히 견디지 못한다. 법정에서 변호받을 수만 있다면 어떤 행동이든 취하려 들 것이다.

에니어그램 화살표에서 보듯이 8유형 상사가 5유형의 미성숙한 지점에 지나치게 기울어지면 5유형의 단점인 인색한 특성이 나타나게 된다. 한 손(8유형)으로 주고 다른 손(5유형)으로 다시 뺏어 가는 것이다. 이것은 미성숙했을 때를 말하는 에니어그램의 이론이다. 실제로 그런 현상이 나타나므로 8유형은 주의를 기울여야 한다.

♠ 8유형의 셀프리더십 코칭

- 당신의 경쟁력을 더욱 높이기 위해 평소 해 왔던 일이나, 인간관계에서 어떤 부분을 달리하는 것이 도움이 될까요?
- 당신이 생각하는 정의가 타인에게도 정의인지 한 번 더 생각해 보십시오. 무엇을 달리하여 자신의 의견을 전하겠습니까?
- 타인에게 요구하는 것을 스스로에게도 적용해 본다면 무엇이 달라지겠습니까?
- 속 깊이 내재된 당신의 다정함을 드러낸다면 당신의 영향력은 어떤 모습이 될까요?

♠ 상대방과의 관계리더십 코칭

- 속단하지 않고 상대방의 말을 조금 더 경청한다면 일이나 우리의 관계는 어떻게 달라질까요?
- 말하지 않아도 말하고 있는 당신의 강한 존재감에 상대방이 다가오게 하려면 무엇을 해야 할까요?

- 지금 내 곁에 있는 사람에게 평소에 하지 못한 칭찬을 해 주십시오. 그들이 어떤 마음을 가질까요?
- 경계를 명확히 하는 것과 협업의 중요성을 알기 위해 서로가 해야 할 것은 무엇입니까?

8유형(강함) VS 9유형(평화)

두 유형의 조합은 함께하는 업무가 빠른 방향으로 진행되거나 오래 지속되면서 서로 간의 주도권 다툼으로 변할 수 있다. 8유형이 주도하면 속도는 빨라지게 되고 9유형이 주도하면 오랫동안 진행되는 특징이 있기 때문이다. 빨리하자고 하고 오래 하자고 하는 다툼이 일어나면 불편한 동거가 시작된다.

두 유형 모두 다 화를 표현하는 특유의 방식이 있다. 8유형은 쉽게 분노를 표현하며 자신이 마음대로 통제하겠다고 직접적으로 주장하는 반면, 9유형은 '수동적인 공격'과 '그냥 가만히 있는 저항'을 통해 분노를 간접적으로 표현한다. 두 유형 다 에니어그램의 장형(8, 9, 1유형)에 속하기 때문에 이들이 열정을 형성하는 데에는 분노가 필수이다. 8유형은 분노를 밖으로 표출해 낸다. 분노를 눈에 보이게 큰 목소리와 큰 제스처 그리고 행동으로 나타낸다. 9유형은 분노가 자신에게 있는지조차 의식하지 않지만 조금씩 쌓이게 두었다가 한꺼번에 터뜨린다. 그러므로 평상시에 화났다는 표현은 하지 않지만 일을 지연시킨다든지 말을 안 한다든지 하는 수동적인 공격 방법을 사용한다.

1유형
분노를 내재화

8유형
분노를 표현

9유형
분노를 통과시킴

8유형의 분노는 지배하고 통솔하려고 하는 욕망이 좌절당했을 때 슬픔과 아픔이 분출된 것으로 해석할 수 있다. 분노는 자기 욕망 충족을 위한 열렬한 욕구 표현 방법 중 하나이다. 때에 따라서 적절한 분노의 표출은 살아가는 데 큰 에너지가 될 수도 있다. 의사표현이 명확하기 때문에 많은 오해를 줄일 수 있고 일을 빠르게 처리할 수 있기 때문이다.

반면, 9유형은 분노를 억누르거나 분노가 새어 나가는 것을 그냥 내버려 둠으로써 본인이 분노가 있는 것조차도 허용하지 않으려는 마음이 있다. 예민하거나 깊이 생각하면 분노가 나오기 때문에 가능하면 인내하거나, 상황을 풍경 보듯이 지켜보는 편을 택하게 되는데 이것이 9유형의 나태(게으름)이다. 분노의 원천을 가지고 두 유형의 조합을 살펴보면 매우 건설적으로 활용할 수 있다. 이런 분노는 일을 하고 인생을 살면서 본능적으로 나오는 에너지라고 에니어그램에서는 말한다. 따라서 분노가 외부로 향하는 8유형은 언제나 일을 먼저 시작하는 편이다. 반면, 9유형은 분노의 에너지가 중립적인 자리에 머물고 있기 때문에 없는 것으로 느껴지고 표현되지 않는다. 따라서 8유형과는 다르게 9유형은 먼저 시작하기 힘들고, 어떤 일이 벌어지면 중재하거나 지원해 주는 역할을 하게 된다.

8유형 상사는 통제력이 위에서 아래로 흐르는 것을 보장하도록 넓고 복잡한 규칙을 설정한다. 이런 규칙이 자신의 조직원을 통제하기 수월하기 때문이다. 이 규칙은 8유형이 가지는 관심이나 중요한 일을 중심으로 변덕스럽게 시행된다. 특히 8유형 상사가 역할을 많이 갖게 되면 모든 규칙이 무시된다. 8유형이 고삐를 잡아당기고 싶을 때에는 같은 규칙이라도 전과 달리 엄격히 시행된다. 8유형 상사는 규칙을 만든 다음 본인 스스로 깰 확률도 높다. 이들은 권력을 다른 사람들에게 위임한 다음에 마음을 바꾸기도 한다. 예고도 없이 현장을 방문한다. 오전에는 불길하게 눈썹을 찌푸리면서 질문을 쏘아대더니 갑자기 오후에는 모든 것을 허용하는 분위기로 바뀔 수도 있다. 이들에게 통제란 다른 사람들이 지켜야 하는 규칙을 무시하고 자신이 직접 '상과 벌'을 판단하고 집행하는 것이다. 조직 속의 규율이 아니라 자신이 직접 집행관이 되는 것이다. 이럴 때 조직이 자신에 의해 통제되고 있다는 사실을 느끼고 안심한다.

8유형 상사가 계속해서 일을 몰아붙이고 전투적인 모드에서 벗어나지 못하며 9유형 직원에게 예상한 것 이상의 책임을 가지도록 압력을 넣기 시작한다고 하자. 이때 9유형은 8유형과의 의지력 대결에 세찬 기세로 뛰어들기 위해서 진을 치고 방어 태세를 갖춘다. 8유형 상사가 9유형 직원에게 규칙을 강제로 집행하려고 하면 9유형 직원은 해당 문제의 탓을 다른 곳으로 돌린다. 그다음에 8유형 상사가 싸움을 걸기 시작하면 9유형 직원은 아예 입을 다물어 버린다. 고집스러운 9유형 직원은 직접적인 대면으로부터 자신을 지켜 낼 수 있다. 견디거나 참아 내며 자신의 자리를 지킨다. 또한 길고 긴 시간도 버틸 수 있는 인내심과 고집도 가지고 있다. 그렇기 때문에 강력한 주장을 적극적으로 펼치는 8유형 상사의 적수가 될 수 있다. 겉으로 보기에는 상냥하고 저항하지 않는 것처럼 보일지 모르지만, 이들은 감독하기에 불가능한 모습으로 돌변할 수도 있다.

8유형이 즐겨하는 상벌 체계를 가지고는 '수동적인 공격성'을 가진 9유형 직원을 통제하기 어렵다. 규칙은 사람들이 복종하지 않는 한 효과가 없기 때문이다. 그냥 규칙일 뿐이다. 다 같이 규칙이 지켜질 때 규칙으로서의 가치가 있게 된다. 서로 규칙을 지키지 않고 그냥 있는 그대로 버티는 상황이 계속된다면 지루한 싸움은 끝이 어디인지 보이지 않는다. 8유형 상사는 보통 스스로 힘이 없음을 알았을 때 드는 허탈하고 맥 빠진 느낌을 방지하기 위해 통제를 강화한다. 9유형 직원은 저항하며 직접적인 대면을 피한다. 결국 9유형의 버티기는 8유형 상사의 폭발을 유발시킨다. 그런데 오히려 8유형 상사의 분노는 또 9유형 직원의 불만을 겉으로 드러나게 끌어올리는 역할을 할 수도 있다. 9유형 직원이 공개적인 분노의 폭발을 선택한다면 8유형 상사에게는 문제해결이 쉬워진다. 은밀한 수동성보다 문제가 밖으로 나오는 것이 8유형이 다루기에는 훨씬 더 편안하기 때문이다.

이 두 유형은 3자 중재 방식보다 직접적으로 대면할 때 문제를 잘 풀어 갈 수 있다. 8유형은 진실을 알고 싶어 하며 9유형은 그 진실을 털어놓을 수 있을 때 안심한다. 8유형 상사는 자신의 상벌체계나 직접적인 지위의 압력만으로 9유형 직원을 끌고 갈 수는 없다. 9유형 직원도 소극적으로 버티는 방법 말고도 더욱 건설적인 방법을 찾아야 한다. 생각이 이렇게 진전된다면 비로소 해결을 위한 실마리가 보이기 시작한다.

9유형은 직장 내 평화와 화목에 헌신하고 갈등을 피하며 어떤 구설수에도 오르기 싫어하기 때문에 주목받는 자리에 잘 나서지 않는다. 그러나 이들은 다른 사람들에 의해 끌려 나올 수도 있다. 즉, 9유형을 고맙게 여기고 주인공으로 만들려는 다른 사람들에 의해서이다. 말없이 수고하는 9유형에게는 감사함을 느끼는 사람들이 있게 마련이기 때문이다.

반면, 8유형은 사람들과의 관계가 진행되는 구조에는 전혀 관심이 없는 경우가 많다. 이들은 다른 사람과 상의 없이 행동하고 칭찬을 쉽게 하지 않으며 이끌어 내는 것에 관심이 거의 없다. 8유형 상사가 실제적으로 조직에 기여한 9유형 직원의 수고를 확인시켜 주는 것만 잊어버리지 않는다면 이것만으로도 큰 도움이 된다. 9유형 직원도 8유형 상사에게 공격받을 때 위협적인 8유형의 페르소나 뒤에 숨은 선의를 기억하고 굳건하게 자리를 지키는 법을 배울 수 있다. 즉, 겉으로는 강하고 엄격하게 나와도 속으로는 직원을 보호하고 부드럽게 다가오는 의리가 있다는 사실을 믿는 것을 말하는 것이다.

9유형 상사는 일의 목표나 직원들에 대한 관심이 없어 보이거나, 실제로 없어지면 8유형 직원의 도전을 받게 된다. 조직의 일에 관심이 없거나 추진하는 동력이 사라진 9유형 상사를 바라보는 8유형 직원은 그것을 하나의 도전으로 받아들인다. 8유형은 상사가 힘이 없고 나약해 보이면 본격적으로 내 상사로서의 자격이 있는지를 시험하려고 한다. 상사가 강해야 자신이 보호받을 수 있다고 믿어서이다. 상사의 역할이 부족하다는 것에 불안을 느낀 8유형은 직장 내에서 적과 친구를 구분하려고 한다. 이렇게 되면 다른 직원들은 어느 편을 골라야 한다는 불합리한 압력을 받는다. 8유형의 ○, × 선택과 줄 세우기가 시작되는 것이다.

8유형 직원은 확실함을 원하지만 이를 얻을 수 없으면 상사가 자신의 목소리를 들어 주도록 만들면서 영향력을 행사한다. 따라서 9유형 상사는 8유형 직원의 목소리에 귀를 기울이고 그의 주장에 스스로 할 수 있는 재량권을 주는 것이 좋다. 전체적인 틀을 깨지 않는 범위에서 일정 부분 권한 위임을 해 주고 결과에 따른 공정한 집행을 하면 된다. 큰 틀은 평화롭게 하게 하되 세부적인 부분에서는 권한을 주고

8유형 직원과 대면하면 좋은 결과를 얻을 수 있을 것이다.

8유형은 분명한 의사소통과 객관적인 상벌을 원하지만, 9유형은 대개 의견의 합의에 따른 감독 방식을 선호한다. 모든 것은 통해야 하고, 갈등이 없어야 하기 때문이다. 그러면 합의제를 만들게 되고 그 합의제에서는 모두 조금씩, 현상을 유지시킬 수 있을 만큼만 참여하게 된다. 이렇게 작은 부분을 강조하는 접근 방식은 8유형으로 하여금 자신이 주목받기 위해 주도성을 갖도록 주장하고 싶게 만든다.

♠ 8유형의 셀프리더십 코칭

- 자신의 강한 주장과 분노 표출에 어떤 긍정적 의도가 있는지 상대방에게 이성적으로 전한다면 사람들은 당신의 리더십을 어떻게 바라보겠습니까?
- 당신이 생각하는 어떤 규범이나 기준이 타인에게는 어떻게 비칠지 생각해 보셨나요?
- 상대방의 노고를 인정하고 칭찬하는 법을 배운다면 당신이 원하는 목표나 결과는 얼마나 달라질 것 같습니까?

♠ 9유형의 셀프리더십 코칭

- 당신의 수동적 공격 성향을 긍정적으로 승화시키려면 무엇을 해야 할까요?
- 생각나는 자신의 화난 감정을 참고만 있지 말고 말로 표현해 보시겠어요? 기분이 어떠신가요?
- 당신에게는 지금 어떤 용기가 필요한가요? 그 용기는 현재 무엇에 영향을 미치나요?

♠ 8유형 상사가 9유형 부하에게

- 우리가 함께 일할 때 발생할 수 있는 파트너십의 장점과 단점이 무엇인지 서로

이야기 나누어 볼까요?

- 지금 망설이는 것 중 조속히 결정을 내려야 할 것은 무엇입니까? 그러면 서로의 관계에서 어떤 면이 변화될 것 같으십니까?

♠ 9유형 상사가 8유형 부하에게

- 당신이 독단적으로 결정을 내리기 전에 상대방의 견해를 물어보는 태도를 가진다면 일이나 관계는 어떻게 좋아질까요?
- 관계의 역학 구조를 민감하게 살펴보는 것이 당신에게 어떤 도움이 될까요?
- 일이나 관계를 맺을 수 있는 적절한 속도나 방법을 계속 공유한다면 일의 결과는 얼마나 달라질까요?

9유형(평화) VS 9유형(평화)

보통 같은 9유형의 사람들은 한 조직에서 근무하는 경우가 많다. 9유형에게는 매일 일정한 스케줄을 따라가고 스스로 무엇인가를 결정하지 않으며 반복적인 일상을 보내는 조직 환경에 대한 공동의 욕구가 있다. 둘 다 자신의 임무를 수행하고 근무하는 조직이 일정한 원리에 따라서 낱낱의 부분이 짜임새 있게 조직되어 통일을 이루기 바란다. 결국은 기업이 상황마다 자신의 결정에 영향을 받지 않고 시스템에 의해 스스로 운영되도록 만드는 것이다. 보통 공무원이나 공기업이 이에 해당된다. 가급적 변화가 적고 오래된 '작업 틀'이 있으며 자신이 틀에 맞추어서 일하는 직장 환경을 원한다. 다른 조직이라 할지라도 이와 비슷한 환경을 원한다.

9유형은 종종 결정의 상황을 좋은 편의의 문제나 또는 일정한 기준이나, 원칙이 없는 임의의 문제로 본다. '결국 다 같은 결과에 다다르게 되는 것 아닌가?' 또는 '왜 저 경로는 택하지 않고 이 경로를 선택하지?'라고 묻게 된다. 그러나 확고한 최종 입장이 드러나지 않아서 갈등이 이후에 재발한다. 두 사람 다 완전하게 충분한 대화를 통해서 자신의 불만을 표현하지 않았기 때문에 재발하는 것이다. 그냥 덮어놓았었던 문제들은 언젠가는 결국 문제화된다. 처음부터 분명히 해결해야 하는데 같은 9유형이 그것을 안 하고 미뤄 두었던 결과인 것이다.

결국 결정을 해야 하는 상황이 오면 그들은 주도적으로 진행하기보다는 끌려 나와서 자신의 입장을 취하게 된다. 갈등을 피하기 위해 따라왔다가 나중에서야 자신의 입장을 깨닫게 되는 것이다. 그래서 제3자가 9유형 간의 갈등을 중재할 경우에는 이렇게 진행하면 좋다. 우선, 관련된 의견을 9유형에게 모두 제시한다. 그리고 하나씩 제거해 가면서 자신의 의견을 발견하게 한다. '그것도 아니고, 그것도 아니고.' 이런 식으로 결국 자신의 입장을 밝히게 만드는 것이다. 이렇듯 9유형은 본인도 자신의 입장을 잘 모르는 경우가 있다. 이와 같은 방법으로 자신의 입장을 알 수 있도록 조정하고 판단을 내리는 데 도움을 주면 좋다.

9유형 상사는 분명한 지시를 내리는 것을 배워야 한다. 남에게 영향을 끼치거나, 거절하거나, 논란을 불러일으키지 않으려고 하다 보면 무기력한 리더십이 된다. 이런 상사는 기업의 목표와 비전에 초점을 맞추기보다는 한 문제의 모든 면을 고려하기 때문에 너무 많은 정보를 짊어지게 된다. 조직 내에서 감독을 할 때 9유형은 자신의 입장을 밝히는 것보다 남을 중재하는 것을 더 좋아한다. 이들은 갈등을 피하려는 욕구가 지나쳐서 자신의 입장을 보호해야 하는 협상 때조차도 자신에게 불리하게 되더라도 동의해 버리는 경향이 있다. 나 하나 참으면 그만이라는 식이다. 모든 에니어그램 유형 중에서도 9유형이 가장 쉽게 경쟁 상대와 '임시적으로' 동의할 수 있다. 직원의 경우에는 9유형 상사가 자신의 의견을 말할 때 주의 깊게 들어야 한다. 평소에는 그런 일이 드물기 때문에 이렇게 자신의 주장을 할 때는 깊은 의미가 있는 것이다. 가능하면 9유형 상사의 의견을 반영하고, 시키는 것을 따르는 것이 필요하다. 혹시 불합리한 면이 있다 하더라도 일단은 들어 주고 나중에 의견을 제시하는 것이 필요하다. 또 많은 사람이 있는 곳에서 그의 의견을 무시하는 듯한 제스처를 사용한다면 자존감에 상처를 입을 것이다.

9유형 상사는 직원들 사이에서 일어나는 갈등을 능숙하게 해결해 내는 능력을 지니고 있다. 서로 다른 양쪽의 의견을 균형 있게 이해하는 편이다. 편견 없이 대립을 중재하며, 갈등을 해소시켜 줄 수 있다. 보통 다른 유형의 경우, 대립이 일어나면 판단을 한다. 누가 잘했고 누가 잘못했다는 식이다. 하지만 9유형은 양쪽 모두 그럴 만한 이유가 있다고 생각한다. 더 나아가서 양쪽의 갈등이 발생하기 전에 분위기를 미리 파악하여 사태가 더 악화되지 않도록 중재에 나서는 등 뛰어난 협상 능력을 발휘한다. 공을 세워 자기의 이름을 널리 드러내려고 하는 공명심이 적다. 사려 깊은

9유형 상사는 다른 유형의 상사라면 불가능할 정도로 편안하고, 서로 협력하는 직장 분위기를 만들어 낸다.

9유형은 자신의 의견을 밝히는 것도 어려워하지만 다른 사람이 자신을 대변해서 공개적으로 입장을 밝히는 것도 힘들어한다. 그래서 중립적인 입장을 취한 사람들에게 자신의 의견을 털어놓는 것을 특별히 선호한다. 하지만 상사가 늘 중립만 지킬 수는 없다.

9유형 직원은 자신의 의견은 채택될 만한 것이 아니라고 생각한다. 그래서 반대 의견을 분명하게 드러내는 경우가 드물다. 상대방이 솔직한 의견을 요구해도 좀처럼 자신의 의견을 표명하지 않는 경우가 많다. 그러면서도 상사의 지시가 불만족스럽거나, 동의하지 않으면 일을 적당히 처리하거나 아무런 일도 하지 않는 소극적인 방법으로 저항하는 경우가 있다. 상사의 지시에 거부감을 느낄 때는 상사가 변덕스럽거나, 자신에 대한 평가가 부당하거나, 지나치게 자신을 관리를 하는 경우이다. 이렇게 상사의 태도에 의해 자신의 리듬이 깨지는 것을 싫어하며 침묵이나 나태한 모습을 보이면서 분노를 표현하고 발산한다.

이러한 문제들을 사전에 방지하기 위해서는 무엇보다도 상사가 공정한 태도를 보이고 안정적인 분위기를 만들어 줄 필요가 있다. 그리고 9유형 직원의 의견을 끈기 있게 들어 주고 스스로는 좀처럼 해결하지 못하는 '불만의 발산'을 도와주는 것이 바람직하다. 9유형 상사가 안정감과 일관성을 계속해서 유지한다면 9유형의 직원은 어려운 문제가 발생해도 음으로 양으로 상사를 뒷받침하며 문제해결을 위해 자신의 역량을 발휘하는 소금 같은 존재가 된다.

9유형 직원에게는 주기적으로 자신의 불만을 돌이켜 보고 단계적으로 작은 결정을 해 보게 하는 것이 좋다. 이렇게 할 경우 9유형은 자신이 혼자서 중대한 결정을 내리라는 압박감을 느끼지 않게 된다. "다음 달 말까지 보고서 써 줄 수 있어요?"와 같이 미리 충분히 생각하고 준비할 수 있는 기간을 제공하는 것은 큰 도움이 된다. 또 그 기간도 스스로 결정하게 하는 전략이 언제까지 하라는 명령과 지시보다 훨씬 더 효과적이다. 각 단계는 토론을 거친 후 종결할 시간을 정해야 하며, 변화는 조금씩 단계별로 요구해야 한다. 9유형에게 손해 볼 것이 조금이라도 있다면, 갈등을 한 단계씩 해결시켜 나가야 한다. 9유형 간의 관계는 서로에게 자극이 필요하다. 마지막에 가서야 벼락치기로 문제를 해결하려는 자세는 분명 조직생활에 걸림돌로 작용할 것이다. 같은 9유형이 함께 진행해 나가면서 마감시한을 정하는 것이 필요하다. 그리고 중간 목표를 확인하고 일정은 정상적으로 진행되는지를 함께 확인한다면 마무리를 짓지 못해서 하는 벼락치기는 사라질 것이다.

♠ 9유형의 셀프리더십 코칭

- 자신이 솔직하지 않았던 부분이나 스스로 불만스러웠던 부분을 주기적으로 점검한다면 삶이 어떻게 달라지겠습니까?
- 갈등 상황에 있는 사람을 떠올리며 그 사람에게 원하는 바를 지금 말씀해 보시겠어요? 기분이 어떠십니까?
- 의사결정을 좀 더 빨리한다면 어떤 성장이 일어나겠습니까?
- 원하는 미래 모습을 위해 지금 행동해야 하는 것은 무엇입니까?

♠ 상대방과의 관계리더십 코칭

- 우리가 집중력을 잃지 않고 열정적으로 시작했던 일을 끝까지 해낸다면 우리의 미래는 어떻게 펼쳐질지 한번 상상해 보시겠어요?
- 자신의 지나친 화합주의가 가지고 오는 삶의 빈자리는 어떤 것입니까?
- 당신이 존경하는 사람을 떠올려 보시겠어요? 어떤 특성이 있습니까?
- 절제와 고통을 감내하는 태도가 당신에게 주는 선물은 무엇인가요?

에 필 로 그

사람인의 조사에 따르면, 직장인 10명 중 8명(81%)이 '일'보다 '사람'이 싫어 회사를 떠난다고 한다. 직장 내 인간관계 갈등이 원인이 되어 실제로 퇴사나 이직을 한 경험자도 절반 이상인 54.4%였다. 업무성과에 미치는 영향도 평균 66%로 집계돼 상당히 높은 편이었다. 직장 내 인간관계가 어렵다고 느끼는 비율은 62%였으며, 주로 선배(상사)와의 갈등(79.1%)이 후배(부하직원)와의 갈등보다 4배 가까이 많았다.

직장인들이 선배(상사)와 갈등을 겪는 이유 1위로는 '업무 분장 등에서 자기에게만 유리한 비합리적인 결정이 잦음'(44%, 복수응답)이 차지했다. 이어 '자기 경험만을 내세우는 권위적인 태도'(40.4%), '업무를 나에게 미룸'(37.6%), '사적인 일 부탁, 잔심부름 등 지위를 이용한 갑질'(28.1%), '인격모독 발언 빈번'(19.9%), '업무 성과를 가로챔'(15.9%) 등의 순이었다.

갈등을 해결하는 방법으로는 '가급적 갈등이 생기지 않도록 피하는 것'(59.6%, 복수응답)을 가장 많이 선택했다. 이어 '혼자 속으로만 참는다'(42.2%), '이직이나 퇴사를 준비한다'(35.5%) 등으로 자신보다 높은 지위에 있기 때문에 주로 소극적인 대응이 주를 이뤘다.

– ○○일보

ㄱ 사의 김 대리는 사표를 냈다. 비전 있는 회사였는데 사표를 냈다니 의아한 생각이 들어 그 이유를 물어보았다. "회사 업무가 재미가 없어서요." 뜻밖의 대답이 돌아왔다. 요즘처럼 취업하기 힘든 상황에서 재미없다는 이유만으로 사표를 냈다니……. 황당하기도 하고 다른 문제가 있을 것이라는 짐작이 들어 다시 물어보았다. 하지만 김 대리는 단호했다. "아니에요, 다른 이유는 없어요."

– △△신문

퇴사하는 직장인 2명 중 1명은 자신이 퇴사하는 '진짜 이유'를 숨겼던 것으로 나타났다. 직장인들이 차마 말하지 못하고 숨겼던 퇴사 사유 1위는 '직장 내 갑질 등 상사 · 동료와의 갈등'이었다.

잡코리아와 알바몬 공동 설문조사 결과에 따르면 퇴사를 경험한 직장인 52.1%가 "정확한 퇴사 사유를 밝히지 않았다."고 답했다. 직장인들이 직접 응답한 퇴사 사유별로, 이를 회사 측에 밝혔었는지를 분석한 결과, 가장 높은 비중으로 숨겨진 퇴사 사유 1위는 '직장 내 갑질 등 상사 · 동료와의 갈등'이 차지했다.

직장인들은 진짜 퇴사 사유를 밝히지 않았던 이유로 '알린다고 해도 달라지는 것이 없을 것 같아서'(41.2%)를 가장 먼저 꼽았다. 또 '굳이 알리고 싶지 않아서'(26.1%), '업계가 좁으니까, 나중에 어떻게 다시 만날지 몰라서'(14.8%)라는 응답도 뒤를 이었다. '진짜 퇴사 사유를 알렸다가 불이익을 당할까 봐'라는 응답도 10.0%의 응답을 차지했다.

– □□일보

앞서 제시한 기사를 보면, 조직에서 인간관계의 갈등은 퇴사의 직접적인 원인이다. 그런데 그 사실을 말하는 것은 매우 어렵고 힘이 든다. 사람과 사람의 갈등, 즉 인간관계가 모든 것의 모든 것이 된다. 조직뿐만 아니라 사람이 존재하는 곳에는 언제든지 관계의 문제가 대두된다. 이것은 아주 자연스럽다. 나는 네가 아니고 너는 내가 아니지 않은가? 급변해 버린 환경의 영향도 있지만 그것과는 관계없이 천지창조 이래 계속 그래 왔다. 서로 다른데 나처럼 되기를 희망하는 망상이 계속된다. 특히 과거의 전통과 현재의 변화가 부딪치고 경제적인 면과 치열한 경쟁, 기득권을 지키려는 압력이 가해지면 도저히 견뎌 낼 방도가 없다. 과거처럼 절대적인 가치가 정해진 것도 아니고 범위는 상당히 넓어져 선택지가 많다. 떠나갈 수밖에 없는 상황이다. 너와 나는 다르기에 공부해야 하지 않을까? 아무런 노력도 하지 않고 저절로 잘되기를 바라는 것이 너무나 많다. 상사가 부하에게 명령만 하면 될까? 직급의 파워로 누르면 다 순종하고 일을 잘할까? 상사는 부하에게 모든 것을 가르쳐 줄까? 그것이 당연할까? 이 세상에 당연한 것은 없다. 다 대가가 따르고 희생을 필요로 한다.

앞에서 소개한 김 대리는 회사가 재미없는 이유를 말하고 있다. 왜 재미없을까? 그 이유에 대해서 구체적으로 대화를 진전시켜 보지는 않았지만 알 것 같다. 그는 즐거움을 추구하는 7유형이다. 그는 고통을 회피하고 재미있고 즐거운 곳에서 상상과 아이디어를 발견하고 열정적인 업무 추구를 기대했을 것이다. 그런데 자신의 성격과는 무관한 업무가 기다리고 있다면 그곳을 떠나서 또 다른 모험을 생각할 것이다. 회사의 업무는 다양하다. 그래서 각각 다른 성격이라도 동기부여 능력에 따라 회사에 기여할 길은 얼마든지 있다. 인사 담당자가 생각하는 인내심이 없다는 것은 무엇을 말하는 것일까? 시키는 대로 하지 못하는 것을 뜻하는 것일까? 부모와 자식이 싸우면, 그것은 부모의 잘못이다. 직장에서 사원을 뽑아 놓고서 정작 현장에서 받아 주지 않는다면, 그것은 사원의 잘못일까? '돈을 주니 내 말을 들어라'고 해서 말을 잘 들으면 회사는 정말 성장할까?

통계나 수치로 나타나지 않는 것에 주목하라. 자신은 세 종류가 있다. '내가 생각하는 나', '다른 사람이 알고 있는 나', 그리고 '원래의 나'가 있다. 이 책에서 말하는 성격이란 원래의 나를 말한다. 정확하게 표현한다면 에니어그램은 원래의 나를 찾도록 도와주는 성격의 도구라고 말할 수 있다. 조직은 사람이 만나는 공간이다. 그런데 업무가 모든 중심이라고 생각한다. 틀린 이야기는 아니지만 정확한 판단은 아니다. 모든 일은 사람이 한다. 그러므로 사람이 우선시되고 서로 간의 관계가 원활할 때 조직 역학관계는 인간관계를 기반으로 한 성장이 이루어진다. 사람은 개인적으로는 가족과 친척, 친구, 연인, 그리고 사회적으로는 직장과 각종 조직에서 상사와 동료, 부하직원 등 다양한 자리에서 여러 방식으로 인간관계를 맺으며 살아간다. 모든 문제는 기존의 질서에서 비롯된다. 기존의 질서에는 보이지 않는 갑이 존재한다. 그리고 그들이 을의 자세를 체크한다.

여기에서부터 비극의 움직임이 감지된다. 상명하복? 그 움직일 수 없는 구조가 견고하다. 하지만 세상은 엄청나게 바뀌었다. '갑'도 눈물을 흘리는 시기가 오래전에 왔고 전파되는 속도도 커지고 있다. 하지만 '아직은 아니다'에 한 표를 거는 갑들이 생각보다 많다. 인정하기 싫은 것이다. 결국 갑은 눈물을 흘릴 것이다. 조직에서는 '상사', 가정에서는 '부모', 학교에서는 '교사', 모든 조직에서 '윗자리'를 차지한 분들이 눈물을 보이고 있다. 그렇다면 '을'들은 편한가? 을이야말로 피눈물을 흘리고 있다. 가장 큰 피해자임에 틀림이 없다. 당장 움직일 여지 자체가 봉쇄되어 있다. 직원에 대한 상사의 생각은 딱하기 그지없다. 직원의 생각을 솔직하게 들을 수만 있다면 많은 문제는 해결될 것이다. 하지만 들으려 하지 않으며 들어도 소용없다고 생각한다. 여기에 변화란 없다.

이렇게 되면 인간관계에서 승패는 존재하지 않는다. 모두가 패하는 결과로 귀결될 것이다. 그러니 살 길은 오직 하나이다. 모두가 승자가 되는 관계전략이 필요하다. 그렇다면 서로를 알아야 하지 않을까? 알려고 노력해야 할 시대가 도래했다. 서로에 대해 알려고 노력하지 않는다면 모두가 지는 제로섬 게임을 하게 될 것이다. 남에게 미루지 말고 나부터 행동하면 살 수 있다. 그들을 알자. 왜 그렇게 행동하는지, 왜 그렇게 사표를 냈는지, 왜 그렇게 지연시키고 있는지, 왜 말을 안 하는지, 왜 화를 내는지, 왜 앞으로 나가지는 않고 자꾸 돌다리만 두드리고 있는지, 왜 앞만 보고 무조건 나가려고만 하는지를 알아보려는 노력이 필요하다. 아는 것만큼 보인다고 했다. 물론 알려는 노력만으로 바로 되는 것은 아니다. 서로 양보하고 편안함을 포기하고 갖고 있던 것을 내려놓는 결단이 필요하다. 일반적으로 조직의 활성화나 구조조정 등을 통해서 기업이 혁신될 것이라고 믿는다. 그렇지만 그 구조의 중심에는 사람이 있고 사람의 핵심은 성격이다. 어쩌면 내가 알고 있는 자신(me)이 자신(I)이 아닐 수도 있다. 오랜 시간 가면을 쓰고 살았다면 더욱 그렇다. 또한 내가 알던 직원(you)의 성격적 정보를 내(I)가 모를 수도 있다. 이때 오해와 갈등이 일어난다. 그러므로 관계를 맺기 전에 자신(I)과 너(you)를 알아보도록 노력해야 할 것이다.

이 책에서는 에니어그램 9가지 유형이 서로 만났을 때 이루어지는 45가지 인간관계의 조합에 대해서 살펴보았다. 다 쓰고 나니 '인간관계의 큰 비법서'를 만든 느낌이다. 중국의 전략가 손무의 병법이 생각난다. 그 유명한 『손자병법』이다. 손자병법이라고 하면 가장 먼저 떠오르는 구절은 바로 '지피지기(知彼知己)면 백전백승(百戰百勝)'이다. 그런데 이 말은 '손자병법'에서 눈을 씻고 찾아봐도 보이지 않는다고 한다. 백 번 싸워서 백 번 모두 이기는 것이 가능한 것일까? 역사상 백전백승한 장수는 한 명도 없었다. 그래서 손무는 '이긴다'라는 승(勝) 대신 '위태롭다'는 태(殆)를 선택했다. 백 번을 싸워도 '불태(不殆)', 즉 '위태롭지 않다'는 것이다. 상식적으로 적군의 허(虛)와 실(實)을 알고, 나의 강함과 약함을 모두 알고 있는 상황이라면 최소한 적과 백 번쯤 교전하여도 위태로운 상황에 빠지지 않을 것이다. 모든 상황에서 이길 수 있는 승리의 법칙이란 이 세상에 존재하지 않는다는 사실을 손무는 솔직하게 털어놓고 있다. 그렇다면 적에 대해서는 잘 모르지만 최소한 나에 대해서만큼은 내가 제일 잘 알고 있다면 어떨까? 손무는 한 번 지고 한 번 이긴다고 했다. 적의 상황을 몰라도 아군의 전투력만 잘 파악하고 있다면 이길 가능성이 50%나 된다는 말이다.

인간관계의 패러다임은 윈/윈(win-win)이 가장 바람직하다. 하지만 부득불 경쟁을 해야 하는 상황이라면 달라진다. 경쟁을 하지 않더라도 최소한 나를 보호해야 하는 일은 다반사로 일어난다. 따라서 주변 사람들의 성격적 모습을 알고 있어야 한다. 그리고 최소한 자신의 정확한 모습을 아는 것도 중요하다. 남이 아는 나(me)와 내가 아는 나(I)는 다르다. 원래의 나(ego)도 다른 모습이다. 이런 세 가지 나의 실체를 아는 것은 매우 소중한 전략적 가치가 될 것이다. 경쟁 상대를 아는 것 혹은 매일 얼굴을 보고 일하는 직장 사람들을 아는 것 모두 매우 중요하다. 하지만 자신의 성격적 가치와 강점 및 취약점을 제대로 파악하는 것은 더욱 중요하다. 상대에 대한 정보가 없지만 나의 장단점만이라도 명확하게 알고 있다면 승산의 반을 확보할 수 있다는 말이다.

왜 그럴까? 적을 아는 것보다 나 자신을 제대로 아는 것이 더 어렵기 때문이요, 승리는 내가 만들어 가는 것이기 때문이다. 하지만 적을 알지도 못하고 자기 자신이 어떤 사람인지조차 파악하지 못하면서 승리를 꿈꾸는 어리석은 자에게 승리는 영원히 찾아오지 않을 것이다. 에니어그램에서 그 해답을 찾을 수 있다. 허다한 인간관계의 부딪침 속에서 나를 보호하고 다른 사람들에게 기여하는 방법을 에니어그램은 알려 준다. 상사가 부하직원의 잠재력에 대해서 인정해 줄 수 있고 부하직원이 언급한 자신의 그림자에 대한 진솔한 피드백을 겸허히 받아들인다면 인간관계의 조용한 혁명이 일어날 것이다.

이 작은 책의 정보로 말미암아 자신을 찾고 직장생활에서 손무가 되어 전략적으로 우수하고 인간적인 관계의 주인공이 될 수 있을 것이다. 아주 오래된 고대의 지혜가 심리학을 만나 검증받은 에니어그램의 지혜를 따라가 보자. 광명한 빛을 얻게 될 것이다. 이 책에는 인간관계에서 나타나는 45가지 경우의 수를 소개하고 있다. 직장에서의 경우를 다루었지만 다른 상황에서 나타나는 행동도 많은 참고가 될 것이다.

만약 조직의 대표가 이 책의 내용을 숙지하고 적절히 활용한다면, 그 조직과 조직원들에게 행운이 될 것이다. 대표가 직원들의 성격 유형과 조직 내의 다양한 인간관계 조합이 갖는 장단점을 파악하고 있는 것은 무엇보다 중요하다. 만약 조직 내에 문제가 발생했거나 개선하고자 하는 바가 있다면, 이 책을 다시 펼쳐 보라. 어떤 과정에서 갈등이 생겼고 문제가 표출되었는지 파악하고 해결의 실마리를 찾는 데 많은 아이디어를 얻게 될 것이다.

참 고 문 헌

Baron, R., & Wagele, E. (1995). *Are you my type, am I your?* New York: Harpercollins Publishers.

Blake, A. G. (1996). *The intelligent Enneagram*. Boston & London: Shambhala.

Keyes, M. F. (1992). *Emotions and the Enneagram*. Berkely, CA: Wingbow.

Rogacion, M. L. (1990). **에니어그램**(*The Enneagram way knowing yourself and others*). 이정순 역. 서울: 성서와함께. (원저는 1988년에 출간).

Rohr, R., & Ebert, A. (1993). **내 안에 접혀진 날개**(*Discovering the Enneagram: An ancient tool for a new spiritual journey*). 이화숙 역. 서울: 열린사. (원저는 1989년에 출간).

Wagner, J. P., & Walker, R. E. (1983). Reliability and validity study of a Sufi personality typology: The Enneagram. *Journal of Clinical Psychology, 39*(5), 712-717.

저자 소개

김태흥(Kim, tae heung)

한국에니어그램협의회 회장이며, 에니어그램 교육으로 유명하다. 기업, 사회단체, 상담, 코칭 등의 영역에서 에니어그램을 활용하고 있다. 저술 활동을 왕성하게 하여『에니어그램 강의 노트』(학지사, 2022) 외 수십 권의 저서를 발표하였다. 최근에는 카페 에니어 대표로서 에니어그램 상담도 활발하게 진행 중이다.

김의천(Kim, eui cheon)

에니어그램을 지속적으로 연구하여 임상연구와 전문 강의 및 상담을 병행하고 있다. 현재 한국에니어그램협의회 연구원이며, 저작 활동도 하고 있다. 카페 에니어 상담실장을 맡고 있으면서 진단지와 프로파일도 제작 중이다. 개발한 교육용 도구로 '에니어시티'(인싸이트, 2021)와 '비주얼 에니어그램 카드'(인싸이트, 2020) 등이 있다.

김경하(Kim, gyeong ha)

현재 이음커리어 대표로서 커리어 개발을 위한 컨설팅, 상담, 코칭 등의 활동을 하고 있다. 한국에니어그램협의회 경북 지부장을 맡아 에니어그램의 보급에 앞장서는 한편 저작 활동도 진행 중이다. 한국직업진로지도협회 이사와 소상공인컨설팅 지원사업 외부전문가, TAP부모교육 전문 강사로도 활약 중이며, 직업상담사 1급(한국산업인력공단), 전문상담사 2급(한국상담학회)이다.

정소영(Jeong, so yeong)

다재다능한 활동으로 많은 사람을 행복하게 해 주는 등 활발한 움직임을 보이고 있다. 한국에니어그램협의회 서울 지부장으로 에니어그램의 보급에 앞장서고 있으며, 강의, 저술, 상담 등의 활동을 펼치고 있다.『커플 에니어그램』(학지사, 2018)의 공동 저자이며 커플을 위한 진로지도, 갈등관리, 마인드 코칭 등을 주로 하고 있다. 마인드 힐링 센터장이며, 미술심리상담사이기도 하다.

한국에니어그램협의회

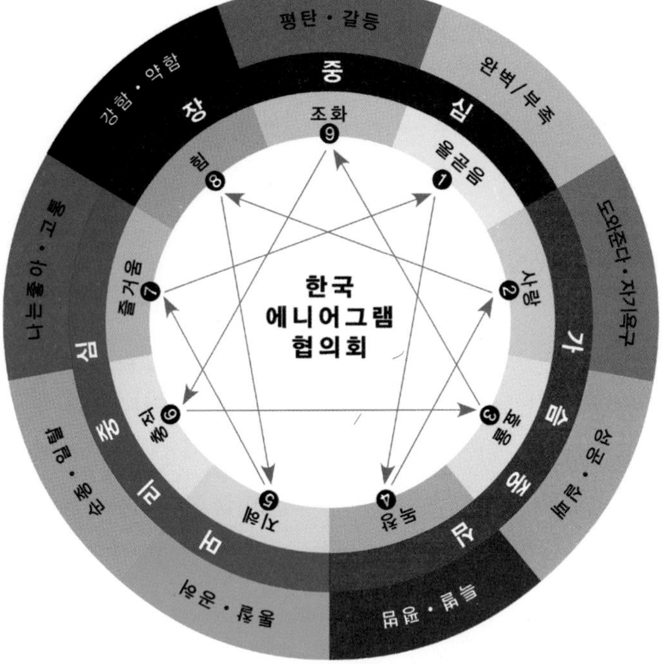

1. 에니어그램 기반 개인, 진로, 부모, 자녀 상담 및 진단
2. 에니어그램 기초, 심화 강사과정, 드라마, 영화, 인물, 노래, 시 등을 통한 에니어그램 코칭과정
3. 개인/기업 리더십 교육 및 코칭
4. http://enneacafe.co.kr/ (한국에니어그램협의회)
5. 상담카페 운영(Coffee & 코칭, 상담) / 02-3662-4939(예약 후 상담운영)
6. 서울 강서구 마곡중앙로 161-8 두산더랜드파크 A동 217호

에니어그램으로 보는
직장에서의 인간관계 비결

The Enneagram Guide at Work:
Understanding Your Self, Making Healthy Relationships

2023년 1월 20일 1판 1쇄 인쇄
2023년 1월 30일 1판 1쇄 발행

지은이 • 김태홍 · 김의천 · 김경하 · 정소영
펴낸이 • 김진환
펴낸곳 • ㈜학지사
04031 서울특별시 마포구 양화로 15길 20 마인드월드빌딩
대표전화 • 02-330-5114 팩스 • 02-324-2345
등록번호 • 제313-2006-000265호

홈페이지 • http://www.hakjisa.co.kr
페이스북 • https://www.facebook.com/hakjisabook

ISBN 978-89-997-2820-4 03180

정가 22,000원